国家出版基金项目
NATIONAL PUBLICATION FOUNDATION

国家"十三五"出版规划重点图书

INNOVATIVE STUDY OF THE MIXED OWNERSHIP ECONOMY

混合所有制经济新论

常修泽　等著

全国百佳图书出版单位
时代出版传媒股份有限公司
安徽人民出版社

图书在版编目(CIP)数据

混合所有制经济新论/常修泽等著.—合肥:安徽人民出版社,2017.9

ISBN 978－7－212－09914－5

Ⅰ.①混⋯　Ⅱ.①常⋯　Ⅲ.①中国经济—混合所有制—研究　Ⅳ.①F124.24

中国版本图书馆 CIP 数据核字(2017)第 247152 号

混合所有制经济新论

HUNHE SUOYOUZHI JINGJI XINLUN

常修泽　等著

出 版 人:徐敏　　　　　　　　　　　　选题策划:刘红　徐敏　白明　李芳

责任编辑:白明　李芳　　　　　　　　　责任印制:董亮

封面设计:许润泽

出版发行:时代出版传媒股份有限公司 http://www.press-mart.com

　　　　 安徽人民出版社 http://www.ahpeople.com

地　　址:合肥市政务文化新区翡翠路 1118 号出版传媒广场八楼　邮编:230071

电　　话:0551－63533258　0551－63533292(传真)

印　　制:安徽联众印刷有限公司

　　　　　 (如发现印装质量问题,影响阅读,请与印刷厂商联系调换)

开本:710mm×1010mm　　1/16　　印张:27.75　　　　字数:430 千

版次:2018 年 12 月第 2 版　　2018 年 12 月第 1 次印刷

ISBN 978－7－212－09914－5　　　定价:68.00 元

题 记

如果说，
社会主义与市场经济的结合，
是当代经济学的
"皇冠"；
那么，
混合所有制经济，
则是这顶"皇冠"上的
"明珠"。

——常修泽

○ 张卓元

序 言

    由常修泽教授主持完成的学术专著《混合所有制经济新论》即将出版。作者和出版社请我写一序言。我看了这部著作的作者阵容，看了篇章节目四级写作大纲，特别是看了常修泽教授撰写的有关重点章节，感到这是混合所有制经济研究领域的一项新成果。

    常修泽教授从上世纪80年代起，一直致力于人本经济学和产权经济学的研究。90年代初，他主持完成的国家"八五"重点科研项目《现代企业创新论》以及《产权交易理论与运作》等产权著作，特别是2009年出版的《广义产权论》，给我留下了深刻印象，我曾在《人民日报》理论版对《广义产权论》予以评价。

    从2016年春开始，常修泽教授主持了《中国改革开放40年》丛书之中的《所有制改革与创新——中国所有制结构改革40年》的研究和写作，我看过那部书的书稿，在该书第四篇"攻坚篇"中，常修泽教授撰写了有关混合所有制的一章，题为《发展混合所有制经济：中国所有制结构改革的新趋势》。现在，作者以这一章为基点，对混合所有制经济进行了深入研究，除亲自撰写五章外，还带领该领域有实力的专家学者，全面系统地探讨混合所有制经

---

* 作序者张卓元先生系我国著名经济学家，现为中国社会科学院学部委员。

济的理论和实践,特别是注重探讨其发展的内在规律,实在是一件有意义的事情。

明确提出积极发展混合所有制经济,是党的十八届三中全会的一个重要突破。该次会议指出,国有资本、集体资本、非公有资本等交叉持股、相互融合的混合所有制经济,是基本经济制度的重要实现形式,有利于国有资本放大功能、保值增值、提高竞争力,有利于各种所有制资本取长补短、相互促进、共同发展。这为我国坚持和完善基本经济制度开辟了道路。

一、混合所有制经济是我国改革开放的必然产物

在近40年改革中,我们毫不动摇地巩固与发展公有制经济,毫不动摇地鼓励、支持、引导非公有制经济发展,探索形成了以股份制为基础的多种所有制经济共同发展格局,使公有制的实现形式日趋多样化,成功实现了与市场经济的融合。

一方面,在改革进程中,我们适时将市场机制引入"一大二公"的原有体制内,努力寻找公有制特别是国有经济的有效实现形式。1992年,党的十四大确立了社会主义市场经济体制改革目标,探索公有制实现形式的任务更加紧迫。1997年,党的十五大报告明确提出,公有制实现形式可以而且应当多样化,股份制是现代企业的一种资本组织形式,有利于所有权和经营权的分离,有利于提高企业和资本的运作效率,资本主义可以用,社会主义也可以用。2003年,党的十六届三中全会进一步提出,要适应经济市场化不断发展的趋势,进一步增强公有制经济活力,大力发展国有资本、集体资本和非公有资本等参股的混合所有制经济,实现投资主体多元化,使股份制成为公有制的主要实现形式。在这一基本理论指导下,我国国有企业从上世纪90年代初开始,逐步推进股份制改革。目前,90%的国有企业已实现了公司制股份制改革,中央企业净资产的70%在上市公司,中央企业及子企业引入非公资本形成的股份制企业,也就是我们通常所说的混合所有制企业,已占到总户数的52%。

另一方面,在对原有体制进行市场取向改革的同时,我国在体制外允许个体、私营经济发展,并引入外资鼓励"三资"企业发展。正是这一重大改革,带来了我国所有制结构的调整和变化,为混合所有制经济的快速发展创造了制度条件。1992年以后,我国个体私营等非公有制经济快速发展。到

2012 年年底,我国个体工商户已达 4059 万户,从业人数约 8000 万人,资金总额 1.98 万亿元;私营企业 1086 万户,从业人数超过 1.2 亿人,注册资金超过 31 万亿元。特别是随着经济腾飞,人民群众的收入水平提高,家庭财产迅速增加,居民储蓄存款余额从 1978 年的 210 亿元猛增到 2013 年 8 月的 43 万亿元,其中定期存款超过 27 万亿元。大量民间资本要求拓宽投资渠道,这就为发展混合所有制经济创造了现实条件。

正是沿着这样的路径,我国的混合所有制经济得以迅速发展。到 2012 年,我国已有 2494 个境内上市公司,股票市值达 23 万亿元,占当年国内生产总值的 43%,股票有效账户数 14046 万户。我国上市公司中有一多半是由国有资本控股参股的,它们是典型的混合所有制经济。银行业中无论是股份制商业银行,还是城市商业银行和农村中小金融机构的股本中,民间资本占比均接近半数或在半数以上。统计表明,2010 年混合所有制经济占工商登记企业注册资本的 40% 以上;2012 年混合所有制经济占固定资产投资的 33%。从 1999 年到 2012 年,混合所有制经济对全国税收的贡献率逐年提高,1999 年占 11.68%,2012 年为 47.03%。

二、新时期发展混合所有制经济的重要部署

以股份制为基础发展混合所有制经济,中国创造了公有制与市场经济融合的成功范例,初步实现了多种所有制经济共同发展。但从现实生产力发展状况看,我国仍须加大所有制结构调整力度,通过积极发展混合所有制经济,使基本经济制度适应社会主义初级阶段的国情。为此,党的十八届三中全会作出了新的战略部署。

第一,明确提出混合所有制经济是基本经济制度的重要实现形式。这是对股份制是公有制的主要实现形式论断的深化和发展。混合所有制经济肯定是股份制经济,但并不是所有的股份制经济都是混合所有制经济,西方国家合伙制和股份制经济一般都不是混合所有制经济,我国也有国有企业之间成立或由私人资本合伙经营的股份制企业也不属于混合所有制经济。中共中央十八届三中全会提出积极发展混合所有制经济,主要着意于深化国有企业改革,要求国有大中型企业更好地引入非国有的战略投资者,建立现代公司制度,完善法人治理结构,同时也是为了更好地引导非公有资本同国有资本或集体资本合作,为发展社会主义市场经济作贡献。因此,发展混合所有制经济,不是国有资产与非公经济的零和博弈,而是不同所有制经济的扬长避短,战略合作。引用混合动力学说说明长期统计数据表明,混合所有制企业的资产运营效率较高,创新能力较强。由于混合所有制经济是不同所有制资本在企业或公司内的合作或融合,因此,混合所有制既是公有制的实现形式,更是公有制为主体多种所有制经济共同发展的基本经济制度的重要实现形式。现阶段,积极发展混合所有制经济,已成为坚持和完善基本经济制度的重要着力点。

第二,明确提出鼓励非公有制企业参与国有企业改革,这不仅是对非公有资本的重视,而且是为了进一步鼓励、引导非公有制经济的发展。这几年,民间资本参股股份制商业银行和城市商业银行的热情很高,占全部股本比例也很高。但由于各种因素,国家很长时间内未允许民间资本发起成立中小银行等金融机构。《决定》明确提出,扩大金融业对内对外开放,在加强监管前提下,允许具备条件的民间资本依法发起设立中小型银行等金融机构,这是一个重要突破,也对实施有效的金融监管提出了新的要求与任务。

第三,明确提出允许混合所有制经济实行企业员工持股,形成资本所有者和劳动者利益共同体。以往经验表明,国有企业难以推行员工持股,因为容易造成国有资产流失。而混合所有制经济不同,它本身就是股份制经济,国有股权边界清晰,在企业内推行员工持股,使员工既是持股者即资本所有者,又是劳动者,有利于调动企业员工的积极性和主动性,从而有利于提高企业的营运水平和竞争力。当然,要严防把员工持股搞成私分公有资产。

三、提高认识,完善制度,促进混合所有制经济健康发展

党的十八届三中全会《决定》指出,公有制经济和非公有制经济都是社会主义市场经济的重要组成部分,都是我国经济社会发展的重要基础;公有制经济财产权不可侵犯,非公有制经济财产权同样不可侵犯。这是一个历史性进步。

要认识到,虽然改革开放近40年来我国经济实现了令世人瞩目的发展,从2010年起已成为世界第二大经济体。但我国仍然处于并将长期处于社会主义初级阶段这个最大国情没有发生根本性变化。这一基本国情决定,在建设中国特色社会主义进程中,多种所有制经济共同发展,对于促进经济增长、提供就业岗位、推动技术创新、增加国家税收、提升居民收入、满

足人民群众日益增长的物质和文化需要,具有不可替代的作用。

新的工业革命和技术革命也昭示我们,未来许多产品和服务将向个性化差异化发展,社会分工会更加深入与精细,为了满足日益多样与多元的社会需求,就需要根据不同的生产规模与水平建立多层次的所有制结构。因此,国有资本和非公有资本的长期并存是不可避免的,发展混合所有制经济将成为长期任务。

有人担心,积极发展混合所有制经济,会不会影响公有制的主体地位。这种担心是没有必要的。党的十五大报告明确指出,公有制的主体地位主要体现在:公有资产在社会总资产中占优势;国有经济控制国民经济命脉,对经济发展起主导作用。我们看到,经过改革开放,目前非公经济对国内生产总值的贡献已超过60%、对税收贡献超过70%、对就业岗位的贡献超过80%,但与此同时,体现为国有工商企业资产、非经营性资产、金融资产、城市土地资产、自然资源资产以及农村集体所有土地等资产的公有资产,仍在社会总资产中占优势,有的计算占50%多,有的计算占60%多。更重要的是国有经济牢牢控制着国民经济命脉并对经济发展起主导作用。

同时也要认识到,积极发展混合所有制经济,需要完善国有资产监管体制,国有资产监管要从管企业为主向管资本为主转变。这是一个重大转变,有许多新东西需要认真研究与探索。《决定》指出,以管资本为主加强国有资产监管,改革国有资本授权经营体制,组建若干国有资本运营公司,支持有条件的国有企业改组为国有资本投资公司。这意味着,国有资产监管机构今后主要工作是合理配置国有资本,研究如何组建国有资本运营公司和投资公司,并通过这些公司引导国有企业加快发展为混合所有制企业或股份制公司。《决定》还明确提出国有资本投资运营要服务于国家战略目标,提供公共服务、发展重要前瞻性战略性产业、保护生态环境、支持科技进步、保障国家安全是其五个重点。今后国有企业改革发展和国有经济结构调整的任务仍然十分艰巨。

从实践来看,积极发展混合所有制经济,关键是允许非国有资本参股国有资本投资项目。2013年9月6日,国务院常务会议提出,要在推进结构改革中发展混合所有制经济,尽快在金融、石油、电力、铁路、电信、资源开发、公用事业等领域向民间资本推出一批符合产业导向、有利于转型升级的项目,形成示范带动效应。一些省市近来也出台了引进社会资本推动城市基础设施建设的方案。这些都既有利于国有资本放大功能和提高效率,也有利于非公有资本拓宽投资渠道,从而推动混合所有制经济的发展。

此外,在推动混合所有制经济发展时,还要注意发挥各种资本的优势和积极性,真正做到一荣俱荣。为提高资本运营效率,完善公司法人治理结构,要尽可能避免混合所有制企业中一家说了算的现象,既要防止国有资本一股独大,又要防止国有资产流失。需要国有资本绝对控股的,可以考虑由多家国有股东共同绝对控股。还要采取一些措施保护中小股东利益,真正做到在一个企业或公司内部不同所有制资本能同等使用生产要素和同等受益。

有专家估算,目前混合所有制经济总体上占我国经济的比重为1/3左右。按1992年以来我国混合所有制经济快速发展的趋势推算,到2020年混合所有制经济总体上占我国经济的比重在40%以上,将成为我国社会主义市场经济重要的微观主体。

由常修泽教授等著述的这部《混合所有制经济新论》一书在诸位作者多年探讨的基础上,比较深刻地阐述了中国发展混合所有制经济的理论、战略和路径、方法,特别是对混合所有制改革的体制政策空间和创新难点进行了深度分析。全书分总论篇、国企混改篇、民企混合篇以及实现机制与治理篇,基本形成了一个比较完整的混合所有制经济的理论体系,这样的专著目前尚不多见。该书的出版,对攻取下一步中国经济体制改革的"突破口"具有参考价值。

2017年8月

目 录

第一篇 总论篇

第二篇　国企混改篇

第三篇　民企混合篇

第四篇　实现机制与治理篇

CONTENTS

PART ONE   Generalization

PART THREE　Private enterprise

PART FOUR　Implementation mechanisms and governance

第一篇

the first part

总论篇

第一章　导论:中国混合所有制经济论纲

【本章提要】本章作为这部《混合所有制经济新论》的绪论,首先开宗明义,阐明笔者关于混合所有制经济的若干基本认知。

中国混合所有制经济的根基是"基本经济制度",此为2.0版的"实现形式"。

从产权关系分析,混合所有制经济是股份制经济,但并不是所有的股份制都可列入。本文将其内涵界定为"两个层次,一个多元",即重要领域和微观主体的"国有资本、集体资本、非公有资本等交叉持股、相互融合"。异质产权多元化("异性恋")是主旋律,同质产权多元化("同性恋")是协奏曲。混合所有制经济的基本理论支撑是社会主义公有制与现代市场经济相互兼容的"结合论"。如果说"结合论"是"皇冠",混合所有制则是"皇冠"上的"明珠"。

发展混合所有制经济具有双重目标,即:既"放大"国有资本功能、实现"保值增值",又促进包括民营经济在内的多种所有制经济共同发展。国民财富格局,不仅要看"流量"指标,更要看全部国有资产的"存量"指标。"积极发展"与"稳妥推动"并不存在矛盾,更不存在所谓中共十八届三中全会决定"变调"的问题。

发展混合所有制经济具有深厚的国内外背景,要用《包容性改革论》新思维看待混合所有制经济问题。从更广阔的视野审视,中国混合所有制经济在发展中尚有一些理论和实践问题需要继续探索。这可视为全书的"入门"之章。

各位读者,有幸在时代出版传媒股份有限公司暨安徽人民出版社出版的书籍中,再次与您交流。上一次我们讨论的是"结构"———种新结构,一种被称为"人本型结构"的新结构①;本书我们讨论的则是"体制"——一种新的体制,一种被称为"基本经济制度实现形式"的新体制——混合所有制经济②。

摆在您面前的,就是由笔者与合作者潜心完成的这样一部题为《混合所有制经济新论》的著作。之所以称之为"新论",是因为在 14 年前,即 2003 年,笔者曾发表过一篇《发展混合所有制经济:完善市场经济体制新课题》③;以及在 23 年前即 1994 年,曾出版过一部探讨"财产混合所有"的著作《现代企业创新论——中国企业制度创新研究》④。虽然上述著作和论文中的一些观点仍有某些价值,但毕竟属于"旧作"。随着中国体制改革的深化,混合所有制经济发展中出现诸多新情况、新问题,需要进行新的探索。

这本"新论"是在上一部著作《人本型结构论》于 2015 年 8 月出版后不久开始构思的。那年 9 月 23 日国务院颁发的《关于国有企业发展混合所有制经济的意见》成了构思本书的最初动因。2016 年 3 月,由安徽人民出版社申报,本书被正式列入国家"十三五"出版规划重点图书。此后,又经过一年多的集体研究和写作,到 2017 年 7 月初完成大部分书稿(初稿)。

2017 年 7 月 11 日,笔者离开喧嚣的北京,躲进吉林省安图县长白山区的二道白河小镇,围绕着《中国所有制结构改革四十年》和《混合所有制经济新论》这两个命题,潜下心来"悟道"并修改相关书稿。正是在此寂静的环境中,悟出了本书的"题记":

> 如果说,
> 社会主义与市场经济的结合,
> 是当代经济学的
> "皇冠";
> 那么,

---

① 常修泽:《人本型结构论》,安徽人民出版社 2015 年版。出版前,《学术界》杂志将该书前言以《把握中国结构转型的"命门"》为题,率先发表(2015 年第 6 期);刊发后并获中国改革论坛等媒体转载。

② 常修泽:《混合所有制经济的价值再发现与实现路径》,《学术前沿》,2014 年第 3 期。

③ 常修泽:《发展混合所有制经济:完善市场经济体制新课题》,2003 年 10 月 16 日《21 世纪经济报道》。

④ 常修泽等:《现代企业创新论》,天津人民出版社 1994 年版。

混合所有制经济，

则是这顶"皇冠"上的

"明珠"。

为什么笔者说混合所有制是社会主义与市场经济结合论"皇冠"上的"明珠"？在中国的改革和现代化发展中，中国人民能够获取这颗"明珠"吗？特别是在未来新阶段的改革中，如何保证这颗"明珠"不致"变形"或者"失色"？这是时代提出的命题。本书想与您一起讨论。

您想到了什么呢？作为本书的第一作者，我想先说一下本书的构思及其中的奥秘。

第一节 作者关于混合所有制经济的基本认知

按照笔者研究问题"是什么""为什么""态势如何""怎么办"的"四段论"，第一节先研究"是什么"，后面三节再研究另外三题。

任何著作对其研究对象"是什么"都必须有清晰的、准确的认知。对于混合所有制经济这一新生事物同样如此——尽管在"混合"的名下事物本身具有相当程度的"复杂性"。

一、混合所有制经济的"根基"

混合所有制经济的根基是什么？如果用简洁的文字来概括，就是六个字："基本经济制度"；如果说得更完整一些，十个字："社会主义基本经济制度"。

2013 年 11 月，中共十八届三中全会《决定》提出"积极发展混合所有制经济"的命题时，明确指出："国有资本、集体资本、非公有资本等交叉持股、相互融合的混合所有制经济，是基本经济制度的重要实现形式。"①

《决定》对"基本经济制度"的内涵及其重要地位做了经典论述："公有制为主体、多种所有制经济共同发展的基本经济制度，是中国特色社会主义制度的重要支柱，也是社会主义市场经济体制的根基。"请注意这里的"根基"二字。既然"基本经济制度"的定位"是中国特色社会主义制度的重要

---

① 引自中共十八届三中全会制定的《关于全面深化改革若干重大问题的决定》。

支柱,也是社会主义市场经济体制的根基",那么,也完全可以说,"基本经济制度"是混合所有制经济的"根基"。离开了"基本经济制度"这个"根基",混合所有制经济将无从谈起。

自 2013 年 11 月中共十八届三中全会《决定》提出"积极发展混合所有制经济"以来,中国政界商界和学术界主流的声音,是认为"混合所有制经济是基本经济制度的重要实现形式"。但是,耳边也响起另外两种不同的声音:一种声音认为,搞混合所有制经济是稀释和削弱国有经济,是"动摇国本",搞所谓"全盘私有化";另一种声音则认为,搞混合所有制经济是"吞并民营经济",搞"新的公私合营运动",是"试图恢复国有经济的一统天下"等等。

一般来说,对同一事物,人们认知上有差异、有分歧,是正常现象,但是,对于混合所有制经济这样一种新事物,人们认知上如此"分裂",如此"对立",且"对立"得如此尖锐,还是超出了笔者的想象。

这不禁使人想到了鲁迅先生论《红楼梦》的一句话:"《红楼梦》……单是命意,就因读者的眼光而有种种:经学家看见《易》,道学家看见淫,才子看见缠绵,革命家看见排满,流言家看见宫闱秘事……"①各位读者,以您的"眼光",在"混合所有制经济"这部书中,看见了什么呢?

就学术理论而言,围绕"混合所有制经济"的不同意见、不同观点是完全可以争鸣的,对"混合所有制经济"发展中的内在规律(包括所谓"未定之天",见本书第四章)更是需要探索的,但是,对混合所有制经济的"根基"——基本经济制度的基本认知、基本判断,则是可以厘清的、可以肯定的。

第一,中国不会是"全盘私有化"的所谓"天堂",也不会是民营经济(包括狭义的和广义的民营经济)的"坟场";

第二,中国不会是"国有经济一统天下"的乌托邦,也不会削弱"公有制为主体"(包括国有经济活力、控制力和影响力)这种力量。

中国的所有制结构是什么?笔者在《中国所有制结构改革 40 年》一书一开始就写道:"起于上世纪 70 年代末的中国所有制结构改革,是人类历史上的一个创举。它不拘泥于传统的或称'经典的'社会主义所有制结构模

---

① 《鲁迅全集》第八卷。

式,也不拘泥于当代西方发达国家的所有制结构模式,而是用中国人的世界观和方法论,对当代一种新的所有制结构的探求。"①

这种"新的所有制结构"就是"以公有制为主体、多种所有制经济共同发展"。

中国就是这样一个比较有特色的国度。

在这个国度,如中共十八届三中全会《决定》中的经典论断所言:"公有制经济和非公有制经济都是社会主义市场经济的重要组成部分,都是我国经济社会发展的重要基础。必须毫不动摇巩固和发展公有制经济,坚持公有制主体地位,发挥国有经济主导作用,不断增强国有经济活力、控制力、影响力。必须毫不动摇鼓励、支持、引导非公有制经济发展,激发非公有制经济活力和创造力。"

请读者注意:在这个"根基"之上,"两个两方面都是"(公有制经济和非公有制经济"都是社会主义市场经济的重要组成部分","都是我国经济社会发展的重要基础"——此为战略定位)和"两个毫不动摇"("毫不动摇巩固和发展公有制经济","毫不动摇鼓励、支持、引导非公有制经济发展"——此为战略决策),这段充满中国智慧("各美其美,美美与共")、具有"最大政治公约数"思维的判断,可以视为对中国混合所有制经济"根基"的高度概括和总结。

二、混合所有制经济的内涵界定

混合所有制经济的内涵应该如何界定?目前学术界认识并不一致,有的界定范围很宽,宽到"整个社会";有的界定范围很窄,窄到只有特定微观单位;当然,也有比较适中者。莫说社会上,即使是本书几位作者,认识也不尽一致。读者在阅读本书时就会发现,虽然"宽到整个社会者"比较少见,但不同章节差异还是比较明显的;有些章节,作者内涵界定比较严格,有的章节把握比微观要宽。作为本书的主持者本想"统一口径",但出于尊重合作者写作意向的考虑,最终还是按照马克思"玫瑰花与紫罗兰各有芳香"的理念兼容并包。不过,笔者本人在所写的五章中"口径"则是一致的。这里谈一下自己的内涵界定。

---

① 常修泽等:《所有制改革与创新——中国所有制结构改革40年》,广东经济出版社待出。

在界定混合所有制经济内涵之前，先厘清三组有联系但又有区别的概念：第一组"股份制经济"与"混合所有制经济"；第二组国外的"混合经济"与中国的混合所有制经济；第三组，混合所有制经济与全社会多种所有制并存和共同发展的经济。

第一组，关于股份制经济与混合所有制经济。这两个概念有联系但也有区别，往往容易混淆。笔者同意张卓元先生在本书序言中的看法：

"混合所有制经济肯定是股份制经济，但并不是所有的股份制经济都是混合所有制经济。西方国家合伙制和股份制经济一般都不是混合所有制经济，国有企业之间成立或由私人资本合伙经营的股份制企业，也不属于混合所有制经济。"①

笔者在《"'放'兴东北"的三点主张——在"2017 东北振兴论坛"的发言实录》中也指出："中共十八届三中全会关于混合所有制经济有明确的定义，您看看文件是怎么写的？《决定》讲到'积极发展混合所有制经济'时，强调的是'国有资本、集体资本、非公有资本等交叉持股、相互融合'。不能偏离这一基调。……从理论上说，'同性恋'（指国有企业之间成立或由私人资本合伙经营的股份制企业），可以说是'股份制'，但不是严格意义上的'混合所有制'"。②

第二组，关于国外"混合经济"与中国的混合所有制经济。

国外流行有"混合经济"一说。对此，萨缪尔森有过明确的定义：任何社会都不是一种纯粹的形式，"相反，社会是带有市场、命令和传统成分的混合经济"③。并指出：当今的美国经济就是"私人组织和政府机构都实施经济控制的'混合经济'：私有制度通过市场机制的无形指令发生作用，政府机构的作用则是通过调节性的命令和财政刺激得以实现"④。简言之，国外一般讲的"混合经济"就是市场机制和政府干预相结合的经济制度。这种制度是

---

① 见张卓元先生为本书写的序言，第 2 页。

② 常修泽：《"'放'兴东北"的三点主张——在"2017 东北振兴论坛"的发言实录》，中国改革论坛，2017 年 9 月 13 日。

③ ［美］保罗·A.萨缪尔森、威廉·D.诺德豪斯：《经济学》第 12 版，中国发展出版社 1992 年版，第 40 页。

④ ［美］保罗·A.萨缪尔森、威廉·D.诺德豪斯：《经济学》第 12 版，中国发展出版社 1992 年版，第 68 页。

一种经济运行的体制，而不是一种财产制度。至于产权制度，恰如上书中萨缪尔森说的那样：是以"私有制度"为基础的，并不涉及财产关系"混合"问题，显然它与我们讲的混合所有制经济没有相通之处。

那么，国外有无从财产关系角度讲的混合经济呢？自欧美实行"大众持股"计划之后，欧美国家也在实行一定程度的"财产混合所有"，但与中国的混合所有制也不可同日而语：第一，就社会经济基础而言，欧美国家是以私有制经济为基础，这是众所知晓的，而中国则是以公有制为主体。第二，即使就"生成机制"而言，二者在历史和逻辑起点和生成过程方面，也有较大差别：一般而言，国外的部分"财产混合所有"，有一个在市场经济条件下的自然生长过程，而中国的混合所有制经济，特别是就国有企业发展混合所有制经济那部分而言，是改革计划经济体制、放松管制、深化国有资产体系改革而来的，历史与逻辑不尽相同，不能混为一谈。

第三组，关于混合所有制经济与"全社会"多种所有制并存、共同发展的经济。新中国成立前夕，在社会所有制结构方面，国家曾提出多种社会经济成分的构思，"认为国营经济、合作社经济、私人资本主义经济、个体经济和国家资本主义经济将是构成新中国经济的几种主要形式"[①]。但后来在"左倾的城乡经济政策"下（"历史决议"用语），所有制格局出现"逆成长"的体制弊端，一度几乎变成高度集中的国有经济"一统天下"。中共十一届三中全会开启的中国所有制结构改革，就是在这样一种体制基点上起步的。

1980 年，笔者曾发表一篇探讨"社会所有制结构"的文章《长期并存 比翼齐飞》（1980 年 5 月 9 日《人民日报》理论版）。此文主张国有经济与非国有经济"长期并存，比翼齐飞"。虽然这种"并存经济论"也有意义，但其论述的只是一种"板块式非交叉"的（或称"比翼齐飞式"的）"并存经济"。学术界有人把此也称为"混合所有制经济"，笔者认为，并不准确。这只是一种多种所有制"板块并存"、共同发展的经济而已。当时就微观基础来说，A 还是 A，B 还是 B，没有涉及"产权交叉混合"问题。与现在讲的"国有资本、集体资本、非公有资本等交叉持股、相互融合的混合所有制经济"有很大区

---

① 这几种经济成分载入 1949 年 9 月 29 日全国政协第一届全体会议一致通过的《中国人民政治协商会议共同纲领》中。

别。严格说,其尚构不成"混合所有制经济"命题。因此,对于"全社会层面"的"多种所有制共同发展",笔者不称为"混合所有制经济"。何况"多种所有制共同发展"的问题,无论在理论上和国策上基本已经解决,故本书不在这个层次上研究和阐述混合所有制经济问题。此处也要说明,虽然多种所有制共同发展的经济不列入混合所有制经济的内涵之中,但是,它确实是混合所有制经济的外部条件,没有这一外部条件,没有国有资本和非国有资本的并存,也就不存在混合所有制经济。

在对上述三组概念作出区分界定之后,我们来界定中国混合所有制经济的内涵范围。简言之,笔者在论及混合所有制经济时,大体是以"两个层次"和"一个多元化"来阐述自己的观点。

第一层次,重点领域的"混合所有制经济"。

这里讲的重点领域主要指垄断性领域。这个领域与上面讲的"全社会层面"情况不完全相同。就"全社会层面"来说,经过近40年改革,"多种所有制共同发展"的问题已经基本解决,但垄断性领域则不尽然。我们不应抹杀前一阶段垄断性行业改革取得的进展,但从总体上判断还没有完全"破题"。在这一领域没有完全实现中央文件所说的"国有资本、集体资本、非公有资本等交叉持股、相互融合"。

2013年9月6日,国务院提出,要在推进结构改革中发展混合所有制经济,尽快在金融、石油、电力、铁路、电信、资源开发、公用事业等领域向民间资本推出一批项目。请注意,这是从"领域"来着眼的,着意在于"结构改革",并不限于微观企业。鉴于此,本书把垄断性领域等重要领域"国有资本、集体资本、非公有资本等交叉持股、相互融合"界定为"混合所有制经济"内涵的第一要义。

第二层次,微观细胞单位的"混合所有制企业"。

这个层次既不同于"全社会",也不同于"重要领域",而是指在微观细胞单位,把单一的产权格局改变成多元产权关系的"混合所有制企业"。

但是这里有两个"产权多元化"需要厘清:一个是"异质产权多元化",一个是"同质产权多元化"。

对于混合所有制企业必须实行"产权多元化",大家意见是一致的。但是,是搞"异质产权多元化",还是搞"同质产权多元化"?意见并不完全一

致。有经济学家在 2017 年 4 月 7 日一个国企改革会议上讲"所谓多元化
……是国有资本本身不同的股东来作为出资人代表",并认为这种"不同的
国有资本"混合,是"一个非常重要的制度建设"。

笔者认为,此种观点值得商榷。中央《决定》在讲到"积极发展混合所有
制经济"时,强调的是"国有资本、集体资本、非公有资本等交叉持股、相互融
合"的混合所有制经济。特别指出"允许更多国有经济和其他所有制经济发
展成为混合所有制经济。国有资本投资项目允许非国有资本参股,允许混
合所有制经济实行企业员工持股,形成资本所有者和劳动者利益共同体"。

按照上述内涵,笔者认为这里的"产权多元化"是"异质产权多元化"。
"异质产权多元化"才是严格意义上的混合所有制企业。当然,在特殊条件
下(即"对需要实行国有全资的企业"),可以"推进国有资本多元化",或者
说由"国有资本本身不同的股东来作为出资人代表",这也是有意义的。但
笔者认为,"从理论上说,'同性恋'(指国有资本多元化)可以说是股份制,
但不是严格意义上的混合所有制"[1]。

通过上述分析,笔者将"混合所有制经济"的内涵界定为"两个层面、一
个多元"。两个层面:就是指重要领域(如垄断领域)层面的"混合所有制经
济"和微观细胞层面的"混合所有制企业"。而这种"混合所有制企业",不
是国有资本的"同质产权多元化",而是指国有资本、集体资本、非公有资本
等交叉持股、相互融合的"异质产权多元化"。

在实际工作中,发展混合所有制经济,仅仅一般地讲"投资主体多元化"
是不够的,应当明确地讲"投资主体的所有制属性多元化"。这是严格意义
上的混合所有制经济定义。

结合当前中国改革的"问题导向",本书在使用混合所有制经济概念时,
是指重要领域(主要是垄断领域)的"混合所有制经济"和微观单位的"混合
所有制企业"。请读者注意这一点。

三、混合所有制经济的基本理论支撑

混合所有制经济的基本理论支撑是什么？笔者认为,是社会主义公有
制与现代市场经济相互兼容的"结合论"。

---

[1] 常修泽:《"'放'兴东北"的三点主张》,中国改革论坛,2017 年 9 月 13 日。

传统的经济理论认为,社会主义公有制与市场经济(商品经济)是不能兼容的。传统的苏联政治经济学教科书更把社会主义公有制与商品经济(市场经济)看成是水火不容的东西。正是在这种"水火不容论"的基础上,传统经济理论把社会主义所有制关系解释为国有经济一统天下,而不存在混合所有制经济的一席之地。

中国改革开放实践向这种传统理论提出了挑战。改革开放初期,在20世纪80年代先后提出过几种构想:"计划经济为主,市场调节为辅"(1980年)、"有计划的商品经济"(1984年)、"计划与市场内在统一的体制"(1987年)、"计划经济和市场调节相结合"(1989年,出现反复)。随着实践→认识→再实践→再认识的螺旋式上升过程,直到1992年中共十四大,决策层明确提出把社会主义与市场经济结合起来,建立"社会主义市场经济体制",这是社会主义经济理论的一个重大突破。

社会主义市场经济体制的实质和核心内容,中共十四大表述为"要使市场在社会主义国家宏观调控下对资源配置起基础性作用",尽管后来十六大删除了"在社会主义国家宏观调控下"的前提,并加了"在更大程度上";十七大又加上了"从制度上更好地发挥";但这三个字——"基础性"一直是关键词。应该说,当时提出"基础性"是有突破性的,但是"基础性"又是有漏洞的,它容易给人一个印象,似乎在"基础"的上面还有一个"决定的"力量。这客观上给政府主导型经济模式预留了一个理论出口。

21年后的2013年,中共十八届三中全会通过的《中共中央关于全面深化改革若干重大问题的决定》,第一次鲜明提出:"使市场在资源配置中起决定性作用和更好发挥政府作用"。这是此决定最大的理论亮点。把"基础性"改为"决定性",不是一般的修饰性词汇变化,而是一个重大变化,它反映了中国人对"社会主义与市场经济相结合体制"的认识达到了一个新的境界。

所有制结构是与社会经济形态紧密相联的。当传统经济理论将社会主义经济形态界定为"社会主义计划经济"时,与之相应的即是"整个社会占有生产资料"的国有经济一统天下(有时官方文件中亦称"国有经济"为"全民所有制经济")。而现在,中国早已经确立了社会主义公有制与市场经济相结合的基本理论,并主张"使市场在资源配置中起决定性作用和更好发挥政府作用"，这种体制安排，必然要求新的所有制结构与之相适应。2003年，中共十六届三中全会《决定》提出的还是"国有资本、集体资本和非公有资本等参股的混合所有制经济"。而2013年提出的"混合"，已不是一般的"参股混合"，而是"交叉持股、相互融合"；完整地说，就是中共十八届三中全会《决定》提出的"国有资本、集体资本、非公有资本等交叉持股、相互融合的混合所有制经济"。

正是基于这种认识，笔者在本书题记中写道：社会主义与市场经济结合论是"皇冠"，"混合所有制"则是"明珠"。没有"结合论"的"皇冠"，"明珠"也就没有依托和支撑。

四、关于发展混合所有制经济的双重目标

发展混合所有制经济的目标究竟是什么？从总体上说当然是为了推动发展中国特色的社会主义事业。但仔细分析，具体目标并非是简单的一元论，而是复杂的结构。不过，从纷繁复杂的具体目标中，可以梳理出两个清晰的目标。

目标一：从国有经济角度研究，中共十八届三中全会提出积极发展混合所有制经济，其目标无疑着眼于国有企业的发展和改革：一方面"放大"国有资本功能，实现"保值增值"；另一方面也为了实在地把非公有资本引入国有经济内部，发挥非公有资本的"鲶鱼效应"，建立名副其实的现代公司制度（法人治理结构），借此提高国有企业的"活力"和"竞争力"。

目标二：从民营经济角度研究，中共十八届三中全会提出积极发展混合所有制经济，第二目标是借助于重要领域和国有企业引入民营经济的机会，促进以民营经济为代表的多种经济共同发展。从理论上分析，由于混合所有制经济是不同资本在企业或重要领域内的合作或融合，因此，这类混合所有制企业的资产运营效率较高，创新能力较强，将成为中国社会主义市场经济的一支强大生力军。

基于上述两个目标，发展混合所有制经济，不是国有经济与非公经济的"此长彼消"或"零和博弈"，而是不同所有制经济的扬长避短，良性互动，互利共赢。

过去，理论界和有关文件有一个观点，即"股份制是公有制的实现形式"，这可称为1.0版的"实现形式"。现在，应该提出2.0版的"实现形式"，即混合所有制"不仅是公有制的实现形式",而且更是"以公有制为主体、多种所有制经济共同发展"的"基本经济制度的重要实现形式"。从某种意义上说,挖掘出 2.0 版的"实现形式",较之 1.0 版更有理论意义和现实意义。

五、关于混合所有制经济发展的国民财富格局问题

经过近 40 年改革开放,中国的所有制结构发生了不小变化。所有制结构中的公有制经济和非公有制经济各自占多大比重?这是人们关心的问题,也是总结 40 年改革绕不开的问题。用世界眼光来审视,依据最新统计数据,笔者总的判断:中国改革 40 年所形成的财富总量与所有制结构,是一个不同于苏联、也不同于欧美国家的比较独特的新型格局。

这里有两个概念需要分清:一个是"经济流量"指标,一个是国民"资产存量"指标。两种指标呈现的情况并不完全相同。

从流量来分析,非公经济对国家经济活动的贡献是相当突出的。简单说可用"5,6,7,8~9"来概括:(1)公有与非公有经济上缴国家的税收各占 50% 左右;(2)非公有经济(狭义的民营经济,还不包括集体经济)占国内生产总值的比重为 60% 左右;(3)非国有企业的资产占全国非金融类所有企业总资产的比重为 70% 左右;(4)非公有经济对就业岗位的贡献在 80%~90%。

但这只是"经济活动流量"数据,更大范围的国民"资产存量"(中国财富存量总规模及构成)并不完全相同,需要研究更大范围的"资产存量"格局问题。

依据最新统计数据,总体评估,体现为国有工商企业资产、非经营性资产、金融资产、城市土地资产、自然资源资产以及农村集体所有土地等资产的公有资产,仍在中国社会总资产中占优势,国有经济牢牢控制着国民经济命脉并对经济发展起主导作用。

根据中国社会科学院李扬、张晓晶、常欣等著的《中国国家资产负债表2015:杠杆调整与风险管理》一书估算的结果,2013 年国家总资产 691.3 万亿元(其中净资产 352.2 万亿元)。从存量资产角度分析,四大部门构成如下:

——就总资产而言,居民部门占比为 29.4%,非金融企业部门占比为 30.3%,金融机构占比为 27.4%,政府部门占比为 12.9%;

——就非金融资产而言，居民部门占比为 38.4%，非金融企业部门占比为 40.8%，政府部门占比为 20.8%；

——就金融资产而言，居民部门占比为 20.7%，非金融企业部门占比为 20.2%，金融机构占比为 53.9%，政府部门占比为 5.2%。

——从净资产规模上看，居民部门为 180 万亿元，非金融企业部门为 104.4 万亿元，金融机构为 -2.4 万亿元，政府部门为 73.3 万亿元。

以上是按部门划分的。倘按大家关心的国有、民营划分的资产存量格局，情况如下：

根据财政部、国资委、国家统计局等部门公布的公开数据测算，截至 2015 年年底，经营性国有资产净值为 34.46 万亿，行政事业性国有资产净值为 11.23 万亿，金融性国有资产净值为 53.41 万亿，资源性国有资产净值为 458 万亿。

需要说明，这里的国有资产净值是按照"资产负债表"的口径，指的是国有资产净值或国有资本净值。其中资源性国有资产净值，包括：各级政府所拥有的没有转让土地使用权的国有土地储备、已经探明的可估值的地下资源和可计价的地上资源（指可估值、可计价、可交易部分）。不包括：(1)各级政府已经转让土地使用权的国有土地；(2)未探明的地下资源；(3)虽已探明但不可估值的地下资源；(4)不可计价、不可交易的地上资源（如海洋资源、水资源、除活立木以外的森林资源等）。

从以上财政部相关数据可算出，当前中国大口径的国有资产（即把资源性国有资产、经营性国有资产、行政事业性国有资产、金融性国有资产都考虑在内），总量高达 557 万亿元。这个数据未必十分精确，但它是属于最起码的底线估计。笔者 2013 年曾对同口径的国有资产（即把资源性国有资产、经营性国有资产、行政事业性国有资产、金融性国有资产都考虑在内）做过研究和估算，当时写道："笔者并没有找到有关的官方统计数据。依据自己的初步摸底并与有关朋友按此口径粗略估计，应该在 700 万亿元 ~ 800 万亿元。"①不管是 557 万亿元，还是 700 万亿元 ~ 800 万亿元，可见，中国的国有资产"家底"相当雄厚，任何经济力量是不可企及的。因此，担心发展混合

---

① 见常修泽：《包容性改革论》，经济科学出版社 2013 年版，第 124 页。

所有制经济会削弱国有经济的地位是不必要的。可以说,在中国发展混合所有制经济,既不会减少中国国有财富(资产)的总规模,也不会改变中国"以公有制经济为主体"的战略地位。

六、关于混合所有制经济"积极发展"和"稳妥推动"的关系问题

2013年11月,中共十八届三中全会《决定》明确提出了"积极发展混合所有制经济"的命题(在此前,虽然也有"发展混合所有制经济"一词,但未用过"积极发展"的提法);两年后,2015年8月24日,中共中央、国务院《关于深化国有企业改革的指导意见》使用了"稳妥推动国有企业发展混合所有制经济"的提法。这里提出了一个"积极发展"与"稳妥推动"的关系问题。

"稳妥推动"这一提法似乎引起人们的注意。于是,理论界和经济界就有人说:中共中央国务院关于"积极发展混合所有制经济"的方针"改变了","已经由'积极发展'改成'稳妥推动'了",甚至有人认为"国家发展混合所有制经济收紧了",云云。

中共中央国务院关于"积极发展混合所有制经济"的方针是否"改变了"?是否由"稳妥推动"替代了"积极发展"的方针?"积极发展"与"稳妥推动"各自针对性是什么?他们彼此之间是不是"对立关系"和"替代关系"?这里笔者从学术角度谈几点看法。

第一,这是两个不同层级和定位的文件。第一个文件,是2013年11月中共十八届三中全会制定的《关于全面深化改革若干重大问题的决定》;第二个文件是2015年8月24日中共中央、国务院《关于深化国有企业改革的指导意见》。虽然都是中央文件,但层级和定位不同:前者层级和定位是"全面深化改革";后者层级和定位是"国有企业改革"。一个是总体的,一个是单项的,或者通俗点说,一个是"母文件",一个是"子文件"。

第二,这是两个不同范围的命题或概念。第一个命题"发展混合所有制经济",是就"全面深化改革"而言的,既包括国有经济(国有资本),也包括集体经济(集体资本)、各种非公经济(非公资本),甚至包括企业职工股本。"发展混合所有制经济"这是一个大概念,就这个大概念而言,"积极发展"的方针是明确的。

另一个命题是"国有企业发展混合所有制经济"。请注意:此处的"国有企业发展混合所有制经济"也同时被称为"混合所有制改革",这是一个特定概念,是针对"国有企业"而言的,对此方针是"稳妥推动"。

这是两个不同范围的命题和不完全相同的概念。本书对这两个概念是做了区隔的:在一般意义上使用"混合所有制经济"的提法,在"国企改革"特定意义上使用"混合所有制改革"的提法。这不仅仅是笔者的一番苦心,也是权威文件的内涵。

第三,"国有企业混合所有制改革"确实需要"稳妥推动"。本章本节前面第四个"目"中曾论述国有企业发展混合所有制经济对"放大国有资本功能"的意义。《关于深化国有企业改革的指导意见》对国有企业发展混合所有制经济进行了路径设计。提出要"推进国有企业混合所有制改革",强调"充分发挥市场机制作用",要"引入非国有资本参与国有企业改革",特别是要"在石油、天然气、电力、铁路、电信、资源开发、公用事业等领域,向非国有资本"开放等,这是一个相当复杂的问题。习近平同志指出:"发展混合所有制经济,基本政策已明确,关键是细则,成败也在细则。"在2014年年底中央经济工作会议上,针对改革中出现的一些倾向性、苗头性问题,习近平同志明确指出:发展混合所有制经济,提高国有资本利用效率,要严格程序、明确范围,做到公正透明,不能"一混了之",也不是"一混就灵",切实防止国有资产流失。在具体推进过程中,要注意区别对待,注意把握好节奏和力度,在取得实效上狠下功夫。根据习近平指示精神,中央《指导意见》明确提出:"以促进国有企业转换经营机制,放大国有资本功能,提高国有资本配置和运行效率,实现各种所有制资本取长补短、相互促进、共同发展为目标,稳妥推动国有企业发展混合所有制经济。"这里强调"稳妥推动"是有道理的。笔者在2014年也曾撰文,讨论如何防止国有企业混合所有制改革"发生异化"的问题。[①] 本书第二章第六节(《"两只眼睛看混改:推动制度设计健康落地,防止其"虚置"和"变异"》)详细论述了这个问题。

第四,"稳妥推动国有企业混合所有制改革",并未否定总体上"积极发展混合所有制经济"。因为"积极发展"对应的是一般意义上的"混合所有制经济";"稳妥推动"对应的是"国有企业混合所有制改革"。有些朋友望文生义,认为中共十八届三中全会的精神似乎改变了,这是一种误解,一个

---

① 见常修泽:《混合所有制:产权结构创新的主要着力点》,2014年3月3日《北京日报》。

不该发生的误解。

实际上,自 2015 年 9 月《关于深化国有企业改革的指导意见》下达后,中央从未否定中共十八届三中全会"积极发展混合所有制经济"的提法,且在实践中一直执行"积极发展"的方针。2017 年中央在发展混合所有制经济方面明显提速,已经表明这一点。怎么能说十八届三中全会"积极发展"的方针改变了呢?2015 年开始构思、历经两年完成的本书,今年年初之所以扩大队伍集思广益,以尽早出版,不就是"应"此历史大"运"顺势"而生"的吗?(参见本书后记)。

"积极发展"与"稳妥推动"不是彼此对立的关系,更不能说中共十八届三中全会"积极发展"的方针"变调"了。我们应在两个用语的相应层次上把握其各自的真谛。

第二节　探讨混合所有制经济问题的国内外背景

上一节讨论了"是什么"的问题,本节讨论"为什么"的问题。混合所有制经济,它终究要来的。一是有国内背景,二是有国际背景。笔者为什么主持撰写这部《混合所有制经济新论》?简言之,主要是基于国内和国际两方面新挑战的需要。

一、新阶段经济改革的"重头戏":国内背景

这是从中国历史与现实的维度来审视混合所有制经济。

回顾 1978 年以来的中国改革历程,特别是 1992 年中央提出社会主义市场经济体制以来的 25 年历程,根据笔者掌握的材料,中央决策层在关于混合所有制经济问题上,其认识和部署梯度式地上了"四个台阶";而且更有意思的是:每一个认识和决策上的"台阶",都是与对"社会主义"与"市场经济"相结合认识的深化紧密联系在一起的。本章第一节阐述了"结合论"之经济理论的"皇冠",这里,看看"皇冠"上的"明珠"。归纳起来,先后出现四个"第一次":

第一个台阶,1992 年,中央决策层第一次提出"社会主义市场经济"之后,转年(1993 年)第一次提出"财产混合所有"的范畴。根据有关文件,"财产混合所有"一语最早出现在中共十四届三中全会通过的《中共中央关于建立社会主义市场经济体制若干问题的决定》（1993年11月14日）中。《决定》指出："在积极促进国有经济和集体经济发展的同时，鼓励个体、私营、外资经济发展，并依法加强管理。随着产权的流动和重组，财产混合所有的经济单位越来越多，将会形成新的财产所有结构。"第一，这里"财产混合所有"的主体讲的是"经济单位"（细胞），而不是整个"经济形态"；第二，命题是"财产混合所有"，还不是完整的"混合所有制经济"；第三，"将会形成"的是"新的财产所有结构"，而未用"基本经济制度的实现形式"这一范畴。① 这可视为"混合所有制经济理论的雏形"。

第二个台阶，1997年中央决策层第一次正式提出"混合所有制经济"概念。1997年9月12日的中共十五大报告中提出，"坚持和完善社会主义市场经济体制"，并明确指出"使市场在国家宏观调控下对资源配置起基础性作用"（此句中"国家"一词前面删去了"社会主义"四字）。与此体制相适应，在所有制部分，提出了"一切符合'三个有利于的所有制形式都可以而且应该用来为社会主义服务'"。基于此，当时提出："要全面认识公有制经济的含义。公有制经济不仅包括国有经济和集体经济，还包括混合所有制经济中的国有成分和集体成分。"②在这里，按照笔者《包容性改革论》的观点，"混合所有制经济"是作为带有"包容性"的一种"包容性制度"提出来的。③从此，"混合所有制经济"正式登上了中国的改革舞台。

第三个台阶，1999年中央决策层第一次明确使用"发展混合所有制经济"概念。时间是1999年9月22日，其出处是与国企改革有关的中共十五届四中全会通过的《中共中央关于国有企业改革和发展若干重大问题的决定》："国有大中型企业尤其是优势企业，宜于实行股份制的，要通过规范上市、中外合资和企业互相参股等形式，改为股份制企业，发展混合所有制经

① 《十四大以来重要文献选编》（上），人民出版社1996年2月版，第526页。
② 江泽民：《高举邓小平理论伟大旗帜，把建设有中国特色社会主义事业全面推向二十一世纪——在中国共产党第十五次全国代表大会上的报告》，人民出版社1997年版。
③ 可参见笔者《包容性改革论》，经济科学出版社2013年版。书中提出"包容性改革论"的三大要义："包容性思想""包容性制度""包容性运作"，并对三大要义的核心"包容性制度"作了系统分析。

济,重要的企业由国家控股。"①这里有两点值得提出:第一点,这里是把"改为股份制"与"发展混合所有制经济"相提并论的,这可被视为1.0版的混合所有制经济;第二,在《决定》中,第一次增添了"发展"二字,从而形成了"发展混合所有制经济"的新命题,体现了当时的中共中央和国务院着力"发展"的意图。

2002年中共十六大报告,对"社会主义市场经济"认识上进一步深化。此报告关于市场"基础性作用"前面删除了"在社会主义国家宏观调控下"这一前缀,并加上了"在更大程度上",表明市场化改革认识的提高。与此相适应,在所有制问题上,指出:"除极少数必须由国家独资经营的企业外,积极推行股份制,发展混合所有制经济。"②请注意,这里也是把"积极推行股份制"与"发展混合所有制经济"相提并论的,笔者依然把此称为1.0版的混合所有制经济。之后,转年在中共十六届三中全会决定中又在"发展"前面加了"大力"二字,从而,鲜明形成了"大力发展"的命题。这是应当肯定的。

需要指出的是,这里虽然补充了"大力"二字,但在实践中,却缺乏十五大期间"发展"混合所有制经济的气势,进展较为缓慢。尤其是2004年发生争论事件后,在不少地方和部门此项改革甚至被"束之高阁"。操作与决策发生背离,而且是严重的背离。

第四个台阶,2013年中央决策层第一次使用"积极发展混合所有制经济"的提法。在此前16年,虽然中央文件一直有"发展混合所有制经济"一词,但从未用过"积极发展"的提法。2013年11月22日,中共十八届三中全会《决定》中明确提出,"积极发展混合所有制经济",并强调国有资本、集体资本、非公有资本等交叉持股、相互融合的混合所有制经济是基本经济制度的重要实现形式。③

---

① 中共中央《关于国有企业改革和发展若干重大问题的决定》,1999年9月22日。见《十五大以来重要文献选编》(中),人民出版社2001年版,第1002页。
② 江泽民:《全面建设小康社会,开创中国特色社会主义事业新局面——在中国共产党第十六次全国代表大会上的报告》,人民出版社2002年版。
③ 《中共中央关于全面深化改革若干重大问题的决定》(2013年11月12日中国共产党第十八届中央委员会第三次全体会议通过),人民出版社2013年版。

请注意：这个论断与之前相比有两处明显变化：其一，明确使用了"积极"的提法，表达更为鲜明的态度；其二，更重要的是，混合所有制的内涵有新的意蕴。如果说，在此前，混合所有制经济是与"一般意义上的股份制"挂钩的话，那么，这次不是泛指的"股份制"，而是特指的"国有资本、集体资本、非公有资本等交叉持股、相互融合的混合所有制经济"。这是一种 2.0版的混合所有制经济。讲清这一点十分重要，涉及下一步混改中如何准确把握科学内涵问题。笔者在此埋下"伏笔"。

中国的改革已经近 40 年，所有制结构改革取得了不小成绩，但也有待实现"突破"。笔者认为，发展混合所有制经济是国企改革的"突破口"，而且也是整个经济改革的"突破口"。按此判断，当前及下一阶段，中国的经济改革，特别是其中的国企改革似应处在"突破"的前夜。

但到底如何"积极发展混合所有制经济"？似乎尚未"破题"。当前及下一阶段，中国的国企改革已处在"突破"的过程中。这部《混合所有制经济新论》就是基于这种考虑"应运而生"的。

二、世界三大潮流对所有制结构的挑战：国际背景

"人类站在前所未有的十字路口。"[1]笔者在《世界三大博弈与中国开放新局》中曾指出，当今世界有三大潮流，也有三股逆流，二者正在博弈：一是经济全球化的潮流及其与"逆全球化"的博弈；二是新技术革命的潮流及其与"科技黑战"的博弈；三是人本主义潮流及其与"权贵主义＋民粹主义"的博弈。[2]

在上述三大历史潮流特别是全球化和新技术革命条件下，中国必须实行创新战略。[3] 这种创新不仅包括技术创新，更包括理论创新、制度创新和文化创新。在阐述世界三大潮流与中国发展的关系上，那种单向度的"经济崛起"的思维模式应当更新和拓展。"中国梦"所寻求的，不只是经济发展单一向度，而是包括建设经济发展、政治民主、科技进步、文化繁荣、社会和谐、生态良好在内的全面现代化的现代文明国家。从这个意义上说，中国应适应世界三大潮流的要求，与国际社会一起，构建中共十八大讲的"人类命

---

① 托马斯·弗里德曼：《人类站在前所未有的十字路口》，2017 年 6 月 5 日《环球时报》。
② 参见常修泽：《世界三大博弈与中国开放新局》，《群言》，2017 年第 1 期。
③ 参见常修泽：《创新立国战略导论》，《上海大学学报》，2013 年第 5 期。

运共同体"。

就技术革命而言,正如著名经济学家张卓元先生在本书序言所指出的:"未来许多产品和服务将向个性化差异化发展,社会分工会更加深入与精细,为了满足日益多样与多元的社会需求,就需要根据不同的生产规模与水平建立多层次的所有制结构。因此,国有资本与非公有资本的长期并存是不可避免的,发展混合所有制经济将成为长期任务。"

就制度创新而言,自 1978 年中共十一届三中全会以来,中国是秉持对外开放态度的。当前,经济全球化和新技术革命,一方面,为中国的经济和社会发展赢得了国际资源和广阔空间,特别是,为中国赢得了在世界事务中的主动权;另一方面,也倒逼中国必须变革原有的僵化的体制结构,特别是所有制结构,在微观体制上寻求新的制度支撑,而混合所有制就是这样一种新的制度安排。① 正如中共十八届三中全会决定所言,"积极发展混合所有制经济。国有资本、集体资本、非公有资本等交叉持股、相互融合的混合所有制经济,是基本经济制度的重要实现形式"②。这里讲的"基本经济制度",是指社会主义基本经济制度。这是从中国与世界关系、从当今人类文明的维度来审视中国的混合所有制经济。关于世界三大潮流与中国混合所有制经济的内在联系,本书将在第三章详细论述。

第三节　作者关于混合所有制理论的探索过程

前两节分别讨论"是什么"和"为什么"的问题,本节讨论"做过什么"即"态势如何"的问题。

感谢安徽人民出版社 2016 年将本书申报并被列为国家"十三五"出版规划重点图书,感谢白明先生盛情邀请笔者主持该书的写作。从学术角度来说,这也给笔者提供了一个梳理自己研究混合所有制经济理论问题的难得机会。

---

① 常修泽:《世界三大潮流与中国混合所有制经济——基于全球视角的相关性研究》,《改革与战略》,2017 年第 8 期。

② 《中共中央关于全面深化改革若干重大问题的决定》(2013 年 11 月 12 日中国共产党第十八届中央委员会第三次全体会议通过),人民出版社 2013 年 11 月版。

回顾笔者 38 年来(以 1979 年初到南开经济研究所从事研究为标志)的理论研究历程,在混合所有制经济研究问题上,自己认识经历了一个逐步提高的过程：

1979 年,在参加当时国务院财经委员会组织的"东北经济结构调查组"的基础上,笔者曾撰写一篇探讨"所有制结构"的文章《长期并存 比翼齐飞》①。此文主张国有经济与非国有经济"长期并存,比翼齐飞"。虽然这种"长期并存"与"混合经济"也有某种联系,但这篇文章所论述的只是一种"板块式非交叉"的"并存经济",或者说是"一个国家内不同所有制经济的共同存在"。就微观基础来说,A 还是 A,B 还是 B,没有涉及"产权交叉混合"问题。与中共十八届三中全会讲的"国有资本、集体资本、非公有资本等交叉持股、相互融合的混合所有制经济"有很大差距。严格说,够不上"混合所有制经济"的学术命题。所以,笔者一直不把 20 世纪 80 年代初有关全社会"不同所有制经济的共同发展"文章列入混合所有制经济问题的探索之内。

笔者在这个问题上的探索,大体有这样"四波"：

一、20 世纪 90 年代的初步探索

20 世纪 90 年代初期:笔者在"产权经济理论研究系列"著作中开始探讨"产权混合"问题。② 其中,1989—1991 年已开始触及企业资产重组中的"产权混合"问题。③ 这是在 1993 年中共十四届三中全会《决定》提出"财产混合所有"之前出版的。在此之后,笔者承担并完成了国家社会科学"八五"重点科研项目《现代企业创新论》④(1994)。书中对微观层面的"产权交叉混合"(股份所有)问题作了比较深入的探讨(本书作者之一高明华教授参与了 20 多年前此项目研究)。此后,相继出版《产权交易理论与运作》

① 常修泽:《长期并存 比翼齐飞》,1980 年 5 月 9 日《人民日报》理论版。
② 《常修泽教授有关"产权经济理论研究系列"的四部著作简介》,《中国商贸》,2001 年第 18 期。
③ 常修泽主编:《资产重组:中国企业兼并研究》,陕西人民出版社 1992 年版。
④ 常修泽等:《现代企业创新论》,天津人民出版社 1994 年版。

（1995）①和《中国企业产权界定》（1998）②。以上四部著作使用了"股份所有制经济""股份制企业"等类似提法，但在命题上毕竟没有使用"混合所有制经济"或"混合所有制企业"这一范畴。这只能说是探索的开始。

二、2003 年：发表《发展混合所有制经济：完善市场经济体制新课题》论文

笔者正式使用"发展混合所有制经济"命题是在 2003 年。为探讨混合所有制经济可否成为中共十六届三中全会后的改革"重头戏"问题，2003 年 10 月，笔者发表《发展混合所有制经济：完善市场经济体制新课题》一文③。但这一论文，当时视野并不开阔：主要是着眼于微观经济领域的产权结构角度，其立意旨在通过发展混合所有制经济，推进中国微观经济层面的"深度市场化"进程。这篇论文于中共十六届三中全会闭幕之前，在广东《21 世纪经济报道》（2003 年 10 月 16 日）上发表，一些市场化先行地区的刊物如《浙江经济》等转载。发表地为珠三角，转载地为长三角，这不是偶然的，这也反映市场化先行地区对"深度市场化"及其"发展混合所有制经济"的渴求。

三、2013 年：中共十八届三中全会前《包容性改革论》的探讨

从 2003 年发表《发展混合所有制经济：完善市场经济体制新课题》，到 2013 年笔者出版《包容性改革论》，恰好十年。出版这部著作的背景是，虽然 2003 年中共十六届三中全会决定中写有"混合所有制经济"内容，但由于种种原因，在实践中进展并不尽如人意，有些地方甚至无动于衷。出于理论工作者的责任，在中共十八届三中全会前，笔者在《包容性改革论》（2013 年 10 月出版）一书第五章（"经济改革"章）中，专门设置了三节论述混合所有制经济，其中包括：以包容性体制创新促进包容性发展（第二节）、包容性经济体制的基础——混合所有制经济（第三节）、发展混合所有制经济需摆脱"斯大林模式"（第四节）。此三节对混合所有制经济做了如下几点探讨：

1. 提出"从中国肩负的这项战略任务的具体内容和内在逻辑研究，发

---

① 常修泽主笔：《产权交易理论与运作》，经济日报出版社 1995 年 2 月第 1 版、1998 年 8 月第 2 版。

② 常修泽等：《中国企业产权界定》，南开大学出版社 1998 年版。

③ 常修泽：《发展混合所有制经济：完善市场经济体制新课题》，2003 年 10 月 16 日《21 世纪经济报道》。

展'混合所有制经济'是完善社会主义市场经济体制的重要内容"。①

2. 提出混合所有制经济是"包容性体制的经济基础"。三条支撑性理由：第一，混合所有制企业是"混合经济"的产权基础；第二，混合所有制是协调社会多种利益关系，并使之"和谐统一"的产权组织形式；第三，混合所有制是推动国企改革的有效财产组织形式，其中，可能孕育着新的公有制组织形态。② 至于是否可称之为"第四种所有制形式"，拙著留有余地，未下结论，表示愿继续观察和探索。

3. 围绕"如何发展混合所有制经济"，提出："在社会层面，用包容性而不是用排斥性的观点和政策把公有制经济和非公有制经济'统合'起来"（这是发展混合所有制经济的前提条件）；"在国有经济层面，继续推进国有经济的战略调整"；"在微观层面，打破国有企业特别是国有大中型企业的产权格局，积极推进股份制，发展混合所有制的产权结构"。③

4. 特别是明确提出"发展混合所有制经济需摆脱'斯大林模式'"，触及了问题的实质。④

基于上述考虑，在中共十八届三中全会前的 2013 年 8 月，笔者在《给三中全会全面改革方案的四点框架性意见》中，建议将"混合所有制经济"写入中共十八届三中全会决定中。⑤

在中共十八届三中全会之前的敏感时刻，《包容性改革论》一书这些论述和《给三中全会全面改革方案的四点框架性意见》受到关注。

四、2014 年：发表《混合所有制经济的价值再发现与实现路径》

2013 年 11 月 12 日，中共十八届三中全会《决定》提出，"积极发展混合所有制经济"。⑥ 鉴于新阶段改革是一种包括经济、政治、社会、文化和生态环境制度改革在内的"五环式"的改革，因此，在这种新的背景下，笔者提

---

① 常修泽：《包容性改革论》，经济科学出版社 2013 年版，第 196 页。
② 常修泽：《包容性改革论》，经济科学出版社 2013 年版，第 197 页。
③ 常修泽：《包容性改革论》，经济科学出版社 2013 年版，第 198 页。
④ 常修泽：《包容性改革论》，经济科学出版社 2013 年版，第 199 页。
⑤ 常修泽：《给三中全会全面改革方案的四点框架性意见》，2013 年 8 月 26 日《经济导报》。该文收入《包容性改革论》一书附录 5，经济科学出版社 2013 年版，第 412 页。
⑥ 《中共中央关于全面深化改革若干重大问题的决定》（2013 年 11 月 12 日中国共产党第十八届中央委员会第三次全体会议通过），人民出版社 2013 年 11 月版。

出,研究"发展混合所有制经济",就不应仅仅局限于经济领域,而应有新的更高的价值追求。如果说,此前主要是从微观产权结构视角来探讨混合所有制经济的话,那么,在新阶段,则应从更高的层面、更宏观的视野,来发掘混合所有制经济的价值。该文认为,其宏观战略价值主要表现在四个方面,并提出四线推进方略(具体内容参见《混合所有制经济的价值再发现》①,本书第二章第一节展开分析,此处从略)。

从"价值再发现"发表,迄今又过去三年。如果这部《混合所有制经济新论》在理论探讨或实践应用方面能有所推进的话,也可以看成是在中共十八届三中全会决定基础上探索的新成果,并作为向中共十九大奉献的理论之礼——理论工作者以理论的方式为国家服务。需要说明的是,本书为集体研究的成果,在此感谢我的合作伙伴们。

五、混合所有制经济理论需要探索的若干问题

积笔者多年之研究,颇感混合所有制经济"水很深"。关于"需要继续研究什么",至少下面四组问题(每一组中又有几个突出问题)需要深入探讨。

第一组,关于新阶段中国发展混合所有制经济的宏观价值和战略取向问题。

笔者认为,这一组突出有四个问题:

1. 价值"挖掘"问题

中国发展混合所有制经济的宏观价值到底是什么? 现在的论著多从企业层面论述,笔者认为格局似乎太小,所以试图突破企业层面,甚至突破经济体制层面,从社会共生理论、从国家治理现代化等角度对混合所有制经济的价值进行"再发掘"。现在,中国的发展面临新的历史方位——中国特色社会主义新时代。如何从新时代建立"利益共同体",从实现全体人民共同富裕的角度进一步探索,在探索中如何既排除权贵主义,又排除民粹主义,还有不小空间。

2. "中道改革"问题

面对所谓"动摇国本论"和所谓"新公私合营改造论"两种截然对立的

---

① 《关于新阶段重提混合所有制经济的宏观价值追求》,参见常修泽《混合所有制经济的价值再发现与实现路径》,《学术前沿》,2014 年第 3 期。

观点,笔者申明:中国不会是"全盘私有化"的所谓"天堂",也不会是民营经济(不论是狭义的还是广义的民营经济)的"坟场";中国不会是"国有经济一统天下"的乌托邦,也不会削弱"公有制为主体"(包括国有经济活力、控制力和影响力)这种力量。从原则上说已经澄清。但在具体实践中,一方面,如何讲清发展混合所有制经济并非是什么"稀释和削弱国有经济",以排除所谓"动摇国本论"的干扰;另一方面,又如何讲清发展混合所有制经济并非是什么"吞并民营经济",以排除所谓"新公私合营改造论"的干扰?坚持正确的"中道性的混合所有制改革",有待探索。

3. 重点领域混合问题

目前对"混合所有制经济"概念的把握,大体是宽、中、窄三大派:宽者,把"全社会层面"的"多种所有制共同发展"列入范畴;窄者,仅仅指微观细胞单位的"混合所有制企业";在本章第一节,笔者提出第三派观点:即"重点领域的'混合所有制经济'+微观细胞单位的'混合所有制企业'"(比宽者的"全社会层面"要窄,又比窄者的仅仅指微观细胞单位要宽,大体属于中派观点)。究竟如何把握内涵,还可继续讨论,不同观点也可兼容并蓄,见仁见智。概念之争,倒并不是最重要的。

笔者认为,重要的是,垄断性领域(重点领域)如何发展混合所有制经济。其重点是打破垄断及加大开放力度。2017年围绕"中国联通"实施的混合所有制改革"试点"及其过程情节的"一波三折"(某种"戏剧性变化"),已经引起社会广泛关注和议论。客观的事实是,垄断性领域(重点领域)混合所有制改革,从总体上判断还没有完全"破题"。有鉴于此,本书把垄断性领域等重要领域"国有资本、集体资本、非公有资本等交叉持股、相互融合"界定为"混合所有制经济"内涵的第一要义。在实践中,则要以单一所有制领域开放为"突破口"推进混合所有制改革。但,此领域情况颇为复杂,其难度超出预想。如何根据不同行业特点实行"网运分开"、放开竞争性业务,促进非国有资本参与资源配置市场化进程?尤其是,针对具有垄断性质的那部分业务(其性质是非竞争性的或竞争性不强的),在发展混合所有制经济中,如何将投资环节与运营环节分开,通过混合所有制实现多元化投资,从而形成投资主体多元化和经营主体一元化并存的格局,尚待"破题"。

4."利益集团"问题

混合所有制改革,是把全体人的发展作为出发点,还是以利益集团的少数人的利益为出发点?笔者调查中了解到,不少人认同"既得利益集团是改革的最主要障碍"这一提法。从1999年中共十五大第一次提出"发展混合所有制经济"迄今已经18年,从2003年中共十六届三中全会更鲜明提出"大力发展混合所有制经济"迄今已经14年,从2013年中共十八届三中全会更坚定地提出"积极发展混合所有制经济"迄今又过4年。但是,发展混合所有制经济可谓步履艰难。原因何在?除本身的复杂性、思想认识不清晰等原因外,未能摆脱既得利益格局中某些"障碍力量"的束缚是其中另一条原因。这当中,有的力量是在传统体制下形成的,有的则是在新旧体制并存和转换过程中新产生并得以固化的。而这种利益集团的力量不仅存在于少数传统的垄断企业背后,也存在于少数"有背景"的大型民营集团的背后。种种问题纠结在一起,形成相当复杂的利益格局,并对政策的制定产生某种程度的影响。当混改进入新阶段之后,能否超越这种利益格局的羁绊,是一个关乎发展混合所有制经济全局的重大问题。

第二组,关于国有企业如何发展混合所有制经济问题。

这是中国发展混合所有制经济的"主战场",也是国企改革的"重头戏"。2015年8月24日,中共中央、国务院《关于深化国有企业改革的指导意见》强调"稳妥推动国有企业发展混合所有制经济",就是专门指的这一组。这一组,至少有四个问题值得探讨:

1. 国企"混改"战略问题

鉴于中国国企极其复杂的格局,原则上说应实施以分类、分层、分区为特点的"三分推进"战略。但如何展开?就分类来说,第一类,对于主业处于"充分竞争"行业和领域的商业类国有企业,推进起来相对容易些。第二类,主业处于"关系国家安全""国民经济命脉"的重要行业和关键领域以及主要"承担重大专项任务"的商业类国有企业,稍为困难些。此类面临如何由国有独资转为国有资本"控股地位"(可以是绝对控股,也可以选择相对控股)。第三类,"自然垄断行业",情况更为复杂,我们是否对其难度和挑战性给予充分考虑?特别是,第四类,即公益类国有企业(包括公共交通、公共设施等提供公共产品和服务的行业和领域),如何通过"政府购买服务""特许经营""委托代理"等方式,推进混合所有制改革? 至于分层改革(主要是母公司)、分区改革(主要是东北地区国企"凤凰涅槃、浴火重生"),都有一些理论和实践难题,而且难度不小。本书第二章专门设置了第四节,讨论国企混改的分类、分层、分区"三分推进"战略,可供讨论。

2. 国企混改的制度条件、政策空间与策略问题

这里恐怕还有些"未定之天"。国企混合所有制改革的制度条件如何把握? 其政策激励与管制边界究竟在哪里? 与制度条件、政策空间问题相关的,还有诸多策略问题。我们在书中指出:"所谓以市场配置资源,其实质主要是以'产权'配置资源"。在发展混合所有制过程中,如何着力实施产权制度全面覆盖的策略,破除垄断和开放市场的制度创新策略,股权多元化协同与资本运营组合策略等,都需要研究。

3. 国有股"持股比例"问题

国企混合所有制改革的关键性难点,是国有股持股比例及股权结构安排。本书就国有企业混合所有制改革如何优化股权结构,提出三条数量界限,即:(1)绝对控股:52%以上;(2)相对控股:未必34%,28%即可;(3)参股:13%上下。三条数量界限是否是混合所有制企业国有股持股最优比例安排? 绝对控股52%以下可否? 相对控股28%以下可否? 参股13%以下可否?

4. 国企"走出去混改"问题

据统计,2016年,中国对外投资流量连续两年位居世界第二位,仅次于美国。截至2016年年底,中国对外直接投资存量超过1.3万亿美元(境外资产总额达5万亿美元)。中国对外投资在三方面表现突出:一是走出去规模扩大,二是企业国际化经营水平提升,三是产业国际布局加快。国企"走出去"如何与当地资本相融合,以混合化促进国际化经营转型升级,并参与人类"文明包容"的建设? 尚需开拓。

第三组,关于民营企业发展混合所有制经济问题。

至少有四个问题需要深入研究:

1. "第二战场"问题

过去十几年的研究中,学术界多聚焦于将国有企业改造成混合所有制企业,而对民营独资企业改造成混合所有制企业重视不够。中共十八届三

中全会《决定》指出:"鼓励发展非公有资本控股的混合所有制企业"。提出了一个新的问题:增强各类所有制经济活力,应包括发挥非公有经济的经济活力,为民间资本提供大显身手的舞台。如何把握好民营企业、外资企业、员工持股的总体态势和各自地位,推进民营企业、外资企业、员工持股"三方共进",以开辟发展混合所有制经济的"第二战场"?这是一个不容忽视的问题。

2."交叉持股"问题

"交叉持股"问题的实质,是"你混我,我混你"。站在国有资本角度,如何在高新技术、生态环保、战略性产业等重点领域,以民营企业为"标的",对其中发展潜力大、成长性强的企业进行股权投资?站在民营资本角度,如何以国有企业为"标的",通过投资入股、联合投资、并购重组等多种方式,吸引国有资本与民营企业进行股权融合、战略合作、资源整合?现在是"国混民"相对顺利,而"民混国"则进展艰难,如何突破"民混国"理论与实践的瓶颈?这也是一个关键问题。

3.互联网企业问题

传统的所有制理论认为,生产力的多层次性(高、中、低)决定生产关系的多样性(国、集、民)。但现在的情况是,在信息革命的新时代,一些高技术的互联网企业却是民营企业创建和经营(典型者如阿里巴巴、腾讯)。而且,目前大型国企混合所有制改革(如联通等),大多以阿里巴巴、腾讯等民营企业为"标的"(且有"一窝蜂"倾向)。这涉及民营企业混改的模式问题,如何在操作中采用包括民营基金模式、互联网企业增资扩股模式以及上市公司定增等多元模式?如何注意防范民营企业和国有企业双方的利益侵占与定价风险以及地方政府政策风险和民营企业自身决策风险?

4."两个保护"问题

中国民营经济发展历程艰难,曾经在计划经济体制的"缝隙"中萌生,现今虽进入社会主义市场经济体系之内,但依然"坎坷"前行。2016年11月27日和2017年9月25日中共中央、国务院先后颁发《关于完善产权保护制度 依法保护产权的意见》和《关于营造企业家健康成长环境 弘扬优秀企业家精神 更好发挥企业家作用的意见》,受到民营企业家的欢迎,有民营企业家兴奋欢呼:"这是民营企业家的春天"。但是,在民营经济发展混合所有制经济、特别是参与国企"混改"过程中,如何切实保护民营企业产权和保护民营企业家精神,并未完全解决,这里有实践问题,也有理论问题。

第四组,关于发展混合所有制经济特别是国企"混改"的实现机制与企业治理问题。

1. 机制与平台问题

发展混合所有制经济特别是国企"混改"需要什么机制与平台？实践表明,资产证券化与产权交易市场是混合所有制经济改革的机制与平台。如何通过合适的途径推进国企改革与资产证券化？包括推进和完善企业资产证券化制度和立法,进一步完善国资监管和国企资产证券化各交易环节的监管,确保金融资产总量规模与实体经济规模相匹配？这不仅涉及发展混合所有制经济,而且涉及国家金融安全问题。同时在发展混合所有制经济中如何发挥产权交易市场的平台作用？也应纳入机制和平台研究视野。

2. 混合型企业治理问题

混合所有制改革固然有利于国企管理改革和公司治理,但是并不能代替国企管理改革和公司治理。在混合型企业公司治理方面,如何从新组合的企业实际出发,紧扣投资者权利平等、董事会治理规范化、企业家能力提升以及信息披露充分四大命题来完善公司治理结构,值得研究。例如,既然是混合所有,就应保护各类投资者的权利,特别是建立国有资本和民有资本之间的权利平等机制,这是混合所有制改革的制度基础。这方面大有文章可作。

3. 制度设计"异化"问题

从理论上分析,混合所有制之实施,务必防止利益集团把它扭曲和变异。针对改革中出现的某些问题,习近平同志在 2014 年年底中央经济工作会议上指出:发展混合所有制"不能'一混了之',也不是'一混就灵',切实防止国有资产流失";"要严格程序、明确范围";"要注意区别对待,注意把握好节奏和力度"。笔者也曾于 2014 年 3 月 4 日发表文章,提出防止混合所有制"异化"的问题。① 为了防止混合所有制"异化",有四条要领是必须

---

① 2014 年"两会"开始之际,本文作者在《混合所有制:产权结构创新的主要着力点》中,曾提出在"产权结构创新"过程中,"会不会有人借混合所有制,侵吞国资,或借混合所有制,侵吞民资？"的问题,见 2014 年 3 月 4 日《北京日报》。

掌握的:(1)市场决定,政府引导;(2)保护产权,公平对待;(3)依法依规,规范操作;(4)统筹协调,稳妥推进。同时,需要警惕和重视的是,要防止并抵制腐败分子借"混改"之名谋私,避免这种新的制度设计发生"异化"。

第四节 本书的体系结构和若干求新之点

这不是笔者一个人的专著,而是一部集体智慧的结晶。参加本书写作的,既有在高校和研究机构从事"产权"理论研究的学者,也有在国家发改委、中国国际经济交流中心、国务院国资委、国家财政部等相关部门从事理论和政策研究并参与方案设计的专家;既有在国有企业从事"混改"研究和实际操作的高管人员,也有在民营企业摸索混合所有制路径的企业管理者。这样,本书就不是"单向度"①之作,而是"多向度"之作:既有理论,又有实践;既有顶层设计,也有实施方略。从一定意义上,体现了我们国家关于混合所有制经济的理论研究水平、政策设计水平和实际操作水平。

一、本书的体系结构

从全书结构和内容方面而言,这部《混合所有制经济新论》,以笔者《包容性改革论》为理论依据,围绕"混合所有制经济",从新的层面进行了系统论述。除序言外,设置四篇,十五章,并加若干附录。

第一篇,总论篇。包括五章:第一章,导论即本章,阐述了笔者关于混合所有制经济的论纲和基本观点。第二章,混合所有制经济的价值再发现与战略。这一章,从本书力求"新论"的角度,超越原有的认识,阐述了混合所有制的"价值再发现";并就混合所有制的所谓"产权多元化"格局作了界定,强调以"'异性恋'为主旋律、以'同性恋'为协奏曲";在总结分析实践进展的基础上,提出了国企"混改"的"三分(分类、分层、分区)推进"战略和民营企业、外资企业、员工持股"三方共进"战略等。此章可视为全书战略思路的基础。第三章,世界三大潮流与中国混合所有制经济。该章将内外打通。

---

① 笔者借用的"单向度"一词,源自法兰克福学派代表人物马尔库塞的经典著作《单向度的人——发达工业社会意识形态研究》一书(1964)。按照马尔库塞的阐述,"单向度的人,即是丧失否定、批判和超越能力的人。"这里只是借用这一词汇。若用其实质含义,请见常修泽:《企业家阶层新论》,《上海大学学报》,2017年第3期。

第四章,混合所有制改革的政策空间和创新难点。该章由国家发改委体改司原司长、中国体制改革研究会副会长孔泾源先生撰写,他曾参与混合所有制改革的方案设计,深知此项改革的政策空间奥妙和创新难点之所在。此章中关于混合所有制改革的市场要素、政策理念与制度条件,关于政策激励与管制边界,关于政策潜力与难点透视,写得颇有深度。第五章,发展混合所有制经济的策略选择。该章由国家发改委重点项目稽查特派办原正司长级稽查特派专员、中国国际经济交流中心专家委员会专家张丽娜女士撰写,她曾参与了国家发改委有关混合所有制改革的方案设计研究,熟悉其中的"策略选择"问题。本章关于产权制度、破除垄断、股权多元协同以及若干策略,很有指导性。设此五章,旨在阐明发展混合所有制经济的理论与战略、策略,以及宏观背景对发展混合所有制经济的倒逼机制。

第二篇,国企"混改"篇。这是本书的"攻坚"部分。包括五章,其中:第六章,以单一所有制领域开放打开混合所有制改革的突破口。此章由中国财政科学研究院国资专家文宗瑜先生撰写,功底深厚,矛盾揭示比较深刻。第七章,国有企业混合所有制改革:趋势、误区与对策。该章由国家发改委市场与价格研究所刘泉红研究员撰写,他在 2017 年 5 月份曾作为督导组成员下到地方督导"混改",有来自对实践第一线的观察与思考。第八章,国有企业"混改"中股权结构优化探讨。该章由中国社科院博士、中国铁建投资集团副总经理戴保民先生所写,提出了混改中国有资本绝对控股、相对控股和参股的数量界限,尽管可能会引起争议,但毕竟提出了股权比例空间。第九章,区域"混改"研究:东北国企"浴火重生"的突破口。该章由本人撰写,有大量数据和第一手资料,旨在寻求混改的区域突破。第十章,中央企业走出去与发展混合所有制经济。这一章由国资委曾负责"走出去"工作的邓志雄局长撰写,颇有开放思维。本篇后面,安排有央企混改案例。笔者之所以用五章篇幅系统阐述国企"混改",是因为这既是中国国企改革本身的"突破口",也是中国发展混合所有制经济"整台大戏"的"重头戏"。

第三篇,民企混合篇。包括两章,即:第十一章,民营经济发展的总体态势与发展混合所有制经济。由本人撰写,写后曾在国家行政学院作过报告,征求意见,反映尚好。第十二章,民营企业发展混合所有制的迫切性、模式与注意问题。此章由南开大学现代管理研究所所长李亚博士所写,他近年对民营企业进行了深入研究,颇有成效。本篇后面,附有民企发展混合所有制案例。人们容易忽略民企混合问题,设置此篇,旨在开辟中国发展混合所有制经济的"第二战场"。

第四篇,实现机制与治理篇。包括三章,即:第十三章,混合所有制改革中的国有企业资产证券化。该章由从事金融管理工作的中国社科院博士陈忠庆先生所写,他对证券化进行了较深入的研究,所提政策建议具有应用价值。第十四章,在发展混合所有制经济中发挥产权交易市场的平台作用。此章由中国产权协会副秘书长王龙先生所写,王先生长期从事产权交易市场的实践和理论探讨,这一章为我们提供了发展混合所有制经济的一个人们不太熟悉的平台。第十五章,公司治理与国有企业发展混合所有制。这一章由北师大公司治理与企业发展研究中心主任高明华教授所写,内容十分扎实,特作为全书的"压轴之章"。设置这一篇,旨在使发展混合所有制经济真正能在中国实际"落地"。

特别应该指出,在本书开篇,有幸请著名经济学家张卓元老师为本书作序,这对这本"新论"起到画龙点睛作用,深表谢忱。

二、本书的若干求新之点

笔者在《中国所有制结构改革 40 年》一书中曾指出:中国所有制结构方面的矛盾是中国经济内部的深层次矛盾。其根源之一在于经济领域没有完全摆脱斯大林政治经济学的"单一所有制理论"及此种思潮的影响。本书以笔者的《包容性改革论》提出的"包容性制度"为理论依据,围绕"混合所有制经济新论"展开论述,并试图将"包容性制度"这一核心思想作为主线贯穿各章分析中。

书名之所以冠之以"新论",主要尝试以下"四个求新":

第一,立意求新。混合所有制经济已经提出多年,但近年来面临新的国际国内背景和新的矛盾。本书立足于已经变化了的实际,在新的起点上重新立意。从国际角度立意,主要是基于世界三大潮流对所有制结构的挑战;从国内角度立意,主要是基于国内新阶段全面改革,特别寻求"突破"的战略需要。中共十八届三中全会提出"国有资本、集体资本、非公有资本等交叉持股、相互融合的混合所有制经济是基本经济制度的重要实现形式"之后,理论界作了新的探索,实际经济部门进行了大胆实验,包括 2017 年 8、9 月份推出中国联通公司的混改试点，引起社会各方面关注和议论。针对客观上出现的新情况、新问题，本书作者深入研究，系统论述。正是由于这一新的立意方使本书的思想上升到新的境界。

第二，体系求新。根据对"知网"有关文献的搜索，发现混合所有制经济的文献不少，但主要是论文，著作相对较少，尤其是成体系的著作少。逻辑体系是一本学术专著的"骨骼"，没有完整的"骨骼"难以立之于世。而要确立"骨骼"，则必须找到事物的内在联系。我们对"股份制经济"和"混合所有制经济"这两组范畴的联系与区别进行了研究。我们认为，这两组范畴是有联系的，混合所有制经济当然是股份制经济，但是两者也是有区别的，并不是天下所有的股份制经济都是混合所有制经济。笔者称之为"同性恋"之间组成的股份制企业，严格说不是混合所有制企业（无论在中国还是在西方似乎都应这样把握）。就中国来说有三个问题：一是如何立足于国有企业，实行混改问题；二是如何立足于民营企业，发展混合所有制经济问题；三是不管国企、民企都有个实现机制和内部治理问题。基于这种认识，本书设置四篇：第一篇，总论，类似大厦的"屋顶"；第二篇，国企"混改"篇；第三篇，民企混合篇，二、三两篇类似大厦的"两排立柱"；第四篇，实现机制与治理篇，类似由钢筋水泥制成的大厦"底座"，旨在使整个著作"落地"。这样一个具有内在逻辑的内容安排，大体形成了关于"混合所有制经济新论"的理论体系。

第三，观点求新。本书在理论探讨和调查研究的基础上，提出了若干具有新意的观点。比如，在总论篇，提出混合所有制经济"价值再发现"的观点，关于混合所有制的根基和内涵界定的观点，关于混合所有制经济"异性恋"和"同性恋"并进、但以"异性恋"为主旋律、以"同性恋"为协奏曲的观点，关于混合所有制改革的市场要素、制度条件和管制边界的观点，关于混合所有制发展若干新策略的观点等。再比如，在国企"混改"篇，关于公共性行业"精准性改革"的观点，关于中国市场开放与发展混合所有制内在联系的观点，关于国企"混改"中"体制机制羁绊"的观点，关于国企"混改"中股权优化的数量表现及其合理区间的观点。再比如，在民企发展篇，关于民企如何根据互联网时代要求发展混合所有制经济的观点。还比如，在最后一篇，针对实现机制，在资产证券化同时，提出的关于开辟并发挥产权交易市场作用的观点,特别是本篇最后一章,从混合所有制经济发展的新角度来重新审视公司治理结构,关于"混改"后投资者权利平等、董事会治理规范化、企业家能力提升以及信息披露充分四大问题等观点,都为各章作者的独立思考,饶有新意。

第四,方略求新。本书作为一部理论"源于实践、高于实践、同时又要回到实践"的著作,我们强调要有可操作性,要真正"管用"。为此,书中提出了若干有应用价值的方略,比如总论中关于发展混合所有制的总体设计与方略,关于国企改革特别是央企"三分(分类、分层、分区)推进"的"混改"意见,关于国企"走出去"过程中如何与民企和外商混合问题,关于混合所有制企业的公司治理方略等;书中还提供了国企、民企若干改革案例,国务院国资委企业改革局吴同兴副局长还对国企改革案例进行了评点。所有这些,都使本书具有较强的应用性,可供各地、各单位在发展混合所有制经济过程中参考。

当然,由于笔者水平所限,无论是体系设计,还是书中观点,还是操作方略,与实际运作中的复杂性要求相比较,本书都还有诸多不尽如人意之处。加之时间所限,有些章节缺乏精雕细刻,书中会存在不少缺点甚至错误,请各位读者在阅读时提出意见,进行交流。

第二章　混合所有制经济的价值再发现与战略

【本章提要】从改革理论上说，包括国有资本在内的多种资本相互融合的混合所有制经济是中国"基本经济制度的重要实现形式"①（此为 2.0 版的"实现形式"）；从改革战略角度研究，发展混合所有制经济是整个经济体制改革，特别是国有企业改革的"突破口"。

本章针对混合所有制经济发展中面临的几个突出的理论和战略问题作了总体分析，其中主要有：如何把握发展混合所有制经济的宏观战略价值？国有企业的"混改"究竟哪个是"主旋律"，哪个是"协奏曲"？从当前发展混合所有制经济进展态势看，如何"行稳致远"？基于中国国有企业的复杂情况，下一步"混改"如何实施分类、分层、分区的"三分推进"战略？如何实施包括民营企业、外资企业以及员工持股在内的发展混合所有制经济"三方共进"战略？整个"混改"过程，如何防止这种新的制度设计发生"异化"？同时，在反"异化"过程中，又要避免导致"因噎废食"而无所作为、"按兵不动"？从理论上分析，混合所有制似《一千零一夜》中阿里巴巴寻找的"金洞"，然而要真正获得"珍宝"，则要经历诸多艰险；它绝不是"潘多拉的盒子"，但要防止腐败把它扭曲和变异。本章可以说是本书第一章的升华和进一步展开，也是下面诸章讨论的基础。

---

① 中共十八届三中全会通过的《中共中央关于全面深化改革若干重大问题的决定》（2013 年 11 月）。

　　继上一章"导论"之后,本章进一步探讨混合所有制经济的相关理论与战略问题。2012 年中共十八大以来,围绕新阶段全面深化改革,国家决策部门下达了一系列文件或讲话,概括之,涉及改革方向、改革目标、改革主体、改革动力、改革路径、改革方法等若干重大方面。应该说,这些精神,对于我们研究混合所有制经济都是适用的。笔者认为,"为什么改"(完善基本经济制度、促进所有制结构创新的关键一招,而不是"为混而混")、"为谁改"(把所有人的发展作为出发点和落脚点,而不是以个别利益集团的少数人利益为出发点)、"怎么改"(依靠广大企业和人民群众共同推动,而不是靠少数部门和少数人孤军奋战),这三点尤其重要。

　　就所有制结构创新而言,从 2016 年春开始,笔者主持了"复兴之路——中国改革开放 40 年回顾与展望"丛书之一的《所有制改革与创新——中国所有制结构改革 40 年》的专著写作。在该书的"攻坚篇"(亦即"展望篇")书稿中,笔者撰写了《混合所有制经济:中国所有制结构改革的新趋势》一章①。那一章篇幅只有 3 万字,但是它是以这部《混合所有制经济新论》的系统研究(本书共 15 章,40 多万字)为理论支撑的。从这个意义上说,那一章是这一部书(《混合所有制经济新论》)的浓缩;而这部书(《混合所有制经济新论》)则是那一章的潇洒"铺陈"。在本书中,我们将把混合所有制经济作为一个完整的体系全面展开论述。

　　本书第一章曾阐述了笔者关于混合所有制经济若干基本认知、国内外背景、本书总体构思及几个探索创新之点。本章将在此基础上展开论述。

　　首先讨论"中国发展混合所有制经济的价值再发现与战略"问题。从改革理论上说,包括国有资本在内的多种资本相互融合的混合所有制经济是中国"基本经济制度的重要实现形式"②;从改革战略角度研究,发展混合所有制经济,被称为国有企业改革的"突破口"。但从实际进展来看,这场"突破口"之战打得十分艰苦,现正处在"突破"的历史当口,以至于 2017 年 5 月国家专门派出改革督导组到各省(市、自治区)和中央相关部门,对发展混

---

　　① 参见常修泽等:《所有制改革与创新——中国所有制结构改革 40 年》,广东经济出版社待出,其中有《发展混合所有制经济:中国所有制改革的新趋势》一章。

　　② 中共十八届三中全会通过的《中共中央关于全面深化改革若干重大问题的决定》(2013 年 11 月)。

合所有制经济进行检查、督导。

　　根据笔者的实际调研和理论探讨,当前,混合所有制经济改革面临几个突出的理论和实践问题:第一,理论问题。如何把握发展混合所有制经济的宏观战略价值? 第二,既有理论问题也有实践问题。国有企业的"混改":究竟哪个是"主旋律",哪个是"协奏曲"(第一章曾提出,本章进一步分析)? 第三,实践问题。当前发展混合所有制经济,到底进展态势如何? 特别是重点领域"试点"情况如何(此情况涉及2017年5月国家向各地派出督导组的战略意图问题)? 如何促其"行稳致远"? 第四,发展战略问题。基于中国国有企业的复杂情况,下一步"混改"如何实施分类、分层、分区的"三分推进"战略? 第五,也是发展战略问题。在国有企业"混改"的同时,如何实施包括民营企业、外资企业以及员工持股在内的发展混合所有制经济"三方共进"战略? 第六,整个"混改"的操作过程,如何按照习近平同志关于"严格程序"的要求,防止这种新的制度设计发生"异化"? 同时,在反"异化"过程中,又如何避免导致"因噎废食"而无所作为、"按兵不动"?

第一节　混合所有制经济的价值再发现

　　起于1978年年底的国有经济体制改革,在过去近40年中,已经经历了"放权让利"(1978—1984)、"所有权与经营权分离"(1984—1991)、"建立现代企业制度"(1992—1997)、"国有经济布局调整"(1997—2002)和"建立现代产权制度"(2002—2012)五个阶段。[①] 以2013年11月中共十八届三中全会为标志,国有经济体制改革进入第六阶段,即"发展混合所有制经济新阶段"。作为国有资本、集体资本、非公有资本等交叉持股、相互融合的混合所有制经济,是中国基本经济制度的重要实现形式。这种2.0版"重要实现形式",应该有超越之前的新的价值追求。那么,如何把握新阶段发展混合所有制经济的宏观价值呢? 我们不妨把镜头拉得远一些,从改革的大趋势和大逻辑来探讨这一问题。

---

　　① 参见常修泽等:《所有制改革与创新——中国所有制结构改革40年》,广东经济出版社待出。

一、20 世纪 90 年代提出"混合所有制经济"的初衷

本书第一章"导论"曾指出,"财产混合所有"这一概念最早出现在 1993 年中共十四届三中全会通过的《中共中央关于建立社会主义市场经济体制若干问题的决定》中。由"财产混合所有"概念进一步升华,第一次正式明确使用"混合所有制经济"这一命题,是 1997 年 9 月 12 日的中共十五大报告。两年后,1999 年 9 月 22 日,在中共十五届四中全会通过的《中共中央关于国有企业改革和发展若干重大问题的决定》中,第一次增加了"发展"二字,从而形成了"发展混合所有制经济"的完整命题。2003 年 10 月,笔者曾发表过一篇论文:《发展混合所有制经济:完善市场经济体制新课题》①。但当时的论文,主要是着眼于微观经济领域的产权结构视角(这与此前笔者在南开大学经济研究所长期研究企业产权制度有关),其立意,旨在通过发展混合所有制经济,推进中国微观经济层面的"深度市场化"进程。

为何当时有此"立意"?主要是基于微观经济层面的研究,看到在传统的体制中,作为微观基础的企业产权结构,具有一种"反混合"特征,具体表现为"三性":

1."单一性":传统的经济理论,把社会主义所有制界定为单一的社会公有制,在那里,"由社会占有全部生产资料",从而"社会成为全部生产资料的主人"。苏联更把此搞成了"单一的国家所有制"。在此传统思想下,中国长期以来,也把国民经济看成"纯而又纯"的单一的公有制经济("文化大革命"期间甚至追求单一的国有制经济),将非公有经济视为格格不入的"异己力量"。这就是笔者经常引用马克思年轻时发表的一段名言的缘由:世界"千姿百态","并不要求玫瑰花散发出和紫罗兰一样的芳香","为什么却要求世界上最丰富的东西——精神只能有一种存在形式呢?"②是啊,为什么人们总是追求"单一形式"呢?为什么缺乏"包容性"的胸怀呢?追求财产关系的"单一性",这是到目前为止中国经济体制改革过程中某些人依然没有冲破的一个"思想牢笼"。

2."封闭性":把社会所有制结构和企业(即中央文件讲的"经济单位")

---

① 常修泽:《发展混合所有制经济:完善市场经济体制新课题》,2003 年 10 月 16 日《21 世纪经济报道》。

② 转引自常修泽:《包容性改革论》,经济科学出版社 2013 年版,第 7 页。

产权结构看成是一种封闭的系统,排斥不同所有制之间的相互渗透,既缺乏开放性,更缺乏包容性。有人问笔者:《包容性改革论》一书,您针对什么?回答:针对"排斥性"。客观实践中排斥了一些不该排斥的东西。

3."凝滞性":"封闭性"的存在导致产权流动和交易的僵滞,这在部分国有产权体系中表现尤为突出①。这种凝滞性必然导致僵化,需要互补的不能得以互补,需要互换的不能得到互换。

笔者以为,上述"三性"导致的单一产权关系,限制了不同性质的资本相互兼容和相互渗透。20 世纪 90 年代提出"混合所有制经济",主要是针对上述"三性"而展开的。实践要求,要在"与时俱进的中国化马克思主义"指导下,寻求与中国国情相适应的所有制结构。

2013 年 11 月 12 日,中共十八届三中全会《决定》提出,"积极发展混合所有制经济",并强调国有资本、集体资本、非公有资本等交叉持股、相互融合的混合所有制经济是基本经济制度的重要实现形式。② 在新的历史条件下,我们的认识应当有所升华。鉴于新阶段改革是一种包括经济、政治、社会、文化和生态环境制度改革在内的"五环式"的改革("五环式改革"是笔者十年前提出并使用的概念,最早使用是在《人本体制论》③一书,并以此为比喻系统阐述自己的全方位的改革思想)。此前,笔者一直不赞成孤立地搞"单一的"经济体制改革,基于对中国现代化的研究,笔者力主中国应实行经济、政治、社会、文化和资源环境制度的改革,用奥运会的"五环"比喻,较形象体现这种思想。中共十八大后,中共中央使用了"五位一体"概念,更富战略思维,正式文件的用语为"统筹'五位一体'总体布局"。因此,在这种新的背景下,研究"发展混合所有制经济",就不应仅仅局限于经济领域,而应有新的更高的价值追求。

如果说,上世纪 90 年代主要是从微观产权结构视角来探讨混合所有制经济的话,那么,在新阶段,则应从更高的层面、更宏观的视野,来发掘混合

---

① 关于"单一性""封闭性""凝滞性"的分析,见常修泽:《中国国家所有制企业制度改革论稿》,《南开经济研究》,1990 年第 5 期,另见《中国经济科学年鉴》(1989—1990 年)。

② 《中共中央关于全面深化改革若干重大问题的决定》(2013 年 11 月 12 日中国共产党第十八届中央委员会第三次全体会议通过),人民出版社 2013 年版。

③ 参见常修泽:《人本体制论》,中国经济出版社 2008 年版,第 1 页。

所有制经济的价值。① 当然,在阐述之前,笔者也应说明,就如世界上没有包医百病的"灵丹妙药"一样,混合所有制也绝非是包医"诸病"的"灵丹妙药",不应夸大和泛化其功能成效,尤其不要指望"一混就灵"(天下没有这等事),但现在存在的主要倾向性的问题是对其宏观价值认识不够。针对此,笔者在这里作一番深层的"挖掘",试图有些"新发现"。

二、经济体制改革角度的价值再发现:公正型市场经济体制的产权基础

当今世界两大诉求十分明显:一是市场经济。"到目前为止,人类还没有找到比市场经济更有利于资源配置的机制"②。二是公平正义。民众对这方面的诉求极其强烈。基于对上述两大诉求的认识,笔者曾尝试性提出:从制度设计来说,应建立一个带有包容性的"公正的深度市场化经济体制"③。

中国有两个"苦于":一是苦于市场经济不发达,不少地方的市场化程度较低④,经济体制改革尚未到位;二是苦于市场经济条件下因体制改革不到位特别是法制不彰而带来的一些负面影响,如收入差距过大,社会分配不公⑤等。因此,必须做到双方"互不排斥"(市场化不能排斥公正化;公正化也不能排斥市场化),而且还要"内在融合"。

难点在于如何建立市场化与公正化"内在融合"的经济体制?就中国来说,既然资源配置主要由市场决定,而且以公有制经济为主体,公有制经济和非公有制经济"都是我国社会主义市场经济的重要组成部分",也"都是我国经济社会发展的重要基础"⑥,在财产关系上就需要一种带有包容性的经济形式与之适应。

那么,这种带有包容性的经济形式是什么呢?实践表明,既不是单一国有制,也不是单一私有制,而是在"社会公平和市场经济兼容"的基础上,形

---

① 关于新阶段重提混合所有制经济的宏观价值追求,参见常修泽:《混合所有制经济的价值再发现与实现路径》,《学术前沿》,2014 年第 3 期。

② 常修泽:《包容性改革论》,经济科学出版社 2013 年版,第 13 页。

③ 常修泽:《包容性改革论》,经济科学出版社 2013 年版,第 4 页。

④ 参见樊纲教授、王小鲁教授等 2017 年有关市场化指数方面的著作。

⑤ 参见李实、佐藤宏(日)、史泰丽(加)等:《中国收入差距变动分析——中国居民收入分配研究Ⅳ》,人民出版社 2013 年版。

⑥ 引自中共中央十八届三中全会《关于全面深化改革若干重大问题的决定》,人民出版社 2013 年版。

成一种"国有资本、集体资本、非公有资本等交叉持股、相互融合的混合所有制经济"。①撇开全社会范围内"多种所有制共同发展的经济"不谈,仅就重要领域和微观经济主体而言,混合所有制就是这样一种新的有效的财产组织形式(其中,它是否孕育着新的社会所有的组织形态并称之"第四种所有制形式",需观察),从而有利于公有资本和非公有资本的相互融合,这种"统一性""融合性"不是外在的统一,而是内在的统一和融合。

中央重提并强调"积极"而又"稳妥"地"发展混合所有制经济",其宗旨在于促进国有资本、集体资本、非公有资本等交叉持股、相互融合,使这种混合所有制真正成为我国基本经济制度的重要实现形式,按照第一章我们阐述的"双重目标",一则促进国有资本放大功能和提高效率,如习近平同志所言:发展混合所有制经济,旨在"进一步探索基本经济制度有效实现形式","这是新形势下坚持公有制主体地位,增强国有经济活力、控制力、影响力的一个有效途径和必然选择"。二则,也帮助非公有资本拓宽投资渠道,双管齐下,亦如习近平同志所言:在"毫不动摇巩固和发展公有制经济,坚持公有制主体地位,发挥国有经济主导作用,不断增强国有经济活力、控制力、影响力"的同时,"毫不动摇鼓励、支持、引导非公有制经济发展,激发非公有制经济活力和创造力",这样才能为寻求"公正的深度市场化经济体制"提供支撑。

三、社会体制改革角度的价值再发现:"社会共生"体制的经济支撑

研究混合所有制经济,不仅要有经济学视角,还要有社会人类学视角,特别是要有社会人文关怀,这是笔者自1986年提出"人本经济学"以来研究经济学着力探索之处。当前,中国正处在社会大变动、利益大调整的历史阶段。毋庸回避,社会已开始分层,甚至有逐步固化的趋势。分层与固化,已成社会利益冲突和社会危机事件爆发的内在因素。为避免社会严重分裂,笔者在《包容性改革论》一书中提出"社会共生"理论,三句话:"穷人不能再穷,富人不必出走,中产必须扩大",以寻求社会各阶层(特别是中低收入阶层)的"社会共生"之路②。

---

① 中共中央十八届三中全会《关于全面深化改革若干重大问题的决定》,人民出版社 2013 年版。

② 常修泽:《包容性改革论》,经济科学出版社 2013 年版,第 236 页。

与本书相关的是,哪种财产组合形式更有利于"社会共生"呢?这就要研究利益关系问题。随着改革的深化,中国社会和企业内部的利益关系已经"多元化"。在利益多元化的情况下,如何协调不同主体之间(此处指资本主体)的利益关系便成为社会共生的新课题。

这是一个中国社会所有经济力量(包括国有经济力量、集体经济力量、民营经济力量以及企业内部职工力量)都可以展示自己活力和创造力的时代。在这个时代,应寻求相应的具包容性的组织架构,而混合所有制经济,既可以容纳国有资本及其他公有资本(这是中国最重要的第一"引力波"),也可容纳各种非公资本(这也是中国很重要的第二"引力波");既可容纳私人企业主和外资企业主的股本(这一般是富裕阶层),也可容纳企业一般员工的股本(这一般是属于中低收入阶层),也可容纳各类企业的高级管理人员和中层管理人员的股本(这一般是属于中产阶层,有一部分属于富人)。据李扬等专家估算,2013年居民部门净资产规模约为180万亿元。[1] 另据国家统计局报告,2015年年底,仅中国居民储蓄就达59.3万亿元,虽然不可能都用于投资,但经济力量可观。各种资本的相互融合、互利多赢,有利于协调不同利益主体的关系,以建立"社会共生"的新体制。

以"员工持股"为例,中共十八届三中全会在阐述其意义时,明确提出员工持股的意义在于"形成资本所有者和劳动者利益共同体"(这是中国共产党在世界倡导"人类命运共同体"在国内的微观化体现,必须把两个"共同体"联系起来思考)。只有构建好千千万万个"利益共同体",才能为"社会共生"体制提供坚实的基础性支撑。[2] 这是以实现人的自由而全面发展为根本目标的社会主义建设者高度关注并为之努力的事业。

四、政治体制改革角度的价值再发现:现代国家治理体系的重要组成部分

笔者在《包容性改革论》一书中提出了中国改革的"政治公约数"问题。

---

[1] 李扬、张晓晶、常欣等:《中国国家资产负债表2015:杠杆调整与风险管理》,中国社会科学出版社2015年版。

[2] 关于"混合所有制经济是'社会共生'体制的经济支撑"的观点,是在《包容性改革论》一书基础上理论探索的一个新进展,参见常修泽:《混合所有制经济的价值再发现与实现路径》,《学术前沿》,2014年第3期。

在这个地方得到具体体现。新阶段全面深化改革的总目标,是完善和发展中国特色社会主义制度,推进国家治理体系和治理能力现代化。习近平同志在中共十八大后的一次政治局会议(2012 年 12 月 31 日)上讲,中国的改革开放"是一场深刻的革命",同时又是"社会主义制度的自我完善"。这给我们一个大体框架,需要在"一场深刻的革命"与"社会主义制度的自我完善"之间思考。① 中共十八届三中全会《决定》明确提出推进"国家治理体系和治理能力的现代化",就是在"一场深刻的革命"与"社会主义制度的自我完善"之间作的一篇大文章,这是一个崭新命题,标志着中国进入新阶段。

这确实是"一篇大文章","一个崭新命题",只可惜未能引起整个社会的深刻认识,这可能与提出时间较短等原因有关。就笔者的认知而言,这是新阶段治国理政新理念中最深邃的思想之一。可惜目前支撑治理创新的理论颇为有限。

国家治理体系的内在机制有哪些? 笔者认为至少应包括五组机制:第一,国家权力的运行、配置、约束和监督机制(治理的行为主体包括国家权力机关、社会组织和个人,但首先要解决国家权力机关的权力问题);第二,独立的立法、司法和执法体系及其机制(治理虽然也要借助于行政手段,但更多地依靠法治来进行,故独立的立法、司法和执法体系十分重要);第三,国家的反腐败机制(这也是维护法治权威、保障社会健康运转的基本条件);第四,社会治理机制(与单向度的自上而下的垂直型管理结构不同,治理是纵横交错的,人民群众作为社会治理的主体在其中发挥重要作用);第五,混合所有制经济及其有效运转机制,这是现代国家治理体系的经济支撑。

需要点破的是:这里有个"两层楼"的制度安排(即两个有联系但又有区别的命题):一层楼是国家基本制度,另一层楼是国家治理体系(不属于国家基本制度层面)。提出国家治理体系现代化,是颇为高明的。因为它越过了第一层面即国家基本制度的层面,而直接往下深入第二层面即基本制度之下的国家治理体系层面。从人类政治文明角度来说,"国家治理体系"具有一定的共性(当然也有不同特性,要因地制宜)。因此,提出国家治理体系和治理能力现代化这个概念,无疑抓住了现代政治的命脉。

---

① 常修泽:《包容性改革论》,经济科学出版社 2013 年版,第 285 页。

与上述思维逻辑大体相仿,围绕混合所有制经济问题,也有个"两层楼"的制度安排问题:一层楼是"国家基本经济制度",另一层楼是这种"基本经济制度的实现形式"。如同提出"国家现代治理体系"一样,混合所有制经济也是越过了第一层面(基本经济制度的层面),而直接往下深入第二层面(基本经济制度的实现形式,属于治理层面)。治理层面无论是提"公有制的实现形式"(即 1.0 版的实现形式),还是提"基本经济制度的重要实现形式"(即 2.0 版的实现形式),都属于"用"的层面(不属于"体"的层面)。因此,"混合所有制经济"同国家治理体系是相通的,是国家治理体系的支撑和重要组成部分。①

五、结论:发展混合所有制经济是新阶段改革的突破点,但要防止"剑走偏锋"

以中共十八届三中全会为标志,中国的全面改革已进入新阶段,面临艰巨的"攻坚"任务,需要寻找切实可行的"突破口"。目前来看,行政体制改革以及与此相连的国企改革特别是央企改革,是一场重头戏。

经过近 40 年的改革,已经有一批国有企业通过改制发展成为混合所有制企业,但治理机制和监管体制还需要进一步完善;还有相当一部分企业(特别是央企)仍然是国有独资,面临转换经营机制、提高运行效率的课题。为应对日益激烈的国际竞争和挑战,推动经济健康发展,需要通过深化国有企业混合所有制改革,既增强国有经济活力、控制力、影响力和抗风险能力,又实现各种所有制资本取长补短、相互促进、共同发展。这不仅有利于经济体制改革取得突破,而且也可以发挥经济体制改革的牵引作用,带动其他领域的改革。从这个意义上说,发展混合所有制不仅是国企改革的"突破口",而且是整个经济改革攻坚的"突破口"。

基于此,笔者在 2015 年完成,并由安徽人民出版社当年 8 月出版的《人本型结构论》一书中,特别写了"人本型结构呼唤混合所有制经济",以作为

---

① 关于"混合所有制经济是现代国家治理体系的重要组成部分"的观点,被学术界认为是理论上的一个值得关注的观点。鉴于目前支撑中国治理创新的理论研究尚在开始阶段,提出这个命题也是旨在参与讨论,以期丰富治理创新理论。参见常修泽:《混合所有制经济的价值再发现与实现路径》,《学术前沿》,2014 年第 3 期。

结构转型的体制支撑①。特别是在 2017 年完成的《所有制改革与创新——中国所有制结构改革 40 年》一书中,在"攻坚篇"(亦即"展望篇")中单独设置一章(第十三章),题为《混合所有制经济:中国所有制结构改革的新趋势》,概括性地阐述了笔者关于新阶段推进混合所有制经济发展的看法。②

当然,这只是笔者和合著者的一部学术探索性著作,在实际推进中,应按照国家有关"决定"和规定来办,防止"剑走偏锋",这就要把握中央有关精神。在中央强调的重点中,笔者印象深刻的有以下三点,要特别关注:(1)把握"以促进国有企业转换经营机制,放大国有资本功能,提高国有资本配置和运行效率,实现各种所有制资本取长补短、相互促进、共同发展为目标";(2)在总的"积极发展混合所有制经济"中,应特别注意"稳妥推动国有企业发展混合所有制经济";(3)从实际出发,"因地施策、因业施策、因企施策,宜独则独、宜控则控、宜参则参,不搞拉郎配,不搞全覆盖,不设时间表,成熟一个推进一个"。

第二节 发展混合所有制经济的相关力量分析及"主旋律"认定

在上一节中,笔者提出了一个论断:"这是一个中国社会所有经济力量(包括国有经济力量、集体力量、民营经济力量以及企业内部职工力量)都可以展示自己活力和创造力的时代"。这里,就把上述几种经济力量作一分析。

一、发展混合所有制的四种经济力量及其最大力量——国有企业资产的"家底"

(一)发展混合所有制的四种经济力量

在探讨发展混合所有制经济之前,有必要先从总体上把握发展混合所有制的四种经济力量。就企业的资本而言,主要为三种:国有资本、广义民营资本(包括集体资本、非公有资本)、外商资本,另加上非企业形态的企业

---

① 常修泽:《人本型结构论》,安徽人民出版社 2015 年版,第 317—322 页。
② 常修泽等:《所有制改革与创新——中国所有制结构改革 40 年》,广东经济出版社待出。

内部职工的股本,共四种资本力量。

对应上述四种经济力量,在具体改革实践中,需实施国、民、外、内部职工股本"四线联动"或称"四线推进",但需要说明,第一,这"四线推进",不是"单向"推进,而是交叉"互混"(既不能只混国资,也不能只混民资);第二,中央文件的顺序是:国有资本在前,非公有资本在后(这里很有讲究)。要防止引起单向度的"国进民退"或"国退民进"之类没完没了的争议。"四线推进"既要依托现有国有企业,吸引民、外、员工资本与国有资本融合,把传统国有企业改造成混合所有制企业,又要瞄准民营企业和外资企业让国资"混进民营和外资"即国资"扩出去"、开辟混合所有制经济的"第二战场"。

为此,需要对国有企业资产(资本)的最新"家底"作一全面审视,然后确定在实施混合所有制改革中究竟以"同质产权多元化"为主,还是以"异质产权多元化"为主的问题。

(二)关于国有企业资产(资本)的最新"家底"

1."全覆盖"的全国企业法人单位的"家底"

根据国家工商总局资料,截至2015年年底,全覆盖全国企业法人单位数1259.3254万个,其中:私人控股单位1067.7612万个,占84.48%,国有控股29.1263万个,占2.3%,外商与中国港澳台商单位20.1369万个,占1.6%(还有其他,略)。在1259万户的企业法人单位中,应重点锁定29.1263万个国有及国有控股企业,故重点要摸清国有企业资产(资本)的最新"家底"。

2.国有企业资产(资本)的最新"家底"

一般说的"国有企业"是指包括中央企业和省(自治区、直辖市)及新疆生产建设兵团、计划单列市以及各级地方的国有及国有控股企业。根据财政部有关国有及国有控股企业资料,截至2016年12月末,国有企业资产累计131.7万亿元,负债累计87万亿元,所有者权益合计44.7万亿元。其中,中央企业资产累计69.5万亿元,负债累计47.7万亿元,所有者权益为21.8万亿元。各级地方国有企业资产累计62.2万亿元,负债累计39.4万亿元,所有者权益为22.9万亿元。

以上为2016年末数据。按最新月末统计数据:截至2017年3月末,国有企业资产总额136.5万亿元,负债总额90万亿元,所有者权益合计46.5

万亿元。其中,中央企业资产总额71.7万亿元,负债总额49万亿元,所有者权益合计22.7万亿元;地方国有企业资产总额64.8万亿元,负债总额41万亿元,所有者权益合计23.8万亿元。

另据国务院国资委公布的材料,2015年年底,国有企业资产总额119.2万亿元,所有者权益合计40.1万亿元。

3. 国有企业资产(资本)"家底"的"三个不含"

上述关于中国国有企业资产(资本)的最新"家底",注意:只是指"在企业"的国有资产,不含国有非经营性资产,不含国有金融性资产,也不含国有资源性资产。根据财政部、国资委、国家统计局等部门公布的数据测算,截至2015年年底,行政事业性国有资产值约为11.23万亿[1],金融性国有资产值约为53.41万亿,资源性国有资产值约为458万亿(其中约43万亿可直接出售或交易)[2]。鉴于本书重点研究"国有企业混改",此处只瞄准"在企业"的国有资产。

二、"混改"的重要命题:"同性恋"与"异性恋"、"主旋律"与"协奏曲"

这个命题,本书第一章"导论"中在讨论混合所有制经济的内涵界定时,就已经遇到,并表明了笔者的看法。对此,社会上存在诸多争议。笔者担心,本书的观点被误解、甚至被曲解,尤其担心在实践中混合所有制发生各种"异化"。为全面准确把握中共十八届三中全会决定精神,这里针对国有企业"混改"进一步阐述自己的学术观点。

国企"混改"实行"产权多元化",应该是没有分歧的,但是,是侧重搞"异质产权多元化"(比喻为"异性恋"),还是侧重搞"同质产权多元化"(比喻为"同性恋")?在侧重点上,意见并不完全一致。形象地说:国有企业的"混改":到底是以"同性恋"为主,还是以"异性恋"为主?

在2017年一论坛上,有专家强调指出,"所谓多元化……是国有资本本身不同的股东来作为出资人代表,这样在决策方面就避免了所有决策只有

---

① 根据财政部、国资委、国家统计局等部门公布的数据测算。

② 包括各级政府所拥有的没有转让土地使用权的国有土地储备、已经探明的可估值的地下资源和可计价的地上资源。用截至2014年年底国土资源部及其他与自然资源相关联的政府职能部门公布的数据、各级政府的土地储备数据测算出资源性国有资产值,再按照增加5%而计算出截至2015年年底的资源性国有资产值。

一个股东的弊端,提高了决策的科学性,这是国有企业能够市场化运行的一个非常重要的制度建设"。① 也有学者从务实推进的角度提出,在混合所有制改革中,推进国有资本多元化("同质资本多元化"),比吸引非国有资本("异质资本多元化"),更具可操作性。

笔者有幸参与了这场讨论,并应论坛主持人之邀,阐述了自己的看法。这里有两个问题:一个是"混改"的主调问题;一个是"混改"的操作问题。

从"混改"的主旋律来看,准确把握中共十八届三中全会讲的"混合所有制经济"的内涵十分必要。笔者在本书"导论"中曾指出:混合所有制的内涵有新的意涵。如果说,在此前,混合所有制经济是与"一般意义上的股份制"挂钩的话,那么,这次中共十八届三中全会决定讲的混合所有制经济只与"特定意义上的股份制"挂钩,即不是泛指的"股份制",而是特指的"国有资本、集体资本、非公有资本等交叉持股、相互融合的混合所有制经济。"这是严格意义上的混合所有制经济。讲清这一点十分重要,涉及下一步混改中如何准确把握科学内涵问题。笔者在此埋下"伏笔"。

按照上述内涵,笔者认为这里的"产权多元化",主旋律是"异质产权多元化",即"国有资本、集体资本、非公有资本等交叉持股"的多元化。这里的混合所有制经济,不是一般意义上的产权多元化,而是有特定内涵的产权多元化。

当然,即使是有特定内涵的产权多元化,在实施过程中,也不搞"绝对化",即是说,对于"同质产权多元化",也并不排斥。十八届三中全会特别针对自然垄断行业中的部分企业,提出"对需要实行国有全资的企业,也要积极引入其他国有资本实行股权多元化"。但从发展混合所有制经济的整体战略考虑,笔者认为:发展混合所有制经济过程中的"异质产权多元化"是"主旋律","同质产权多元化"是"协奏曲"。

至于"混改"的操作问题,考虑到一些地区(例如东北),由于国有经济比重很高②,推进"混改"十分艰难,在具体操作中可以成立国有投资运营公

---

① 引自《国有资本多元化让辽宁国企改革弯道超车》,中国网,2017-04-08。

② 东北三省规模以上国有企业资产占规模以上工业企业总资产比重的具体数据是:黑龙江64.69%、吉林54.09%和辽宁45.8%,三省算术平均54.86%。东北三省每家都比全国平均数高20~40个百分点(2013)。参见常修泽:《东北振兴战略新论》,《战略与管理》,2017年第1期。

司经营国有资本,使其成为参与其他国有企业"混改"的一种力量,也可以划拨一部分国有资产给社保基金,通过股权多元化,既可以形成企业管理的制衡局面,也为民营资本进入打下基础。所以,笔者 2017 年 7 月 20 日在《人民日报》发表的《以改革开放新举措促进东北全面振兴》一文中指出:"结合东北实际,在混合所有制改革开始阶段,可鼓励隶属关系不同的国有资本以及社保资金等参与混合所有制改革。"①

按照笔者在第一章"导论"中关于混合所有制经济内涵的界定,这种"国有资本框架内隶属关系不同的国有资本"混合,称为股份制是可以的,若称为"混合所有制"则有些勉强。但考虑到东北国企改革、特别是与民资融合的艰难性,不妨"网开一面",先从"同质产权多元化"的股份制搞起,再逐步走向正规化的以"异质产权多元化"为特点的混合所有制经济。

但是对"同质产权多元化"不能强调过分,尤其不能"绕着问题走"。正因为一些地区(例如东北)国有经济比重很高,所以更需"异质产权多元化",不宜把"同质产权多元化"作为"一个非常重要的制度建设"。所以笔者在《人民日报》上述文章中写了"开始阶段,可鼓励"一句后,马上笔锋一转:"同时,鼓励国有资本、集体资本、非公有资本等交叉持股、相互融合。"②笔者提出这样一种看法:"同质产权多元化"是"策略"问题。"策略"问题虽"具可操作性",但是不宜用"策略"手段替代"战略"考虑。

基于这个基本看法,在 2017 年 8 月 19 日的"东北振兴论坛"上,笔者在《振兴东北的三"放"主张》发言中,指出了混合所有制改革中四个"绕着走"的倾向,其中,绕着"异质产权多元化"(即"异性恋"),而热衷于"同性恋"就是特别值得关注的倾向之一。③ 当今世界通行的"Public-Private Partnership"(缩写为 PPP,"公私伙伴关系")机制,第一个 P 是 Public(公共),第二个 P 是 Private(私营),第三个 P 是 Partnership(伙伴关系)。在混合所有制改革中,应主要是 Public(公共)与 Private(私营)相混合(Partnership),而

① 常修泽:《以改革开放新举措促进东北全面振兴》,2017 年 7 月 20 日《人民日报》理论版"人民要论"。
② 常修泽:《以改革开放新举措促进东北全面振兴》,2017 年 7 月 20 日《人民日报》理论版"人民要论"。
③ 常修泽:《振兴东北的三"放"主张》,《中国民商》,2017 年第 8 期。

不是 Public(公共)与 Public(公共)相混合(Partnership)。

三、"异质产权多元化"("异性恋")的三种形式

形式之一:国有资本与民营资本(包括内资非公有资本和集体资本)"相恋混改"。

广义的(或"大口径")的民营资本,包括内资非公有资本和集体资本,根据内涵的不同情况,分别研究。

应鼓励和引导"非公有资本"以独资、合作、联营、参股、特许经营等方式参与投资,与国有资本融合。可以货币出资,也可以以实物、股权等法律法规允许的方式出资。在这里,要注意视野开阔。从最近一段(2017 年夏季)中国联通等混改方案来看,不少企业都选择与腾讯(马化腾)、阿里(马云)等大牌民营企业混合,对知名度不够响亮的民企关注不够,这是应该注意的:中国民企千千万,何不多找几匹"马"?不宜那么扎堆嘛!另外,对于声名显赫的民企,也可"反弹琵琶",国有资本也可对其"试水"投资、相互融合。

对于广义民营资本中的"集体资本",包括股份合作经济组织或企业的资本,不能忽视。这里有个实际情况:要科学确认农村集体经济组织成员身份,明晰集体资产所有权。① 经确权认定的集体资本、资产和其他生产要素,可以作价入股,参与国有企业"混改"。具体做法,可参见笔者的《中国企业产权界定》一书②。

形式之二:国有资本与外商资本"相恋混改"。

外资也是参与国有企业改制重组、合资合作的一支重要力量。主要方式除前述的三种外,还可采取海外并购、投融资合作、离岸金融等方式。尤其是中国提出"一带一路"倡议之后,中国与沿线 60 余个国家的双向投资趋于活跃。虽然这里隐藏着一定的投资风险,但是,总的来说对提高"两种资源"的全球化配置能力是有益的。仅就这里我们讨论的国资与外资"恋爱"混合而言,笔者建议在操作时要掌握"双向度",即"你混我,我也混你"。这样才符合异质产权多元化的思路。

---

① 《中央全面部署农村集体产权制度改革 发展新型集体经济》,中国网,2016-12-30。
② 常修泽等:《中国企业产权界定》,南开大学出版社 1998 年版。

此外,在吸收民营资本、外资等多元资本力量参与国有企业"混改"的过程中,要注意采取前述 PPP(政府和社会资本合作)模式。

形式之三:支持和鼓励混合所有制企业吸收本企业员工投资入股,实行员工持股,这也是一种"混改"(关于员工持股问题,相当复杂,拟作为另一个问题专门研究)。

以上是基本面的理论分析。下面依据资料做全国进展态势分析。

第三节　实践分析:混合所有制经济的进展及重点领域"试点"态势

一、依据国家经济户籍库对全国国资投资企业混合所有制改革的进展分析

中共十八大以来,国资投资的混合所有制企业有所增加。依据国家经济户籍库,利用大数据挖掘工具及族谱关系模型,国家工商总局曾对数据进行筛查披露主要指标,情况如下:

(一)全国国资直接和间接投资的企业总量、"混改"占比及资产比例

2016 年,笔者在撰写本书初稿时,曾搜集了有关资料。依据国家经济户籍库,利用大数据挖掘工具及族谱关系模型,国家工商总局对数据进行筛查披露:截至 2014 年年底,国资直接和间接投资企业累计达 70.93 万户,其中:存续企业只有 37.17 万户。

在上述国资投资的存续企业中,20.03 万户为国资全资企业,占比为53.89%,17.14 万户为混合所有制企业,占比为 46.11%。国资全资企业多于混合所有制企业,大体是 54∶46(混改企业不足一半)。① 这是企业构成。②

从国资出资额构成看,投资到国资全资企业 22.96 万亿元,占比为58.18%;投资到混合所有制企业中的金额为 16.50 万亿元,占比为

---

① 另据本人 2017 年 5 月在华东某县调查,该县共有 17 户国有企业,至今仍有 10 户为国资全资企业,占比为58%(包括县农药厂、县宾馆等仍为国资全资企业);7 户为混合所有制企业,占比为42%。

② 国家工商总局:《全国混合所有制经济发展研究课题报告》,2015 年 12 月 16 日《中国工商报》,国家工商总局门户网站:www.saic.gov.cn。

41.82%。大体是六四开。①

另据国务院国资委主任 2017 年 9 月 28 日在国新办新闻发布会公布的最新数据："2016 年底,央企资产总额达到 50.5 万亿元,比五年前增长 80.1%";并指出:"混改作为重要改革方向之一,在过去几年得以稳妥推进,取得多个方面成果。"②

(二)国资投资的混合所有制企业中的经济成分及交叉情况

国资投资的混合所有制企业中,经济成分组成形式复杂,混合类型交叉,其中:含私营成分的 6.21 万户,占国资投资混合所有制企业总量的 36.23%;含外资成分的 1.56 万户,占混合所有制企业总量的 9.13%;含自然人出资的 5.68 万户,占混合所有制企业总量的 33.17%;含其他国有成分 5.5 万户,占 32%。上述四种经济成分混合有交叉,故四项相加为 110.53%,10.53%为交叉重叠的部分。

(三)混合所有制企业的地区分布:五成以上集中在东部

中国不仅存在"东西问题",而且存在"南北问题"。1991 年 3 月 24 日,笔者在《亚太经济时报》第一版曾向记者提出了一个命题:《中国:不容忽视的"南北问题"》。③ 东西问题主要是生产力水平的差异问题,南北问题则主要是体制的差异问题。20 多年前笔者的看法,今天在混合所有制改革的进展中得到进一步证实。国资投资的混合所有制企业主要集中在我国东部和南方地区,截至 2014 年年底,占比超五成,其中,苏沪京混合所有制企业数量居前列,上海市市内和江西省省内混合程度较深。中西部地区占比分别超两成。东北地区比较滞后。基于此,东北和中西部地区需加大"混改"力度,借鉴东部和南方地区的国企改革经验,积极引进其他类型的资本,同时借助"一带一路"倡议的机遇,扩大对外开放水平和投融资渠道,促进东北和中西部地区国企快速改革。有兴趣的读者可以看一看笔者在《2017 东北振兴论坛》关于发展混合所有制经济、特别是防止"四种片面倾向"的发言(详

---

① 国家工商总局:《全国混合所有制经济发展研究课题报告》,2015 年 12 月 16 日《中国工商报》,国家工商总局门户网站:www.saic.gov.cn。
② 《国资委:国企混改将进一步提速》,2017 年 9 月 29 日《经济参考报》。
③ 参见戈晓宇:《中国:不容忽视的"南北问题"——与著名中年经济学家常修泽等一席谈》1991 年 3 月 24 日《亚太经济时报》。

见本书第九章即东北国企"浴火重生"那章的"相关链接")。

（四）混合所有制企业的行业分布：五行业数量较多

从行业分布看,国资投资的混合所有制企业前五个行业为租赁商务服务业、批发零售业、制造业、科研技术服务业和房地产业,企业数量分别为2.79万户、2.71万户、2.61万户、1.68万户和1.41万户,合计占国资投资的混合所有制企业的65.35%。①

二、态势分析：国企"混改"特别是重点领域"试点"应行稳致远

以上是依据国家经济户籍库截至2014年年底数据的分析,那么,到2017年5月国企"混改"最新状况如何?

据笔者调研获得的信息,截至2016年年底,中央企业控股上市公司数据为395家,资产总额32万亿元,营业收入14.4万亿元。中央企业及其子企业中,引入非公资本形成混合所有制企业的,大约占40%,地方国有企业引入非公资本形成混合所有制企业的,比重稍高一些。

从2017年进展来看,伴随中国联通等垄断领域央企混改试点的进行,电信、电力、交通(铁路、民航)、油气、军工等领域的国企混改有提速迹象,并在数量、层级、深度等方面进一步发力。目前,重点领域的国企混改试点正分批次进行。

截至2017年5月25日,第一批试点的9家企业方案已基本批复(包括东航集团、中国联通、南方电网、哈电集团、中国核建、中国船舶等中央企业);第二批10家试点企业名单近期也已批复;第三批试点已着手启动遴选工作。

前两批19家试点企业,涉及领域广泛,全局带动性强。从行业领域看,涉及配售电、电力装备、高速铁路、铁路装备、航空物流、民航信息服务、基础电信、国防军工、重要商品、金融等重点领域。

即将展开的第三批试点动向,从2017年5月发布的《关于2017年深化经济体制改革重点工作的意见》中可窥见一斑。《意见》提出,加大电力、油气等重点行业改革力度。表明,前三批改革涉及电力、油气、铁路、民航、电

---

① 本书所分析的"分布问题"及相关"经济户籍库"提供的数据,笔者在《所有制改革与创新——中国所有制结构改革40年》一书第十三章中,有具体分析(含几张结构性"饼图"分析),有兴趣的读者可以看该书的图示分析,一目了然。

信、国防、金融等重点领域。估计随着垄断领域国企混改试点,将"以点带面"式地带动其他关键性领域,最终有可能扩散至全行业。①

在改革过程中,出现了"中粮模式""东航模式""白药模式"等案例,值得从事"混改"的国企关注,但一定要从本企业实际出发,不可照搬。

相关链接 国企混改"三种模式"(节选)

伴随中国联通等七大垄断领域央企混改试点大幕的拉开,2017年以来,混改明显提速,并在数量、层级、深度等方面进一步发力。在改革过程中所探索出来的"中粮模式""东航模式""白药模式"等一些国企混改突破新样本,颇受市场关注。

中粮:金融板块混改起航

作为首批混改试点央企之一的中粮集团,启动旗下金融板块专业化公司中粮资本的混改项目,通过"增资+售股",引入社会资本和员工持股,成为中粮集团加速混改的重要标志。

2017年4月19日,北京产权交易所披露了中粮资本投资有限公司(简称"中粮资本")的增资项目。中粮资本项目拟募资总额为80亿元,其中拟向不超过十名投资方增资60亿元(根据增资价格确定其中新增注册资本金额);同时,中粮资本现全资股东中粮集团拟以增资价格向投资方转让价值20亿元对应股权。该项目拟引入不低于募资金额50%的非国有资本或社会资本。按计划,本次增资后,原股东中粮集团的持股比例将不低于61%,新股东持股比例合计不超过39%,其中,员工持股比例约5%。

作为专业化农业金融投资控股平台,中粮资本将通过混改,进一步完善公司治理,提升企业农村金融服务水平,强化对中粮集团等农业龙头企业的金融支持,服务国家粮食安全和食品安全战略。在中粮资本开展混改试点,符合中央经济工作会议关于深入推进农业供给侧结构

---

① 即将展开的三批试点以及"以点带面"式的带动,主要针对垄断领域其他关键性领域。其锋芒所向,直指市场开放问题。

性改革的要求,有利于探索金融支持提升农业供给效率和质量的有效途径,促进农村一二三产业融合发展,培育农业发展新动力。

根据中粮集团年初提出的混改目标:2017 年内将力争推进中粮饲料、中粮酒业、中国茶叶 3 家专业化公司混改。到 2018 年,争取 18 家专业化公司全部混改,解决体制问题,放大国有资本功能,建立行业领导地位,实现上市发展。

中粮集团相关负责人表示,在混改路径上,中粮将区分类别、科学推进。粮油糖棉核心主业通过整体上市实现混改,保持国有资本必要的控制力。其他业务特别是品牌、食品等市场化业务,除 IPO 外还通过引入战略投资者混改,控股比例可以降到绝对控股以下,条件成熟的还要推进员工持股。

东航物流:员工持股迎突破

作为第二批混改试点单位的东航集团,旗下东方航空物流有限公司(简称"东航物流")引进外部投资者和员工持股混合所有制改革计划近日也迎来了实质性启动。

上海联合产权交易所 2017 年 4 月 19 日公布的增资项目显示,混改完成之后,原持有东航物流 100% 股权的东方航空产业投资有限公司持股比例将下降至 45%,非国有战略性投资人和财务投资人合计持有45% 股权,另外 10% 股权将由核心员工持有。

请注意:国企混合所有制改革,不仅是产权格局的变革,而且也涉及"人"的发展格局变革,即"转换国有企业人员身份",要与原单位"解除劳动合同",再与新的混合企业"签订完全市场化的新合同"。这是一场涉及人的身份的重大变革。①。

业内专家指出,随着未来国内对航空运输需求的不断扩大,民航系统需要大量的资本来满足自身扩展的要求,混合所有制改革已成为必由之路。东航集团近两年改革主要在两个方面发力:一是在集团层面,东航集团目标成为具有航空特色的国有资本投资公司,创建产业投资公司和建立集团层面的董事会制度。二是在上市公司层面,达美航空

---

① 参见笔者的《人本体制论》一书,中国经济出版社 2008 年版。

和携程先后入股,股权结构更趋多元化。而此次东航物流引进外部投资者和员工持股也是混改真正落地的标志,或成民航业混改标杆。

东航集团总经理马须伦表示,东航物流此次混改推动民企入股,未来可能实现单独上市,正是基于这种考虑,才将东航物流转让给东航产投公司,为 IPO 做准备。

据了解,混改完成后,东航物流还将推进职业经理人制度,建立相应的选聘、考核、奖惩和退出机制,并全面对标市场化薪酬,根据业务领域与岗位职责对标不同行业的市场薪酬水平,将员工收入与企业长远发展相挂钩。

云南白药:职业经理人制度真正落地

地方混改遍地开花之际,云南白药开启"白药模式",被市场喻为国企混改的模板。

云南白药 2017 年 4 月 19 日发布公告称,白药控股召开股东会选举出了 4 名董事,同时召开董事会,新华都集团董事总裁陈春花入选董事,紫金矿业前总裁王建华担任集团董事长,云南白药董事长王明辉出任总经理。这次董事会选举后,白药控股高管都不再保留省属国企领导身份和职级待遇,而按市场化方式选聘,成为职业经理人。

"此次人员变动实现了公司管理层的去行政化,也标志着公司混改迈出了关键一步,未来更为市场化的激励方案和管理体制值得期待。"

2016 年年底,云南白药发布公告称,云南白药控股股东白药控股拟通过增资方式,引入新华都实业集团股份有限公司。新华都将向白药控股增资约 254 亿元,交易完成后,白药控股的股权结构将变更为云南省国资委和新华都各持有 50% 股权。白药控股仍持有云南白药 41.52% 的股份,仍为公司的控股股东。2017 年 3 月 23 日,云南白药发布要约收购报告书,宣布大股东白药控股自 3 月 24 日起,以 64.98 元/股的价格展开全面要约收购,最高所需资金达 395.7 亿元。

对于"白药模式",不少机构表示看好。华金证券认为,未来白药控股有望建立完善的现代企业制度,赋予董事会和管理层更充分的权利,避免了原来的系统下重大决策层层审批的问题,提高了决策效率。同时,混改之后,白药控股账上资金充足,未来公司外延并购预期强,有望探索在精准医疗、基因检测等大健康新兴业务领域布局的可能性,加快构建以"药"为本,健康护理、养生养老、医疗服务等为一体的大健康产业平台,公司有望通过外延收购逐步由产业向服务转型。

来源:《经济参考报》　　时间:2017-07-05

上面相关链接中的三个案例主要是引入优质民营乃至跨国企业作为优化股权结构的首选,甚至出让绝对控股权、引入核心员工持股、落实职业经理人制度以及资产证券化等。从前两批19家试点企业股权结构看,混改后股权结构可能将发生明显变化,有的从国有独资改为国有绝对控股,有的从国有绝对控股改为国有相对控股。至于从国有相对控股改为国有参股并不多见。预计下一步国企混改将会在数量、层级及深度等方面有所推进。

2017年5月国家向各地派出督导组的战略意图,恐怕在考察试点企业的基础上,旨在研究下一步"混改"如何"分类、分层、分区"加快推进的问题。

第四节　国企"混改"的分类、分层、分区"三分推进"战略

一、国企混改"动车组"如何分类推进

立足于现有国有企业,吸引民、外、内部员工资本进入国企从而与国有资本融合,需按照中共十八届三中全会决定的精神,将现存的国有企业"切三刀",即由全局到局部的三个"一分为二"。

第一个"一分为二",把现有全部国有企业一分为二:(1)"商业类";(2)"公共类"。

第二个"一分为二",把"商业类",再一分为二:(1)主业处于"充分竞争"的商业类;(2)主业处于"重要行业和关键领域"的商业类。

第三个"一分为二",把"重要行业和关键领域"的商业类,再一分为二:(1)主业处于"关系国家安全""国民经济命脉"的重要行业和关键领域以及主要"承担重大专项任务"的商业类;(2)"自然垄断行业"。

经过三个层次的"一分为二",这样,整个国有企业分成四种类型。

第一种类型,对于主业处于"充分竞争"行业和领域的商业类国有企业,推进起来相对容易些,可按照市场化、国际化要求率先推进。可采用"整体

上市"或其他方式,积极引入各类非国有资本实现股权多元化,使混合所有制企业成为真正的市场主体。这类企业股本结构如何？可把握八个字:"区别对待,优胜劣汰"。把决定权交给市场是明智的办法。

第二种类型,主业处于"关系国家安全""国民经济命脉"的重要行业和关键领域以及主要"承担重大专项任务"的商业类国有企业。对此类企业改为混合所有制企业,稍为困难些。一般来说,在现阶段,应保持国有资本"控股地位"(可以是绝对控股,也可以选择相对控股)。在国有资本"控股"前提下,非国有资本可以参股。

例如,军工行业。中国兵器装备集团确定了4家混合所有制改革试点单位,并在上市公司长安汽车中推行中高管持股试点。再如,石油行业也属于此类。虽然该行业石油天然气管道具有网络性即自然垄断性特征,但总体来看属于"国民经济命脉"的重要行业。2017年,关于国有油气企业改革,《意见》提出"鼓励具备条件的油气企业发展股权多元化和多种形式的混合所有制"。

第三种类型,"自然垄断行业",情况更为复杂,要充分考虑其难度和挑战性,探索推进。

《国务院关于国有企业发展混合所有制经济的意见》(国发〔2015〕54号)指出:"对自然垄断行业,实行以政企分开、政资分开、特许经营、政府监管为主要内容的改革,根据不同行业特点实行网运分开、放开竞争性业务,促进公共资源配置市场化,同时加强分类依法监管,规范营利模式。"重点是可根据不同行业特点实行"网运分开"、放开竞争性业务,促进非国有资本参与公共资源配置市场化进程。① 这里可结合本领域的情况,放开竞争性业务、推进混合所有制改革②。

---

① 本节这里专门研究的是"自然垄断行业"。至于"反垄断",那是一个更宽泛的命题。本处写的"放开竞争性业务",从内涵上属于竞争政策的"第一要义"。只有"放开竞争",才有可能出现第二要义:"公平竞争"。2016年国务院曾发布"公平竞争审查制度意见",现在需要将此意见法律化。

② 进一步看,即使是具有垄断性质的业务,社会资本也可采取资本形式的进入。这是因为,虽然自然垄断性项目的性质是非竞争性的或竞争性不强的,但这主要是就业务运作的角度而言的,并不应成为产权独占的依据。由于自然垄断性项目也可能是盈利性项目,因此,即使是具有整合效应的网络基础设施,也可以将投资环节与运营环节分开,在投资主体上不一定非要求国有独资公司不可,也应该考虑对社会资本开放,通过股份制等形式实现多元化投资,由此形成投资主体多元化和经营主体一元化并存的格局。

例如,电信行业:中国联通起步较早。在国家发改委部署国有企业混合所有制改革试点后,于 2016 年 10 月 10 日公告,其成为 A 股市场上首家公开披露"混改"试点进展的公司。

据 2016 年 11 月 11 日的报道,按照《关于国有企业发展混合所有制经济的意见》要求,国家发展和改革委员会会同国资委等部门开始推进部分重要领域混合所有制改革试点工作。下一步,应继续推动垄断行业的改革,改变国有经济"一股独大"的格局,带动其他关键性领域国企混改。

第四种类型,即公益类国有企业,也应推进混合所有制改革。所谓公益类国有企业,包括公共交通、公共设施等提供公共产品和服务的行业和领域。在这些基础设施和公共服务领域,应选择有代表性的政府投融资项目,开展多种形式的政府和社会资本合作试点。具体可根据不同业务特点,通过"政府购买服务""特许经营""委托代理"等方式,鼓励非国有企业参与产权经营和企业经营,这里关键是"特许经营"。

对于以上四种情况,涉及"国企如何推进混合所有制改革",本书将在"国企混改篇"详加论述。

二、国企混改"动车组"如何分层推进

分层推进,主要是针对前一段国企特别是央企"混改"情况和存在的主要问题而言。审视中央企业"混改",目前有三个问题需要改进。

第一,中央企业母公司层面"混改"问题。

据了解,在 98 家中央企业(2017 年 9 月底)中,中央企业集团层面"股权多元化"的只有:中国航空发动机集团有限公司、中国商用飞机有限责任公司、中国南方电网有限责任公司、中国联合网络通信集团有限公司、中国广核集团有限公司、中国华录集团有限公司、上海贝尔股份有限公司以及中国建材等。90%中央企业母公司尚未形成混合所有制企业。即使实行混合所有制的母公司,也并非主要吸引民间资本,多是吸引其他的国有资本(如地方国有资本等)。此种情况,与中共十八届三中全会关于"国有资本、集体资本、非公有资本等交叉持股、相互融合"的要求有不小距离。所幸的是,主管部门国务院国资委已经认识到这一点,并正在采取措施解决此问题。

针对目前国资委系统内的中央企业母公司混合所有制企业寥寥无几的局面,根据"补短板"的原则应积极探索在母公司或"集团公司"层面推进混合所有制改革。笔者认为,尽管并非所有中央企业母公司都应改成混合所有制企业(例如,涉及国家安全的中央企业母子公司和国有资本投资公司,仍可以采用国有独资的形式),但是,中央企业母公司基本上没有形成混合所有制企业格局,这与现代市场经济体制不符。针对实践中"重子(公司)轻母(公司)"的倾向,应在母公司或"集团公司"层面的混合所有制改革中寻求突破,这应成为新阶段改革攻坚的"重点部位"。

这里链接一家高校国有企业——东北大学东软集团的母公司,"东软控股"作为母公司的改制情况。以下是笔者在东北论坛的发言摘录,供读者参考。

相关链接 **东软集团的母公司"东软控股"最新"混改"举例**
——常修泽教授在"2017东北振兴论坛"的发言节录

第二个倾向,是绕着母公司走,只搞国企的二级公司、三级公司改革,绕着母公司走,这样的现象很多。我向与会校长询问了东北大学的校办企业——东软集团的混合所有制改革情况。他告诉我,东软今年改革有个新迹象,就是东软集团的母公司——"东软控股"在搞"混改"。这个母公司已经成为混合所有制,东软集团管理人员已经持股,再加上东北大学的国有资本(以及其他法人股份),东北大学在"东软控股"占11%~12%的样子,这是"东软集团"第一大股东"东软控股"的情况。同时,东北大学自己还在"东软集团"里有若干股份,混改确有进展。但相比之下,其他地方目前国企改革绕开母公司的现象比较严重。

来源:中国改革论坛网　　时间:2017-08-28

第二,中央企业"子企业"或"孙公司"层面"混改"问题。

当前,央企实施混合所有制经济改革,主要在"子企业"或"孙公司"这一层,但就是在"子企业"或"孙公司"这一层,尚未形成混合所有制企业的仍占到总企业户数的50%以上(截至2015年数据)。据国资委公布的最新数据①，"半壁江山"没动。② 中央企业"子企业"或"孙公司"这一层，即使实行混合所有制的，也并非主要吸引民间资本，多是吸引其他的国有资本。③

笔者主张：对国有企业集团公司二级及以下企业，或研发创新、生产服务等实体企业，应大胆引入非国有资本，加快管理创新。注意：在此过程中，要合理限定法人层级，尽最大可能压缩管理层级，实现扁平化。2017 年笔者曾到国有大型企业集团大唐电力集团调研，了解到该集团公司在压缩管理层级，实现"扁平化管理"方面走在央企前列，令人欣慰。

第三，"子企业"或"孙公司"层面"绝对控股"问题。

目前，"子企业"或"孙公司"即使引入非公资本形成混合所有制的，绝大多数的情况是国有绝对控股，相对控股较少，参股的更少。这反映了央企改革初期状态的情况，是可以理解的。资料显示，第一批部分重要领域混合所有制改革试点，将会有个别企业出让绝对控股权（改为实行优势控股或有效控股，如上面相关链接提到的东航物流公司），表明央企混改进程有深化趋势。

无论央企还是地方国企，除少数涉及国民经济命脉和重要行业、关键领域的国有企业保持国有绝对控股外，多数国有企业（包括涉及支柱产业、高新技术产业等行业的重要国有企业）不宜采取"绝对控股"。即使确需控股的，可以采取相对控股（35% 以下）或"金股"（一股）方式。至于大多数不需要国有资本控制而可以由社会资本控股的非自然垄断性国有企业，可以采取国有参股的形式，即由民营资本控股。

国企混改无论哪种情况，都触及股权结构问题。特别是"绝对控股""相对控股"和"参股"的界限在哪里？实际上，企业千差万别，很难千篇一律，但操作者应有一个"影子尺度"。本书将在第八章"国企混改中股权结构优化探讨"中用数量模型推演，试图给出一个大体的优化股权结构的参照，至

---

① 《国资委：国企混改将进一步提速》，2017 年 9 月 29 日《经济参考报》，第一版。

② 据本人 2017 年 5 月在华东某县调查，该县地面上共有 4 户中央企业的"孙公司（三级公司）"或"曾孙公司（四级公司）"，至今只有 1 户混合，仍有 3 户为国资全资企业，占比为 75%。

③ 2017 年 5 月笔者在某集团调研得知，该集团新成立一家混合所有制"子企业"，股权结构是：国资委的 A 集团占 35%，国资委的 B 集团占 30%，国资委的这家 C 集团占 35%，都是国有资本。

少是一个区间,供参考。①

　　还有一些中小型且处于市场竞争性国有企业,也可考虑国有资本全部退出,由民资全资拥有,但这个"国纯"—混合—"民纯"的演变过程应当特别谨慎,不应草率行事,要考虑改革的社会承受度。

　　根据国企不同情况,要讲"三因四宜"。三因:因地制宜、因业制宜、因企制宜;"四宜"——宜独则独,宜控则控,宜参则参,宜退则退。

　　中央企业除国资委所属系统之外,还包括其他类型。根据财政部人士在十八届三中全会后围绕完善国有资产管理体制、深化国有企业改革问题所作的说明(2014 年 3 月),除了国务院国资委当时监管的 113 家(现在,即2017 年 9 月底最新数据为 98 家)中央企业外,中央企业还包括以下几类企业②:一是中国铁路总公司、中国邮政集团公司、中国烟草总公司,目前由财政部履行出资人代表职责或国有资产监管职责;二是转企改制后的中央文化团体,由财政部履行出资人代表职能,共有 109 家;三是一些隶属于中央部门的企业,因与部门履行职责密切相关而尚未脱钩,共有 6200 多户。

　　此外,中央金融企业也属于中央企业。③ 由此可见,由财政部履行出资人代表职责或承担国有资产监管职责以及隶属于中央其他部委系统的大量企业经营性国有资产,广泛分布在金融系统、铁路系统、邮政系统、烟草系统、教育系统、文化系统等领域。由此观之,现在的国务院国资委只是个管理部分国资的国资委,相当多的国资并不在此。有些朋友不了解这一点,应该放开视野,全面把握国资改革大局。这些系统的国有企业(包括母公司)也应改造为混合所有制企业。本书第二篇"国企混改篇"后面附有邮政系统改革一案例,供读者参考。

三、国企混改"动车组"如何分区推进

　　重点是东北和中西部地区。据笔者 2016 年五次东北调查发现,2016 年

---

　　① 52%、28%、13%这三条底线的数量界限究竟是否可行? 欢迎读者在阅读本书第八章时予以关注,并展开讨论。

　　② 参见《财政部官员:央企远不止国资委监管的 113 家》,中国经济网,2014-03-21。

　　③ 中央管理的金融类国有企业有 43 家,包括工、农、中、建等国有商业银行,4 大资产管理公司,以及其他国有证券、保险等非银行金融机构,由财政部按规定承担国有资产管理职能。在这类企业中,有些已经上市属于国有控股公司,有些也投资了实体企业,也有一些实体企业向银行和非银行金融机构投资。

8月辽宁推出9户省属国企引入非公资本,包括本钢集团、华晨集团、辽宁交投集团、辽宁水资源集团、辽宁能源集团、辽渔集团、抚矿集团、沈煤集团和铁法能源集团出售国有股权。这些企业技术实力雄厚、产业链条完整,具有较强的新产品研发能力和市场开拓能力。这次出售的是辽宁省社会保障基金理事会持有的上述9户国企的部分股权,有一定力度,但也受到一些框框的掣肘。2017年笔者三次赴东北调研期间了解到,围绕几家"混改"议论纷纷。辽宁省迈出这一步也确实不易。

围绕分区推进"混改",笔者曾建议在东北地区设立"东北国企改革先行试验区",突破现行那些不合理条条框框的束缚,如当年小平同志那样,真正"杀出一条血路来",实现改革和发展的突破。① 这一问题,笔者在《东北振兴战略新论》第三部分《国企增强活力与民营做大做强:"两翼齐飞"战略》中,有详细论述。其中,关于国企"浴火重生、增强活力"的专题研究,可阅读。另见本书第九章东北国企改革一章。

相关链接　常修泽教授为东北三省干部培训班作《东北振兴战略新论》报告并在黑龙江省调研

作者:周志宏(黑龙江省公务员局)　刘采薇(哈尔滨市委党校)

付承华(黑龙江省联合产权交易所)　时间:2017-07-05

2017年7月3日至6日,常修泽先生作为中国宏观经济研究院教授、中国东北振兴研究院专家委员会副主任前往东北哈尔滨:一为东北三省干部培训班作《东北振兴战略新论》报告,并与学员交流研讨;二就"民营企业发展中的突出矛盾与发展思路"与民营人士座谈,并到企业实际调研;三考察黑龙江联合产权交易所。

7月4日,常修泽教授为"创新驱动发展与东北老工业基地振兴专题培训班"作了《东北振兴战略新论》的学术报告。该班由国家公务员局主办,黑龙江省人力资源和社会保障厅、黑龙江省公务员局承办(地点黑龙江省委党校),对象为辽宁、吉林和黑龙江省省直和市地政府机关相关经济部门的处级领导干部。常教授以大量的调查数据为依据,

---

① 常修泽:《东北振兴战略新论》,《战略与管理》,2017年第1期。

深入剖析了东北三省国有企业存在的深层次问题,建议东北国企改革基调应为"浴火重生、增强活力"。针对三省国企的特殊性,常教授在"私人定制"的基础上,提出了"精准改革"的意见。报告结束后,参训学员反应强烈,认为常教授分析问题切中要害,观点新颖鲜明,措施也比较得力。

7月5日下午,常教授与该班学员进行集体交流研讨。在哈尔滨孙洪霞同学的主持下,来自辽宁、吉林和黑龙江的12位学员代表结合各自实际交流体会。常教授对学员的发言进行了点评,并结合大家所谈情况,谈了自己的五点意见。短短两天,常教授与学员们建立了良好的师生情谊。

7月5日上午,常教授应邀前往哈尔滨市委党校,围绕"民营企业发展中的突出矛盾与发展思路",与市委党校(行政学院)副校长王玉玲,黑龙江省东北民营经济研究院副院长张宏儒,青年企业家协会常务理事梁祥建,哈尔滨市中小企业协会会长韩雅莉,哈尔滨天生医药有限公司董国有,黑龙江哈瑞农业科技开发有限公司于瑞武,哈尔滨广旺机电设备制造有限公司杨超,黑龙江省智航企业管理咨询有限公司王春富,哈尔滨红光锅炉集团有限公司总经理徐燕等进行面对面交流,获大量第一手资料。针对与会者反映的诸多问题,教授与大家共商破解之路。

当晚,利用休息时间,常修泽教授前往黑龙江省优秀民营企业红光锅炉集团实地调查。

在哈期间,常修泽教授还特别应邀实地考察了黑龙江联合产权交易所。作为"中国产权市场理论的提出者",常教授的到来受到产权交易所党委书记、董事长孙光远和总经理常玉春的欢迎。

常教授详细了解了黑龙江联交所的基本情况、业务领域、突出亮点和下一步发展思路;对哈尔滨股权交易中心"轻规模、重规范,无门槛、有台阶,低成本、高成长,小平台、大作为"表示肯定;对下一步如何拓宽碳排放交易和农村产权交易,使黑龙江产权交易市场更好为东北振兴服务提出了意见。

来源:中国改革论坛网　　时间:2017-07-10

与分区推进"混改"相联系,还有个如何向海外"混改"问题。笔者在《世界三大博弈与中国开放新局》一文指出:国家提出"一带一路"倡议"应从哪里起步?该如何进行呢?我认为,中国与这么多国家或地区合作,不宜不分主次,而应该突出重点、梯次展开、扎扎实实地循序渐进。为此,我在实际调研基础上逐步形成'六条线路'的构思"①。在"一带一路"大背景下,也可考虑到海外并购重组,推动国资和外资混合。国有企业率先"走出去",开创"国内+跨境"双轮驱动局面。

关于国企混合所有制改革的国家政策和实施策略问题,本书第四章和第五章将展开详细分析,敬请垂注。

第五节　民营企业、外资企业、员工持股"三方共进"战略

上一节详细研究了如何把国有企业改造成混合所有制企业,这是发展混合所有制经济的"主战场"。除此之外,还有民营和外资企业以及员工持股问题。本节专门对此进行研究,以开辟发展混合所有制经济的"第二战线"。

一、民营企业如何吸引国有、外资和员工股与之融合

民营资本是中国改革开放以来新崛起的一支资本力量。根据国家工商总局负责人披露的数据,截至 2016 年 3 月底,全国私营企业 1991.5 万户。全国私营企业注册资本,根据国家工商总局报告,截至 2015 年年底为112.4 万亿元。这就意味着,民营资本参与发展混合所有制具有很大的潜力。特别是 2017 年 9 月 25 日,中共中央国务院关于"企业家精神"的文件公布后,极大激发了民营企业家的信心和期望,有民营企业家兴奋欢呼:"这是民营企业家的春天"。这意味着"中国当代企业家肩负着历史的重任"已被关注。② 这为民营企业发展混合所有制经济带来重要的历史机遇。

立足于现有民营企业,让国、外、内员工股本进入民营,可称之为"民有

---

① 参见常修泽:《世界三大博弈与中国开放新局》,《群言》,2017 年第 1 期。

② 笔者曾于 2016 年 12 月撰写一篇《关于保护和激发企业家的七点意见》的研究报告,并于2017 年 1 月 10 日将此报告上报国家有关部门。中央文件公布后,新华社《经济参考报》于 2017 年9 月 29 日加"编者按"公开发表此研究报告,题为《中国当代企业家肩负着历史的重任》。

吸纳式"。在过去十几年的研究中,学术界多聚焦于将国有企业改造成混合所有制企业,而对民营独资企业改造成混合所有制企业重视不够。中共十八届三中全会《决定》指出:"鼓励发展非公有资本控股的混合所有制企业"。提出了一个新的问题:增强各类所有制经济活力,应包括发挥非公有经济的经济活力,为民间资本提供大显身手的舞台。

对发展潜力大、成长性强的民营企业,国家鼓励民营企业吸收国有资本对此进行股权投资;或者换一个角度,站在国有资本角度,应鼓励国资以公共服务、高新技术、生态环保、战略性产业为重点领域,对发展潜力大、成长性强的民营企业进行股权投资。具体做法,可以通过投资入股、联合投资、并购重组等多种方式,吸引国有资本与之进行股权融合、战略合作、资源整合。也可以采取两种资本共同设立"股权投资基金"的办法,参与民营企业改制重组。但鼓励民营企业吸引国有资本,切勿违背民营企业的意愿,搞强制性的"腾笼换鸟"。

民营经济如何参与国企混合所有制改革,以开辟中国发展混合所有制经济的"第二战场",十分重要。笔者在长白山山区撰写本书期间曾实地了解了一个活生生案例,即延边易达白桦产业有限公司的案例(详见第九章文中的案例)。本书在第十一章,对中国民营经济发展的基本态势以及如何参与垄断行业改革等,做了比较透彻的分析。针对在互联网新形势下,民企如何发展混合所有制经济,第十二章中将有具体操作性阐述。"民企混合篇"后还提供了民企发展混合所有制一案例,供参考。

二、外资企业如何吸引国有、民营和员工股与之融合

中国自 1978 年改革开放以来,特别是 2001 年加入 WTO 以来,外商资本来中国内地投资经营,已成气候。根据国家工商总局公布的"十二五"时期外商投资企业发展情况,截至 2015 年年底,全国实有外商投资企业48.12 万户,注册资本 2.67 万亿美元,投资总额 4.54 万亿美元。

上述企业已经在中国内地扎下"营盘",对投资环境比较了解,随着其资本扩张的需要,相信会有一部分外资企业愿意吸引国有、民营企业和内部员工资本,是参与混合所有制经济的另一股力量。

在这方面,应重视国际上从事跨国并购的外商资本力量。加入 WTO 以来,这股力量发展势头十分强劲。随着中国利用外资方式由传统的"新设投资"方式向"跨国并购"方式的转变,并购投资所占比重有所提高。根据商务部外国投资管理司 2016 年 12 月发布的《中国外商投资报告(2016)》显示的信息,2015 年,共发生跨国并购交易 1466 件,占外资项目总数的 5.5%;交易金额 177.7 亿美元,占中国实际吸收外资总额的 14.1%。从并购交易的主要方式看,主要是股权并购和资产并购,其中以对非国有企业的股权并购为主。2015 年,外资对非国有企业股权的并购交易 1405 件,实际使用外资金额 74.9 亿美元;对非国有企业资产的并购交易 43 件,实际使用外资金额 4.3 亿美元;对国有企业股权并购金额为 98.5 亿美元(对国有企业的资产并购未产生交易额)。这就意味着,利用跨国并购方式推动发展混合所有制具有相当大的发展空间。

随着国企改革深化,外资也将成为"混改"力量之一。2017 年,国务院出台《关于促进外资增长若干措施的通知》,已经见到外资参与混改的若干案例①。但此问题相当复杂,建议在细分产业链的基础上,遵循优势互补的原则慎重推行。

至于中国的国企如何在"走出去"过程中与民企和外商资本混合,是一个专门问题,拟在第十章深入阐述。

三、混改企业"员工持股"问题分析

(一)多灾多难的"员工持股"

"企业职工参股是国企改革中出现的新问题。在前些年的地方国有企业改制中,不少企业曾实行职工持股式改革……但近来这一改革方式被淡化②"。这是笔者于 2004 年完成的一份研究报告《置换国有资本的四种经济力量之协调研究》中的一段话。此报告先由国家发改委宏观经济研究院《调查·研究·建议》于 2004 年 1 月 30 日刊登,后《中国改革》杂志 2004 年第 6 期公开发表。针对当时盛行的否定职工持股的思潮,报告指出:"实行职工持股,提高职工对资本的关切度和对社会生活的参与度,从而避免普

---

① 例如,2017 年 6 月,中国东方航空物流有限公司混改,就引入了普洛斯投资(上海)有限公司作为合作伙伴,占股 10%。

② 引自常修泽:《置换国有资本的四种经济力量之协调研究》,《中国改革》,2004 年第 6 期;后收入常修泽:《广义产权论》,中国经济出版社 2009 年版,第 319—320 页。

遍的职工对社会的'游离感'和'边缘化'倾向,难道这对改革没有裨益吗?"①但是,令人痛心的是,这样一种新事物,竟遭到压制和非议,而且一压就是十年!

十年后,到2013年10月中共十八届三中全会通过的《决定》才明确指出,"允许混合所有制经济实行企业员工持股,形成资本所有者和劳动者利益共同体"。尽管十年前叫停的是"国有企业员工持股",这次讲的是"混合所有制企业员工持股",二者不可同日而语,但,中央决定的新精神,仍可以看成是对曾遭到非议的"员工持股式"改革予以澄清和推动。从这个意义上说,"员工持股式"改革,开启了新的起点。

(二)中央允许员工持股的战略考虑:"形成资本所有者和劳动者利益共同体"

本章开始在阐述混合所有制意义时,明确中央提出员工持股的意义在于"形成资本所有者和劳动者利益共同体"。笔者认为,只有构建好千千万万个"利益共同体",才能为"社会共生"提供坚实的体制支撑。

从笔者研究的人本经济学和产权经济学双重角度审视,员工持股改革就是要建立收益共享、风险共担的长效激励约束机制,相对于其他形式的激励,员工持股方式能更有效地把国有资本和人力资本及创造性劳动结合起来,在发挥国有资本作用的同时,激发人力资源的创造性劳动。需要按照《产权人本共进论》的思路推进。②

(三)难点在于国有控股的混合所有制企业如何实行员工持股

虽然员工持股不是新鲜事物,但中共十八届三中全会重提员工持股后,社会对于这一改革举措仍有众多关注和期待。比较来看,对于民营企业和外资企业实行员工持股,无论在理论上还是在政策上,应当不会再有太大争议,但对于国有控股的混合所有制企业如何操作则颇费心机,笔者亦有"如履薄冰"之感。其难点确实在于这类国有控股的混合所有制企业如何实行员工持股。正是在这个意义上,本书认为,作为混合所有制改革的重要组成

---

① 引自常修泽:《置换国有资本的四种经济力量之协调研究》,《中国改革》,2004年第6期;后收入常修泽:《广义产权论》,中国经济出版社2009年版,第319—320页。
② 常修泽:《产权人本共进论》,中国友谊出版公司2010年版。

部分,员工持股可能是国企改革中最具敏感性的难题之一。

针对此,2016年8月,国务院国资委、财政部、证监会三部门联合印发《关于国有控股混合所有制企业开展员工持股试点的意见》,提出初步改革的时间表和路线图,在2016年内"启动试点"(注:它只是"启动试点",不是展开试点,也不是"面上铺开")。

根据此安排,国有控股混合所有制企业开展员工持股试点企业的推进方式,将"成熟一户,开展一户",到2018年年底进行阶段性总结,视情况再适时"扩大试点"(注:不是面上铺开)。首批试点中,央企子公司数量只有10家(注:央企只在"子公司层面"),地方国企为5~10家(注:那么多省市只有5~10家)。而且,明确"央企二级以上企业及各省、自治区、直辖市及计划单列市和新疆生产建设兵团所属一级企业,暂不开展员工持股试点"。在持股比例方面,将员工持股的比例严格控制在10%以内。这也反映出一种偏于谨慎和小心翼翼的心态,颇有"一朝被蛇咬,十年怕井绳"之势。[①]

(四)国企"员工持股"的三条意见

鉴于2003年以来有的地方员工持股遭到批判,2013年才获新一届中央"允许",特别是从2017年开始实施新一轮混改企业员工持股改革试点,经历如此的曲折,因此,在下一步实施中,应充分汲取此前改革的经验与教训,尤其要采取稳妥举措,真正发挥员工持股改革的积极效应。为此,应把握三条:

第一,"先地方,后中央"逐步推进。作为混合所有制改革的重要组成部分,员工持股无疑是国企改革中最具挑战性的议题之一。与体量庞大的央企相比,地方国企规模小、层级少、产权关系简单,更适合作为摸索员工持股改革经验的"试验田"。可适当放宽对地方国企开展员工持股改革试点的企业数量限制,鼓励更多有条件的地方国企积极推进员工持股改革,广泛深入探索国企员工持股的路径与模式、持股范围与持股比例等,以此为央企改革积累可借鉴的成功经验。

---

① 实际上,各地已经突破地方国企为5~10家的束缚。据2017年4月5日新华社所属《经济参考报》的报道,试点企业名单将进一步扩围。以四川为例,该省已经制定并即将出台混合所有制企业员工持股指导意见,并设定改革"时间表"。下一步将在全省范围内选择5至10户企业(其中,省属企业3至5户,市、州属以下企业3至5户)开展试点工作。

第二,央企也要加快改革进程。列入 10 家首批央企员工持股改革试点的央企三级孙公司,应尽快推出具体的改革实施方案,并加快落实改革举措,及时总结改革经验,打造可供复制的改革蓝本。同时,有计划有步骤地扩大央企子公司参与试点改革的范围,将员工持股改革逐步向央企子公司与母公司层面延伸。

第三,做好国有资产监管。出于为国企员工持股改革保驾护航的考虑,在推进改革时必须确保国有资产安全。国企员工持股改革一度被叫停的经历,已经为改革提供深刻教训:为确保新阶段改革能够持续推进,必须切实保障国有资产安全。国资监管部门和改革试点企业都要事先做好改革方案设计,严格按国资监管要求办事。

第六节 "两只眼睛看混改":推动制度设计健康落地,防止其"虚置"和"变异"

在整个"混改"操作过程中,无论如何要防止这种新的制度设计发生"异化"。特别是在当前,无论国企、民企都有部分单位存在违规违法的问题。例如,中央巡视工作发现某些央企已成为腐败问题多发地、易发地,在其通报中使用了"吃里爬外""损公肥私"等罕见表述。针对改革中出现的某些问题,习近平同志在 2014 年年底中央经济工作会议上指出:发展混合所有制"不能'一混了之',也不是'一混就灵',要切实防止国有资产流失";"要严格程序、明确范围";"要注意区别对待,注意把握好节奏和力度"。国务院《关于国有企业发展混合所有制经济的意见》(国发〔2015〕54 号),特别强调要"严格程序,规范操作",以防止这种新的制度设计发生"异化"。在此之前,笔者曾于 2014 年 3 月 4 日发表文章,提出要根据 20 多年来推进混合所有制改革的实践,防止混合所有制"异化"的问题。①

在《所有制改革与创新——中国所有制结构改革 40 年》一书中提出四条要领,即:(1)市场决定,政府引导;(2)保护产权,公平对待;(3)依法依

---

① 2014 年"两会"开始之际,本文作者在《混合所有制:产权结构创新的主要着力点》中,曾提出在"产权结构创新"过程中,"会不会有人借混合所有制,侵吞国资,或借混合所有制,侵吞民资?"的问题,见 2014 年 3 月 4 日《北京日报》。

规,规范操作;(4)统筹协调,稳妥推进。强调这四条要领必须掌握,其中第三要领强调要瞄准四个环节,把好四关:

一、资产评估关

要健全清产核资、登记确权、准确评估各类资产价值(涉及职工切身利益的部分也要做好评估工作)。注意:方案审批时,应加强对社会资本的质量、合作方的诚信与操守、债权债务关系等内容的审核。保障企业职工对国有企业混合所有制改革的知情权和参与权。这是"人本"思想在此问题上的体现。

二、价格确定关

完善市场定价机制十分重要,尤其是国有资产市场定价机制。目前不少人持"实物资产观"而不是"价值资产观";对于价值,又不注重"市场公允价值",而拘泥于"账面价值"。对此,应通过产权、股权、证券市场"发现"和"合理确定"资产价格。当然,在资本市场新的条件下,上市公司的估值是个难度很大的问题,要注意发挥专业化中介机构作用,借助多种市场化定价手段,完善资产定价机制。关键是防止出现"内部人控制"和利益输送,避免造成国有资产流失。

三、交易透明关

基本思路是八个字:"信息公开,社会监督"。无论是企业产权和股权转让,还是增资扩股、上市公司增发等,均应在产权、股权、证券市场公开披露信息,公开择优确定投资人;达成交易意向后应及时公示交易对象、交易价格、关联交易等信息。切实做到规则公开、过程公开、结果公开。

四、资金到位关

交易完结后,资金应及时到位,防止"悬空"。

政府有关部门要加强对上述四关的监管。对改革中出现的违法转让和侵吞国有资产、化公为私、利益输送、暗箱操作、逃废债务等行为,要依法严肃处理。

但是,也不能走到另一极端,为了躲避"异化"而无所作为。笔者在调研时发现,目前一些地方宁可落个"不作为",也"按兵不动",这是一种怠工倾向。还有的地方只注意国有资产流失问题,不关注民有资产流失问题。因此需要申明,按照平等保护产权的精神,不仅国有资本不能被侵吞,民有资本、外商资本、职工股本都不能被侵吞,要"一碗水端平"。

"古今中外的历史表明,改革启动不易,善作善成更难。多少改革一开始轰轰烈烈,结局却事与愿违。"①笔者颇有同感。笔者深感,混合所有制似《一千零一夜》中阿里巴巴寻找的"金洞",然而要真正获得"珍宝",则要经历诸多艰险;它绝不是"潘多拉的盒子",但要防止腐败把它扭曲和变异,避免"一开始轰轰烈烈,结局却事与愿违"。在此,要特别警惕某些腐败分子利用混合所有制以"谋私",然后把混合所有制"异化"的责任推到制度设计者和理论探索者身上。必须明确:"谁出问题谁担责"!当然,设计者也会从中总结经验教训,使制度设计更完善些。

针对混合所有制改革中比较复杂的问题,本书专门设置"实现机制与治理篇"。其中,第十三章,研究在推进混改和重组中如何实行国有资产证券化问题;第十四章,探讨如何发挥产权交易市场在发展混合所有制经济中的作用问题;第十五章,论述混合所有制企业的公司治理问题。这就把发展混合所有制经济扎扎实实地"落到地上",以促进其健康规范化发展。

---

① 引自严书翰:《全面深化改革带给人民群众更多获得感》,2017 年 9 月 28 日《人民日报》理论版。

第三章 世界三大潮流与混合所有制经济

【本章提要】当今世界有三大潮流:全球新技术革命潮流、后金融危机时代的经济全球化潮流和注重人的自身发展潮流。这将对中国下一步所有制结构改革产生深刻的影响。

在新技术革命潮流下,创新立国必然要有相应的体制支撑,混合所有制经济则是较优的产权制度安排。当前,技术产权已成为促进生产力发展的重要机制。随着"技术资本化",将逐步生成一批新的混合所有制企业。

在经济全球化形势下,绕不开所谓"市场经济地位"与国有企业的关系问题。作为一个以市场经济为改革取向的国家,要从"更加成熟、更加定型"的市场经济制度高度,推进国有企业自身的混合所有制改革。

"人本高于资本"与形成"利益共同体"是两个并行不悖的命题。员工持股的意义在于"形成资本所有者和劳动者利益共同体",它能更有效地把国有资本和人力资本及创造性劳动结合起来,在发挥国有资本作用的同时,激发人力资源的创造性劳动。

中国应该审时度势把握好世界三大潮流的新变化,积极发展混合所有制经济,以此协调不同利益主体的关系,从而建立"社会共生"的新体制。

前面一章,笔者阐述了混合所有制经济的理论与战略,本章试图换一个视角,即从更广阔的全球视野来把握中国发展混合所有制经济的客观必然性。

笔者在此前发表的《世界三大潮流与中国混合所有制经济——基于全

球视角的相关性研究》一文中指出："四年来,学术界和经济实业界论述发展混合所有制经济的文献已有不少,但据笔者所览,多是从国内改革发展的角度,特别是从国有企业'混改'的角度来研究。虽然这种研究有其重要现实价值,但总感视野似乎不够开阔。"[①]

在当代世界,大凡研究经济社会问题,一般都需要把握"横坐标"和"纵坐标"。"横坐标"是指全球视野;"纵坐标"是指时代眼光。研究中国的混合所有制经济发展,同样需要把握"横坐标"和"纵坐标"。基于这种考虑,笔者在上文中指出:探讨中国的混合所有制经济"要从新的视角研究问题"。[②]

两年前,即 2015 年 9 月,中共中央、国务院《关于国有企业发展混合所有制经济的意见》一开始就指出,"当前,应对日益激烈的国际竞争和挑战,推动我国经济保持中高速增长、迈向中高端水平,需要通过深化国有企业混合所有制改革,推动完善现代企业制度……"这就是全球视野。其实,现在中国面临的,不只是"经济全球化"带来的"日益激烈的国际竞争和挑战",还面临新技术革命和人本主义发展等潮流带来的"日益激烈的国际竞争和挑战"。

笔者在《人本型结构论》一书中指出:当今世界有三大潮流:全球新技术革命潮流、后金融危机时代的经济全球化潮流和注重人的自身发展潮流。[③]值得注意的是,这三大潮流现在正面临着新的情况。这将对中国下一步所有制结构改革产生深刻的影响,包括创新混合所有制经济以及相关配套的经济体制等。以下三节,将在前面所述的基础上,采取逐一对应的方法,根据每一股潮流的内涵及其新变化,来研究其与混合所有制经济的各自相关性问题。

① 常修泽:《世界三大潮流与中国混合所有制经济——基于全球视角的相关性研究》,《改革与战略》,2017 年第 8 期。

② 常修泽:《世界三大潮流与中国混合所有制经济——基于全球视角的相关性研究》,《改革与战略》,2017 年第 8 期。

③ "就全球来说,主要是全球新技术革命潮流、后金融危机时代的全球化潮流和注重人的自身发展潮流"。参见常修泽:《人本型结构论》,安徽人民出版社 2015 年版,第 14 页。

第一节　新技术革命的潮流与混合所有制经济

一、来势迅猛的世界新技术革命潮流

20 世纪 80 年代,美国经济学家保罗·罗默(Paul M.Romer,美国斯坦福大学教授,新增长理论的主要建立者之一,他在 1983 年完成的博士论文提出构想,后于 1986 年提出了"内在经济增长"理论)、罗伯特·卢卡斯(Robert E.Lucas,美国芝加哥经济学派代表人物之一)在研究经济增长时,抛弃了新古典增长模型中关于技术外生和规模收益不变的假设,采用收益递增的假设建立模型。其中,一个重要贡献是将知识作为"内生变量"放入生产函数中,从而在理论上揭示了知识对经济增长的作用,保罗·罗默因此成为诺尔贝尔经济学的有力候选人,而罗伯特·卢卡斯也因对"理性预期理论的贡献"而获得诺贝尔经济学奖。

习近平同志曾经从人类社会发展历史的角度指出:"人类社会经历了农业革命、工业革命,正在经历信息革命。"事实确实如此。进入 21 世纪以来,被人们称之为"新浪潮的第三次工业革命"迅猛发展,特别是在信息革命方面,人类社会的"先头部队"正在从工业社会迈向信息社会,包括"云计算""e 世界"等信息技术以异乎寻常的速度爆炸性增长。中国大陆科技界一般把此大势归纳为五个字:"云"(云计算)、"物"(物联网)、"移"(移动互联)、"大"(大数据)、"智"(智能化)。2016 年笔者第十一次考察中国台湾经济发展过程中了解到,台湾科技界归纳为四个字,即"大"(大数据)、"智"(智能化)、"移"(移动互联)、"云"(云计算)。无论五字诀也好,还是四字诀也好,总之,信息技术作为当代最具潜力的生产力和人类最重要的经济资源,已成为诸多生产要素中的第一要素。

在信息革命方面,尤其值得关注人工智能问题。2017 年 7 月,国务院颁发《新一代人工智能发展规划》。2017 年 9 月,在新一届莫干山会议上,就专门针对人工智能等科技创新探讨复杂世界的现状与未来。

同时,生物技术方面、量子技术方面,这些领域也正在进行着一场革命。李克强总理在国务院常务会议上(2017 年 7 月 20 日)强调要"推进颠覆性技术创新",其中特别提出"聚集国家战略和民生改善需求,在量子通信,精准医疗等重点领域启动一批重大科技项目"。[①] 这些"颠覆性技术创新",不仅改变着经济增长格局,而且改变着经济结构,使产业结构抑或是要素投入结构,甚至所有制结构都将发生深刻而重大的变化。[②]

对于这种技术创新的浪潮,习近平在 2017 年 9 月 3 日的金砖国家工商论坛讲话中再次强调:"要把握新工业革命的机遇,以创新促增长、促转型,积极投身智能制造、互联网+、数字经济、共享经济等带来的创新浪潮,努力领风气之先,加快新旧动能转换。"[③]在此背景下,在产业结构方面,服务业将以势不可挡的力量超过第二产业,成为三个产业中的最大产业;[④]同时各种战略性新兴产业、高技术制造业、电子商务时代的快递业务以及新兴的共享经济等行业,也将在信息技术推动下异乎寻常地增长(有研究表明,包括上述在内的中国新动能对经济增长的贡献率估计在 30%左右)。美国学者、《机器人的崛起》一书作者马丁·福特指出:"2014 年,中国工厂使用的自动化设备约占全球的四分之一……到 2017 年中国拥有的制造业自动化设备数量将超过任何其他国家。"[⑤]

在生产方式方面,传统工业大规模、大批量、少品种的"规模效益型"技术经济范式,将逐渐向小批量、多品种的"范围经济型"技术经济范式和大批量、多品种、混流生产线为主的"集约经济型"技术经济范式转化。特别是产业结构中的生产模式,呈现"去中心化"趋势,即从"集中控制式"向"分散控制式"转变。

在要素投入结构方面,千千万万个"创客"及技术创新将成为经济的最大驱动力量,生产要素配置上也将会出现高度灵活性,以便能够依照复杂多变的生产任务和动态变化的生产环境做出迅速反应和调整。此处验证了邓小平同志在 1988 年 9 月 5 日会见捷克斯洛伐克总统胡萨克时的那句名

---

① 李克强:《推进颠覆性技术创新,启动量子等重大科技项目》,澎湃新闻网,2016-07-20。

② 见常修泽教授在"香山科学会议"作"信息化对中国经济社会发展的影响研究"的主题报告,中国改革论坛网,2013-01-22。参见常修泽:《人本型结构论》,安徽人民出版社 2015 年版,第 14 页。

③ 习近平:《在 2017 年金砖国家工商论坛上的讲话》,新华社,2017 年 9 月 4 日。

④ 据统计,2016 年中国服务业增加值超过 50%,达到 51.6%;2017 年估计会提高到 53%以上。

⑤ 转引自《机器人倒逼中国经济升级转型》,2015 年 6 月 12 日《参考消息》。

言："马克思说过，科学技术是生产力，事实证明这话讲得很对。依我看，科学技术是第一生产力。"[1]

无论称"第二次机器革命"也好，还是称"第三次产业革命"也好，都将重构发达经济体与发展中经济体在国际分工中的利益分配格局。正如美国学者马丁·福特所指出的，在这种"自动化革命"的基础上，"打造一个稳固的中产阶级，然后向服务型经济转型"。[2] 这无疑会给中国带来挑战。伴随即将形成的全球分工体系的新均衡，中国正面临一场尽快调整经济结构的国际竞赛。如何重塑中国在国际分工中的比较优势和竞争优势，尽快抢占先机，掌控制高点和主动权，关乎中国能否在新一轮国际竞争中获得有利位置；进而决定了中国能否抓住战略机遇期，以比发达经济体更快的速度和更高的质量实现国内经济结构的转型，为未来 10 年或者更长时期"每个人的全面发展"奠定基础。

总之，在当今全球科技革命深入推进、国际竞争日益激烈的时代，一国要获得持久的竞争力，不能仅仅依靠资源禀赋和要素成本的比较优势，必须适应当今世界新技术革命崛起的潮流，获取新的竞争优势，其根本和关键的一招是实行创新驱动，制定"创新立国战略"。[3]

二、"创新立国战略"框架及其相应的体制支撑

基于笔者关于"根本和关键的一招是实行创新驱动"的认识，2013 年笔者在出版的《创新立国战略》一书中，对创新立国战略进行了构架性设计。

"创新立国战略"框架分为三大部分（参见图 3-1）。如果把这一体系比喻成构建一座"大厦"的话，那么，从内在逻辑上说，三大部分分别相当于大厦的"顶层"部分、大厦的"横梁"部分和大厦的"立柱"部分。

整个逻辑体系参见图 3-1：

---

[1]　邓小平在 1988 年 9 月 5 日会见捷克斯洛伐克总统胡萨克时说："马克思说过，科学技术是生产力，事实证明这话讲得很对。依我看，科学技术是第一生产力。"这是第一次明确提出了"科学技术是第一生产力"的观点，强调了科技的重要性。见《邓小平文选》第三卷，人民出版社 1993 年版，第 274。

[2]　转引自《机器人倒逼中国经济升级转型》，2015 年 6 月 12 日《参考消息》。

[3]　常修泽等：《创新立国战略》，学习出版社、海南出版社 2013 年版，第 20—24 页。

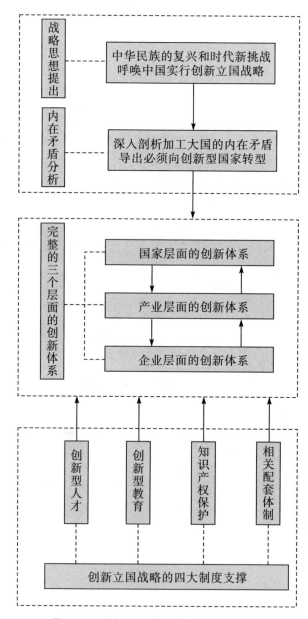

图 3-1 创新立国战略体系逻辑示意图

来源：常修泽等：《创新立国战略》，学习出版社、海南出版社 2013 年版。

　　从创新立国战略的上述逻辑框架可见,一个完整的创新立国战略体系,需要相应的体制作支撑,这对于"创新立国"极端重要。在作者主笔的《创新立国战略》一书中,着力阐述了下列体制支撑:(1)知识产权体制;(2)财税体制;(3)金融体制;(4)市场体制;(5)产权机制;(6)政府管理体制等。

　　作为上述一系列体制机制创新基础的是产权机制,这就包括混合所有制经济的制度安排问题。

三、技术产权资本化:高新企业"混合化"趋势

　　在当今知识经济的时代,技术产权已成为促进生产力发展的重要机制。随着"技术资本化"的趋势,技术产权可以评估、作价、折股,使之参与到企业的创新当中来,从而形成新的混合所有制企业。

　　笔者调研了解到清华大学一博士后,运用技术专利折成的产权,合办混合所有制企业,进而推进"连续状泡沫镍"技术的产业化,就是一例①。

　　2001年,一位在清华大学作博士后研究的青年研究人员发明了"连续状泡沫镍技术",湖南省政府闻讯后聘请他为湖南省科技方面的专家,并对其技术由国家有关评估机构评估、作价(评估值近4000万元),以此折成股份与湖南当地的国有资本结合,创办混合所有制企业——一家新材料股份公司(公司资产结构中,有地方国有资产〈长沙国资委背景的一家国有集团为大股东〉,也有这位博士后的技术股权。他们两家股东,企业"混合"而成,这即为本书第二章讲的"异性恋"混合方式)。当年建厂,当年投产,并在国际市场打开销路,创造了新的品牌。一位中共中央政治局委员和国家发展改革委一位负责官员实地考察,给予肯定。

　　笔者深入长沙星沙开发区实地研究了这个案例,结论:这一案例给人的启示是,在新技术革命的新形势下,必须实施以技术产权为重点的知识产权战略,引导和支持技术产权向企业集聚,以混合所有制企业为组织形式,促进科研成果向现实生产力转化。由技术产权与其他产权组合而成的混合所有制企业,使"国有资本、集体资本、非公有资本等交叉持股、相互融合"(中共十八届三中全会"发展混合所有制经济"论断),这是促进技术创新和科技成果产业化的重要机制。

---

　　①　常修泽:《广义产权论》,中国经济出版社2009年版,第10—12页。

由此,使我们从更广阔的层面,重新评估和重新思考"技术产权资本化"(技术入股制)带来的混合所有制发展问题。[①]

笔者在《广义产权论》一书指出,在知识经济时代,技术出资已成为提高生产力水平、推动社会经济发展的重要力量。该书指出,按照一般规律,技术出资的程序主要有评估、作价、交付和登记四个环节:

1. 评估。技术评估是根据技术的价值观,对技术可能给自然和社会各方面带来的影响,进行分析和评价。

2. 作价。技术出资作价可以参照技术转让来进行。在技术转让中,对技术作价,国际上一般采用利润分析法。

3. 交付。技术出资人依有关"约定"交付出资技术,企业及时组织验收。

4. 登记。技术出资应当记载于企业章程并办理工商登记。

按照笔者《广义产权论》"技术产权资本化"("知识"产权)的界定方式主要分为三种形式:

一是"干股"。一般拥有完全的所有权,大多不需用资金承担企业的亏损。技术干股用所拥有的技术承担风险,非技术干股由实际出资的股东承担风险。

二是"分红回填股"。这种股份的拥有者个人在企业登记注册时不出资,由其他法人股东或自然人股东用现金、实物或者技术作价出资,借款给分红回填股拥有者入股,用红利冲抵借款,未冲抵借款部分只有分红权,已冲抵借款部分拥有完全所有权。

三是"分红股"。由企业股东馈赠的只有分红权的股份[②]。

除了技术产权资本化趋势之外,更值得关注的是高新技术愈来愈明显的"产权混合化"趋势。我们在本书第十二章将会讨论:新科技对产权结构的影响不可忽视,混合所有制在互联网企业中很常见,而在互联网全方位介

---

① 常修泽:《广义产权论》,中国经济出版社 2009 年版,第 365 页。

② 笔者在《广义产权论》一书中指出:技术产权资本化在操作上应当注意以下五个方面:第一,确定"技术"或者"知识"产权的所有者;第二,所有权和分红权适当分离;第三,后续核心人员适当占有股份;第四,产权界定以后,应经常考虑扩股和配股;第五,分红回填股应与现金、实物出资入股相结合。见常修泽:《广义产权论》,中国经济出版社 2009 年版。

入传统企业后,深度融合、跨界融合不可避免,传统企业的混合所有制改革会逐步提上日程。

以上分析,只是在新技术革命的新形势下,应对新形势而建立适应性体制的组成部分。实际上,新技术革命对包括混合所有制在内的整个体制的倒逼,是全面的、深刻的。仅就这两个方面也可看出,由"技术产权资本化"(技术入股制)以及互联网介入传统企业后的"深度融合和跨界融合",由此而带来的混合所有制发展,是创新立国战略最重要的微观经济基础。再加上财税体制、金融体制、市场体制、政府管理体制等配套体制,可以形成一个完整的制度体系。唯有此,才能为中国从"加工大国"跃升为"创新大国"营造不可或缺的、良好的经济制度环境。

第二节　经济全球化的潮流与混合所有制经济

一、经济全球化潮流与"反全球化"逆流的博弈

除了世界新技术革命的挑战外,还有新一轮经济全球化浪潮的挑战。但近年来在经济全球化方面却出现了经济全球化的潮流与"逆全球化"之间的博弈(当然,科技革命也存在博弈。笔者称其为"新技术革命与'科技黑战'的博弈"。具体内容见笔者的《世界三大博弈与中国开放新局》一文①,这里不拟展开)。

需要申明:这种全球化与"逆全球化"的博弈,并非自美国 2017 年换届始。实际上,随着 2009 年以后美国金融危机的爆发和国际经济衰退,进入 21 世纪第二个十年后,就已经引发贸易保护主义。新总统上台后只是加剧"逆全球化",为其推波助澜而已。

美国金融危机爆发和国际经济衰退后,中国与国外的贸易摩擦数量就开始上升,成为全球贸易摩擦"目标国"之首。不单"两反两保(反倾销、反补贴、保障措施和特别保障措施)"等贸易摩擦案件超过既往地猛增,各种技术性贸易壁垒、知识产权壁垒等新型保护主义手段也日益增多。

数据表明,2009 年中国年度遭受贸易调查已经突破 100 起大关。在各

---

① 常修泽:《世界三大博弈与中国开放新局》,《群言》,2017 年第 1 期。

类贸易壁垒中,所谓"反倾销"是中国遭遇最早、对中国影响颇大的灾难之一。中国已连续 15 年成为全球遭受"反倾销"调查、被实施反倾销措施数量最多的国家。上述这些国际经济环境的不利变化,都凸显了外部依赖的脆弱性和不可持续性,传统的以"加工出口"为特征的发展模式遇到挑战。

2016 年年底美国产生新一届总统后,明确声言他上任后将实行贸易保护主义,表现之一就是将对中国输美产品征收高额关税。在此前后,欧洲也出现了这样的苗头,频繁采取反倾销等贸易限制措施,从而在欧美兴起一股"逆全球化"的贸易保护主义潮流。① 不仅如此,2017 年 5 月底,美国总统还宣布退出气候领域《巴黎协定》,也是一桩严重的"逆全球化"之举。

但是,从人类文明发展的基本走势来看,全球化的浪潮是不可阻遏的。以 2016 年 9 月举行的 G20 杭州峰会为例,会议通过了未来"结构性改革的优先领域"相关文件,确定了 G20 国家九大结构性改革优先领域。其中,第一条"促进贸易和投资开放"、第六条"促进竞争并改善商业环境",都意味着 G20 国家将融入全球化的潮流,在自由竞争的基础上开展贸易活动,不管其内心世界如何,也不管会后是否能真正履行,至少从杭州会议的氛围中,都明确传递出反对贸易保护主义的决心。而且,就在美国新总统宣布退出气候《巴黎协定》后,世界多数国家也表达继续执行《巴黎协定》的决心。

特别是,2017 年 5 月,中国在北京召开了共建"一带一路"("丝绸之路经济带"和"21 世纪海上丝绸之路")的峰会。这是一个顺应世界多极化、经济全球化、文化多样化、社会信息化潮流的峰会,也是一个秉持开放的区域合作精神、致力于维护全球自由贸易体系和开放型世界经济的国际化大举措。原来曾经狂热鼓吹全球化的某些欧美国家,现在居然成为反全球化的力量,而像中国这样过去实行计划经济对外封闭的国家,则成了全球化的积极推进者和倡导者。这实在耐人寻味、发人深省。

---

① 常修泽:《世界三大博弈与中国开放新局》,《群言》,2017 年第 1 期。

相关链接 常修泽:"你搞你的保护主义,我搞我的开放新局"

世界新变局出现了若干新的情况、新的矛盾。在这样一个新的变局下中国怎样推进下一步的"升级版"开放?经济学家常修泽在接受《中国经济时报》记者采访时表示,"你搞你的保护主义,我搞我的开放新局"。

常修泽指出,世界正面临全球化与"反全球化"的博弈。一些国家实行贸易保护主义政策,改变全球化的某些规则。这将对中国下一步的对外开放产生深刻影响。

"我搞我的开放新局"怎么搞法?常修泽建议,开启新一波"走出去"新战略。重点抓住"一带一路",具体操作:可率先六条线路推进。近年,常修泽先后考察了"一带一路"沿线的土耳其、俄罗斯、斯里兰卡、乌兹别克斯坦、老挝、越南等国,并先后主持和参加了中巴经济走廊、中国和伊朗、"中国与中亚五国基础建设合作"、中国和印度尼西亚的合作的专题研究和讨论,与四国有关方面直接接触。"中国与'一带一路'这么多国家合作是好事,但不宜不分主次、齐头并进,还是应该突出重点、梯次展开、扎扎实实地循序渐进。"他说。

为此,他在实际调研基础上逐步形成"六条线路"的构思:一是把建设中巴经济走廊作为实施"一带一路"的起步点;二是中国和伊朗的经济合作;三是中国与哈萨克斯坦等中亚五国的合作;四是中国和印度尼西亚的合作;五是中缅印孟经济走廊;六是中国与俄罗斯、蒙古国的合作。

"开放新局,另一个是建立自由贸易区,包括建立国际和国内自由贸易区。前者扩大开放;后者倒逼国内改革。"首先,建立国际自由贸易区,可以发挥倡导者或者领头羊作用。二是创建国内的自由贸易区。迄今已经建立或批准了11个"自由贸易区",中国的东北、华北、西北、华东、中南、西南这六大区域都有国家的自由贸易区。估计会稳定一段时期,近期内不宜再扩大。

常修泽认为,关键要关注通过自由贸易区的创新来倒逼国内的体制改革。主要有五点：政府中立化问题、国有企业公平竞争问题、解决劳工权益问题、解决知识产权保护问题、环境保护问题。

最后，常修泽强调，中国开放升级版，要有新思维，即中国的改革开放必须树立一种"文明包容"的战略思想、战略思维。

来源：《中国经济时报》　　时间：2017-01-12

二、对中国经济体制的挑战："市场经济地位"问题的纠缠

随着新一轮经济全球化的推进，全球治理规则（包括国际投资贸易规则）正在发生或者酝酿发生深刻的变化，中国面临难得的历史机遇，也带来新的挑战。

其实，这种挑战自中国于2001年正式加入WTO始，就已经是面临的现实。彼时，中国要构建参与国际市场竞争的市场经济体系，倒逼国有企业进行改革（包括产权制度改革），但是21世纪前十年的改革，重点还是中小型国有企业的改革，大型或特大型国有企业改革力度不够。非但改革力度不够，在经济领域"列强环伺"的情况下，还出现了盲目扩张规模甚至集中和垄断不同程度地有所加剧的情况，尤其是单一所有制比较明显的领域，垄断情况更为严重。

后金融危机时代新一轮经济全球化带来的这种历史机遇和挑战将对中国的结构转型带来新的课题。笔者曾在《创新立国战略》一书中从四个方面作过分析：（1）未来几年全球经济将进入一个相对缓慢的增长期；（2）主要发达经济体主权债务问题日益突出；（3）发达经济体家庭可支配收入持续下降和消费者"去杠杆化"趋势日益明显（这或许是未来几年对中国外部需求最直接的负向冲击因素）；（4）国际经济不够景气引发较为明显的贸易保护主义。[1]

2015年2月，欧洲政策研究中心（CEPS）举办的"2015欧洲思想实验室年会"，平行会议议题之一，就是在经济全球化新形势下"中国扮演何种角色"问题。[2]

---

① 常修泽等：《创新立国战略》，学习出版社、海南出版社2013年联合出版。
② 参见常修泽：《人本型结构论》，安徽人民出版社2015年版。

这涉及国际经济秩序(包括像世界银行和国际货币基金组织等国际组织和货币体系的规则等问题)。对此,笔者认为,应该"革故鼎新"。

所谓"革故",即改变原有的结构。如,在世行集团和国际货币基金组织中,发展中国家应获得更多的投票权;集团各机构应有独立的份额分配公式,并选择合理的参数和权重,改进 GDP 的计算方法;充分运用双重多数通过制,把协商一致确认为正式决策程序;扼制世行和国际货币基金组织的运作政治化倾向,等等。

所谓"鼎新",即另建新平台,建立新规则。例如 2013 年,中国倡议组建亚投行(AIIB)。2014 年,开始着手筹备,到 2017 年 6 月 18 日已有 80 个国家加入。《环球时报》头版头条曾发表重点文章《盟国拥抱亚投行令美思变》。这里的"思变",是指货币体系治理的变化。笔者认为,中国倡议组建亚投行(AIIB)并受到欢迎,客观上促使世界银行和国际货币基金组织等一整套货币体系也将有所改变,这本身就是对全球治理规则的贡献。而全球治理规则的改变,对中国的经济结构和体制转型将产生深刻影响。

2017 年 1 月,美国总统特朗普已正式宣布退出"跨太平洋伙伴关系协定(TPP)"。但是需要指出,即使美国退出"TPP"之后,围绕"市场经济地位"问题,中国依然会遭到难以摆脱的纠缠。这里有诸多问题,包括:知识产权保护问题、劳工权益问题、环境保护问题、政府采购问题、国有企业公平竞争问题,等等。这都是经济全球化潮流给中国经济体制带来的课题。

在全球化带来的以上五大问题中,特别值得关注的是国有企业的公平竞争问题。由于中国市场经济的萌生和发展,走的不是一条西方国家自然萌生、自然成长的过程,而是一个对原有计划经济体制的国有经济格局进行改革(放松管制)的过程,因此改革必然是个渐进的过程,这里既有与发达国家同样的"自然垄断",也有比较特殊的行政垄断,一些重要的领域由具有优势的国有企业所掌握。这是笔者研究此种"挑战"遇到的困惑或现实矛盾。

不仅笔者有此感觉,其他学者、尤其是担负改革推进责任的人士也有这种感觉。读者在下一章将会看到孔泾源先生的分析:"原有体制内企业'改革转型'成'现代企业制度',不仅过程漫长复杂甚至时而反复,而且一时间也难以改弃其'亲长子'角色乃至特殊地位,某些经济成分所享有,而被方方面面诟病的政策优惠等'超市场规则'现象,便是其典型特征。"(见第四章

第一节）当然,如果从更广阔的视角看问题,不仅国有企业,而且所有中国的企业都面临国际激烈竞争浪潮前的"双重情况"。就国企来说,一则,要在国际竞争中,代表"国家队",奋发图强,打出"国威",甚至要保障国家的经济安全;二则,又要适应全球化的"洗礼",浴火重生、凤凰涅槃、改造自己。就民企而言,一则在全球化、市场化中,如鱼得水、自由竞争;二则,又受到跨国公司的挤压。在这种形势下,不少国企民企都具有这样的"双重性格"。

三、进一步提高中国市场化程度与国企混合所有制改革

中国是以社会主义市场经济作为改革取向的国家。改革开放近 40 年来,在资源配置方面市场化程度具有明显的甚至是质的提升。据国家发改委 2017 年 7 月 28 日公布的信息:中国价格市场化的测算结果,已经从 2012 年的 94.33% 上升到 2016 年的 97.01%,这就意味着政府管理价格的比重已经不足 3%。分领域看,第一产业农产品领域价格已经全部由市场决定;第二产业价格市场化程度为 97.37%;第三产业价格市场化程度为 95.9%。[1]

再从要素市场的发展程度、企业的市场化程度、政府与市场关系等方面看,市场化程度也有提高。[2] 当然,作为一个曾经的计划经济根深蒂固的国家,"市场经济地位"有个逐步提高的过程。这是不言而喻的。现在中国正处在向更加成熟、更加定型的市场经济制度发展过程中。

这里,特别应关注中国的国有企业问题。在加入世界贸易组织前,2000 年 9 月 19 日,美国时任总统克林顿曾说,如果中国能够加入世界贸易组织,外部竞争能够"加速中国国有企业的消亡"。然而,事实上,我国加入世贸十几年来,中国国有企业非但没有在国际竞争中消亡,还成长为我国参与全球资源配置和全球市场竞争的主要力量。数据表明,国企特别是央企的资产总额、营业收入、利润总额均实现持续增长,入选《财富》世界 500 强企业的国企数量大幅度上升。其中,值得关注的铁路公路机场港口等建筑施工、水电建设、核电建设、电力装备制造、轨道装备制造等行业中国企业的技术能力已经达到先进水平,在国际市场呈现出很强的竞争力。具体内容读者可

---

① 国家发改委价格司:《我国价格市场化程度超 97%》,2017 年 7 月 28 日《北京时报》。
② 见王小鲁、樊纲、余静文:《中国分省份市场化指数报告》,社会科学文献出版社 2017 年版。

从本书第十章看到。这是一方面。

另一方面,中国国有企业与政府的关系也确实需要厘清,莫说国外,即使国内,要求"提高国有企业红利上缴比例"的声音也有出现,此外希望"混合"的声音也不绝于耳。这里情况十分复杂,国际传播格局中确有"妖魔化"中国国企的行为,"唱衰国企"是可笑的,但是中国国有企业与民营企业公平竞争的问题并没有完全解决,这也是应该注意的。

笔者在《中国(上海)自贸试验区以开放倒逼"五环式"改革》[①]中指出,中国的体制改革有两种方式:一种是内生性的,像农村家庭联产承包责任制,就是老百姓基于自身改革的内在冲动发起的;另一种是外生性的,是以外力倒逼改革。自由贸易区的设立就属于后者。

那么,要倒逼什么改革呢?

第一,政府自身体制改革。长期以来,中国实行的是"政府主导型"的经济发展模式。政府过多采取行政许可、审批制度,在很大程度上导致政府权力的任性以及与市场的边界不清。如何使政府有权而不任性?就要推进权力系统内部的结构性改革。通过自贸区的创建,就可尝试按照新的规则,遵循"法无禁止即自由"的原则,实行"负面清单"管理(同时暂停实施某些法律法规),推动政府由管制型向中立型和服务型转变。

第二,国有企业公平竞争问题。设立自贸区,首先就要为区内所有企业创造一个公平竞争的环境。虽然部分国有企业确有某种特殊待遇,同时,非国有企业特别是非公有企业遭到某种歧视,但令人欣慰的是,中共中央、国务院 2016 年 11 月 27 日公布了《关于完善产权保护制度依法保护产权的意见》,强调要以公平为核心完善产权保护制度。从主体来讲,各种所有制企业产权及其他合法权益都要得到平等保护。下一步将进一步推动上述《意见》的实施,倒逼国有企业改革。

第三,国内服务业开放问题。与国有企业公平竞争相联系,从更大的范围来说,下一步应加快推进国内服务业特别是垄断性行业的开放。前些年,中国开放的重点在工业领域,服务业的很多领域尚未开放,特别是一些垄断

---

① 常修泽:《中国(上海)自贸试验区以开放倒逼"五环式"改革》,《瞭望中国》,2013 年 10 月;转引自中国改革论坛网,2013-10-25。

性的行业开放度不够,如电信、交通等。在这些领域,民营资本投资比重很低,有的行业(如铁路)微乎其微。根据本书第二章第四节国企"混改"的分析,这应该作为下一步发展混合所有制经济的重点。

除了垄断性领域外,还有一些竞争性服务业也要开放,比如大健康产业。中国现代服务业的发展必须以健康产业作为重要选择。要大力发展健康产业,包括促进以中医药为代表的健康产业的对外开放。除此之外,文化产业、教育培训产业等也应进一步开放。

第四,社会体制改革问题。随着自贸区新规则的建立,以保障劳工权益(首先是劳动力耗费得到补偿)为标志的公民权利问题将会进一步落实,这就要求推进社会管理体制创新,包括培育和创新社会组织、推进社区自治、建立公民利益表达协调机制、用对话代替对抗等。

第五,生态环境体制改革问题。自贸区新规则对环境的要求非常苛刻,而现在的实际情况比较严峻。有鉴于此,应从建立资源环境产权制度入手,实现严格的环境保护制度,真正做到生态文明、"天人合一"。

第六,在开放中促进文明包容和交融问题。在下一步发展新局中,应特别重视开放中的文明包容问题。笔者在《包容性改革论》一书中,曾论证过"文明多元观":第一步应寻求不同文明之间的包容;第二步再设法寻求不同文明的交融。当然,在这个交融过程中难免有博弈(故笔者拟写的书暂名为《文明融博论》)。在世界新变局下,能否由文明隔阂走向多元基础上的文明交融,避免文明的剧烈冲突和碰撞,这是需要深入探讨的新问题。

上述六条中,作为微观经济基础的国有企业问题是核心问题。现实是,确有一批国有企业未改为混合所有制企业(当然笔者并不主张100%),同时,非国有企业特别是非公有企业遭到某种歧视。尽管中共十八届三中全会提出"发展混合所有制经济"已经4年,但不尽如人意。从进一步提高"市场经济地位"的大局考虑,应该加快国企混合所有制改革的进程。这是顺应经济全球化潮流的需要。在当今经济全球化与"反全球化"历史性博弈过程中,应以实际行动站在经济全球化一边。

第三节　人本主义潮流与混合所有制经济

一、世界人本主义的崛起与"人的主体性"之释放

从全球眼光看问题,除了新科技革命和经济全球化之外,还有一个新的角度——人类自身发展的潮流角度。在笔者看来,当今世界"人的主体性"的释放,即人本主义潮流对传统所有制结构的影响不可忽视。

1998 年,笔者在《21 世纪中国企业创新探讨》中提出:从当代世界新技术革命兴起后的最新实践看,新技术革命不仅推动着经济的发展,同时也在重塑着人自身。[①] 该文引用了 1997 年美国学者戴维·布鲁克斯发表的《无限制资本家》一文,来探讨如下新情况:伴随着信息经济的推进,在美国等发达国家,一代"新人"——Cosmic Capitalists(新华社译为"无限制资本家")开始出现。按照美国学者的分析,这批人:(1)是"新的技术力量创造出来的新人";(2)"是技术专家,是商人,又是艺术家";(3)"他们喜欢新概念、新思想、新的思维方式,喜欢变革,喜欢破除传统的东西";(4)"他们不信仰宗教,不喜欢等级制,认为等级、职务头衔是限制性的,已经过时"等等。[②]

2008 年,笔者在《人本体制论》里,进一步分析了戴维·布鲁克斯"无限制的新人"观点,提出在这批新人所体现的"超越原有限制"(笔者据此认为应称之为"超限制的新人")特点背后所隐含的思想,就是更富"独立性"和"开放性"。如果说,上世纪 90 年代关注"无限制的新人",还只是理论兴趣的话,那么,到了 21 世纪初期美国乔布斯的出现,使整个社会眼睛为之一亮,看到了一个当代美国人讲的"无限制新人"(笔者讲的"超限制的新人")活生生的样板。而一代"无限制新人"("超限制的新人")的出现,对传统经济结构提出挑战:一批一批的乔布斯,呼唤"新的乔布斯发展模式"。[③]

与"无限制的新人"("超限制的新人")相关的问题是"人本发展导向"

---

① 此文被《新华文摘》1998 年第 12 期转载,并收入《别无选择——北京青年经济学家谈当前经济改革》,中国经济出版社 1999 年版。

② [美]戴维·布鲁克斯:《无限制资本家》,1997 年 7 月 31 日《参考消息》。

③ 在 2012 年 8 月中国第四届人的发展经济学研讨会上,笔者提出并进一步探讨了"无限制新人"的理论问题。

问题。环顾世界,这些年来,一些具有人文主义思想的学者日益关注人自身的命运问题。例如,诺贝尔经济学奖得主阿马蒂亚·森(Sen, Amartya)提出的"以自由看待发展"的理论,尤其宝贵。按照阿马蒂亚·森的理论,发展的本质在于扩展人的可行能力(capability),即人们过自己认为有价值的生活、做自己想要做的事情以及实现自己想要达到的状态的能力。这里的"过""做""实现"是人自身自由发展的三大重要支点。[①]

顺应人类自身发展的潮流,联合国计划开发署(UNDP, 2010)提出,现代经济发展方式,必须从以物质财富增长转向人的需求,经济发展的目的在于满足和实现人的发展。为此,人类发展增添了较多的人文关怀,"幸福指数""人类发展指数"等应运而生,并成为经济发展的新思路。

人本主义是一种正潮流,但也受到两种倾向的干扰,一是权贵主义,二是民粹主义(同权贵主义一样,民粹主义也是当今一股世界性浪潮)。笔者在《人本体制论》一书中曾提出人本主义与反人本主义的"权贵加民粹"的相互博弈问题。《人本体制论》第六篇《人本导向的社会体制安排》指出:笔者的"人本",一对"权贵",二对"民粹"。书中强调无论是"权贵"还是"民粹",对广大人民群众来说,都是不利的。而且,两者互为依存、恶性互动。上面越"权贵",社会越"民粹";社会越"民粹",上面越"权贵"。既要反"权贵"又要防"民粹"。[②]

现在我们面临的世界很复杂,既有人本主义正潮流,也有民粹主义负潮流。当今世界出现的一些现象有某些民粹主义负潮流的影响,同时也有权贵主义负潮流的影响。

通过对新技术革命、后金融危机时代全球化和人的发展潮流的分析,可以看到,在新的历史阶段,中国经济改革和发展的国际经济环境已经发生了很大变化。在这种情况下,作为中国的决策者,就必须转变思维方式,推进全面创新。应从创新角度研究所有制结构如何适应当今世界人的发展潮流的要求问题。

二、员工持股:"形成资本所有者和劳动者利益共同体"

中共十八届三中全会《关于全面深化改革若干重大问题的决定》指出:

---

① [印]阿马蒂亚·森:《以自由看待发展》,任赜,等译,中国人民大学出版社2003年版。
② 常修泽:《人本体制论》,中国经济出版社2008年版,第288页。

"允许混合所有制经济实行企业员工持股,形成资本所有者和劳动者利益共同体"。国务院《关于国有企业发展混合所有制经济的意见》(国发〔2015〕54号)也做出具体安排:"探索实行混合所有制企业员工持股。坚持激励和约束相结合的原则,通过试点稳妥推进员工持股。"这里,最闪光的地方,是点明"员工持股"的战略考虑:"形成资本所有者和劳动者利益共同体。"

多年来,笔者一直认为,在社会主义公有制经济中,推进制度创新,应当遵循"资本"原则和"人本"原则两条基本原则。但是,"资本"原则与"人本"原则不是并行的。1996年1月8日笔者在《经济日报(理论周刊)》提出自己的观点:"人本"原则是比"资本"原则更为深层的原则①。

提出"人本"高于"资本",并不意味着"人本"与"资本"可以分离,也不意味两者不能形成"利益共同体"。"人本"高于"资本"与形成"利益共同体"这是两个并行不悖的命题。本书第二章开始在阐述混合所有制理论和战略时,明确提出员工持股的意义在于"形成资本所有者和劳动者利益共同体"。只有构建好千千万万个"利益共同体",才能为"社会共生"提供坚实的体制支撑。

虽然企业员工拥有的私人财产数目可能不大,而且其私人财产也不可能全部用来参与企业资本混合,但由于人数众多,"聚沙成塔",也是一支不容忽视的力量。这是一种从"物本"("资本")角度审视其意义的结论。

从人本经济学角度审视,员工持股改革就是要建立收益共享、风险共担的长效激励约束机制。相较于其他形式的激励,员工持股方式能更有效地把国有资本和人力资本及创造性劳动结合起来,在发挥国有资本作用的同时,激发人力资源的创造性劳动,需要按照《产权人本共进论》的思路推进。②

发达市场经济国家实践证明,股票期权能有效解决如何"激发人力资源的创造性劳动"这一难题,其做法是将个人未来财富与公司当前业绩、个人利益和公司长远发展有机地结合起来。因为获得股票期权的员工以优惠价格获得一定数量的本公司股票,如果公司股票日后价格上涨,该员工以市场

---

① 参见常修泽:《产权人本共进论》有关附录,中国友谊出版公司2010年版,第26—30页。
② 常修泽:《产权人本共进论》,中国友谊出版公司2010年版。

价格卖掉本公司股票,所赚取的差价便可以成为该员工的个人收入。但这种收入是一种不确定的收入,其数额多少同员工的努力程度、付出程度及业绩贡献紧密地联系在一起,员工凭借股票期权致富的前提条件是企业价值迅速增长。因此,要牟取个人利益,就不能不首先追求企业长期价值的最大化。

发达市场经济国家的"股票期权",虽可使企业中个人利益与公司利益结合起来,但是在中国目前不便实行。现在可行的办法,即是"探索实行混合所有制企业员工持股。坚持激励和约束相结合的原则,通过试点稳妥推进员工持股",使员工更加关注企业的发展前景和增值能力。而且,企业实行员工持股可以吸引并留住优秀人才,这对于刚刚创业的高新技术企业具有相当大的诱惑力。

三、科研、经营管理人员及业务骨干优先持股:事关"人力资本"价值

国务院《关于国有企业发展混合所有制经济的意见》(国发〔2015〕54号)明确指出:"员工持股主要采取增资扩股、出资新设等方式,优先支持人才资本和技术要素贡献占比较高的转制科研院所、高新技术企业和科技服务型企业开展试点,支持对企业经营业绩和持续发展有直接或较大影响的科研人员、经营管理人员和业务骨干等持股"。

按照笔者《广义产权论》的论述,随着世界新技术革命和全球化趋势越来越不可阻遏,"人力资本"的价值必然升值,甚至在某一天会超过"物质资本"和"货币资本"。在"人力资本"价值升值的过程当中,管理层、技术层的作用凸显。

随着改革的深化和时代的发展,产权范畴在现行物权、债权、股权和知识产权的基础上继续拓展,应将"劳动力产权"和"管理者产权"也纳入产权内涵。当代社会有"五大生产要素"——资本、土地、劳动力、技术和管理。20世纪80~90年代我国已经将"资本""土地"和"技术"纳入产权体系,但未能将"劳动力"和"管理"两大要素也纳入产权。2003年5月,笔者在为中共十六届三中全会决定起草工作提供的有关产权问题的基础性研究报告《论建立与社会主义市场经济相适应的现代产权制度》中,初步提出"广义产权"思想:建议从"广义上"提"现代产权制度"(而不仅是"现代企业产权制度"),并建议将"劳动者的劳动力产权和管理者的管理产权也应纳入产权范围,从而使要素产权体系完整化"①。同时认为,只有把"劳动力"和"管理"两大要素都纳入产权体系,也才能真正实现"要素按贡献进行分配"②。在这里,"管理产权资本化"就是"管理"要素按贡献进行分配的具体形式。

　　管理产权的资本化涉及管理期权制③。企业管理者"管理产权"的确立,为在企业管理层实施管理期权制提供了理论支撑。与技术产权实行"先评估"不同,管理产权实行"后评估":企业管理者先经营,根据经营的绩效再按一定的系数比例,确定一定比例的利润期权,可以按现股、期股、期权三种方式。无论是采取现股、期股,还是期权等,实施管理产权资本化的过程,必然是加快发展混合所有制经济的过程。当前,第一步,是认真落实国务院文件,优先支持人才资本和技术要素贡献占比较高的转制科研院所、高新技术企业和科技服务型企业开展试点,支持对企业经营业绩和持续发展有直接或较大影响的科研人员、经营管理人员和业务骨干等持股。

　　混合所有制经济,既可以容纳国有资本及其他公有资本,也可容纳各种非公资本;既可容纳私人企业主和外资企业主的股本(这一般是富裕阶层),也可容纳企业一般员工的股本(这一般是属于中低收入阶层),也可容纳对企业经营业绩和持续发展有直接或较大影响的科研人员、经营管理人员和业务骨干的股本(这一般是属于中产阶层,有一部分属于富人)。据国家统计局报告,2015 年年底,中国居民储蓄 59.3 万亿元,虽然不可能都用于投资,但经济力量可观。各种资本的相互融合、互利多赢,有利于协调不同利益主体的关系,以建立"社会共生"④的新体制。

---

　　① 　常修泽:《论建立与社会主义市场经济相适应的现代产权制度》,《宏观经济研究》,2004 年第 1 期。
　　② 　常修泽:《广义产权论》,中国经济出版社 2009 年版,第 409—411 页。
　　③ 　常修泽:《广义产权论》,中国经济出版社 2009 年版,第 366—367 页。
　　④ 　"社会共生"的新体制,参见常修泽:《包容性改革论》,经济科学出版社 2013 年版,第229 页。

第四章　混合所有制改革的政策空间与创新难点

【本章提要】本章重点对与混合所有制经济相关的改革政策空间和体制创新难点进行了实证、实践层面的分析。首先从国情特征出发,分析了混合所有制改革的市场要素、政策理念与制度条件。认为我国的混合所有制经济作为经济市场化改革或经济管制放松过程的产物,其市场主体的发育,具有成长冲动与权力畏惧、猫欲成虎与"笼子"束缚、"原罪"恐惧与"机会主义"、"庶子"成长与"长子"挤压、"天花板"压抑与"红海化"环境、"公关""游说"越界与"资本权贵化"蜕变等一系列的"先天不足"或"生育缺陷",以及与管制者之间错综复杂的矛盾和博弈过程,由此决定了我国现阶段推进国有企业混合所有制改革,必须重点突破传统体制的历史局限性,建立起适应混合所有制经济和社会主义市场经济发展、同时也合乎市场经济一般规律、经济社会发展规律的综合政策体系。其次是审视了混合所有制经济发展的政策激励与管制边界,认为本轮混合所有制改革的必要意义与政策目标,可以依据先后顺序、重要程度、理论涵义和实践性质,做一些简单但也是必要的区分。包括问题导向性、效率驱动性、价值指向性和规律决定性,力图从理论史和实践性双重层面,破解公有制与市场经济兼容结合的所谓"世界性难题"。无论"正统"理论形态或"经典作家"著述如何,以及后来的东西方理论论战胜负如何,世界范围内的现实经济生活表明,混合所有制经济有其客观必然性和规律决定性。只是因市场经济的历史起源和制度环境的不同,而具有结构特征性以及结构优势性标准。最后从政策准入方式变革及其激励边

096

界、国有资本权益保障与改革规则特征、混合所有制改革的政策基
础与体制环境等方面,探讨了本轮国有企业混合所有制改革的政
策潜力及其难点,认为混合所有制经济如何定位于"公有制为主
体、多种所有制经济共同发展"的社会主义基本经济制度,以及作
为公有制与市场经济的结合形式这样一项在理论上与东西方"正
统"和"经典"学说大相径庭、在实践上有太多未定之天的"世界性
创新",对其政策、体制、法规以及理论上的探索,应该是开放性、进
行时的。其中在多元产权的平等保护及良法善治环境的创立,企
业产权结构优化与权能利益均衡机制形成,自然垄断环节分立与
经济管制边界收缩,效率目标、社会责任及国有资本边际运动,多
元参与方式与资本市场结构优化,以及"竞争中立"与"规制中立"
的理念与实践等方面,提出了一些针砭时弊、有别于常论俗说的理
论与实践观点,期待以国有企业混合所有制改革、基本经济制度建
设、混合所有制经济发展的成功实践或中国故事,探索出公有制与
市场经济结合兼容的中国道路。

改革开放近40年来,中国混合所有制经济得到了长足发展,已经形成
了公有制经济为主体、多种所有制经济共同发展的基本经济制度。《国务院
关于国有企业发展混合所有制经济的意见(国发〔2015〕54号)》发布,进一
步将混合所有制改革推进到国有企业内部及国有经济的重点关键领域。学
界做了诸多探讨,实际工作层面更是"闻风而动",连续推出几批"试点企
业"。混合所有制改革政策及"混合"对象有什么特征?微观层面问题导向
性的企业改革有什么价值取向意义和规律决定性质?混合制改革的政策前
景及制度创新难点又在何处?这些方面或许需要人们不断地做出"政策分
析"和改革探索。因此,在前三章对混合所有制经济的理论与战略分析的基
础上,本章将对与其相关的改革政策空间和体制创新难点做一些实证、实践
层面的分析。

第一节　混合所有制改革的市场要素、政策理念与制度条件

跨世纪的中国改革,迄今虽然不无争论,但取得的主要共识是经济改革的市场化取向。混合所有制经济是市场经济的重要体制形态。既包括一个国家内不同所有制经济的共同存在,也可以体现为一个企业内不同性质的所有者共同拥有企业或企业股权。前者是后者的制度前提或基础,后者是前者的特定形式和逻辑必然。国有企业的混合所有制改革,是从狭义层面研究这种经济形态,但也有必要从中国当代市场经济的起源出发,对其不同侧面进行一些分析和审视。

一、市场发育与混合制经济的成立条件及国情特征

众所周知,市场的最广义、最简洁或许也是最佳的定义是"自愿交换的场所"。只有当经济交易是建立在自愿契约的基础上时市场才会存在。为使市场存在并在配置资源中发挥"决定作用",人们就必须有效实施某些规则,尤其是那些保护个人财产权和契约自由的规则。并且,这些规则所采用的特定形式,决定了市场表现出来的特定运作性质。

但是,无论历史上还是今天,既不存在"真正个人主义"的原始场所,也不会天然地产生自愿交换的契约规则。因此,市场的产生及其实际运作,不仅取决于市场的参与方以及参与程度和互动深度,而且还取决于嵌入其中的制度框架及其性质。对其进行经济学分析,一方面要关注市场中的供需互动机理,另一方面必须关注规则和制度形成机理及其在影响市场运作方面的作用。

我国的混合所有制经济,是经济市场化改革或经济管制放松过程的产物,其历史出发点是曾经高度集权的中央计划体制及公有制经济。这种经济类型及体制形态,还在某种意义上赋予了价值信念色彩乃至政治是非判断,至今也未必完全走出这种传统窠臼或历史局限。回顾起来,当年无论是农村农民私底下签署的承包经营合同之类的"手印血盟",还是邓小平同志做出的诸如"资本主义有计划""社会主义有市场""计划和市场都是手段、

工具"之类的判断甚至"不争论"的决断,①不管是出于自发直觉还是理性自觉,这种实践和认识,从经济社会生活的两端促成了适应市场要素发展的自由个体或市场主体的萌生,以及政府经济管制政策的放松,直至将建立社会主义市场经济体制作为经济改革的目标模式。问题的简化处理有其效率,既提供了包括混合所有制在内的市场经济的发展空间,但也留下了时至今日仍然争论不休的舆论聚焦点。

二、经济管制放松与市场主体的成长及其特性

管制放松型市场经济培育及其中混合所有制经济的产生,较之于人类经济史上类似于自然史过程的市场经济的自发成长,至少包括但不限于以下性质及特点。

首先,市场经济的渐进成长,多以细小经济实体、低端边缘产业经由长期发育才进入"重要领域"和"关键环节",至于形成垄断或独占乃至左右时政则是十分晚近的事情。自然成长的市场经济萌生于分散细小的自然经济环境,在后来发展成市场经济形态的故乡旧地,其细胞主体因生长环境和社会条件,最初往往较多地带有早期研究者所谓的"真正个人主义"特征,以致将自由竞争崇尚到"人类天性"的程度。由经济管制放松所培育出来的市场主体,从一开始起,就在那些于"重要领域"和"关键环节"具有先占优势而"做大做强"的"体制内"经济成分的夹缝中生存。前者甚至期待将新成长起来的市场成分,长期限定在边缘低端产业或细小经济形态范围内,尽管并非总是"天遂人愿"。后者常常想"混"进重点关键领域而不得其门,当然也不排除例外性的"技巧性"渗入,特定的体制环境塑造特定的市场主体性格。经济管制放松过程中所释放出来的市场主体,无论是自然人还是法人形态,除孜孜以求"自主权"外,不可避免地带有较强的"社会个人主义"色彩。当代学者或以"行为个人主义"和"规则个人主义"相区分,究其行为方式而言,或者是在二者之间进行"机会主义"性质的选择。这些经济成分尽管在政策法规层面逐步获得了从"必要补充"到"重要组成部分"的市场地位,但他们仍然或多或少地在对现有体制重重疑虑中筹划着自己的营利行为。一方面小心翼翼同时也决不放过任何"抓住机遇"的可能,力求"利益最大

---

① 《邓小平文选》第3卷,人民出版社1993年版,第373页。

化";另一方面,又时时关注规则、政策及其变动,一眼盯着"市场"动态、一眼盯着"市长"脸色,既担心"树大招风"、越界得咎,又担心"胆子太小"、错失机会。

其次,市场要素无论其起始点差异多大,但一经发展,或迟或早地会挑战非市场性质的传统规则及体制架构,甚至需要进行颠覆性变革。区别在于渐进发展的市场经济所实现的规则、规制改变,多数时候是一个"温水煮青蛙"的漫长过程,但当引致上层建筑的质态变革时,或许"养虎成患"、势不可逆。经济管制体制放松过程中发育的市场要素,本身带有传统体制主动地释放自身异己成分性质,虽然也在期待新生经济细胞成长,但混合所有制经济中不同经济成分及其利益诉求的差异,甚至一些场合的对立与冲突,使得"扎紧篱笆""做牢笼子"之类的范围限定努力,经常是管制者自觉或不自觉的惯性行为。

第三,市场主体发育环境与后天体制规则的差异,决定了具有更多自发生长、自由竞争基因的市场细胞,将无限地扩张自身经济活动范围视之为理所当然乃至"天赋人权",由经济膨胀、进而市场垄断直至对外扩张,甚至派生出其极端形式如带有"种族优越感"的"演化(或进化)人文主义"意识形态。而管制经济市场化改革中生长的市场细胞,尽管已经有了发展混合所有制经济的政策空间,但由于传统秩序的挤压包括对成长环境的恐惧,至少其中一部分甚至一大部分,具有较强的"机会主义"特征。其"机会主义"特征的表现是:在经济转轨和混合所有制经济成长期,他们无时不在捕捉"机遇",一旦政策有所松动,便即刻发生逐利拥挤、一哄而上,尽快捞上一把。极端情况时,甚至敢于置任何规则、秩序于不顾。由此也产生了其挥之不去的所谓"原罪"恐惧和随时准备脱离"险境"的潜在需求。当政策层面出现任何风吹草动,要么关张了结,转向止损,要么"撒丫子跑路",向海外转移资本及自己。类此行为也发生在某些同样具有类似"原罪"恐惧的其他社会群体身上。

第四,管制放松型市场经济成长过程中,原有体制内企业"改革转型"成"现代企业制度",不仅过程漫长复杂甚至时而反复,而且一时间也难以放弃其"亲长子"角色乃至特殊地位,某些经济成分所享有、而被方方面面诟病的政策优惠等超市场规则现象,便是其典型表征。而在原有体制外成长的市场经济成分,尽管重大决策中一再强调创造其"平等使用生产要素、公平参与市场竞争、同等受到法律保护"的体制环境,并且出台一系列"鼓励、引导和支持"的政策文件,直至提高到"毫不动摇"地发展其经济成分的程度,但这种社会主义市场经济或基本经济制度的"重要组成部分",其状况几乎很难改变但并不表明他们心甘情愿长期充当"配角"而不想获得"主人翁"地位。即使经过混合所有制改革进入企业内部,这种结构性矛盾以及由此派生的管理权差异和参与性顾虑,也并非在短期内能够得到根本性解决,甚至更需要相应的企业产权的清晰界定和权能安排的均衡合理,来保障与之投入相适应的正当权益。

第五,渐进成长的市场经济,其原始细胞曾经是相对纯粹的"个体私营经济"或私有制经济,经由漫长的发展过程,其内在的生产社会化与生产资料私人占有之间的矛盾变得不可调和,并因经济周期的恶性循环而几乎变得难以为继。劫后余生的制度创新如合伙制、合股制直至现代股份公司的设立等,使之演化成包含公、私经济成分在内的混合所有制经济,形成具有特殊优势的技术创新和管理创新潜力,不断地推动着商品生产、社会服务和创业创新进程,在某种意义上走出了原始市场经济内在矛盾频繁爆发的"腐朽""垂死"阶段,其中的"佼佼者"甚至以跨国公司的形式、富可敌国并咄咄逼人地走向世界。管制放松型市场经济也把股份制等带有混合所有制性质的体制模式,作为"公有制的实现形式"加以推广,个体私营经济也逐步开始以股份制形式"建立现代企业制度",政治决策则将其提升到鼓励、引导和支持层面,混合所有制经济发展似乎已是大势所趋。但是,这里的混合所有制经济发展,仍然具有强烈的管制放松特征,并且在其发展的初始期,就赋予了国有企业扩大"影响力""控制力"的特殊任务。不仅行政性垄断尚未完全破除,而且具有自然垄断性质的网络类企业、具有资源垄断性质的能源原材料企业以及具有市场先占或独占性质的重要工交、金融企业,通常由具有优势地位的国有企业所掌控。结果是,一方面,或由于市场垄断、内部人控制等,存在广义的效率低下,资本供给与资本形成极为紧缺艰难;或由于关联服务、自我强化等,推高经济杠杆、资产泡沫以至脱实向虚,甚至形成所谓"僵尸企业"。另一方面,长期处于低端边缘产业的"体制外"企业,则由于"资产荒"和市场需求约束而投资无门或恶性竞争,一遇经济波动便风雨飘摇。而具有资本供给和服务双重短缺的部分网络类、资源类"重点领域"和"关键环节",对民间资本来说,或准入限制、投资无门,或"侯门如海"、可望而不可即,或"高山仰止"、望而却步以至敬而远之。类此困境,既影响了经济发展速度又降低了社会福利函数,恶化了其中的分配关系不公。

第六,市场经济成长的初期阶段,企业的产权样式、组织形式、技术类型是一个相互适应、渐进演化的历史过程。地区之间乃至国别之间,作为市场竞争基础的劳动分工和工艺技能还处在可模仿复制、可由劳动强度调整的阶段,只到后来产业革命的捷足先登者,才获得了世界市场优势和全球霸权地位。管制经济进行市场化改造时,一打开国门便面对着经济全球化而"列强"环伺,不仅要由弱到强地培育国内市场要素,而且必须充分利用管制经济体制的"基因抗体"即制度遗产和经济实体,在日趋激烈的国际竞争中保证国家经济安全。国有企业的"地位和作用"在一定时期重要于其他经济成分或有其"客观依据"。随着时间的推移,混合所有制环境中迅速发展壮大起来的非公有制经济,"天花板"约束使其不安以至不满,国内"红海化"市场竞争及安全顾虑甚至体制认同疑虑,使他们没有从根本上解决"国是我的国、家是我的家"之类的经济国民性问题,其极端表现则是越来越多的非公有资本加速外流甚或外逃。

此外,市场经济微观主体的经营逐利行为,虽然都会受到政府规制,但在管制经济市场化改革中,管制层对要素控制的规模和强度要远远超过一般市场经济国家。与自发成长的市场因素不同,经济管制放松过程中的市场要素的成长,至少最初或其一定阶段上,其基本经营领域往往都需要得到管制者的"恩准"许可或"市场准入",对经济管理层的"公关"和"游说"就显得尤为重要甚至不择手段。由于市场规则秩序和民主法治建设的滞后,部分体制外经济成分因"公关""游说"相对"得法",或"近水楼台先得月",甚至诉诸其他"灰色"乃至违法行为,加上少数体制内成员的利益输送、假公济私、化公为私等,一些人及其利益关联者迅速暴富,并极大地影响以至腐蚀着部分国有企业管理者及政府公职人员。发展市场经济需要放松管制,而管制失控又易于产生新的风险。在这种不无某种悖论与困境的"走走停停"的改革过程中,"管制资本"有可能在一定范围内演化成"内部人控制"的"官吏资本",进而演化成学界所诟病的"权贵资本",形成改革的"过程性利益格局",以及相关的既得利益者及其利益维护需要。这既是经济腐败案件大面积发生,也是"改革攻坚"久攻不下以致产生改革正当性、道义性危机的内在原因。

三、混合所有制改革必备的政策理念与体制条件

经济管制放松过程中市场主体的发育及其特性,决定了我国现阶段推进国有企业混合所有制改革,必须重点突破传统体制的历史局限性,建立起适应混合所有制经济和社会主义市场经济发展,同时也合乎市场经济一般规律、经济社会发展规律的综合政策体系。这类经济政策至少应当包括一些表面看来近乎常识,但究其市场涵义本源而言则是必不可少的基本政策考量以及与之相关的长期制度设计。

一是市场主体的平等竞争。市场经济本质上是以资本为纽带的民本经济,这也是它的活力、动力和持久力所在。无论是自然人还是法人,一旦作为市场参与者,其地位的平等与竞争的公平应当是不言而喻的,不能人为地做出身份差异划分。尤其是进入企业层面的混合所有制改革,其参与者只有股本比例权益的不同,而不应当有某些容易引起非公资本产生市场甚至体制疑虑的身份地位的差别。

二是各种产权的同等保护。混合所有制经济及其企业形态中可能包括多种经济成分,但作为物权意义上的各种所有制性质的资本形态,是依法共同参与商品生产与市场交易。各类资本平等互利是其持久性前提、也是其最基本的存在条件,由此也才能解决各类市场主体尤其是民营经济成分的安全感、认同感和归属感。

三是市场准入的平等开放。管制经济的有序开放是混合所有制经济发展的重要条件,应当根据竞争类、资源类、网络类、科创类、安全类的不同特征,在兼顾技术经济规律和市场经济规律基础上,包括企业之间以及企业内部股权份额在内,向各类市场主体平等开放、透明准入。至于继续纳入"管制类"的重点关键领域,应当严格限制在必要及合理的范围之内并以明确方式或所谓"负面清单"予以公开。以市场准入的开放透明和平等参与,减少市场成长中的"机会主义"行为,以及行贿受贿活动、"设租"、"寻租"空间。

四是资源要素的平等使用。市场决定资源配置和要素交换,是避免错配和提高效率根本途径。长期以来因市场机制不健全、行政干预过多造成的资源错配、人为误配近乎积重难返,包括实体资源、金融资源以及部分公共服务资源,由市场决定价格、公平有序竞争来实现有效配置,是国有企业顺利推进混合所有制改革,以及社会范围内加快发展混合所有制经济的基础性体制条件。

五是效率与公平的边际对应。如同管制经济经常发生的"政府失灵"一样,市场经济也有所谓"市场失灵"及其防范问题,而不能期待"市场万能"。混合所有制经济发展的基线,应当是在市场经济固有的效率与公平的两难困境中,找到某种边际上均衡点。资源要素的"公共配置"依据,应当主要是广义的公平目标指向以及经济安全目标的达成,为全社会提供提高效率的市场基础,而不是简单地"做大做强"、"保值增值"或提高"影响力、控制力",这会在一定程度上"牺牲"效率并在微观企业层面经常难以得到认可。

六是规制政策的中性合理。市场决定作用的具体实现,是各类经济主体市场地位的平等和竞争过程的公平,政府的更好作用则主要体现在有效保障这种市场地位和竞争机制的平等与公平。推进国有企业混合所有制改革,必须排除"规制例外",充分发挥政府在市场规制方面的公平维护者或"裁判员"作用。以中性合理的规制政策,推动混合所有制经济发展,努力锻造我国企业的国内市场的公平竞争能力,以及国际市场的持久竞争实力。

七是信用体系和法规制度较为健全。市场参与者的多样性和竞争过程的复杂性,尤其是我国管制经济放松进程中市场要素成长的特殊性,决定了社会信用体系和市场法规制度建立与健全的极端重要性和现实紧迫性。在混合所有制经济生活中,信用体系和法规制度对于规范市场竞争行为、约束市场主体的"机会主义"冲动和克服社会治理乱象,其必要意义或许怎么强调都不过分。因为当包括健全的信用体系和法规制度在内的"理性的市场"存在时,"非理性的经济单元将不得不做出理性的反应"。

八是基本经济制度和民主法治制度相对定型。经济关键领域改革的拖延和民主法治建设的迟缓,对管制经济转轨过程中成长起来的、曾为我国经济由低收入阶段到中高收入阶段的发展作过重要贡献的部分市场主体来说,其社会安全感、认同感和归属感长期存在疑虑。长此下去,优质资本和高端人才的流失将会加剧。一些发展中国家一遍又一遍地被体制优势国家

"割韭菜","跑路"了"高大上",留下了"苦菜花"和难以逃脱的"中等收入陷阱"。要避免此类情形发生在我们身上,就必须加快具有最广泛社会认同性的体制创新、制度定型进程,当然也包括与时俱进的完善与优化。并且,混合制经济的利益多元性和交易复杂性,对基本经济制度和民主法治制度的确定性、有效性的需求,或许超过任何其他制度构成相对单一的经济社会形态。

第二节 混合所有制经济发展的政策激励与管制边界

审视国有企业混合所有制改革的政策空间,显然不是简单地判断其具体规定,而是要从市场经济规律和现实体制环境的对比分析中,判别其改革性质、政策设定、市场适应性及混合所有制经济的长期发展潜力。

一、混合所有制改革的必要意义与政策目标

推进国有企业混合所有制改革,可以有很多改革缘由以及不同的政策目标,依据先后顺序、重要程度、理论涵义和实践性质,可以做一些简单但也是必要的区分。

首先是问题导向性。改革开放以来,尽管一部分国有企业通过改制发展成为混合所有制企业,但"治理机制和监管体制还需要进一步完善","需要通过深化国有企业混合所有制改革,推动完善现代企业制度,健全企业法人治理结构"。不过,这只是从现实问题出发的最直观的企业治理层面的改革,当然也是十分必要的。

其次是效率驱动性。无论是治理革新还是体制变革,改革生产关系的根本目的是为了适应社会生产力发展的要求。即所谓"提高国有资本配置和运行效率,优化国有经济布局,增强国有经济活力、控制力、影响力和抗风险能力","实现各种所有制资本取长补短、相互促进、共同发展"。效率驱动性决定了混合所有制改革的区间选择和优先顺序。

再次是价值指向性。市场经济的内在矛盾,是效率与公平的矛盾。如若处理不当,则极有可能引起严重的贫富分化、阶层对立甚至政权颠覆,这是我们在许多发展中国家已经看到并还在发生的现象。因此,政府无论是运用行政手段直接进行市场规制,还是通过国有企业介入经济活动进行间

接管制,其法理意义或根本价值依据,是要应对"市场失灵"和求得效率与公平之间的某种均衡,当然不排除其他政策目标。推进混合所有制改革,无非是既要提高国有企业的市场效率,又要履行那些无论在国家治理理念、还是在政府政策目标意义上都无法真正解脱的国有企业的"社会责任"。其"最佳状态"或许是,将这类"直接管制""间接规制"和国有企业的"社会责任",限定在应对"市场失灵"的必要范围之内,在效率与公平之间达到某种"边际均衡"。但在改革实践中,这种最佳状态未必总是能被人们认识清楚并认可、接受,形成理论自觉、制度理念,进而成为改革目标和具体政策。

最后是规律决定性。多少年来,"正统"资产阶级经济学和"正统"马克思主义经济学,可谓阵营对垒、冰火不容。但二者有一项"高度共识",那就是"公有制"与"市场经济"之间互不兼容。问题的解决,前者诉诸生产资料"私有制"与"市场经济"的天然联姻、从根本上排除公有制,其当代形态如"华盛顿共识"。后者则是以生产资料的"公有制"或"社会共同占有制"与"计划经济"相结合,彻底扫荡商品、货币、市场、交换等一切市场经济要素乃至价值意义上的正当性。但"市场失灵"或经济危机的周期性爆发,将"正统"资产阶级经济学一次又一次地逼到墙角,在现实的西方经济生活中,始终或多或少地存在"国有""公有"经济成分以及"计划";而"斯大林模式"的受阻,则使得"正统"马克思主义经济学的底线面临严峻挑战。并且,即使在"斯大林模式"或计划经济中,也从来没有根除"商品""货币""交换""非国有"经济成分和"市场",其所谓:资本主义有"计划",社会主义也有"市场"。上个世纪早期兰格与米塞斯、哈耶克等人的著名论战,以及后来东欧著名改革理论家如布鲁斯、科尔奈等人的"理论探索"和最终退却,都是在抽象层面争论、辨析是"私有制"还是"公有制"与市场经济具有兼容性,以及"公有制"有否与"市场经济"成功结合的可能。从全球范围看,这些理论及其争论,虽然或有意识形态层面的"胜负",但并未完全、事实上也不可能从社会实践上最终"胜出"。因此,无论"正统"理论形态或"经典"作家著述如何,以及后来的"理论论战""胜负"如何,东西方的现实经济生活表明,混合所有制经济有其客观必然性和规律决定性,只是因市场经济的历史起源和制度环境的不同而具有结构特征性以及结构优势性标准。

二、政策准入方式变革及其激励边界

国有企业混合所有制改革,其直接出发点是在效率驱动中着力推进市场深化,最适合的领域当然是一般竞争性行业的进一步开放竞争和国有经济的战略性调整。但这轮改革也有过去通常认为、事实上也带有一定垄断性质的"重要领域"和"关键环节"向各类市场主体开放准入、鼓励竞争的改革政策及其模式创新。正因为如此,国有企业的效率目标、社会责任和政府的管制目标,都在改革政策中有所体现并错综复杂地交织在一起。

本书第一章分类推进部分,曾将现有国企分为两大类、三小类、四种情况,这里从改革政策的角度,再作一阐述。

主业处于充分竞争行业和领域的商业类国有企业混合所有制改革,按照市场化、国际化要求,以提高经济效益和创新商业模式为导向,运用整体上市等方式引入其他国有资本或各类非国有资本实现股权多元化。以资本为纽带完善混合所有制企业治理结构和管理方式,国有资本出资人和各类非国有资本出资人以股东身份履行权利和职责,使混合所有制企业成为真正的市场主体。当然,也未曾遗漏"以增强国有经济活力、放大国有资本功能、实现国有资产保值增值为主要目标"的政策指向。

主业处于关系国家安全、国民经济命脉的重要行业和关键领域、主要承担重大专项任务的商业类国有企业,保持国有资本控股地位,支持非国有资本参股。对自然垄断行业,实行以政企分开、政资分开、特许经营、政府监管为主要内容的改革,根据不同行业特点实行网运分开、放开竞争性业务,促进公共资源配置市场化,同时加强分类依法监管,规范营利模式。

以负面清单的形式,列出了分别需要实行国有独资、绝对控股或相对控股的重要行业和领域,包括重要通信基础设施、枢纽型交通基础设施、重要江河流域控制性水利水电航电枢纽、跨流域调水工程等领域,重要水资源、森林资源、战略性矿产资源等开发利用,江河主干渠道、石油天然气主干管网、电网、核电、重要公共技术平台、气象测绘水文等基础数据采集利用领域,国防军工等特殊产业,从事战略武器装备科研生产、关系国家战略安全和涉及国家核心机密的核心军工能力领域等。而对其他服务国家战略目标、重要前瞻性战略性产业、生态环境保护、共用技术平台等重要行业和关键领域,加大国有资本投资力度,发挥国有资本引导和带动作用。

　　主业属于公益类如水电气热、公共交通、公共设施等提供公共产品和服务的国有企业,根据不同业务特点分类实行混合所有制改革,推进具备条件的企业实现投资主体多元化。通过购买服务、特许经营、委托代理等方式,鼓励非国有企业参与经营。在对价格水平、成本控制、服务质量、安全标准、信息披露、营运效率、保障能力的监管方面,政府根据企业不同特点,有区别地考核其经营业绩指标和国有资产保值增值情况,并引入社会评价机制。

　　在改革推进方式上,实行分层推进国有企业混合所有制改革。在子公司层面,国有企业集团公司二级及以下企业,以研发创新、生产服务等实体企业为重点,引入非国有资本,加快技术创新、管理创新、商业模式创新,限定法人层级、压缩管理层级,使之合理有效。明确界定股东的法律地位和股东在资本收益、企业重大决策、选择管理者等方面的权利,股东依法按出资比例和公司章程规定行权履职。在集团公司层面,国家有明确规定的特定领域,坚持国有资本控股,形成合理的治理结构和市场化经营机制。在其他领域,鼓励通过整体上市、并购重组、发行可转债等方式,逐步调整国有股权比例等,引入各类投资者,以形成股权结构多元、股东行为规范、内部约束有效、运行高效灵活的经营机制。

　　国有企业混合所有制改革的相关政策,一方面具有激励性质以推动改革进程,另一方面,对一些探索性的改革尝试也做了某种范围上的界定。具体说来,一是鼓励非公有资本投资主体可通过股权、债权等多种方式,参与国有企业改制重组或国有控股上市公司增资扩股以及企业经营管理。企业国有产权或国有股权转让时,除国家另有规定外,一般不在意向受让人资质条件中对民间投资主体单独设置附加条件。二是允许经确权认定的集体资本、资产和其他生产要素作价入股,参与国有企业混合所有制改革。三是引入外资参与国有企业改制重组、合资合作,鼓励通过海外并购、投融资合作、离岸金融等方式,利用国际市场、技术、人才等资源和要素,发展混合所有制经济,深度参与国际竞争和全球产业分工。四是推广政府和社会资本合作(PPP)模式,鼓励社会资本投资或参股基础设施、公用事业、公共服务等领域项目,使投资者在平等竞争中获取合理收益。五是探索实行混合所有制企业员工持股,主要采取增资扩股、出资新设等方式,优先支持人才资本和技术要素贡献占比较高的转制科研院所、高新技术企业和科技服务型企业开展试点,支持对企业经营业绩和持续发展有直接或较大影响的科研人员、经营管理人员和业务骨干等持股。

三、国有资本权益保障与改革规则特征

混合所有制改革的目标定位和政策诉求,注定了国有资本的地位作用和行为方式。在鼓励非国有资本参与混合所有制改革时,对国有资本拓展空间、实现权益、保障管控等也做出了明确规定。一是鼓励国有资本在公共服务、高新技术、生态环境保护和战略性产业等重点领域,以市场选择为前提,以资本为纽带,充分发挥国有资本投资、运营公司的资本运作平台作用,对发展潜力大、成长性强的非国有企业进行股权投资。二是鼓励国有企业通过投资入股、联合投资、并购重组等多种方式,与非国有企业进行股权融合、战略合作、资源整合,发展混合所有制经济。三是支持国有资本与非国有资本共同设立股权投资基金,参与企业改制重组。四是在国有资本参股非国有企业或国有企业引入非国有资本时,允许将部分国有资本转化为优先股。五是在少数特定领域探索建立国家特殊管理股制度,依照相关法律法规和公司章程规定,行使特定事项否决权,保证国有资本在特定领域的控制力。

国有企业混合所有制改革,涉及从产权保护到员工利益等一系列政策规范。本书此前部分曾扼要提出了防止混合所有制改革发生异化的操作性意见,为建立依法合规的操作规则,相关改革文件做出了具体安排。

一是严格规范操作流程和审批程序。在组建和注册混合所有制企业时,依据相关法律法规规范国有资产授权经营和产权交易等行为,健全清产核资、评估定价、转让交易、登记确权等国有产权流转程序。国有企业产权和股权转让、增资扩股、上市公司增发等,在产权、股权、证券市场公开披露信息,公开择优确定投资人,达成交易意向后及时公示交易对象、交易价格、关联交易等信息,防止利益输送。

二是健全国有资产定价机制。按照公开公平公正原则,完善国有资产交易方式,规范国有资产登记、转让、清算、退出等程序和交易行为。通过产权、股权、证券市场发现和合理确定资产价格,发挥专业化中介机构作用,借助多种市场化定价手段,完善资产定价机制,实施信息公开,加强社会监督,防止出现内部人控制、利益输送造成国有资产流失。

三是加强对改革过程的监管。完善国有产权交易规则和监管制度,依法处理违法转让和侵吞国有资产、化公为私、利益输送、暗箱操作、逃废债务等行为,强化对改制企业的原国有企业法定代表人的离任审计。发挥第三方机构在清产核资、财务审计、资产定价、股权托管等方面的作用。坚持信息公开,接受企业职工内部监督和社会监督。

四是实行改革程序性约束。改革政策分别就国有企业混合所有制改革的方案制定、内容审核、批准程序、实施流程、社会资本质量、合作方诚信与操守、债权债务关系、职工权益保护,以及重要国有企业改制后国有资本不再控股的政府审批层级等方面,做出了具体规定。

四、混合所有制改革的政策基础与体制环境

国有企业混合所有制改革,需要一系列的制度创新为之营造良好政策法规环境。近些年来的经济改革及其政策取向,在不同方面、一定程度上为混合所有制经济提供了体制基础和发展空间。

第一,产权保护政策渐成体系。混合所有制改革明确要求加强产权保护,包括健全严格的产权占有、使用、收益、处分等完整保护制度,依法保护各类出资人的产权和知识产权权益,在立法、司法和行政执法过程中对各种所有制经济产权和合法利益给予同等法律保护。2016 年 11 月,中共中央、国务院颁发《关于完善产权保护制度依法保护产权的意见》,要求健全以公平为核心原则的产权保护制度。包括加强各种所有制经济产权的平等保护、完善平等保护产权的法律制度、妥善处理历史形成的产权案件、严格规范涉案财产处置的法律程序、审慎把握处理产权和经济纠纷的司法政策、完善政府守信践诺机制、完善财产征收征用制度、加大知识产权保护力度、健全增加城乡居民财产性收入的各项制度、营造全社会重视和支持产权保护的良好环境等。[①]

第二,适应资源混合配置的多层次资本市场建设提速。多层次的资本市场建设,是推进混合所有制改革、优化资源要素配置的基础性条件。针对我国资本市场的结构性缺陷,混合所有制改革要求加快建立规则统一、交易

---

① 关于产权保护问题,请参见常修泽:《"广义产权论"三大要义与产权保护制度》,《战略与管理》,2016 年第 6 期(产权保护专辑)。

规范的场外市场,促进非上市股份公司股权交易,完善股权、债权、物权、知识产权及信托、融资租赁、产业投资基金等产品交易机制。建立规范的区域性股权市场,为企业提供直接融资服务,促进资产证券化和资本流动,健全股权登记、托管、做市商等第三方服务体系。以具备条件的区域性股权、产权市场为载体,探索建立统一结算制度,完善股权公开转让和报价机制。①制定场外市场交易规则和规范监管制度,明确监管主体,实行属地化、专业化监管。此外,农村集体产权确权、登记、颁证,农村经营性建设用地同权同价、同等入市的集体产权制度改革等,为集体经济组织和成员参与国有企业混合所有制改革,提供了政策支持和便利条件。

第三,支持混合所有制改革的政府规制创新加快。国有企业混合所有制改革,本身就是管制放松和规制创新。改革内容包括进一步简政放权,最大限度地取消涉及企业依法自主经营的行政许可审批事项。凡是市场主体基于自愿的投资经营和民事行为,只要不属于法律法规禁止进入的领域,且不危害国家安全、社会公共利益和第三方合法权益,不得限制进入。按照混合所有制经济发展要求,完善工商登记、财税管理、土地管理、金融服务等政策。依法解决混合所有制改革涉及的国有企业职工劳动关系调整、社会保险关系接续等问题,以及加快剥离国有企业办社会职能,妥善解决历史遗留问题等。2016 年 7 月,中共中央、国务院发布《关于深化投融资体制改革的意见》,提出改善企业投资管理、激发社会投资动力和活力,完善政府投资体制、创新融资机制等,进一步放松投融资管制。2017 年 1 月,中办、国办发布《关于创新政府配置资源方式的指导意见》,明确要求对于适宜由市场化配置的公共资源,要充分发挥市场机制作用,实现资源配置效益最大化和效率最优化。对于不完全适宜由市场化配置的公共资源,引入竞争规则,充分体现政府配置资源的引导作用,实现政府与市场作用有效结合。对于需要通过行政方式配置的公共资源,也要运用市场机制,实现更有效率的公平性和均等化。公共资源配置中的行政管制放松,拓宽了民间资本和社会组织参与公共资源市场化配置的渠道。

---

① 关于资产证券化问题,参见本书第十四章《在发展混合所有制经济中发挥产权交易市场的平台作用》。

第四,民间资本投资领域和准入范围扩大。投资准入限制一直是制约民间投资发展的重点难点问题,混合所有制改革需要突破投资管制瓶颈。2016 年,国家有关部门密集出台扩大民间资本投资准入范围、改善投资服务的相关政策。国家发展改革委印发《促进民间投资健康发展若干政策措施》,在此前一系列改革政策的基础上,进一步扩大市场准入、改善金融服务、落实并完善相关财税政策等。住房和城乡建设部联合国家发展改革委、财政部、国土资源部、中国人民银行印发《关于进一步鼓励和引导民间资本进入城市供水、燃气、供热、污水和垃圾处理行业的意见》,从拓宽投资渠道、优化投资环境、完善支持政策等方面,为民间资本进入过去通常由国有企业垄断经营的相关行业提供鼓励、引导和便利政策。国家民航局发布《关于鼓励社会资本投资建设运营民用机场的意见》,全面放开民用机场建设和运营市场。

第五,国有资本管理模式进行重大调整。包括混合所有制改革在内的国有企业改革,既有国有经济微观意义上的企业创新、结构调整,也有宏观层面国有资本管理模式的重大创新。这些调整和创新,无疑是混合所有制改革的重要契机。商业类国有企业原则上都要实行公司制股份制改革,引入其他国有资本或各类非国有资本实现股权多元化,自然是鼓励、支持和引导社会资本参与国有企业混合所有制改革。而以管资本为主完善国有资产管理体制,改革国有资本授权经营体制、推动国有资本合理流动优化配置、推进国有资产监管机构职能转变、推进经营性国有资产集中统一监管等,提供了混合所有制经济发展的体制空间。2017 年 4 月 27 日,国务院办公厅转发《国务院国资委以管资本为主推进职能转变方案》,其中明确规定,严格按照出资关系界定监管范围,减少对企业内部改制重组的直接管理,不再直接规范上市公司国有股东行为,推动中央企业严格遵守证券监管规定,该《方案》还同步精简了 43 项国有资本监管事项。相关政策的出台,无疑是国有企业通过资本市场加快混合所有制改革以及发展混合所有制经济的有利条件。

第六,市场经济法律法规建设逐步启动。加快建立健全法律法规,是混合所有制经济发展的制度保障。这轮混合所有制改革,要求健全相关法律法规和规章,加大法律法规立、改、废、释工作力度,确保改革于法有据。并要求根据国有企业混合所有制改革需要,抓紧对合同法、物权法、公司法、企业国有资产法、企业破产法中有关法律制度进行研究,依照法定程序及时提请修改。此外,加快制定有关产权保护、市场准入和退出、交易规则、公平竞争等方面法律法规。

第三节　混合所有制改革的政策潜力及难点透视

国有企业混合所有制改革,是一定意义上的管制经济体制的自我革命。相关改革政策,从制度理念、体制安排、准入标准、权利保护、市场建设、操作流程、法律规章、规制创新、监管模式等诸多方面,进行了革故布新式的初步探索。但是,混合所有制经济如何定位于"公有制为主体、多种所有制经济共同发展"的社会主义基本经济制度,以及作为公有制与市场经济的结合形式这样一项在理论上与东西方"正统"和"经典"学说大相径庭、在实践上有太多未定之天的"世界性创新",对其政策、体制、法规以及理论上的探索,应该是开放性、进行时的。

一、多元产权的平等保护及良法善治环境的创立

微观层面的国有企业混合所有制改革,是以宏观体制意义上的混合所有制经济为制度基础的。"国有资本、集体资本、非公有资本等交叉持股、相互融合的混合所有制经济,是基本经济制度的重要实现形式。"在这种制度结构中,社会上不仅广泛存在着不同性质、相互独立的所有制主体,而且经过混合所有制改革之后,不同性质的资本及其所有者开始进入同一企业内部,并依据股权份额实现权益。与独资企业中的产权所有与企业经营双重一体化不同的是,在混合所有制企业中,企业的一体化要求与产权的多元化构成,即使不存在"委托代理制",也依然不能保证其股东之间,总是能够达成"意见一致"的"合意安排"。

公有资本与非公资本的混合,是必须通过平等的契约形式来实现的,双方都不能有履约预期疑虑,尤其是履约地位的差异。国有企业的强势角色或控股地位,以及管制经济市场化过程中成长起来的非公资本的先天不足和原本相对弱势地位,使得非公有资本对处于主体地位方的履约诚信及履约平等尤为担心。而改革政策层面"做大做强"国有经济、提高其"控制力、

影响力和抗风险能力"的目标期待,无论是价值信念意义上的决策初衷,还是求得改革正当性的策略性表述,或者是管制放松型市场化改革的现实出发点,给社会的直接观感是,混合所有制改革依然存在十分浓厚的国有企业本位性和管制体制主导型色彩。对非公资本来说,不能不有诸多顾虑。至于国有企业参股民营企业,近期看不仅有国有经济向竞争性领域延伸之嫌,而且民营企业的接受程度也成疑问。国有企业进行混合所有制改革的初衷,显然是放松管制、有序进退以加快发展,而不应该是简单地扩大"影响力"和"控制力",以增加市场疑虑、政策误解,致使非公资本望而却步。

因此,在混合所有制经济中夯实微观基础的"取长补短、相互促进、共同发展",并以"企业命运共同体"的形式,来约束那种在管制经济市场化过程中新生的非公资本的"个人主义"性格和"机会主义"行为,更需要在社会范围内保障不同所有制经济之间资源配置的开放竞争和市场决定的体制环境,以及在混合所有制企业中保证所有参与者的企业产权平等安全、依规行使,尤其是对控股方履约守信责任的坚守。此外,还需要考虑我国管制经济放松型市场化改革特点,明确划分"破旧立新"初期及"无法可依"阶段的经济纠纷与经济犯罪的界限,依据"罪行法定"原则,以典型案例的适当处理,豁免民营资本成长早期的一些不规范经营行为。并探索经典判例入法,做到有法可依。以良法善治消除民营资本的所谓"原罪"恐惧,增加其资本安全感和体制向心力。从制度安排看,平等地保护多元产权,不能长期徘徊于"政策文件"阶段,而应当通过立法程序尽快上升到具有强制执行力的民法规则层面。

二、企业产权结构优化与权能利益均衡机制形成

国有企业混合制改革,意味着多元产权进入企业内部并以其资本份额行使权利、实现收益。如同生产过程的发展出现劳动分工,进而精进工艺技术、提高生产效率一样,企业形态的发展,则逐步出现了产权功能的分工。先是有企业所有权与经营权的分工,随着公司制的创立,在所有权层面,出现了自然人产权与法人产权的分工、委托与代理的权能分工。在公司治理中,又有决策权与经营权的分工,以及子孙公司的分设、分立,董事层与经理层的"社会化选聘",产权持有错综交叉,委托与代理权能更加复杂。

在国有企业中,管理者和劳工层都是"国家的主人""只有分工不同、没有高低贵贱之分",他们的管理权能和劳动权利,在逻辑和法律上既是经济权利也是社会权利,并且是无差别意义上的权利。这种权利特征,决定了企业管理层即使要实现自身特定利益或达到"内部人控制",也往往必须以"照顾职工利益""职工持股、经营者持大股"等方式迂回地实现,当然,也并不乏一些人胆大妄为、利用权势实现由公有到私有的"产权颠覆"类案例。这也是国有企业改革过程中屡屡受到诟病的经常性现象。因此,对混合所有制改革中的"职工持股制",应在企业产权依法设定、资产价格市场形成、资本持有途径合规、利益界定边界清晰等方面,保持清醒头脑、坚持规范操作,并设置相关的风险防范措施。

以资本为纽带的混合所有制引入后,产权结构和权能关系的变化深刻影响着国有企业的管理者和劳工层的权利关系。在国有资本放弃控股权的公司中,其管理者只是与其资本份额相对应的"出资人代表",不再具有公司的掌控权;企业职工也由"主人翁"转变为相对于"资方"的普通劳动者,其原有的经济社会权利受到了"侵蚀"而必须"处理好"相应的"职工利益保护"等问题。在国有资本控股的混合所有制企业中,其他社会资本参与某种产权分工已经细化、产权功能相对复杂的"有组织的行动",意味着他们必须放弃单独掌控自身资源的权利。作为投资方个人向公司投资,公司契约所界定的产权形式、权能结构和行使方式,决定了他们参与其中的具体方式和利益实现,包括参与者向公司贡献的资源、公司资源如何使用的决策方式以及参与者如何分享共同努力所获得的利益等。混合所有制企业的类此约定,作为市场经济"契约主义"意义上的"游戏规则",面对不同性质的投资者,更需要保证产权分工合理、结构优化,权能边界清晰、均衡有效,权益共同分享、公平合规,无论委托与代理关系如何复杂,混合所有制企业的产权分工及其权能均衡与否,是判别其是非成败的依据。既要防止某种经济成分"一股独大"引起权能及利益倾斜,又要防止委托与代理关系中的"内部人控制"甚或所谓"经理革命",还要防止借"职工利益""社会责任"之名,故意违反或随意改变契约规则。混合所有制企业的产权分工优化、权能结构均衡和利益关系调适等,将是其发展潜力释放、竞争优势形成的关键所在。

三、自然垄断环节分立与经济管制边界收缩

国有企业混合所有制改革的一个重要创新点,是以绝对控股或相对控股的方式,将一批长期界定为"重要领域""关键环节"和"自然垄断"行业向社会资本开放。其中包括改革攻坚极为艰难的垄断领域、政府管制十分严格的特定行业。这些领域和行业的混合所有制改革,需要从市场经济规律、技术经济规律、政府管制规律的有机结合等诸多方面,为"公有制"与"市场经济"兼容结合这个"世界性难题",探索出一条新路。

在已经推出的混合所有制改革的前两批 19 家试点企业中,涉及配售电、电力装备、高速铁路、铁路装备、航空物流、民航信息服务、基础电信、国防军工、重要商品、金融等重点领域,特别是军工领域相对较多,共有 7 家企业。这些企业都是本行业的代表性领军企业,至少具有"大"的典型性。其混合所有制试点模式,既包括民企入股国企、国企入股民企,也包括中央企业与地方国企混合、国企与外资混合、政府和社会资本合作(PPP)模式等。此外,石油、天然气等领域的混合所有制改革试点也在筹划之中。可以说,国有企业混合所有制改革的历史大幕,已经在"重要领域""关键环节"和"垄断行业"渐次拉开。

纳入前两批混合所有制改革的国有企业,有行政管制或行业垄断类企业,如国防军工、航空物流、民航信息服务、铁路装备、重要商品、金融等。这类企业中,除国防军工企业的相关业务可能部分涉及保密安全外,其余的几乎都是一般竞争性行业。因其"地位重要",并具有先占甚至独占优势,长期行业垄断排他、政府过度管制,其经济效率和社会福利损失是显见的。除极少数企业主要是重要工艺环节需要管制、保密外,其他绝大多数企业应当通过混合所有制改革推向市场直至开放竞争。这次率先推出较多国防军工企业参与混合所有制改革,证明决策者理念清晰、决策坚决。但要防止利益相关方为维护既得权益,拖延改革或变形走样。

另有一部分企业涉及网络类自然垄断领域,如配售电、高速铁路、基础电信等,这些领域的改革可能要相对复杂一些。所谓自然垄断行业,其实只有网络系统和稀缺类资源具有自然垄断性质,网络系统如线网、路网、管网、频谱等,稀缺资源如石油、天然气以及其他稀有矿藏等。由于历史的原因,这些行业因部分环节的垄断性质而将许多关联产业、企业结合在一起,形成

纵向、横向高度一体化的"巨无霸"国有企业。这类企业是混合所有制改革的重点难点所在，但也并非没有条件。其关键点一是彻底将其竞争性业务与垄断业务分开，将前者推向市场、开放竞争。二是对自然垄断性质的网络系统，既保持网络的一体化，又坚持规模的适度化而防止其"巨无霸"倾向。三是兼顾技术经济规律和市场经济规律，在网络一体化基础上着力推进产权多元化。四是改革自然垄断环节的营利模式，以"必要成本+合理利润"的价格形成方式稳定投资及市场预期，为全行业、全社会提供平等竞争、公平共享的参与机会和服务平台。

自然资源类垄断企业的混改试点虽然尚未推出，但其改革路径也是清楚的。自然资源类行业，其垄断环节不过就是资源勘探至多延伸到部分开采环节。改革的政策选项，应该是下决心将这类上下游一体化企业的资源勘探、矿藏开采、冶炼加工、物流运输、市场营销等环节进行纵向分拆，其中风险较高的资源勘探环节以招投标方式在全国甚至全球范围内引入风投资本，其余环节一律向市场开放竞争，并充分利用国内、国际两个市场，以国内储备和海外进口方式调控市场供求关系。

自然垄断业务或环节与竞争性领域的分立，不仅可以大大缩小政府管制的范围、提高其监管效率，而且对混合所有制经济发展和社会主义基本经济制度的完善也是十分必要的。混合所有制改革当然会涉及既得利益的调整，可能情况下也可以给予一些合理补偿。但这种"分立"改革，即使对具有自然垄断性质的企业本身，也是难得的政策利好和发展机遇。众所周知，一方面铁路行业债台高筑，电网改造捉襟见肘，资源勘探朝不保夕；另一方面民间资本投资无门、产能过剩、恶性竞争甚至争相外流。正是现行企业制度和体制模式阻碍了国内资本供给与需求的有效结合，资源错配损失巨大。相反，通过自然垄断业务的分立式改革和商业、营利模式创新，以混合所有制企业促使民间资本顺利进入，其资本来源可以说源源不断，其发展潜力也会不可限量。

但是，改革路径的清晰并不表征改革目标的实现。其间利益关系的调整与改革阻力之大甚至难以估量，变形走样随时可能发生。与改革"路线图"相对应的改革"时间表"，也许只有时间才可以回答。值得关注的是，在这些领域，已经或正在出现与混合所有制改革趋势相悖而行的所谓"改制"

行为。如部分电网企业将本来有利于网络规模适度化、输配电体制优化的市县以下的配售电网子公司,加快"改制"为或纳入具有纵向一体化性质的分公司、进而扩张电力网络的垄断范围、规模和程度。部分油气企业利用先占优势和勘探开采权"跑马圈地",将大面积的油气资源的潜在储藏地掌控在自己手中而又无力开发。类似现象是在为未来的改革设障而增加其体制变革难度及成本,由此既表明改革的艰难与复杂性,也表明改革的紧迫性和必要性。

四、效率目标、社会责任及国有资本边际运动

由于非国有资本的加入,经过混合所有制改革的企业,无论其资本份额及其变动如何,不同性质资本在逻辑上只能有一个指向即效率追求。但是,作为国有资本尤其是控股类国有资本,政府总是或多或少地期待它承担部分"社会责任"。作为混合所有制资本,经济效率之外的目标本质上都是排除性选项。混合所有制企业中的"效率目标"与"社会责任"之间的内在矛盾与冲突,在社会范围内的混合所有制经济乃至基本经济制度中也是存在的。深层次地看,这种矛盾与冲突实际上是力图将"公有制"与"市场经济"结合起来的"世界性创新"的固有矛盾、冲突及困境。只有从制度安排上解决了这类矛盾和冲突,前无古人的高难度创新才有出路。任何模糊处理或缘木求鱼式诉求,只能将这场本来就极为艰难的制度创新,误导至传统主义的泥沼、迷途甚至归途。

在微观层面,一般竞争性商业类混合所有制企业,无论其资本结构如何,是国有资本还是非国有资本控股,不考虑重大灾难救助、战时经济环境等例外情况,其企业目标只能是通过技术进步、管理创新等,在公平竞争、优胜劣汰的市场环境中,依法合规地追求效率最大化,而不能简单地赋予其非企业行为或带有政府调节职能的"社会责任"(至于任何企业都需承担的慈善、广济普施等社会责任不在此列)。对于需要国有资本绝对或相对控股、属于自然垄断性质及其他需要政府管制的重大安全领域的混合所有制企业,应以商业模式和营利方式创新,形成非国有资本参股混制的盈利预期和参与激励。所谓"优先股"的设立,或许更适合这类企业中的非国有资本参股混改。除非国有资本旨在放弃控股权或行使超经济权力,否则,混合所有制企业中设立国有资本"优先股""特殊股",在一般竞争性领域的混合所有制企业中,因"共担风险"需尽量缩小范围;在国有资本绝对或相对控股的重点关键企业中,则属于画蛇添足、节外生枝。

在社会范围内,混合所有制经济中的国有经济成分,毕竟有应对市场失灵、保障普遍服务、维护公平竞争等非盈利目标或"社会责任"。这也是社会主义市场经济体制或基本经济制度中,保有国有经济成分的依据也是限界所在。管制经济市场化过程中,因利益相关方的极力维护,国有经济成分会在较长的时间内超出其必要范围。但国有企业混合所有制改革,已经在主动收缩国有经济的范围和边界,其中的一些改革措施,如购买服务、PPP 模式等,将过去通常由国有企业以自然垄断、市场垄断甚至行政垄断等方式加以控制的行业和领域,部分地推向市场或利用市场机制,提供更好、更有效率的商品供给和公共服务。随着市场深化、体制创新和经济发展,国有资本直接参与一般经济过程的必要性将会进一步降低,相应出现的是边界收缩或"战略性调整",会集中力量应对"市场失灵",履行"社会责任",提高"抗风险能力"。混合所有制改革中对国有企业进行业绩分类考核,也正是在一定意义上适应这种要求。更广义地看,在由市场决定的"经济效率"与政府需要的"社会责任"之间的"边际运动"中,国有经济动态地调整其经营范围和必要比例,以发挥"市场决定作用"基础上的"政府的更好作用"。国有经济的这种"自觉性""自制力"及其"定力",从根本上说,也是"公有制"与"市场经济"之间"有机结合"的"世界性创新"能否成立、带有"中国故事"性质的混合所有制经济或基本经济制度能否具有竞争优势或"制度自信"的关键所在。

五、多元参与方式与资本市场结构优化

混合所有制经济的发展,就其资本来源而言,资本市场通常以直接融资形式及其复杂结构参与其中。分工合理、结构优化的资本市场,既是国有经济混合所有制改革的重要条件,也是社会范围内混合所有制经济乃至社会主义基本经济制度长远发展的市场基础。

我国资本市场已经有 20 多年的发展历程。以资本市场为基础,相当一批大型国有企业,包括部分垄断性企业,尽管在集团公司层面还往往保有国有独资公司的形式,但其子公司、孙子公司早已资本证券化,直至公开上市、海外上市,通过资本市场而成为混合所有制企业,结果形成了一种奇特现

象。一方面,作为国有独资的集团企业,经常以各种理由寻求那种包括其子公司、孙子公司都能分享的优惠政策,尤其是资源要素和市场先占等优势条件,并且为避免公司股价,尤其是海外上市的公司股价下跌而努力维持相关政策"长期不变";另一方面,以"体制内"企业的政策优惠所形成的"竞争能力"和企业红利,主要是子孙公司的红利,理所当然地转化为"体制外"投资者以及海外投资者的股票红利或资本溢价收入,造成体制性的利益输送。通过资本市场进行国有企业的混合所有制改革,优先选项应当是经过整理后的公司"整体上市"而不是部分优质资产简单上市。本轮国有企业集团公司层面的混合所有制改革,有"鼓励整体上市"的相关规定,无疑是一个进步。但无论是整体上市还是部分上市,政府与企业之间,以及国有集团公司与其已经上市的子孙公司之间,只应有资本纽带而不能有超越市场公平竞争之外的特殊关联和政策倾斜。

通过资本市场进行国有企业的混合所有制改革,其资产证券化、资本市场化的次序也是重要的。一是产品的市场化要优先于资本的市场化。我国在产品价格、利率汇率进行政府管制的情况下,曾经先于产品的市场化,将一部分国有垄断性企业和大型商业银行,以引进战略投资者或公开上市的方式推向资本市场,在资本溢价、红利收入等方面,可以说是"学费"高昂、代价巨大,并且至今还在高昂"付费"。国有企业混合所有制改革,无论是整体上市还是部分上市,不能在产品与资本的市场化顺序上重蹈覆辙、再付"学费"。二是实体资本的市场化要优先于虚拟资本的市场化。在通过资本市场实现股权多元化方面,金融机构是"近水楼台"。整体而言,其资本证券化、市场化程度明显高于实体经济。由于间接融资的主导地位,长期以来,实体企业直接融资渠道和工具极为有限,杠杆率居高不下。在混合所有制改革中,要适当加快实体资本的股权化、市场化进程,既优化资本结构,又适当地对冲、降低企业的杠杆率。并且,适当加快场外市场、区域性股权市场等基础产权市场发展,以多层次资本市场的合理分工、结构优化和有序发展,促进资本流动和优化配置,为混合所有制改革创造有利条件。三是金融基本品的市场化优先于金融衍生品的市场化。当前,在社会资本尤其是实体资本证券化程度尚且较低的背景下,包括衍生品在内的金融产品的资产证券化已捷足先登、率先发展,社会流动性继续向金融领域集中。金融业的混合所有制改革以及资产证券化,金融企业的资产股权化、基础产品证券化,应当优先于金融衍生产品的资产证券化发展,防止社会流动性在金融体系内部自我循环、自我强化,以至脱实向虚。

六、"竞争中立"与"规制中立"的理念与实践

国有企业混合所有制改革,既迫切需要并且也是在创造各种所有制经济平等竞争的体制环境。"竞争中立"(Competitive Neutrality)曾由某些西方政要提出并在一些国家作为市场准则,对内规制竞争行为,对外作为经济外交大棒来打压市场竞争机制尚不健全的新兴市场国家,进而引起后者的反感甚至将其污名化。事实上,混合所有制改革或各种所有制经济共同发展,就是要促成各类经济主体市场地位的平等和竞争过程的公平。"政府的更好作用",则主要是体现在有效保障这种市场地位和竞争机制的平等与公平。也就是说,通过"竞争中立"市场秩序的创造和维持,实现政府的"规制中立"(Regulation Neutrality)。国有企业混合所有制改革中,应当同步推进"规制中立"改革,破除某些经济成分所享有、而被方方面面所诟病的超越市场公平规则的优惠政策,充分发挥政府在市场规制方面的公平维护者即"裁判员"作用,避免市场秩序的紊乱和规制政策的争议。

管制经济放松过程中成长起来的市场主体,最为忧虑的问题之一或许就是政府对"亲长子"国有企业的偏爱,以及"竞争中立"环境的缺失。其实,社会为此付出的代价也是沉重的。目前,国内市场上大量存在过剩产能、过多库存、过高杠杆以及"僵尸"企业等,其成因固然较为复杂,但竞争非中立、规制非中立是其最深层的体制原因,其直接表象就是这类问题主要发生于难以出清的"体制内"企业。近年来的"三去"政策、清理"僵尸"企业等,对解决类似问题发挥了一定的作用。但从长期看,如果不进行较为彻底的"竞争中立"和"规制中立"改革,推进"三去"和清理"僵尸"企业不仅会面临巨大困难,而且其本身还会成为一种"经济疟疾症",周期性反复发生,极大地浪费社会资源,造成长期、严重的资产资源错配和经济结构僵化。国有企业混合所有制改革,以及其中的市场平等竞争要求,是向"竞争中立"和"规制中立"改革迈出了重要一步。

但是,"竞争中立"和"规制中立"说易行难。长期以来,尽管宏观层面早已做出"创造各种所有制经济平等发展的体制环境"的政治决策,但国有

企业的"地位和作用"以及其客观存在依据,还是自觉不自觉、或多或少地与政治原则、价值信念、意识形态等联系在一起。对其进行利益调整尤其是体制变革,有可能受到来自不同层面的批评责难甚至政治攻讦,其中有出自天下公心者,但也不排除部门、行业以及个人利益的维护者。不难理解经过40多年的改革开放,国有企业改革,包括其混合所有制改革,至今还在做"入门课"、练"基本功"。没有"规制中立"就不可能有"竞争中立"和各种所有制经济平等发展的体制基础,混合所有制改革也有可能"跑题走偏"、不得其所,其政策空间和发展潜力必将会受到极大的制约。因此,正在推进的国有企业混合所有制改革,极有必要通过"规制中立"、实现"竞争中立",平等保护进入混合所有制企业的各类资本及其相应的权能。在社会范围内,也要尽快破除某些市场主体所享有或者力图享有的超市场规则待遇,如公共补贴、信贷优惠、隐形担保、披露豁免、垄断经营、先占优势、软性约束、破产例外、信息强势、职能美化等。更广义地看,除极少数需要特定激励和特殊保护的领域外,还要破除包括境外资本在内的所有经济成分的"超经济权利""超国民待遇",进而按照"竞争中立"和"规制中立"原则,立、改、废、释所有涉及市场竞争和政府规制的政策法规。以国有企业混合所有制改革、基本经济制度建设、混合所有制经济发展的成功实践或"中国故事",探索出公有制与市场经济有机兼容的"中国道路"。

第五章 发展混合所有制经济的策略选择

【本章提要】本章按照新时期全面深化改革的战略目标,围绕发展"新兼容性"混合所有制经济的改革实践,对正确选择改革策略和路径进行了分析论证。首先,立足于不同资本之间的交叉与融合,论述了构建全覆盖的新兼容性混合所有制产权制度与依法保护各类产权的策略选择。其次,针对当前混改存在的主要问题,明确了以垄断行业改革为突破口,分类推进不同模式的国有企业混合所有制改革的措施。最后,在考察实际运作的基础上,提出了采取多措并举的方式,利用资本管理等各类政策工具,引入各类社会资本,建立有序推进混合所有制改革的统筹协调机制的相关政策建议。

混合所有制是基本经济制度的重要实现形式。在实践中,如何选择正确的改革策略和推进方式对发展混合所有制经济至关重要。其一,要通过深化国有企业改革和垄断行业改革,优化国有资本布局,增强国有经济活力、影响力与抗风险能力。其二,应通过引入竞争、开放市场,促进各种所有制资本取长补短、融合发展。其三,改革国有资本授权经营体制,从管企业转向管资本;建立激励机制,形成资本与劳动融合的利益共同体。其四,进一步破除对非公经济各种不合理规定及参与国有企业改革的壁垒,允许发展非公经济控股的混合所有制企业。混改要以问题为导向,以制度创新为引领,立足兼容性和公平性,注重操作和分类施策,有效使用政策组合,有序安排实施步骤,将改革的方向、方式、方法,相互协调,融合为一体。

第一节　实施产权制度全面覆盖的策略

改革开放以来,我国突破传统所有制理念束缚,在社会主义基本经济制度框架下,呈现了公有制实现形式的多样化趋势。在前期的改革中,主要是发展"全社会范围"的混合所有制经济,坚持"两个毫不动摇",强调的是不同所有制之间的"共存发展"。而在新的时期,发展混合所有制经济出现了新变化,主要是立足于不同所有制企业之间的兼容并蓄的发展,更加强调"国有资本、集体资本和非公有资本之间"的交叉与融合(参见中共十八届三中全会决定),其特征凸显为兼容性混合所有制经济。

一、兼容性混合所有制产权制度改革

这里重点研究的混合所有制经济,是不同产权主体拥有的财产融合在一个市场主体或项目中,组成交叉持股、相互融合的产权多元化市场主体或项目实体。建立与之相适应的产权制度,是保障混合所有制经济健康发展的基础。可以理清产权制度特性、作用范围及与混合所有制的关系,为重构全覆盖的混合所有制产权制度提供法理依据和实践指导。

1. 混合所有制的产权制度

发展兼容性混合所有制经济,首先要构建混合所有制经济规范运行的基础法律制度,厘清"所有权"等一组概念的法律内涵,准确把握彼此之间关系。混合所有制经济不是从政治和意识形态角度讲的所谓公有制与私有制"趋同论",而是将不同所有制的经济权力下延到市场主体的财产权利层面,通过产权持有者对资源多种用途进行选择的制度安排,以实现市场资源优化配置。只有从产权层面,才能将不同所有制资本进行融合,构建规范的产权制度体系,从而保证混合所有制主体在市场上平等高效运行。

2. 所有制改革与产权制度重构

改革开放以来,我国对公有制的实现形式不断创新,主要体现在三个方面:一是公有制经济的人格化改革,将公有制经济的微观实现形式,从全民所有制企业改为国有股份制企业,国有财产权以委托方式代理经营,实现了公有制经济的人格化落地,公有财产的法人主体地位得以明确。二是公有制经济实现形式改革,从单一的公有制实现形式,改为混合所有制等多种实现形式。三是财产权实现形式改革,对财产所有人权利进行微观主体确权,建立企业的现代产权制度,为投资主体多元化奠定制度基础。从所有制改革的历程看,产权界定及制度重构是条主线,没有产权制度改革,发展混合所有制经济也无从谈起。

3. 混合所有制与产权制度全覆盖

迄今为止,产权主要有以下几方面特征:明确性、排他性、可分性、让渡性、组合性、共有性、激励性。前四个特征决定了产权的权属、权能和交易的可能性;后三个决定了产权结构、市场结构和交易成本。这些特征只有通过市场主体在所拥有产权运行中予以完整体现,产权的运行也要靠制度进行规范。现代产权制度由包括产权界定制度、产权配置制度、产权交易(转让)制度、产权保护制度等四方面的制度结合而成①,且能对既定产权关系实现有效组合、调节和保护。发展新兼容性混合所有制经济,核心是建立包括共有产权在内的一体化产权制度,真正发挥产权在一个经济体中各自的功能。共有产权一般体现为承担基础性、可行性、战略性功能的国有产权,可以采取独资或控股等主导方式,也可以采取引入其他资本的混合所有方式。无论采取何种方式,上述产权四个特征的本能原则均应体现出来,特别是要建立现代共有产权制度,因为现代产权制度催生股权多元化的现代企业制度,奠定了兼容性混合所有制经济的制度基础。

二、发挥产权配置多种资源的作用

兼容性混合所有制经济能够充分发挥产权配置多种资源的作用,由于产权具有市场性和外在性双重属性,既能配置多种市场资源,也能配置多种外部性资源。

1. 产权是出资人特有的财产权利

初始产权由出资人向企业注入资本金,并对形成的经营性结果享有财产权益。现代产权具有组合型特征,多个投资人预期诉求形成产权的组合结构。投资人并非拥有单一投资品本身,同时拥有投资品标的物的预期收益诉求。产权作为资本运营和资产管理的权利,体现着投资人的资本化

---

① 有关现代产权制度包括产权界定制度、产权配置制度、产权交易(转让)制度和产权保护制度等四制度的系统分析,可另参见常修泽:《广义产权论》,中国经济出版社 2009 年版。

需求。

2. 产权是资源配置的手段

现代产权与资源禀赋同样具有稀缺性,稀缺性决定产权的交易成本经过市场化组合参与多种资源配置。一方面各种权能不断细分带来产权主体多元化发展,另一方面以技术创新、人力资本、财富管理为代表的外部效应不断导入,使产权由物质资本形态转为要素资源组合的价值形态。正是这一组合性作用,催生了产权主体的治理制度和组织形态演进,混合所有制经济由此也应运而生。

3. 共有性产权资源错配的挑战

国有产权是一种特殊产权,配置方式至关重要。如错配,外在性弊端凸显,交易成本和社会成本攀升,各市场主体间难以做到机会平等、权力平等、规则平等。如果配置得当,能够克服外在性侵害,降低社会成本,保证资源配置的有效性。我国公有产权资源量大面广,仅国有企业"资产总额"已超过 144 万亿,如何优化配置国有产权国内外无先例可寻。西方国家通常采用私有化方式,我国则从产权制度改革入手,明晰产权、规范授权、允许转让、完善监管,探索出国有产权权属不变的现代产权制度,旨在解决国有产权资源错配问题。

三、兼容性混合所有制的产权保护

产权是出资人、技术发明者等法人或自然人特有的一种特殊财产权利。2000 多年前孟子曾讲"有恒产者有恒心,无恒产者无恒心",揭示了财产归属与人性的关系。构建现代国家产权制度,重点是公共资源基础结构化权力的制度安排,以调节经济长期增长与社会和谐发展。中共中央、国务院颁发的《关于完善产权保护制度依法保护产权的意见》,明确了产权保护的十大任务,对促进混合所有制规范发展具有重要意义。

第二节 破除垄断、开放市场的制度创新策略

发展兼容性混合所有制的前提是深化国有企业改革,通过深化国有企业和垄断行业改革,优化市场结构,为混合所有制提供发展空间。

一、明确国有资本的功能定位与战略配置

1. 优化国有资本结构与配置

长期以来,国有资本大量沉淀在传统产业,既难以发挥市场配置国有经济资源的作用,也没有支撑好国家重大发展战略。发展兼容性混合所有制经济,首要是对国有资本进行战略性调整:一是以负面清单思维模式,准确界定国有资本功能定位,充分发挥国有资本在加强与优化公共产品和服务的供给、维护市场结构均衡和弥补市场失灵方面的作用。二是优化国有资本布局和结构,加大战略性调整力度,有序退出竞争性市场和业务,在进入领域发挥更大作用。三是国有资本出资人机构,通过授权国有资本投资运营机构等有效措施,对国有企业的管理由实物形态转为价值形态,由管企业向管资本转变,真正实现国有产权的资本化和人格化运营。今后国有资本发挥作用的主要策略应是通过出资人授权,其授权企业应为国有资本投资运营公司、国有独资和控股企业。

2. 明确国有资本改革的重点领域

经过多年混合所有制改革,目前,一些中央企业及其子企业以及一半左右地方国有企业已经成为混合所有制企业;更多的国有企业完成了公司制股份制改造;上市公司中央企业资产、营业收入、利润的贡献水平明显提高;中石化、中石油、中国电子等一批中央企业实现主要资产上市。但仍存在以下问题:一是"混"的仅是资金、技术等,企业经营机制和治理机制没有实现转换;二是混改范围主要集中在三级及以下层级的企业,集团公司层面混改占比仅为10%左右,二级子企业约为50%,优质资产剥离到下属上市,债务和富余人员留到集团公司,集团公司没有成为混合所有制企业;三是国有资本混合容易退出难,资本流动性整体较差;四是垄断行业民间资本难以进入,机制不通畅,市场空间仍较狭窄等。

新一轮国有企业混合所有制改革,以问题为导向,首先对国有资本继续控股和经营的垄断行业进行改革,遵循"完善治理、强化激励、突出主业、提高效率"的原则,在电力、石油、天然气、铁路、民航、电信、军工等重点领域开展混合所有制改革试点。目前,已确定两批19家国企进行混合所有制改革试点,第三批拟推出。试点的基本情况:从行业领域看,涉及配售电、电力装备、高铁、铁路装备、航空物流、民航信息服务、基础电信、国防军工、重要商品、金融等重点领域;从股权结构看,有的从国有独资改为国有绝对控股,有的从国有绝对控股改为国有相对控股;从混合模式看,不同所有制资本交叉持股有所增加。

3. 把握央企混合所有制改革的新举措

中央企业混合所有制改革重点是打破垄断,激发市场主体活力,维护市场竞争有效性。主要采取以下四个方面举措:

(1)通过国有企业结构调整和重组,将同类企业、业务进行资产重组,减少企业户数,优化资本结构,提高产业集中度,引入民营企业和资本,形成混合所有制产业集群。

(2)改革国有企业原来"双轨制"的管理体制,国务院国资委发布了《中央企业公司制改制工作实施方案》,对涉及 69 家未进行公司制改制的中央企业集团层级(8 万亿资产),以及约 3200 家全民所有制子企业进行整体公司制改制。改制后,国有企业全部按公司法登记和规范,无论国企民企统一按照公司法规制,使企业真正回归到平等市场主体的本源,为国有企业实现政企、政资分开,所有权经营权分离,管企业向管资本转换创造条件,也为非公经济参与混改提供条件。

(3)通过深化垄断行业和业务改革,促进普遍服务与市场化经营分离。如石油天然气改革意见提出,分步推进国有大型油气企业干线管网独立,实现管输和销售分开,完善油气管网公平接入机制,油气干线管道、省内和省际管网均向第三方市场主体公平开放。保证所有市场主体平等使用公共资源,平等参与市场竞争,共同享有普遍服务。

(4)鼓励发展非公控股的混合所有制企业,制定非公有制企业进入特许经济领域的具体办法。该项改革工作目前还未完全落地,需加快步伐。

二、规范垄断企业营利模式

1. 规范国有资本授权与代理关系

战略型国有企业和垄断行业,由于资源占有排他、产业成本特殊、政府特许经营等形成的垄断,成因不同,其营利边界和监管模式也不尽相同。对于资源+成本+特许形成的垄断企业,其授权代理模式,应以契约的方式规范出资人授权和代理人经营的责权利边界。明晰出资人授权范围,以责任清单、负面清单、合约等方式予以界定,形成产权、预算、标准、质量的硬约束,代理人在依法或依契约授权后,运营应是独立的,不应出现关联性交易或内部人控制,也不得以经营授权侵害所有权人权益。

规范垄断领域授权与代理关系,是垄断企业改革核心内容,需要一揽子设计和配套推进,把握好规范授权和代理机构依法规制两个关键环节。对一些以公法法人规制的特殊非营利企业,加快研究制定法定机构和非营利组织法,对垄断行业混合所有制改革要有法可依,依法办事。

2. 确定合理的营利模式

垄断企业营利模式改革,决定了混合所有制经济发展维度和空间。营利模式选择策略:一是为了促进垄断者有效提供服务,要明确社会效益目标;二是为确保垄断者向消费者只收取合理服务价格,明确定价和消费者付费标准;三是为保证企业可持续发展并吸引其他资本进入,要明确预期投资回报及股本结构;四是为实现企业的硬预算约束,要明确成本核算和内部收入分配目标。落实这些策略目标,核心是价格、成本和服务质量三方面问题。

构建垄断企业合理营利模式,须建立起固定价格机制+成本加成机制+服务质量标准化的综合体系,完善价格、成本、质量的三位一体的激励约束机制。尽快将目前分兵把口施策转向程序化的综合施策,内部人控制转向清单制和信息公开,粗放化行政管理转向精细化、专业化依法监管,使合法化的垄断经营转向合理化的垄断运营,促进社会成本和市场成本趋于合理化,为混合所有制发展创造发展条件。

3. 规避垄断领域关联交易

目前,垄断经营企业仍存在定位模糊,业务混杂,具有“一身二任”特征,特别是一些垄断设施和业务已重组上市,如中石油的输油管道及业务已重组在营利性上市公司中。这类垄断企业将公共产品与普遍服务内部化,又将普遍服务转换为市场化产品,由消费者在市场上买单,造成了实体经济成本过高,相关消费品价格不实。

三、深化垄断行业改革激发市场活力

中共十八大以来,在全面深化改革的总体部署下,针对电力、石油、天然气、盐业和铁路运输等垄断行业改革,先后出台了《关于进一步深化电力体制改革的若干意见》《关于深化石油天然气改革的若干意见》《盐业体制改革方案》等。迄今为止,垄断行业改革除铁路外,均已迈出实质性步伐,无疑将对发展混合所有制经济起到积极推动作用。

1."网运分开"取向的改革

已出台的电力和油气体制改革的总体思路均为"管住中间、放开两头",由于油气改革文件刚出台,以电力改革为例,对这一总体思路框架下的改革做些评估。从一年多电力体制改革推进情况看:输配电价改革由试点逐步向全国省份推开,已明确了独立的输配电价形成机制和计算方法,建立输配电价调整机制和激励约束机制,降低了购电企业成本;售电侧改革进展顺利,组建了1200多家售电公司和国家级以及26个省级交易市场,初步形成多买多卖的市场竞争格局;增量配电业务投资多元化试点已确定了第一批105个项目。

根据电力体制改革现状,对"管住中间,放开两头"总体思路需进一步明确改革策略。通过网运分开、特许经营等策略,实现政企、政资分开与营利、非营利业务分置。对网运分开模式改革要进行整体设计,完善流程和配套措施,有序稳妥推进,防止简单的拆分或物理划分,坚持制度集成创新,包括产权制度、授权代理制度、清单责任制度、核算和定价制度、营利模式及监管制度等,这一策略适合管网类自然垄断行业或领域的改革。

2. 垄断企业新旧动能的转换

新时期深化垄断企业改革,是在全球新一轮科技革命和产业变革背景下进行的。以"互联网+"为代表的科技革命颠覆了所有传统产业,覆盖一切经济领域,催生产业转型升级。新产业、新业态、新模式快速发展引领垄断企业服务模式创新,通过服务模式创新实现企业新旧动能转换。对从事电力、油气、铁路、电信、水务、港口等自然垄断基础设施企业,要着眼服务模式创新,利用互联网、物联网、大数据、智能化等技术手段,适应个性化、多样化、国际化等消费方式变化,提供一站式、一票制、一卡制、订制式、分布式、终端式、共享式的个性化便捷服务,适应一体化、区域化、融合化、国际化的发展需要,提供互通式、跨界式、多联式、点对点式、供应链、信息对称性、网络调度平台、一单式支付、及时清算等外部性透明化服务。

3. 对垄断行业及其企业运营的监管

对从事以管网基础为特征的自然垄断企业,政府在赋予垄断经营权时,还要明确监管政策目标。一是建立依法专业化监管制度。二是分业分类监管。三是垄断竞争监管。

第三节　股权多元化协同与资本运营组合策略

一、国有企业股权多元化的协同效应

国企股权多元化改革是发展混合所有制经济的前提条件,股权多元化改革目标,是为了确立国有企业市场主体地位、放大资产价值、发挥股权多元化的协同效应,实现国有企业多触角的市场化经营。

1. 国有企业股权多元化改革途径

股权多元化实现途径选择:一是通过公开市场增资扩股引入战略投资者。二是引入非国有资本参与国有企业改制。三是鼓励国有资本入股非国有企业。四是探索实行混合所有制企业员工持股。

2. 国企股权适度性安排策略

对资本性投资的股权能否做适度性安排,是股权多元化改革不可回避的重要问题。采取什么样的股比结构是出资人拥有的权益,无论是国有还是非国有股权投资人,均可按照市场化运营原则做出安排。根据国有企业混合所有制改革要求,对承担公共服务和普遍服务的国有企业可以采取国有独资或绝对控股的形式,通过向用户收费的特许经营、政府购买服务、资产证券化、分享经济等方式创新商业经营模式;对商业战略类(具有自主知识产权的高新科技、战略资源和储备、信息不对称的医疗卫生、国防安全的装备等领域)国有股权比例保持控股;对商业竞争类国有股权比例逐步减少国有股权的比例(关于国有企业混合所有制改革的最优股权比例问题,本书将在第八章详细论述)。

3. 国有资本管理运营策略

国有资本运营管理目标是按照国有资本布局规划进行资本投向管理,使国有资本更多投向关系国家安全、国民经济命脉的重要行业和关键领域,重点提供公共服务、发展重要前瞻性战略性产业、保护生态环境、支持科技进步、保障国家安全(此问题本书前面已经论述,不再重复)。

二、国有资本管理和资产配置策略

国有企业股权多元化改革,为兼容性混合所有制经济发展奠定了现代产权制度基础。在既定产权的公共领域或项目,为实现兼容性配置多种市场资源,还可以通过资产管理和资本运营制度创新,采取多元化融资工具,促进混合所有制经济发展。主要有两种创新方式,下面展开分析:

(一)政府和社会资本的合作机制(Public-Private Partnerships,PPP)

基于发展混合所有制经济的考虑,这里就 PPP 这种方式展开论述。

近几年来,我国 PPP 发展迅猛,实施了上万个项目,已成为地方政府新的重要融资工具,在探索创新特许经营、购买服务、股权合作、引入战略投资者等混改路径和模式上发挥了积极作用。据悉,国家拟出台上位规制《基础设施和公共服务领域政府和社会资本合作条例》。

在研究 PPP 中国化,特别是从推进混合所有制改革的角度研究,应关注以下几个问题:

第一,明晰中央与地方、政府与 PPP 项目的关系。将 PPP 项目(SPV 项目公司)的审核、评估等政府职能与融资、实施等市场职能分离。中央政府及部门负责 PPP 政策制定及国家层面项目的审核、服务等,地方政府负责所属项目的审核、评估等。各层级和各部门政府分类采取基于合同约定的特许经营、政府购买服务和债权、股权支持和全过程监督服务等管理模式。项目融资、建设、运营主体均为项目承包商。

政府依据项目可行性实行分类管理:一类是基于现状的表内管理,配套制定相应管理办法;另一类是市场化项目筹资计划管理,退出财政部资产负债表,根据表外管理模式要求制定相应管理办法。建立政府 PPP 协调机制和明确专门管理机构,负责项目行政管理职能。

第二,界定政府 PPP 管理机构职责。一是负责政策制定和项目实施全过程服务。制定 PPP 项目指引和标准合同;建立项目库;向社会发布项目信息;建立透明的监督制度。二是项目实施服务。筛选项目、项目实施方案指导、项目审核评估、项目运营协调。三是审批与绩效管理。对项目实施方案提出审批意见并进行审批,审批招标文件和合同,出具审批文件。对特许经营和购买服务进行审批。四是政府采取多种支持方式。以专项基金、政策性金融、国债资金、财政补贴等多种手段对项目担保和资金缺口予以支持,提供股权和债权方式支持,对项目用地和税收等予以政策支持。五是促进 PPP 综合配套改革,按照项目分类管理原则,分别制定财政、金融、税收、土地、项目收益权质押融资、项目收益债、专项引导基金、收益权证券化等支持政策。

第三,明确工作流程和具体内容。PPP 项目管理工作流程可分为三个阶段:第一阶段是项目研发。具体完成的工作是按照政策法律和标准合同要求制定项目合同文本,并依据合同提出项目筹资计划方案以及评估报告。第二阶段是项目审批、采购和融资。对项目承包方提出的合同文本和筹资计划方案进行审核、论证、评估和批准。批准后进入融资和项目建设。第三阶段是政府、承包方、相关第三方依据合同约定共同对项目建设过程、竣工及后续运营情况进行跟踪、评估、验收。

第四,PPP 制度和管理的集成创新。PPP 作为一种适应市场化的混合所有制经济资产管理和融资策略,根据我国具体情况,应注重以下几方面改革创新:一是投融资模式创新。传统的政府直接投资项目和项目主体以政府投入、企业抵押、担保和信贷等立项建设的方式与 PPP 策略大相径庭,PPP 模式是所有投融资人都要基于市场化运行规则,按照物有所值、风险分担、预期收益透明及通畅等方式筹资和政府补助、购买或特许。二是基于契约化的合同管理创新。合同标准化是 PPP 项目分类管理的基础和契约的规范。制定标准合同,不仅明确项目实施流程,规定项目参与各方的责任义务(包括项目设计、建设、运营、融资的各环节风险分担约定,项目主体的所有者权益,参与方的合同变更、终止以及再融资等项目运营必要内容的约定),还明确项目审批、验收、管理责任。三是运营模式创新。基础设施和公共服务项目建设目标是投入运营,这类项目运营期长、工程建设期短,长与短、建设与运营矛盾是由原来基础设施建设管理体制造成的。采取 PPP 模式,将项目建设运营在融资阶段统筹考虑,建设投资用再融资方式从资本市场上退出,用于运营支持,或由另一个专业化的 PPP 负责运营。PPP 不仅是项目,还是以资本市场链接的项目群。四是项目承包主体和参与各方的创新。PPP 承担主体是项目或项目公司,这种方式不存在产权变更,风险收益不受项目出资方制约,各出资方按照项目份额收取回报。目前我国的 PPP 仍以企业为主体,且大部分由国有企业承担,难以引入多种资本经营策略。PPP

项目承包方独立的同时,还需要资本运营方的参与,由资本管理机构负责市场化筹资。

在推进 PPP 策略中,以上创新问题得到广泛关注。近期,重庆市提出的增量配电试点项目业主市场化优选方案,按照 PPP 模式设计了各参与方关系、权利义务、风险收益的项目运作框架,从优选项目业主入手,在资格要求、方案选择、程序指引、运营期监管、业主推出等方面进行集成创新,既符合有序放开配电网业务的改革要求,又探索了 PPP 在基础设施领域的创新。

(二)资产证券化策略

1. 资产证券化的含义

概括地说,资产证券化是企业资产支持的一种金融创新工具,具体操作方式是将企业不流通的存量资产预期收益或负债,出售或信托给特定发行人(券商或信托机构),发行人买入并转为在资本市场上可交易的金融产品。

这里需要指出:资产证券化以存量资产和债项为基础,通过证券化直接销售给投资人,不创造货币供给和增加社会金融杠杆,能够有效防范和化解金融风险,同时也能发挥金融服务实体经济,为中小企业或低评级企业提供新的直接融资工具和通道,是在结构性改革中推进市场化演进的重要之举。

2. 国际通行的资产证券化操作、功能、类型与流程

操作策略:将资产负债表左边项下的基础资产,以 SPV(券商资本管理计划或者信托计划)为主体进行市场化融资。与企业证券化不同的是,后者的融资模式为资产负债表右边项下权益融资(发股、发债),融资主体也是企业。

资产证券化主要功能:通过项目固定收益或未来现金收益等做出融资计划(资金池),分配信用风险、期限风险和流动性风险并实现破产隔离,同时可进行再投资的资产负债表外融资工具。

证券化类型:根据基础资产可分为住房抵押贷款支持的资产证券化(MBS)、项目资产支撑的资产证券化(ABS)和担保债务凭证支持的资产证券化(CDO)。

证券化流程:第一步是破产隔离,第二步是份额化,第三步是交易,由发起人根据基础资产设立证券化项目 SPV,将项目资产分拆份额化,卖给投

资者。

选择资产证券化产品考虑的因素:一是成本(比较出售资产与表内融资价位),二是资本金(通过出表型交易卖出资产,用于再投资以降低对资本金的占用),三是投资能力(通过发起方高效投资的迭代,改善资产质量,改善评级,降低成本)。

3. 我国资产证券化发展简况

近几年来,我国资产证券化业务发展迅猛,规模已超过欧盟,成为世界第二大资产证券化市场,规模约 25000 亿,发行产品总数约 1300 个。这些金融产品在银行间债券市场和交易所上市,为国内外投资者投资企业和形成多元化信贷产品提供了有效途径。

目前我国资产证券化分为三类:一是银监会主管的信贷资产证券化;二是证监会主管的企业资产证券化;三是交易商协会主管的资产支持票据(ABN)。

4. 资产证券化的重要作用

其一,促进经济"脱虚向实"、提振实体经济。资产证券化依据资产信用,而不是企业信用融资,对信用较弱的中小企业和双创企业,能够通过低层资产和未来现金流回报投资人,降低企业融资和担保成本、提高流动性、提升企业增信。

其二,盘活存量提升企业再投资能力。资产证券化不是单纯的融资行为,它前端是基础资产,中间是投行,后端做财富管理,这种资产迭代的融资活动,使企业负债资产实现空间转换,获得再投资机会,真正实现产融结合。

其三,从投资端驱动金融市场发展。资产证券化是按资产的信用和信息来交易的,将分散的企业负债以"资产池"方式集中起来,再份额化卖给投资人,银行将集中化的信贷资产,变成证券化的结构性债券,分散化对应"资产池"中实体经济的同类基础资产,不仅促进普惠金融,也发展了消费金融,随着利率市场化演进,又促进了银行业资产结构转型,解决长期靠贷款利差的不合理问题。

其四,资产证券化将科技与金融结合起来。证券化产品是一个既有债券(金融)特征又含有期权(科技)的金融产品,如京东、阿里、淘宝等电商和共享单车、华夏幸福基业等地产商,他们借助互联网信息平台建立借贷平台

(小贷公司)和信托平台(资产池),以 ABS 模式将企业资产与互联网平台融为一体。

这里,提供一个铁路资产证券化(以合资铁路公司票务收入为例的资产证券化)思路。

中国铁路资产特征:资产存量较大。根据中国铁路总公司披露,截至 2016 年年底,中国铁路总公司资产总额 72513 亿元,负债 47153 亿元,资产负债率 65.03%。资产的流动性较弱、融资模式过度依赖银行贷款,利息费用占运输成本比重不断上升,2015 年利息费用占运输成本比重为 11.59%,是典型重资产企业。

中国铁路总资产类型:铁路资产主要分为两大类,运输类和非运输类。铁路运输类业务资产又分两部分,国家铁路资产和合资公司资产。

铁路资产实行资产证券化的条件:混合所有制改革为铁路行业利用资产证券化工具,吸引社会投资,提高直接融资比重提供了政策支持;铁路资产具有稳定的现金收入,为资产证券化提供市场操作基础。

以高铁票款证券化为例看看如何操作。

合资铁路公司拥有高铁票款收费权益,票价收益持续稳定且可预测,这是证券化策略的优质资产。根据证监会规定及评级机构相关标准,合资铁路公司的 ABS 符合以下特征:(1)公司财务费用负担过重,自身有资产证券化诉求;(2)基础资产财产独立、权属清晰;(3)公司稳定运营了一段时间,能够产生稳定可预测的现金流;(4)公司收入规模较大且具有成长性;(5)公司经营性净现金流具有一定规模;(6)基础资产的原始权益人主体信用达到 AA 级或以上。据此,选取某一比例或某一时间段的高铁客运收入作为证券化的基础资产。

鉴于目前高速铁路总体运价水平偏低、利润不高,有些路段处于亏损状况,做表内资产证券化不尽适宜。但基于未来高速铁路客流量不断增加趋势,可将部分票务收入作为基础资产进行证券化,并用所融得资金进行部分线路的建设,实行部分线路的滚动融资。操作路径:

一是目标设计。对已经完全投产、运营业绩趋好的合资铁路公司,适合以该公司未来的部分运输收入作为基础资产实施证券化业务,一方面将所融资金用来置换公司的银行贷款,另一方面利用资产证券化的融资成本低于银行贷款成本,资金一进一出,形成一定利差,每年给合资铁路公司节约的融资成本也相当可观。

二是证券方案设计。在证券化资产和融资方式确认后,选择规模实力强、能与各级监管部门顺畅沟通、与投资机构联系紧密、经验丰富并具有创新能力的证券公司作为第三方操作机构,按照合资公司的需要,设计具体规模和期限证券化方案。

三是操作对象选择。可选择如京广客专河南公司作为试点方,将该段高铁票款收入作为基础资产,开展资产证券化项目试点。由某一证券机构负责,启动高铁票款收费收益权资产证券化项目。

第四节　营造良好的制度和市场环境策略

营造良好的体制环境决定混合所有制经济的发展路径和市场化方向,不能为混改而混改,也不能"不混不改",无所作为。政府、企业、社会各方都要立足基本经济制度重要实现形式,研究如何创造使混合所有制经济健康长久发展的制度和市场环境。

一、创新和完善制度环境

发展混合所有制经济,特别是推进国有企业的混合所有制改革,是一场改革攻坚战,要注重改革的导向性、总体性和针对性。按照政府"放管服"改革要求,通过政府职能转换,营造良好的制度和市场环境,坚持政策引导和规制建设,完善改革统筹协调机制,通过完善制度建设,保证改革规范有序推进。

1. 建立改革统筹协调机制

发展混合所有制经济,涉及经济社会的各层面、各领域、各主体,需建立改革统筹协调机制。在中央全面深化改革领导小组的统一领导下,可由国家发展改革委协调进行,其中,推进国有企业的混合所有制改革,应设立由国务院国有企业改革领导小组牵头,有关部门参加的部级联席会议机制。

不管是整个社会发展混合所有制经济,还是特指的国有企业的混合所有制改革,都要统筹研究协调改革推进的相关问题,重大事项提请深化改革领导小组审定,以规避改革实施过程中因信息不对称、情况不了解、决策不科学带来的风险和问题,为混合所有制改革把关定向并做好服务。

2. 以问题为导向加强制度建设

制度是规范行为的准则,可以约束不确定性带来的机会不均等,为公平竞争和不断创新提供规制保障,同时也是经济的内生变量。发展混合所有制经济,特别是推进国有企业混合所有制改革实践中,遇到的普遍性问题、形成的可复制可推广经验,都要上升到制度层面加以解决和固化。改到哪里制度跟到哪里,以制度为标杆,厘清企业、市场和政府边界,调节各方行为。政府是制度供给的主体,实施主体为市场和企业,正确处理好政府在混合所有制改革推进中试点审批与构建制度的关系,着力完善政策配套和协调,为混合所有制经济发展和改革营造良好制度环境。

3. 明确目标和分类施策

国有企业混合所有制改革,应按照企业分类明确改革目标,因企施策制订方案。中央国有企业和垄断行业进行混合所有制改革,要围绕构建合理的市场结构和公平竞争的市场秩序,规制不合理在位性,放开竞争性市场和业务,公平引入专业化市场主体,形成产业集群和价值链,实现企业转型。不应简单"为混而混",不应单纯为融资而"混",更不应搞所谓"利益输送"。对通过实行股份制、上市等途径已经实行混合所有制的国有企业,着力完善现代企业制度、提高资本运行效率,如需要增资扩股再融资业务的,按照《证券法》和相关监管政策执行,不应设置新的行政审批。地方国有企业混合所有制改革,围绕活跃和发展地方经济,引入战略投资者,进行交叉持股相互融合。民营企业发展混合所有制企业,由市场自主决定。对民营上市公司,国有资本不参与控股或参股的,企业重组、增发和股权投资等事项由企业依法自主决定,按上市公司管理办法执行。

二、规范政府审批程序

发展混合所有制经济,特别是其中的国有企业混合所有制改革,要按照《公司法》《国有资产管理法》《证券法》及《关于国有企业发展混合所有制经济的意见》等法律规定和政策要求。企业重大决策应依法履行内外部程序,重要改革要先行先试,积累经验,以点到面,分步实施。依法依规设置政府行政审批程序,为改革把关定向、保驾护航。但按照"放管服"行政管理改革要求,混合所有制改革许可程序,也应研究负面清单管理模式,严格流程化规范管理。

1. 规范行政审批和管理

中央企业混合所有制改革,应以企业为主体,由企业提出混改方案设计,在改革试点期,可由出资人机构对方案的合法性、合理性、经济性进行充分评估和压力测试,提出审核意见,提交部级联席会议审议后,按程序履行审批手续。试点期后,将试点经验上升为工作指引或流程,报请中央改革领导小组审议,向社会公开。建立混改项目库,提高信息对称性和透明度。

2. 规范试点政策

混合所有制改革,是普惠性、开放性的市场化改革,要依法有序稳妥推进。改革初期,应按照有关规定,对适宜混改的国有企业,因地、因业、因企施策,宜独则独、宜控则控、宜参则参,不应搞拉郎配,不应搞所谓"全覆盖",成熟一个推进一个,保护各类出资人的产权权益,杜绝国有资产流失。据此,可采取试点方式,探索可复制可推广的经验,以点带面有序推进。同时,研究创新试点方式:一是分类开展试点,不宜采取一对一批复方式。二是对试点企业设定 2~3 年期限。三是试点期内投资人股权锁定,防止资本套利等带来的负面影响。四是借鉴上海等地已实施的流程管理办法,尽快研究出台改革流程等规范,依法依规开展改革试点。

3. 跟踪协调试点情况

对混合所有制改革试点进行跟踪,及时协调改革中遇到的新情况和新问题,建立容错和纠偏机制,对不符合国发 54 号混合所有制改革经济意见的试点方案要予以规范,对试点实施中不符合方案规定内容的应及时予以纠正。

第二篇

the second part

国企混改篇

第六章　以单一所有制领域开放打开混合所有制改革的突破口①

【本章提要】发挥市场配置资源决定性作用要求以混合所有制为突破口加大所有制改革力度。若干领域的单一所有制扼杀了市场竞争并破坏了市场竞争秩序。混合所有制要在宏观层面与微观层面同步协调推进。混合所有制在经济运行宏观层面表现为混合所有制经济范围进一步扩大及持续增长,混合所有制经济改革的重点是打破垄断及加大开放力度,单一所有制领域向民资外资等非公有资本加快开放,"法无禁止即可入"应成为民资外资等非公有资本自由进入单一所有制领域投资的规则。混合所有制在经济运行微观层面表现为国企产权多元化改革加快及混合所有制企业增加,单一所有制领域的大多数国企及国有绝对控股公司应加快改革改制而转变为混合所有制企业。就推进混合所有制经济改革与发展混合所有制企业的关系看,应以单一所有制领域的开放作为突破口,通过发展混合所有制经济的改革倒逼国有企业加快发展混合所有制企业的改革。当下混合所有制改革出现的"原地踏步""原地转圈"、把混合所有制改革当成"筐"、国有企业所有改革都往"筐"里装、以国有企业管理改革及公司治理改革等替代混合所有制改革的现象,意味着某些既得利益集团正在通过"所谓改革而把利益政策化"。混合所有制改革是攻坚克难的改革,要想方设法解决发展混合所有制经济的改革滞后于发展混合所有制企业的

---

① 本章是在执笔作者文宗瑜 2013 年以后公开发表的关于"发展混合所有制经济改革与发展混合所有制企业改革"的多篇文章基础上修改补充完成。

改革、把国有企业管理改革及公司治理改革等与混合所有制改革相等同、国企员工持股不纳入发展混合所有制企业改革中,特大型、大型国企大多选择在子公司层级推进混合所有制改革等疑难问题,实行混合所有制改革与债转股操作相结合,实现混合所有制改革与去产能去库存去杠杆的同步,从而把混合所有制改革持续深入推进。

国资国企改革从强调国企产权多元化到明确提出发展混合所有制经济与混合所有制企业,意味着中国经济体制改革已经深入并触及所有制层面与基本经济制度层面。当下,所有制改革虽然敏感甚至不为某些利益集团所接受,却可为市场力量不断成长并使市场在配置资源中起决定性作用扫清障碍与创造条件。中国经济社会转型及更大力度的开放与更快的国际化进程,要求建立起与国际市场竞争、国际贸易新规则相协调相适应的市场经济新体系。市场经济体系进一步完善及市场配置资源决定性作用的发挥,要求对过度单一与高度集中的财产所有权进行改革。

大多数领域的单一所有制及行政力量依赖单一所有制过多介入资源配置,不仅降低了全社会的资源配置效率,而且加剧了经济运行中的"寻租"行为。对大多数领域存在的单一所有制进行改革,实现大多数领域的经济形态多元与产权多元,严格保护非公有制经济财产权,为集体经济、民营经济、个人创业与个人工作室类的个人经济、外资经济等经济形态提供与国有经济平等的发展机遇,有利于重构及完善市场竞争秩序。

就中国经济运行的所有制结构效应看,垄断及国资绝对控制领域的单一所有制,严重束缚着市场配置资源作用发挥,是非公有制经济与公有制经济公平竞争的最大障碍。因此,所有制改革及混合所有制推进应该从垄断及国资绝对控制领域着手,把这些领域向非公有资本的加快开放作为突破口,从而加快混合所有制经济的发展,并倒逼国有企业尤其是特大型、大型国有企业推进发展混合所有制企业的改革。

第一节　市场配置资源决定性作用要求以混合所有制加大所有制改革力度

使市场在配置资源中起决定性作用,除了要划清政府行为与市场作用的边界,还要触及并进行财产所有权的改革。如果是政府控制绝大多数财产所有权,若干领域仍是单一所有制,就无法让市场力量不断成长,也难以构建公平的市场竞争秩序。因此,必须加快加大所有制改革,推进混合所有制的发展,扩大混合所有制经济的范围,增加混合所有制企业的数量。在所有制改革及混合所有制发展中,要高度重视非公有制经济财产权的保护,通过公有制财产权与非公有制经济财产权的产权平等、机会平等、受法律保护的平等,实现大多数领域的经济形态多元与产权多元,构建起不同经济形态及各种产权之间相互渗透、相互依存、相互竞争的格局。

一、若干领域的单一所有制扼杀了市场竞争并破坏了市场竞争秩序

改革开放以来的经济体制改革,一直是围绕着国有经济及国有企业这条主线推进,从国有企业的放权让利到承包制改革、再到国企剥离上市、再到国企股份制改革,这些改革都是为了搞好国有企业、搞活国有经济;在这些改革推进中及相应改革措施实施中往往尽可能不触及所有制,所有制改革几乎成为禁区。

随着 2001 年中国正式进入 WTO,中国要构建参与国际市场竞争的市场经济体系,从而提出了国有企业全面改制的政策要求,允许国有企业实行产权多元化的改革,但是,这一轮的国有企业产权多元化改革也仅仅是推进了中小国企改革改制,大型特大型国企仍是盲目扩张规模并做大做强。到目前为止,民资民企虽然在轻工业产品加工出口、服务业的日常生活等领域占相当高的经济比重,仍无法影响所有制的格局,民营经济产权还无法与国有经济产权进行公平竞争。可以说,大多数领域仍是准单一所有制,这些领域基本上是国有企业垄断经营,非公有资本进入,如石油石化、电信、电网电力、烟草、铁路等;还有很多领域,虽然允许非公有资本难以进入,但实际上仍然无法改变国有资本绝对控制的格局,非公有资本往往只是象征性地参与辅助环节的经营,如航空、公路、城市公用事业(包括城市供水供气供热、

公交地铁等）、教育、医疗等,非公有资本进入这些领域不仅难度大而且进入的程度较低,难以与国有资本进行竞争。

看当下各经济领域的所有制结构,就会发现:过度单一与高度集中的单一所有制主要存在于垄断及国资绝对控制领域,这些领域的经济地位与经济影响力十分强大,是市场经济的重中之重及全社会资源配置的关键所在。垄断及国资绝对控制领域的单一所有制,扼杀了市场竞争并破坏了市场竞争秩序,抑制了市场力量的成长及放大,导致了全社会资源配置效率的递减。与此相适应,这些领域的国有企业往往效率低下,虽然在国内具有绝对甚至超强的"竞争力",但是,在国际市场上,尚无法与业内的跨国公司相竞争。垄断领域的国有企业依托单一所有制及不允许非公有资本进入的优势而获取超额利润,但是,随着中国更大力度的开放市场,将使其面临着来自国际市场及跨国公司的巨大竞争压力。如果不改革垄断行业及国资绝对控制领域的所有制结构改革,就无法充分发挥市场配置资源的决定性作用。

二、重构及完善市场竞争秩序必须重视并保护非公有制经济财产权

推进所有制改革并发展混合所有制,是为了打破单一所有制的非公平竞争格局,重新构建市场竞争秩序,使市场在资源配置中起决定性作用。触及所有制改革的混合所有制推进,必须从不同所有制经济与不同所有制企业的"机会公平"开始,非公有制经济形态的企业可以进入单一所有制的若干领域,垄断及国资绝对控制领域要向非公有资本开放。允许非公有制经济形态的企业进入垄断及国资绝对控制领域,可以形成非公有制经济与国有经济公平竞争的市场格局,有利于市场竞争秩序的重构及完善。非公有制经济形态的企业进入垄断及国资绝对控制领域,不是对国有经济的侵犯及掠夺,而是与国有经济相互融合发展成为混合所有制经济。

非公有制经济形态的企业进入垄断及国资绝对控制领域进行公平竞争,除了这些领域向非公有资本的开放,还要求对非公有制经济财产权进行严格保护。如果没有对非公有制经济财产权的严格保护,无论如何开放如何扩大市场准入,非公有制经济形态的企业往往是徘徊犹豫而不敢进入,即便受利益驱使进入,往往也会被国有企业兼并或吞噬。

三、推进混合所有制改革要求实现大多数领域的经济形态多元与产权多元

使市场在配置资源中起决定性作用,要求加大加快大多数领域的单一所有制改革,改变国有企业垄断经营的格局。与此相适应,大多数领域就会逐步实现经济形态多元与产权多元。就大多数领域单一所有制现状看,垄断及国资绝对控制领域的单一所有制除了过度单一,还具有高度集中的特征,能否尽快实现垄断及国资绝对控制领域的经济形态多元与产权多元,是混合所有制能否顺利推进的关键。在垄断及国资绝对控制领域向非公有资本开放及民资民企向这些领域的进入中,要注意克服国有企业以"国家经济安全与维护国家利益"的招牌及口号设置障碍的做法,更要警惕国有企业以"审查民资民企资质"的名义任意挑选合资合作对象而进行"寻租"交易的现象重生。只有实现了垄断及国资绝对控制领域的经济形态多元与产权多元,才能为混合所有制发展扫清障碍。

就垄断及国资绝对控制领域的经济形态多元与产权多元而言,经济形态多元是指垄断及国资绝对控制领域允许发展集体经济、民营经济、个人创业与个人工作室类的个人经济、外资经济等经济形态,这些经济形态与国有经济之间既可以相互混合,也可以独立经营;产权多元是指垄断及国资绝对控制领域的国有企业由原来的产权一元转制为产权多元,产权多元的公司表现为股份制公司,其中,股份制公司既包括国有资本控股的股份制公司,也包括非公有资本控股的股份制公司。与经济形态的多元一样,垄断及国资绝对控制领域的企业产权多元仍允许少量国有独资企业继续存在,同时也允许设立民营独资企业、个人独资企业、外资独资企业。各种经济形态的企业通过交叉持股等方式相互融合、相互间的公平竞争,推进混合所有制改革及加快混合所有制经济的发展。

第二节　混合所有制在宏观层面与微观层面的同步协调推进

所有制改革及推进混合所有制,在经济运行的宏观层面要求加快混合所有制经济的发展,在经济运行的微观层面要求促进混合所有制企业的增

加。经济运行宏观层面的经济形态多元与经济运行微观层面的企业产权多元，既相互支撑，又相互依存。混合所有制改革要求宏观层面与微观层面协调一致，当然，在具体推进上又各有侧重。

一、混合所有制在经济运行宏观层面表现为混合所有制经济范围进一步扩大及持续增长

在经济运行宏观层面的混合所有制经济包括国有经济、集体经济、民营经济、个人创业与个人工作室类的个人经济、外资经济等多种经济形态，各种经济形态既可以相互融合，也可以进行相互间的公平竞争。混合所有制经济既表现为国有经济和非公有制经济在一般竞争领域的混合，也表现为垄断及国资绝对控制领域向非公有制经济的无条件全面开放。混合所有制经济范围的扩大，要从一般竞争领域向垄断及国资绝对控制领域进行覆盖。就当下垄断及国资绝对控制领域的现状而言，混合所有制经济发展会面临更大阻力。因此，在经济运行宏观层面加快发展混合所有制经济的同时，要相应推进微观层面的国有企业产权多元化改革及国有股权减持。

在混合所有制经济范围进一步扩大中，还要促进混合所有制经济的持续增长。垄断及国资绝对控制领域除了要实现国有经济、集体经济、民营经济、个人创业与个人工作室类的个人经济、外资经济等多种经济形态的相互融合外，还要允许民营经济、个人创业与个人工作室类的个人经济、外资经济等非公有制经济在这些领域保持各自独立的经济形态。

二、混合所有制在经济运行微观层面表现为国企产权多元化改革加快及混合所有制企业增加

在经济运行微观层面推进混合所有制，集中表现为垄断及国资绝对控制领域的国有企业数量减少，支持更多国有企业实行让非公有资本入股参股或控股的产权多元化改革。推动垄断及国资绝对控制领域的国有企业产权多元化改革，允许民营资本、个人资本、外资资本等入股参股或控股，从而实现垄断及国资绝对控制领域的国有企业向混合所有制企业转变。国企的产权多元化改革可以根据实际情况，确定国有资本在不同领域的控股比例，在关系国家安全、国民经济命脉的重要行业和关键领域，可以继续保持国有资本的绝对控制；在重要领域，如石油、石化、电力、电信等，可以适度引入非公有资本而实现国有资本的相对控股；在一般领域，如钢铁、煤炭、设备制造等,可以更多地引入非公有资本,只保留国有资本参股甚至国有资本全部退出。通过加快国企产权多元化改革,将进一步助推混合所有制的发展,并实现垄断及国资绝对控制领域各种资本共同入股的混合所有制企业数量增加。

垄断及国资绝对控制领域的国有企业实行产权多元化改革,不反对也不排除这些领域设立非公有制经济形态的独资企业。民营资本、个人资本、外资资本等对垄断及国资绝对控制领域的国有企业入股参股甚至控股的同时,也可以在这些领域设立非公有经济形态的独资公司。以石油石化行业为例,其在推进混合所有制的改革中,可以通过两种方式发展混合所有制经济,一是对三大国有石油公司(中石油、中石化、中海油)某些经营环节或投资项目实施股份制改革,允许民营资本、个人资本、外资资本等入股三大石油公司,使国有资本在石油石化行业由绝对控股转变为相对控股;二是允许民营资本、个人资本、外资资本等设立独资的石油石化公司,与三大石油公司共同参与市场竞争。无论是民营资本、个人资本、外资资本等入股国企,还是民营资本、个人资本、外资资本等设立独资公司,都属于混合所有制经济的发展。

第三节　混合所有制经济改革的重点是
打破垄断及加大开放力度

一、把单一所有制领域的开放作为发展混合所有制经济的"突破口"

混合所有制改革在经济运行宏观层面表现为推进发展混合所有制经济的改革。中国虽然已经进行了近40年(1978—2017)的改革开放,但是,到目前为止,仍有若干领域(如石油石化、电信、电网电力、烟草、铁路等)是准单一所有制,在所有制形式上几乎保持着单一的国有产权形态。这些准单一所有制领域基本上是国企及国有绝对控股公司的垄断经营,通过牌照制、门槛制、审批制限制非公有资本的进入。这些单一所有制领域,不仅资产规模大,而且处于产业布局的上游或核心关键环节。因此,加快混合所有制经济的发展应从单一所有制领域的改革开始,打破单一所有制领域的垄断并实行单一所有制领域的开放,重点推进单一所有制领域发展混合所有制经济。只有通过单一所有制领域的开放才能打破单一所有制领域的垄断,因此,应把单一所有制领域开放作为发展混合所有制经济的突破口。

之所以把单一所有制领域的开放作为发展混合所有制经济的突破口,是因为若干领域的单一所有制扼杀了市场竞争并破坏了市场竞争秩序,降低了全社会的资源配置效率,扭曲了政府行为。具体而言:(1)单一所有制领域的国企及国有绝对控股公司通过垄断经营获取超额利润,不仅使这些领域的产品服务价格高质量差,而且弱化了相应产业的国际竞争力。(2)单一所有制领域的国企及国有绝对控股公司要么处于产业布局的上游,要么控制着产业布局的关键核心环节,市场力量作用的弱化,资源配置方式的行政化导向,影响并降低了全社会资源的配置效率。(3)单一所有制领域国企及国有绝对控股公司高管的"准政府高官"身份,决定了这些领域是"政府之手"伸得最长的地方,政府行政力量过多过强的干预及控制,抑制了单一所有制领域市场力量的成长及放大,削弱了市场在资源配置中的决定性作用,加剧了经济运行中的"寻租"行为,不利于市场经济的快速发展。因此,想要加快混合所有制经济的发展,就必须着手并坚决打破若干单一所有制领域的垄断格局,允许民资外资等非公有资本进入单一所有制领域从事投资并参与竞争。

二、推进单一所有制领域的开放应坚持的三个方面

(一)单一所有制领域向民资外资等非公有资本加快开放

推动单一所有制领域的改革,首先应扩大非公有资本进入的范围,在政策上允许民资外资等非公有资本进入单一所有制领域,以形成各种经济形态之间相互渗透、相互依存、相互竞争的格局。实行单一所有制领域向民资外资等非公有资本的开放,可以分步骤分阶段进行,逐步实现全面的开放。非公有资本进入单一所有制领域的方式,既可以是入股参股甚至控股这些领域的国有企业,也可以是单独设立公司进行经营。当然,在推进单一所有制领域向民资外资等非公有资本全面开放的过程中,也可以允许少数关系国家安全及国民经济命脉的单一所有制领域不向民资外资等非公有资本开放,对于少数不向民资外资等非公有资本开放的单一所有制领域,应以"负面清单"的方式进行公示。

（二）"法无禁止即可入"应成为民资外资等非公有资本自由进入单一
所有制领域投资的规则

单一所有制领域向民资外资等非公有资本的无条件全面开放,要坚决
摒弃行政准入与行政批准的思维及做法,引入"法无禁止即可入"的规则。
在实行单一所有制的任何领域,只要没有"负面清单"公示,民资外资等非公
有资本都可以按"法无禁止即可入"的规则自由进入这些领域进行投资。在
单一所有制领域向民资外资等非公有资本开放的程度上,也可以参照市场
经济发达国家就某个领域经营进行立法的方式,通过立法限制民资外资等
非公有资本对某个领域的进入;如果某个单一所有制领域不允许民资外资
等非公有资本进入,应及时出台相关法律予以禁止。需要强调指出的是,行
政指令及行业规则等非法律性文件不应成为禁止民资外资等非公有资本进
入单一所有制领域的招牌,也就是说,在法律不禁止的情况下,行政指令及
行业规则等不得限制民资外资等非公有资本进入单一所有制领域。

**三、单一所有制领域的大多数国企及国有绝对控股公司应加大加快改
革改制进而转变为混合所有制企业**

推进单一所有制领域的改革,要求减少单一所有制领域国企及国有绝
对控股公司的数量,促进混合所有制企业数量的增加。为此,应加大加快单
一所有制领域国企及国有绝对控股公司的股份制改革,允许民资外资等非
公有资本入股参股或控股,推动这些领域的国企及国有绝对控股公司向混
合所有制企业转变。单一所有制领域的国企及国有绝对控股公司股份制改
革,一方面应强调母公司暨集团公司的股份制改革,以加快推进国企及国有
控股公司股份制改革的进程;另一方面可以根据单一所有制领域的不同,而
确定国有资本在不同领域的控股比例,实现国有资本在不同领域的绝对控
制、相对控股甚至是国有资本的全部退出。此外,单一所有制领域的国企及
国有绝对控股公司实行股份制改革而转变为混合所有制企业,不反对也不
排除这些领域设立非公有制经济形态的独资企业,如民营独资企业、个人独
资企业、外资独资企业等。与单一所有制领域的国企及国有绝对控股公司
有选择的引入民资外资等非公有资本相比,这些领域向民资外资等非公有
资本开放并允许其进入设立公司,更有利于混合所有制经济的发展。

第四节　混合所有制企业改革的难点是设计国有股持股比例及股权结构安排

混合所有制改革在经济运行微观层面表现为国有企业推进发展混合所有制企业的改革。推进混合所有制企业的改革,不仅有利于搞好搞活国有经济、提升国有资本的活力影响力控制力,而且有利于建立公平竞争的市场秩序和实行更高水平的对外开放。就当下国有企业对中国经济运行的影响而言,许多单一所有制领域国有企业的垄断经营及低效率、财务指标恶化,既拖累了中国经济下行,又程度不同地阻碍了中国加入新国际贸易体系的进程。国企尤其是单一所有制领域国企占据并控制资源能源等产业上游而导致的全社会资源配置效率大幅度下降、美欧主导的国际贸易格局重新调整会进一步抑制中国进出口增长等因素,势必对中国经济下行带来更大拖累,国有企业混合所有制改革已刻不容缓。

中共中央十六届三中全会以后所推动的国有企业改革,已经完成了绝大多数中小型国有企业的改革;本轮国有企业改革主要是推进特大型、大型国有企业发展混合所有制企业的改革。就当下特大型、大型国有企业的现状及结构看,央企不仅规模大,而且相当一部分集中在单一所有制领域。因此,国有企业推进发展混合所有制企业改革应该从央企发力。在某种意义上,央企的混合所有制改革既涉及经济运行宏观层面发展混合所有制经济的改革,也涉及经济运行微观层面发展混合所有制企业的改革。央企推进发展混合所有制企业改革的难点是如何设计国有股持股比例及股权结构安排。具体而言,少数负面清单领域尤其是特殊功能的央企应继续保持国有独资,涉及国家安全和国计民生领域的央企仍然保持绝对控股,关系国民经济命脉的重要行业和关键领域的大多数央企实行相对控股,充分竞争领域的央企应当实施国有股参股或部分退出。

一、负面清单领域尤其是特殊功能的央企应保持国有独资

在一些事关国家安全、国家战略的领域以及重大基础设施领域应继续保留少量的承担特殊功能的国有独资央企。这些企业的经营领域应当严格限定在市场准入负面清单中的"禁止准入类"负面清单之内。具体而言,重

要重大领域包括重要通信基础设施、枢纽型交通基础设施、重要江河流域控制性水利水电航电枢纽、跨流域调水工程等领域，重要水资源、森林资源、战略性矿产资源等开发利用，自然垄断环节的管网，国防军工等特殊产业，从事战略武器装备科研生产、关系国家战略安全和涉及国家核心机密的核心军工能力领域，石油、天然气等战略物资国家储备等领域。在这些领域中，国有独资企业或独资公司的数量应当严加控制，并严格根据国家战略、安全和重大公共利益需要确定是否采用独资形式。为了避免长期以来国有股"一股独大"的诸多弊病，在国有独资企业或独资公司中也要尽力实现国有产权多元化即实行几家或多家国有企业出资持股一家国有独资企业或独资公司。

二、涉及国家安全和国计民生领域的央企仍然保持绝对控股

对于产业准入负面清单中"限制性准入类"负面清单中的部分涉及国家安全或国计民生的领域，央企不必保持独资。但是，考虑到这些领域对国家安全、国家战略和公共利益的影响巨大，建议国有资本保持绝对控股地位。具体而言，重要通信基础设施、枢纽型交通基础设施、重要江河流域控制性水利水电航电枢纽、跨流域调水工程，重要水资源、森林资源、战略性矿产资源等开发利用，自然垄断环节的管网，国防军工等特殊产业，从事战略武器装备科研生产、关系国家战略安全和涉及国家核心机密的核心军工能力等领域的某些环节或上下游，除了依法必须保持国有独资外，可以根据实际情况依法向非公有资本放开，但要保证国有资本的绝对控股地位，即国有股持股比例应保持在50%以上。

三、关系国民经济命脉的重要行业和关键领域的大多数央企实行相对控股

对于一些关系国家经济命脉的重要行业和关键领域，要保持央企的相对控制地位，对于一些外资民资可以提供且可以高质量供给的领域应当积极吸引外资民资进入。除必须保持国有独资外的粮食、石油、天然气等战略物资国家储备领域、其他服务国家战略目标、重要前瞻性战略性产业、生态环境保护、共用技术平台等重要行业和关键领域，有的是外资民资提供不了的，有的是外资民资赚不到钱的，国有资本要加大投资力度，发挥其引导和带动作用，但是不必采用独资或绝对控股形式。国有资本可以相对控股，根据公司股权结构选择合适的持股比例和与之对应的具有相对控制权的投票权。国有股相对控股模式下,国有股持股比例不高于50%,但根据协议规定拥有企业的实际控制权(协议控股),比如可以采用特殊管理股模式,国有股虽然只保留象征性的一股,但该一股拥有"一票否决权"即"黄金股"(亦称"金股");也可以是国有股持股比例相对高于其他任何出资人(自然人或法人)的股权占比,具体要视公司整体股权结构而定。

四、充分竞争领域的央企应实施国有股参股或部分退出

市场准入采用产业负面清单模式意味着混合所有制改革不只是单纯把央企的非主营业务和竞争性的下游环节向外资民资开放,而是央企控制的石油石化、电网电力等垄断领域向外资民资的全面开放,外资民资可以自由进入。央企所在或控制的竞争性领域,以及垄断领域的一些竞争性环节或业务应当充分引导非公有资本参股并允许非公有资本相对控股、绝对控股甚至独资,充分发挥市场在这些领域配置资源的决定性作用,央企应该实施国有股参股或部分退出。

具体而言,第一,央企所在的水电气热等一般公共基础设施和公用事业领域,可根据不同业务特点,加强分类指导,推进具备条件的企业实现投资主体多元化。

第二,符合条件的外资民资可依法通过PPP、特许经营、政府购买服务等方式参与央企控制的重要通信基础设施、枢纽型交通基础设施、重要江河流域控制性水利水电航电枢纽、跨流域调水工程等领域的建设和运营。

第三,非公有资本可以进入央企控制的重要水资源、森林资源、战略性矿产资源等领域,依法依规有序参与开发经营。

第四,允许非公有资本平等进入央企控制的江河主干渠道、石油天然气主干管网、电网等竞争性业务。

第五,支持非国有企业投资参股以及参与央企控制的核电、重要公共技术平台、气象测绘水文等基础数据采集利用等领域特许经营和政府采购。

第六,其他央企控制的军工领域,分类逐步放宽市场准入,建立竞争性采购体制机制,支持非国有企业参与武器装备科研生产、维修服务和竞争性采购。

第五节　混合所有制改革持续深入推进
要解决的若干疑难问题

混合所有制改革不仅完成了顶层设计,而且出台了政策及多个配套文件。但是,混合所有制改革的进程及效果却不尽如人意,在混合所有制改革上不仅出现了"原地踏步""原地转圈"的迹象,而且还出现了把混合所有制改革当成"筐"、国有企业所有改革都往"筐"里装、以国有企业管理改革及公司治理改革等替代混合所有制改革的现象。如此下去,不仅混合所有制改革难以持续深入推进,而且会导致某些既得利益集团"通过所谓改革而把利益政策化"。混合所有制改革是攻坚克难的改革,要想方设法解决发展混合所有制经济改革滞后于发展混合所有制企业改革,把国有企业管理改革及公司治理改革等与混合所有制改革相等同,国企员工持股不纳入发展混合所有制企业改革中,特大型、大型国企大多选择在子公司层级推进混合所有制改革等疑难问题,实行混合所有制改革与债转股操作相结合,实现混合所有制改革与去产能去库存去杠杆的同步,从而把混合所有制改革持续深入推进。

一、发展混合所有制经济改革与发展混合所有制企业改革孰重孰轻

混合所有制改革包括了发展混合所有制经济的改革与发展混合所有制企业的改革。发展混合所有制经济改革集中体现为国有企业所在领域如何向外资民资开放,发展混合所有制企业改革集中体现为国有企业自身如何引入非公资本。两个改革都涉及国有企业,发展混合所有制经济的改革涉及如何打破国有企业的垄断经营,发展混合所有制企业的改革涉及如何实现国有企业的产权多元化。从目前混合所有制改革的推进看来,各级政府及国有资产管理部门大多把精力放在发展混合所有制企业改革上,但是成效甚微。在某种意义上,发展混合所有制企业改革的徘徊不前是由于发展混合所有制经济改革得不到有效推进,发展混合所有制经济改革掣肘了发展混合所有制企业改革。因此,在混合所有制改革持续深入推进中,应高度重视发展混合所有制经济的改革,以发展混合所有制经济改革拓展发展混合所有制企业改革的空间,从而倒逼国有企业主动实施发展混合所有制企业改革。

1. 发展混合所有制经济改革不能滞后于发展混合所有制企业改革

与发展混合所有制企业改革相比,发展混合所有制经济改革涉及的改革层面深、改革难度大、利益面广,其核心是如何打破国有企业的垄断经营。就政策涵义而言,所谓发展混合所有制经济改革就是推进目前许多国有企业垄断经营或完全控制经营的领域向外资民资开放,让外资民资自由进入这些领域设立公司参与竞争,把这些领域单一的国有经济发展成为混合所有制经济。可以说,对于打破国有企业垄断经营的发展混合所有制经济改革,政府部门积极性不高,国有企业也不很痛快,某些利益集团也通过"博弈"而设置障碍;除此以外,还涉及一些文件的清理废止,导致了混合所有制改革舍"难"择"易",各级政府及国有资产管理部门把精力放在了推进发展混合所有制企业改革上。在混合所有制改革的顶层设计中,要求发展混合所有制经济的改革与发展混合所有制企业的改革协调推进,但是,实际改革中的单纯推进发展混合所有制企业改革,不仅导致发展混合所有制企业改革的进展迟缓,而且使发展混合所有制经济改革"被搁置"。对到目前为止的混合所有制改革进行总结及反思,要求加大发展混合所有制经济改革的力度,解决发展混合所有制经济改革滞后于发展混合所有制企业改革的问题;只有两个改革协调,才能使混合所有制改革持续深入推进。

2. 以发展混合所有制经济改革倒逼发展混合所有制企业的改革

在混合所有制改革的顶层设计上,主张发展混合所有制经济改革与发展混合所有制企业改革的协调推进。虽然主张两个改革要协调推进,但是在改革的实际推进过程中,仍有孰重孰轻的问题。发展混合所有制经济改革更难且阻力大,因此,其更重要。其重要性表现有二:一是发展混合所有制经济改革可以打开发展混合所有制企业改革的空间,二是发展混合所有制经济改革可以倒逼国有企业全力推进发展混合所有制企业的改革。就当下发展混合所有制企业改革进展迟缓的现状看,国有企业所在领域向外资民资开放的发展混合所有制经济改革"被搁置",国有企业仍可继续垄断经营或控制所在领域的经营,国有企业没有发展混合所有制企业改革的动力,国有企业为了应付主管部门推进"混改"的督促,也只是象征性地在子公司层级、孙公司层级搞局部引进非公资本参股,而且"混改"选择的子公司或孙公司,也大多是非主营业务公司。可以说,在当下依赖国有企业自觉自动搞发展混合所有制企业的改革难度较大。如果发展混合所有制经济改革能够大力推进,国有企业的垄断经营或控制所在领域经营的现状就会打破,从而可以倒逼国有企业主动进行发展混合所有制企业的改革。除此以外,加大发展混合所有制经济改革的力度,可以拓展非公资本的投资空间。在当下中国经济下行中,发展混合所有制经济改革比发展混合所有制企业改革更有利于吸引非公资本。试想,国有企业所在的领域向非公资本开放,国有企业自身向非公资本开放,谁更能吸引非公资本,肯定是前者。在某种意义上,发展混合所有制经济改革更重要更迫切。

二、国企管理改革及公司治理改革等是不是可以等同于混合所有制改革

改革开放以来国有企业改革推进主要是推进管理改革,国有企业产权制度改革长期滞后。从政策内涵看,混合所有制改革是国有企业产权制度改革。无论是从改革的深入看,还是从经济学范畴看,管理改革不能等同于产权制度改革。但是,当下混合所有制改革似乎正在成为一个"筐",国有企业所有的改革都往"筐"里装,导致把国企管理改革及公司治理改革等与混合所有制改革相等同。这不仅会阻碍混合所有制改革的推进,而且会使某些既得利益集团的特殊利益"通过改革而把利益政策化"。因此,要注意克服以国企改革及公司治理改革等替代混合所有制改革的偏向。要清醒地认识到,混合所有制改革既可以为国企管理改革及公司治理改革等创造条件,又可以使国有企业的管理改革及公司治理改革等更加到位。

1. 防止以国有企业管理改革及公司治理改革等替代混合所有制经济改革

中国改革开放以来,经济体制改革的主要内容之一就是国有企业改革。国有企业改革如同其他改革一样,是"摸着石头过河",实行先易后难的改革方式。国有企业改革从放权让利、承包制、公司制到建立董事会、完善内审内控、减少层级等,已搞了几十年;到目前为止,国有企业尤其特大型、大型国有企业,管理改革是主要内容,公司治理改革也在推进,但是最难的产权制度改革却长期滞后。混合所有制改革尤其是发展混合所有制企业改革,意味着国有企业改革进入深水区,要攻坚克难。就其面临的挑战看,一些国有企业混改不仅"原地踏步""原地转圈",而且把国有企业管理改革及公司治理改革等与混合所有制改革相等同。混合所有制改革成为一个"筐",把国有企业搞的所有改革全都往这个"筐"里装。这种思维及现象,除了表明国有企业混合所有制改革难以推进,也说明了改革深入中的力量博弈更加激烈,如果某些既得利益集团及其代言人与混合所有制改革的"博弈"获胜,极有可能导致某些既得利益集团的特殊利益"通过所谓改革而把利益政策化"。在某种意义上,把国有企业管理改革及公司治理改革等与混合所有制改革相等同,不仅是阻碍改革深入,而且是以改革的名义把某些特殊利益集团的特殊利益固化。可以说,当下改革博弈中的某些既得利益集团"通过所谓改革而把利益政策化",比不改革带来的危害性更大。因此,要防止用国有企业管理改革及公司治理改革等替代混合所有制改革的倾向。

2. 国有企业改革深入及其重点是加大混合所有制改革力度

如果把国有企业管理改革及公司治理改革等与混合所有制改革相等同,把国有企业所有改革都往混合所有制改革的"筐"里装,则偏离了中共十八届三中全会深化国有企业改革的方向。无论当下国有企业管理改革及公司治理改革等如何推进,都不能替代混合所有制改革。混合所有制改革既是未来一段时间国有企业改革的方向,也是当下国有企业改革的重点,必须要加大混合所有制改革的力度。在国有企业管理改革及公司治理改革等与混合所有制改革的关系上,必须分清主次,只要混合所有制改革能够推进并实现突破,国有企业管理改革及公司治理改革等就可能从形式转到内涵。可以说,混合所有制改革可以为国有企业管理改革及公司治理改革等创造条件。在某种意义上,某些国有企业以管理改革及公司治理改革等替代混合所有制改革,一是不愿通过混合所有制改革打破其既得利益,二是为了应付政府及主管部门关于推进混合所有制改革的督促。为了推进国有企业改革的深入,必须强调把改革重点落到混合所有制改革上。

三、国企员工持股要不要纳入发展混合所有制企业改革中

在某些国有企业把国有企业管理改革及公司治理改革等与混合所有制改革相等同、以国有企业管理改革及公司治理改革等替代混合所有制改革的同时,某些国有企业搞起了另类的混合所有制改革,以员工持股等同混合所有制改革。在当下混合所有制改革的政策中,允许并支持国有企业推行员工持股,但是国有企业员工持股的条件是发展混合所有制企业改革。国有企业必须是在引入非公资本而发展混合所有制企业改革的前提下,推行员工持股。除此以外,在国有企业能否推行员工持股问题上,引入的非公资本应与国有资本具有平等的表决权。

1. 国有企业多年反反复复搞过的员工持股必须纳入发展混合所有制企业改革中

员工持股是国有企业改革搞了多年的老问题,从上世纪 80 年代的国有企业为筹资而搞定向募集、到上世纪 90 年代的国有企业公司制改革及上市、再到本世纪头十年的国有企业全面股份制改革,员工持股一直在搞(2004 年后一度被有关部门"叫停")。而真正通过员工持股完成转型与转变机制的国有企业几乎没有。面对当下攻坚克难的混合所有制改革,某些国有企业又在重走老路,试着用员工持股替代混合所有制改革。对于当下国有企业搞员工持股,符合国有企业混合所有制改革的政策规定,但是,政策规定并非单纯的员工持股,国有企业员工持股必须纳入发展混合所有制企业改革中。在把国有企业持股纳入发展混合所有制企业改革的设计及操作中,强调两点:一是员工持股应是国有企业母子公司体系中的统一持股,而非重点在每一个子公司、每一个孙公司、每一个孙孙公司都各自搞员工持股;二是国有企业员工持股与引入非公资本的结合必须是在国有企业主营业务上,而非重点在非主营业务象征性引入非公资本参股并搞员工持股,国企通过混合所有制改革而实现公平竞争,要从主营业务竞争开放切入。

2. 混合所有制企业员工持股是否搞或能否搞要由引入的非公资本行使平等表决权来决定

把国有企业员工持股纳入发展混合所有制企业改革中,是政策导向,也是政策规定。但是,这并不意味着国有企业引入非公有资本推进发展混合所有制企业改革就一定要搞员工持股。混合所有制改革,不单纯是简单地让国有企业引入非公资本了事,本质是通过混合所有制改革实行不同所有制性质的资本平等,打造公平竞争的环境,构建公平竞争的市场秩序。资本平等,既体现在非公资本可以进入国有企业经营的领域,也体现在非公资本可以入股国有企业与国有资本混合融合,更体现在非公资本入股国有企业后享有平等的表决权。在国有企业混合所有制改革中是否搞或能否搞员工持股问题上,非公资本与国有资本具有平等的表决权,国有资本不可包揽,应让非公资本行使表决权。可以判断,绝大多数非公资本赞成国有企业混合所有制改革中推行员工持股,非公资本追逐利润的本性决定了其更知道员工持股的重要性;如果说非公资本反对员工持股,其要反对的是形式主义的员工持股。非公资本不反对员工持股,并不意味着国有资本可以包揽、可以单独决定搞员工持股。可以说,国有企业发展混合所有制企业改革中,在推行员工持股问题上是否允许引入的非公资本行使平等表决权,既体现了混合所有制改革要依法推进,也体现了混合所有制改革可以推动更彻底的公司治理改革。

四、国企混合所有制改革的重点是在母公司层面还是在子孙公司层级

当下推进的国有企业混合所有制改革,与十几年前中共十六届三中全会后推行的国有企业全面股份制改革没有本质的不同,改革触及的都是国有企业产权制度。两轮国有企业改革的差别是对象不同,上轮国有企业全面股份制改革的主要对象是国有中小型企业,此轮国有企业改革的主要对象是特大型及大型国有企业。特大型、大型国有企业与中小型国有企业相比,有多层级的特点,特大型、大型国有企业的层级不是简单子公司层级、孙公司层级,子孙公司的层级可达十几甚至更多层级。由此带来的一个问题,本轮国有企业混合所有制改革的重点是母公司层面,还是子孙公司层级?可以说,如果所有特大型、大型国有企业都选择在孙公司层级尤其是在层级特别低的孙孙公司层级搞混合所有制改革,混合所有制改革就会"走形",就偏离了改革的顶层设计。不反对某些国有企业混合所有制改革在子孙公司层级推进,但是,主张绝大多数特大型、大型国有企业的混合所有制改革要在母公司层面推行。

1. 为避难而一味地局限在子孙公司层级改革会使混合所有制改革偏离方向

当下国有企业运营除了受其自身财务指标恶化甚至急剧恶化的拖累,还要面对中国经济较长时间缓慢下行的影响。国有企业混合所有制改革面临着较大困难。面对国有企业混合所有制改革的众多困难,国有企业自身在选择改革方式上,基本上是择易避难,与此相对应,国有企业的政府主管部门也大都支持国有企业在子孙公司层级搞混合所有制改革。就国有企业混合所有制改革的顶层设计而言,是强调在母公司层面推进;面对经济下行与国有企业财务指标恶化，顶层设计后的政策及配套文件出台，允许国有企业在子孙公司层级推进混合所有制改革。但是，这并不意味着各级政府尤其地方政府及国有资产管理部门就可以一味地单纯地在国有企业子孙公司层级推进混合所有制改革。混合所有制改革本身就是攻坚克难的改革，面对混合所有制改革遇到的困难，要把混合所有制改革的顶层设计和政策及配套文件结合起来，鼓励大多数国有企业选择在母公司层面推进混合所有制改革，当然，也允许国有企业在子孙公司层级推进混合所有制改革。

2. 绝大多数特大型、大型国有企业应重点推进母公司层面上的混合所有制改革

与上轮中小型国有企业推进股份制改革相比较，此轮混合所有制改革的重点是特大型、大型国有企业。当下混合所有制改革的推进进程及成效评价，主要是看特大型、大型国有企业的改革。因此，绝大多数特大型、大型国有企业应重点推进母公司层面的混合所有制改革。就特大型、大型国有企业的混合所有制改革而言，如果不是从母公司层面推进，仅仅是选择在子孙公司层级搞"混改"，不仅难以形成混合所有制改革效应，而且会使母公司层面机制与子孙公司层级混合所有制改革后的机制相互"掣肘"。上个世纪90年代为支持国有企业的融资而实行"剥离上市"，非上市国有企业母体与作为子孙公司的上市公司之间的相互"掣肘"，导致上市公司的机制、经营及管理等不断蜕化甚至又再次"国有化"，不仅扰乱了资本市场，而且为这种国有企业的"剥离上市"模式支付了巨额的经济成本。如果此轮的特大型、大型国有企业不是重点在母公司层面推进混合所有制改革，当年国有企业"剥离上市"模式的悲剧会重演。

五、混合所有制改革与债转股操作如何协调

特大型、大型国有企业呈现高负债率，且以从国有商业银行取得贷款为主。高杠杆率高财务费用，也是特大型、大型国有企业混合所有制改革难以在母公司层面推进的原因之一。因此，特大型、大型国有企业适时实施债转股的操作，可以为其混合所有制改革顺利推进创造支持条件。如果能把国有企业混合所有制改革与国有企业债转股操作结合起来，实现两者的协调，可以更有效地推进混合所有制改革。在发展混合所有制改革与债转股操作如何协调上，既要允许特大型、大型国有企业在改革步骤上自主选择，也要

允许非公资本自主选择进入的方式。

1. 国有企业可自主选择是同步还是分步进行混合所有制改革与债转股操作

特大型、大型国有企业在母公司层面推进混合所有制改革的方案设计，可以是先进行债转股操作后搞引进非公资本发展混合所有制企业改革，也可以是实行发展混合所有制企业改革与债转股操作的同步推进。相比较而言，后者比前者难度大。如果混合所有制改革与债转股操作同步推进，不仅要得到特大型、大型国有企业主管部门的同意，还要就混合所有制改革方案与债转股的债权银行进行交流协商，一般而言，债转股的债权银行是支持特大型、大型国有企业推进混合所有制改革的，但是，债转股的债权银行在债转股操作中有可能会增加更多约束条件、在股份定价上会加大讨价还价的力度。可以说，这更符合市场化原则。在推进混合所有制改革上，特大型、大型国有企业无论是选择同步的方式，还是选择分步的方式，政府都应给予支持；除此以外，无论是同步的债转股操作，还是分步的债转股操作，政府都不应干涉特大型、大型国有企业与债转股的债权银行之间讨价还价。中央政府出台了混合所有制改革的政策，中央政府也出台了债转股操作的政策，政府放手让特大型、大型国有企业、债转股的债权银行在政策框架内进行改革的协商甚至讨价还价，更有利于混合所有制改革与债转股操作的协调。

2. 非公资本可自主选择在债权或产权环节参与国有企业混合所有制改革

在混合所有制改革与债转股操作的协调中，与特大型、大型国有企业是选择同步还是分步相对应，非公资本参与特大型、大型国有企业的混合所有制改革，既可以从债权环节进入，也可以从股权环节进入。所谓从债权环节进入就是非公资本在债转股操作中与债权银行谈判而成为债转股的第三方受让者；所谓从产权环节进入，就是非公资本与特大型、大型国有企业谈判而受让存量国有资产或实行增量资本入股。相对而言，非公资本在参与特大型、大型国有企业的混合所有制改革中，更愿意选择混合所有制改革与债转股操作相结合的国有企业，也更愿意选择与债权银行谈判而从债权环节参与混合所有制改革。非公资本从债权环节参与混合所有制改革的好处体现在，一是可以通过与债权银行讨价还价获得债转股的股权受让的价格优惠,二是债权银行不可能把全部债权实行债转股,债转股后债权银行对特大型、大型国有企业混合所有制改革后的股份制公司仍有一定约束力,有利于非公资本联合债权银行制衡国有大股东。混合所有制改革是为了实现不同所有制性质资本的平等,因此,在混合所有制改革与债转股操作的协调中,应允许非公资本自主选择是从债权环节还是从产权环节参与特大型、大型国有企业混合所有制改革。

六、混合所有制改革与"去产能去库存去杠杆"如何同步

特大型、大型国有企业是此轮混合所有制改革的对象,又是当下高产能高库存高杠杆的载体。在某种意义上,如果不把特大型、大型国有企业作为重点,"去产能去库存去杠杆"就难以见到成效。因此,混合所有制改革必须与"去产能去库存去杠杆"同步推进。

1. 以混合所有制改革推进国有企业转型升级而实现市场化"去产能去库存"

特大型、大型国有"企业去产能去库存"有两种方式:一是依托政府指令及行政力量监督逼使其压产能减库存;二是特大型、大型国有企业通过产品结构调整的转型及产业升级而实现真正的去产能去库存。就前一种方式而言,有可能导致去产能去库存、加产能加库存的周而复始的恶性循环。可以说,当下特大型、大型国有企业的超产能超库存都对应着就业、折旧、债务等,用行政方式逼使特大型、大型国有企业"去产能去库存"无法解决其深层次的就业、折旧、债务等问题。着眼于"去产能去库存"政策效应、经济效应、社会效应的联动,特大型、大型国有企业的"去产能去库存"要与混合所有制改革相结合,要引导特大型、大型国有企业花精力寻找能给予其转型升级支持的非公资本,通过非公资本进入而推进混合所有制改革,从而实现市场化"去产能去库存"。因此,特大型、大型国有企业要适当降低引入非公资本的门槛,在资产定价上不追求过高溢价。要清醒地看到,高产能高库存的特大型、大型国有企业在引入非公资本的讨价还价上,非公资本并不处于劣势。混合所有制改革与"去产能去库存去杠杆"的同步,要求特大型、大型国有企业引入非公资本要坚持市场定价原则。

2. 以非公资本的增量入股而实现实体国有企业的有效"去杠杆"

从特大型、大型国有企业的杠杆率现状看,实体国有企业的杠杆率更高,因此,特大型、大型实体国有企业是"去杠杆"的重点。就多数特大型、大型实体国有企业的现状看,直接"去杠杆"几乎行不通。特大型、大型实体国有企业的"去杠杆"仍要与混合所有制改革相结合。非公资本参与国企混合所有制改革,可以收购存量国有资产,也可以增量资本入股。从"去杠杆"的角度看,以非公资本的增量入股方式推进混合所有制改革,更有利于特大型、大型实体国有企业"去杠杆"。当然,也要看到,大多数非公资本对参与特大型、大型实体国有企业混合所有制改革的意愿不强,需要政策上给予一定倾斜。对特大型、大型实体国有企业推行混合所有制改革,允许债权银行有条件地实行部分债权的停息挂账,支持其混合所有制改革完成后的挂牌上市,减免混合所有制改革中的土地过户、资产交易的相关税费等。特大型、大型实体国有企业通过混合所有制改革"去杠杆",不仅可以使"去产能去库存去杠杆"政策得到有效落实,而且可以支持实体经济提升竞争力。

第七章　国有企业混合所有制改革：趋势、误区与对策

【本章提要】在国有企业发展混合所有制经济，是现阶段我国国有企业改革的重要突破口，是推进国有经济层面供给侧结构性改革的主要抓手，也是真正从基本经济制度和产权改革层面推进国有经济布局战略性调整的关键举措。近年来，我国国有企业在推进混合所有制改革方面取得了积极进展，初步形成了一些可复制推广的经验，但改革仍然面临国有资产管理、财政金融等方面较多的有形或隐形的体制机制羁绊，持续推进需要直面不少问题和困难。面向未来，要从政策举措、工作推进、体制机制层面多管齐下，使国有企业混合所有制改革更富成效，真正实现"完善治理、强化激励、突出主业、提高效率"的宏伟目标。

第一节　国有企业发展混合所有制经济的理论基础

中共十八届三中全会《关于全面深化改革若干重大问题的决定》强调，国有资本、集体资本、非公有资本等交叉持股、相互融合的混合所有制经济，是基本经济制度的重要实现形式，同时提出，允许更多国有经济和其他所有制经济发展成为混合所有制经济。这为各种所有制经济成分公平竞争和合作，建立符合社会主义市场经济要求的现代企业制度奠定了体制基础，同时也为有效解决国有经济与民营经济、垄断与竞争等方面的矛盾与问题提供了开放性的政策通道，有利于各种所有制资本取长补短、相互促进、共同发

展。混合所有制这种富有效率和活力的资本组织形式,必将成为我国新一轮国有企业改革的有效载体和长久动力。

一、概念界定

根据商务印书馆《现代汉语词典》(第六版)的解释,"混合"是"掺杂"的意思,如化学上的"混合物",是指"把两种或两种以上相互间不发生化学反应的物质掺合在一起",显然这种混合物还各自保留原来的分子结构,在一定条件下相对稳定。但发展混合所有制经济的目的与化学上混合物的概念是不同的,通过"发生化学反应"提升企业绩效是推进国有企业混合所有制改革的必要条件和根本动机之一。

混合所有制经济是指在同一个经济组织中,不同所有制的产权主体多元投资、交叉持股、融合发展的经济形式。2016年年底召开的中央经济工作会议指出:"混合所有制改革是国有企业改革的重要突破口,按照完善治理、强化激励、突出主业、提高效率的要求,在电力、石油、天然气、铁路、民航、电信、军工等领域迈出实质性步伐。"对于在国有企业发展混合所有制经济以及国有企业混合所有制改革的定位和主要领域有了更为深入的诠释。大力发展全新意义上的混合所有制经济,对于进一步巩固和完善社会主义基本经济制度,保证市场在资源配置中发挥决定性作用,充分激发一切积极因素推动社会财富创造,全面深化国有企业改革,都有着非常重要的理论和实践意义。

二、内涵与外延

关于混合所有制经济的内涵,理论界有广义和狭义的不同理解。广义的混合所有制经济,指的是两种或两种以上的所有制经济成分通过股份制、联营等形式,成立有限责任公司或股份有限公司,共同从事生产经营活动的所有制形式。而狭义的混合所有制概念,特指的是国有经济成分与其他所有制类型通过股份制、联营等形式,成立有限责任公司或股份有限公司,共同从事生产经营活动的所有制形式,即混合产权中一定包含国有经济成分。

按照国民经济统计口径的登记注册类型,我国现有企业划分为国有企业、集体企业、股份合作企业、联营企业、有限责任公司、股份有限公司、私营企业、港澳台商企业、外商投资企业和个体企业等共十大类型,分为若干子类别。这些企业中,拥有两种所有制类别以上的企业类型主要是:联营企业中的国有之间联营以外的其他经济成分间联营企业,国有控股的股份有限公司,两种以上所有制经济成分参与组建的有限责任公司,港澳台企业中的合资经营企业、合作经营企业、股份有限公司,私人控股但有其他经济成分参股的股份有限公司,外商投资企业中的中外合资、中外合作、股份有限公司等企业。这几种类型企业至少由两种以上所有制成分的资本投资形成,因此,根据广义的理解,它们都属于混合所有制经济。而按照狭义的理解,以上类型中有国有和其他经济成分共同参与的即属于混合所有制经济①。

第二节　国有企业混合所有制改革各参与方的背后考量

国有企业改革一直是我国经济体制改革的中心环节,基于我国现实国情,本章重点关注的仍是狭义上,即有国有经济成分参与的混合所有制经济。要顺利实现国有经济布局的战略性调整,发展混合所有制经济无疑是一般竞争性领域国有经济有序退出最为可行的途径。未来一段时期,可以把混合所有制经济作为我国全面深化国有企业改革的有效载体,成为重塑市场主体的微观制度基础,加快发展"国""民"联姻为主体的混合所有制企业,使公有制经济和非公有制经济、国有企业和民营企业之间"你中有我,我中有你",促进两者交叉持股,实现优势互补,相互融合,共同发展。

一、国有企业:以更加市场化的方式参与市场竞争

事实上,国有企业具有技术和资金实力较强、管理相对规范等独特优势,但也有它明显的弊端,如效率低下就是典型的问题。从统计数据可见,2010 至 2015 年全国规模以上工业企业的总资产利润率,国有及国有控股企业都要低于同期股份制企业的表现,这从一个方面说明国有经济的运行效率不高。因此,用混合所有制经济来实现国有经济布局的战略性调整,对于完善我国的基本经济制度,提升经济运行效率具有深远意义。

更为重要的是,国有企业委托代理关系中的所有者缺位问题,也可以通过发展混合所有制经济来得到解决。非公有制经济的产权界定十分清晰,因而其所有者也会更为关注企业的运营,致力于企业的长远发展,在混合所有制企业中通过合理参与决策,可以有效制约原国有企业管理者短期行为

① 刘泉红:《以混合所有制经济为载体深化国企改革》,《前线》,2014 年第 2 期。

倾向对企业发展的不利影响。从这个意义上说,实行混合所有制无疑将有利于提升国有企业的可持续发展能力和竞争力,大幅提高企业运行效率,更能够实现资源的最佳配置,使经济运行更有活力。

而且,国有企业通过实施混合所有制的改革,还可以使大多数竞争性领域的国有资本转化为对社保资金的投入,真正用之于全民的福祉。同时,以混合所有制经济的方式打破国有企业在某些竞争性领域的主导地位,还有利于顺利突破多边国际贸易机制对于我国国有企业的相关约束,增强我国国有企业在国际社会上的话语权。

相关链接 国有企业改革的成就和存在的主要问题

改革开放以来,国有企业改革发展不断取得重大进展,总体上已经同市场经济相融合,运行质量和效益明显提升,在国际国内市场竞争中涌现出一批具有核心竞争力的骨干企业,为推动经济社会发展、保障和改善民生、开拓国际市场、增强我国综合实力作出了重大贡献,国有企业经营管理者队伍总体上是好的,广大职工付出了不懈努力,成就是突出的。但也要看到,国有企业仍然存在一些亟待解决的突出矛盾和问题,一些企业市场主体地位尚未真正确立,现代企业制度还不健全,国有资产监管体制有待完善,国有资本运行效率需进一步提高;一些企业管理混乱,内部人控制、利益输送、国有资产流失等问题突出,企业办社会职能和历史遗留问题还未完全解决;一些企业党组织管党治党责任不落实、作用被弱化。

来源:《中共中央、国务院关于深化国有企业改革的指导意见》

时间:2015-09

二、非公经济:突破行业壁垒和补齐短板,实现"国民共进"

改革开放以来,伴随着社会主义市场经济体制的建立和逐步完善,我国的民营经济得到了长足发展,已经成为我国经济发展中最具活力、日益重要的经济成分。民营经济就是以"民"为主体的非公有制经济,是利用民间的资金、民间办法、民间的力量,由民间人士经营管理的经济。本文中的民营经济,是指除国有、外资以外的所有制形式,具体包括个体及私营经济、集体经济、非国有或外资控股的股份制经济等。在多种因素的共同作用下,当前我国民营经济的发展已构成社会主义市场经济的重要组成部分。

当前,民营企业在促进经济增长、增加就业岗位、满足人们日益增长的多样化需求等方面发挥了重要作用,与国有经济一样是我国经济社会发展的重要基础。随着民营企业等非公经济市场主体发展到特定阶段,也迫切要求在市场准入方面有实质性的突破,对于垄断性行业而言尤其如此。非公有制经济和国有经济实现紧密联姻,无疑将有利于破除非公经济发展面临的体制和要素瓶颈,有效突破行业壁垒。

鼓励非公有制企业参与国有企业改革、鼓励发展非公有资本控股的混合所有制企业是我国混合所有制经济发展的重要导向。多年来,对于国企改革是"国退民进"还是"国进民退",学术界一直争论不休,其实,国企和民企完全可以优势互补、资源共享,实现"国民共进"式的共赢发展。通过发展混合所有制经济,能够促进民营经济从家族式企业向现代企业制度转变,同时利用国有企业规模经济优势、技术和管理优势,进入特许经营领域,消除所有制歧视和各种隐性壁垒,带动民营经济转型升级和健康发展,进而激发市场主体的活力和创造力。赋予非公有制经济控股权利,将给我国民营经济发展带来更多机会,也必将进一步推动包括国有和民营在内的各类资本实现深度融合和有机统一,有利于各种所有制资本取长补短,进一步发挥民营企业对市场敏感和灵活性强的优势,充分发挥影响力,进一步增强混合所有制企业活力,起到"四两拨千斤"的作用,提高我国国民经济的综合竞争力。

另一方面,民营企业的融资难是一个老生常谈的问题。与民营经济发展对金融服务的需求相比,民间金融服务能力仍然存在不足,民营企业发展最大的瓶颈仍是融资难问题。通过深化国有企业混合所有制改革,推进国企逐步弱化在一般竞争性领域的控制力,致力于为市场提供外部性较强的公共产品,并实现与民企的优势互补和竞争发展,有利于通过资源再配置释放效率红利,缓解民营企业的融资难题,改善土地、资金、人才等要素配置格局,提升全社会的资源配置效率,从而为我国经济在中高速区间平稳增长创造必要条件。

三、政府层面：理顺政企关系和国有资产管理体制

根据分类改革的方针,国有经济要实现其布局有进有退的调整,竞争性行业无疑首当其冲。我国的国有企业中,钢铁、汽车、建筑等一般竞争性行业占了较大比重,如果采用"休克疗法"一次性退出,无疑将会给社会和国民经济本身带来巨大动荡。而按照不同的行业特征分类推进改革,既可以鼓励发展非公有制资本控股的混合所有制经济,也应适当发展国有资本控股的混合所有制经济,除少数特殊领域外,将大部分国有企业发展成为混合所有制企业,就可以有效避免激进式改革带来的动荡。

同时,有着多元投资主体参股的混合所有制企业毕竟不同于原来的国有独资企业,需要全新的国有资产监管方式和监管机制。也就是说,国有企业的混合所有制改革必然倒逼我国国有资产监管方式甚至是监管机构自身的改革,真正实现从"管人管事管资产""既当婆婆又当老板"到"以管资本为主"的转变,以更好地适应国有企业混合所有制改革的大趋势,促进混改后企业各方面参与公司治理力量的有效制衡。

第三节　国有企业混合所有制改革的新成效和新趋势

尽管在推进国有企业混合所有制改革过程中面临着体制机制上的羁绊,思想观念和改革意识也面临一些障碍,但中央和地方国有企业都结合各自实际,在推进混合所有制改革上进行了一些有益的尝试和积极的探索,并在部分领域取得显著成效,积累了不少混合所有制改革的成功经验。据国资委提供的信息,截至 2016 年年底,中央企业集团及下属企业中混合所有制企业(含参股)占比达到了 68.9%,上市公司的资产、营业收入和利润总额在中央企业"总盘子"中的占比分别达到 61.3%、62.8% 和 76.2%。省级国资委所出资企业及各级子企业(合并报表范围内)混合所有制企业占比达到了 47%。中央企业二级子企业混合所有制企业户数占比达到了 22.5%[①]。截至 2017 年 3 月底,126 家省级国资委监管的一级企业集团层面完成了混合所有制改革。在石油、天然气、电力、铁路、民航、电信、军工等行业和领

---

① 彭华岗等:《国企改革取得重要阶段性成果》,《国资报告》,2017 年 6 月。

域,已先后分两批选择 19 家企业开展重点领域混合所有制改革试点,实现了向社会资本放开竞争性业务。越来越多的竞争性企业在混合所有制改革中进一步调整股权比例,促进企业形成了有效制衡的法人治理结构。

一、充分利用资本市场上市融资,是推进国有企业混合所有制改革最好的实现形式

利用资本市场,推进国有企业上市的同时实现股权多元化一直是国有企业混合所有制改革的最有效方式。截至 2017 年 2 月底,国资相对控股和绝对控股的上市公司有 1082 家,其中中央企业旗下有上市公司 395 家[①],其中在沪深两市 A 股的有 292 家,户数占比近 10%,占沪深两市 A 股市值的20%,资本市场的健康发展有力推动了国有企业混合所有制改革,使企业运营和管理更加透明、更加公开、更加符合市场经济规律和企业发展规律。

地方相关部门和企业普遍认识到,上市是混合所有制的最好实现形式。通过推动国有企业上市,可以倒逼企业完善公司治理,改善经营绩效。如,贵州省成立了"省国资委上市工作领导小组",制订了《省国资委关于加快监管企业上市工作方案》,从专项资金支持、建立绿色通道等多个方面对企业上市给予支持。在政策措施的支持和引导下,各地一批优质国有企业或国有企业子公司成功上市,很多国有企业将主业剥离实现了上市融资交易,有些地方国企还借助资本市场实现了整体上市,有些公司则分别在 A 股和H 股上市,还有大量省属、市属国有企业的下属公司在新三板挂牌上市。通过推动企业上市,优化了相关企业的产权结构,完善了公司治理,也有效提升了公司业绩。

二、引进具有战略协同作用的多元投资主体,是推进国有企业混合所有制改革较为普遍的方式

很多地方出台相关政策对引入战略投资者进行指导。比如,某省在制定国有企业混合所有制改革的相关政策时,提出"产业类企业优先选择引入与企业产业布局、发展战略相匹配,产品有较强关联度,具有行业领先核心技术的战略投资者;资本运营类企业优先选择引入拥有先进发展理念和管理模式,具有较强投融资能力和资本运营能力的战略投资者"。

---

① 肖亚庆:《国资上市公司要对资本市场产生好影响》,2017 年 3 月 9 日《上海证券报》。

在政策文件的指引下,一些国有企业在引进战略投资者时重点考察投资者是否拥有企业发展所急需的金融、物流以及资本运作等资源要素、是否能在未来与企业产生协同效应,以弥补企业发展短板,提升企业核心竞争力和资本运作能力,通过引进具有战略协同效应的投资者组建混合所有制企业。如西南能矿集团会同 IDG 资本北京泰坦公司,引进国家开发银行金融公司、中石油和中石化等战略投资者,对贵州天然气能源投资股份有限公司进行增资控股,改组设立贵州天然气能源投资控股集团股份有限公司,对公司的发展起到了助推作用。

三、实行员工持股,是混合所有制改革的重要推进方式之一

员工持股是一种有效的长期激励,也是国有企业混合所有制改革的重要实现形式。通过员工持股,可以形成利益共享、风险共担的机制,最大化提升员工的主人翁感及组织承诺,完善市场化的激励约束机制。各地积极推动落实《关于国有控股混合所有制企业开展员工持股试点的意见》,加快试点工作,主要采取增资扩股、出资新设方式开展员工持股。

如江西盐业集团在推进混合所有制改革时,拿出 6% 的股份用于骨干员工持股,并且设计了"人在股在,人走股变"的退出机制,保证持续的激励能力。云南省在符合条件的 9 家国有控股混合所有制企业中开展试点,通过实施员工持股,推动企业建立激励机制,激发内在活力。贵州省国资委也印发了《关于在贵州习酒公司等部分企业开展混合所有制员工持股试点工作的通知》,批准同意在 8 家二级企业开展混合所有制企业员工持股试点工作。贵州建工集团引进绿地集团作为战略投资者后,由绿地集团向建工集团管理层及核心员工转让公司 19% 的股权,实现员工持股和股权激励。贵州天然气能源投资股份有限公司(以下简称"贵州天然气能投")由符合条件的持股员工发起新成立有限合伙制企业(持股平台公司),由其代持股员工持有股权,既有利于解决管理层的"代理问题",又增强了员工对公司的归属感与凝聚力。

四、完善公司治理与推进混合所有制改革同步进行,是提高混改绩效的重要举措

健全的法人治理结构是混合所有制改革取得成功的必要保障。从有关省市混合所有制改革推进情况来看,实行混合所有制的企业都比较注重完善公司治理,通过建立规范的企业股东大会、董事会、经理层、监事会制度来保障公司的规划运行。在混合所有制改革企业中,已经成功上市或在新三板挂牌交易的企业都按照证券监管部门的监管要求,建立了较为完善的公司治理结构。一些国有企业改制后或在引入战略投资者后都建立了董事会、监事会等相关制度。贵州天然气能投建立了初步的双层公司治理机制,坚持党管干部与董事会依法产生、依法选择经营管理者相结合的原则,实现了董事会决策职能、监事会监督职能和经营管理层经营职能的划分,保证了企业在市场环境中的正常运行。根据《公司章程》,由国资股东西南能矿推荐董事长,民资股东 IDG 推荐总经理,日常经营由总经理全权负责,西南能矿合并报表,但不干预公司日常经营。还有一些企业在加强党的领导,推动"三重一大"决策采用党委(党组)会集体决策等方面进行了有益的探索。比如,云南省能源投资集团设立了混合所有制企业党工委和纪工委,并成立了混合所有制企业管理服务中心,统筹负责混合所有制企业的党建纪检工作。贵州天然气能投通过探索吸纳公开招聘的具有党员身份的职业经理人进入公司党委,强化党委在企业中的领导核心地位。

根据国务院国资委的统计,截至 2017 年初,102 家中央企业中建立规范董事会的达到 83 家,占比超过 80%;中央企业外部董事人才库已经达到 417 人,专职外部董事增加到 33 人。各省(区、市)国资委所监管一级企业中有 88% 已经建立了董事会,其中外部董事占多数的企业占比 13.1%。在理顺出资人职责、加强董事会建设、激发经理层活力、完善监督机制、坚持党的领导等五个方面规范了各个治理主体的权利和责任,为建立健全中国特色现代国有企业制度提供了较好基础。

五、实现市场化选人用人,是保障国有企业混合所有制改革成功与否的关键因素

推行职业经理人制度是混合所有制改革的一项重要内容。现实中,由于一部分国有企业领导干部和职工看重其行政级别和"体制内"身份,实现国有企业职工的身份转换是混合所有制改革面临的一大难题。在地方混合所有制改革工作推进过程中,有关部门注重通过加强宣传和完善薪酬激励,畅通现有经营管理者与职业经理人的身份转换通道,成功实现了企业管理者的身份转换,有效推动了市场化选人用人,为企业经营绩效的改善奠定了基础。

如云南城投在集团层面制订了经营层岗位转换为职业经理人的改革方案,在省国资委的指导下完成身份转换。贵州建工集团为推进管理层和核心职工持股,国有企业员工"全体起立",成功实现了身份转换,领导干部放弃行政级别,管理人员放弃"铁交椅",职工放弃"铁饭碗"。身份转换为员工持股扫清了政策障碍,也为公司市场化选人用人奠定了基础。所有员工可以名正言顺拿市场化薪酬、享受市场化待遇,有效激发了企业内部活力。在经济下行压力加大、建筑行业竞争加剧的环境下,贵州建工集团逆势而上,各项指标大幅增长,经营绩效持续改善。贵州天然气能投通过混合所有制改革建立起职业经理人制度,按照《公司章程》,公司总经理、副总经理、总经济师、总工程师等高级管理人才,作为职业经理人进行市场化选聘与市场化退出。遵循契约化管理原则,职业经理人享有相应权利并承担相应责任。职业经理人制度提高了人力资本质量,实现了人员"能进能出"、岗位"能上能下"、待遇"能高能低",逐步建立起市场化人力资本要素管理机制。

第四节 体制机制羁绊依然较强

虽然国有企业混合所有制改革取得了较大进展,但大多数混合所有制改革仍停留在一般的股权多元化层面,难以体现混合所有制改革的精髓,无法真正做到国有、民营资本的优势互补。而且,国有资本主导混合所有制企业的色彩较为浓厚,在促进各类资本融合发展方面,创新不够、突破仍不够大。究其根源,体制机制上的羁绊是最为关键的因素。

一、思想观念不能适应加快推进混合所有制改革的需要

一些地方、部门和企业对混合所有制改革的目的、意义和举措的理解上存在误区,认为混合所有制改革是通过股权多元化方式帮助国有企业"甩包袱",精华资产或者拥有公共资源保障、收益率相对较高的"靓女"类或"蛋鸡"类资产,不愿拿出来"混"。典型的如一些地方推出的国有企业混合所有制改革项目,部分是负债率较高甚至资不抵债的国有企业,对社会资本的吸引力明显不高。

此外,国有企业高层管理干部对改革的复杂性和艰巨性认识不足,存在

"等靠要"思想和推诿甚至是"畏惧"改革的心理，或是担心因国资流失风险而被"扣帽子"，宁愿甘于现状"不犯错误"也不去当"出头鸟"，这些都不利于国有企业混合所有制改革工作的推进。

二、相关政策需要细化以更有可操作性

以国有企业分类为例，《指导意见》提出要"划分国有企业不同类别。根据国有资本的战略定位和发展目标，结合不同国有企业在经济社会发展中的作用、现状和发展需要，将国有企业分为商业类和公益类"。其中商业类国有企业又进一步分为两个细类。可以明确的是，分类确定后，这两类企业在改革、发展、监管和考核等方面都将会有不同的政策。

然而，现实中要推进分类改革面临的难度不小。很多国有企业由于业务链条较长，而且公益类和商业类业务交织在一起，哪怕是很多看似商业性业务特征非常明显的公司都可能存在着公益性的业务。标准不明确，一些企业找不到自身的合理坐标，分类改革、分类监管、分类考核就无从谈起。以宝钢为例，其旗下的特钢公司就具有明显的公益性特征，主要任务是为我国航天航空事业的发展开发了许多的优质、急需、从国外买不来的特殊钢材品种；再比如很多地方的城投公司，虽然公益类业务较多，但商业类业务也兼而有之，很多是市场配置资源。总的来看，要把一个企业完全归到一个类别里似乎很难，而从二级甚至更低层级的法人单位去推进分类的话，难度就要小多了。

基于此，我们认为，重组整合是推进分类改革的必要前提。正因为现阶段很多国有企业的业务范围都趋向于多元化，因此简单地用一种分类很难将国有企业在集团公司层面进行归类。这也就可以解释为什么中共十八届三中全会后各地出台的国企改革方案中关于国有企业分类出现比较大的差异性。具体实践中，如果我们按主业的百分比来归类，也显然有失公允。折中的办法是，在国有企业功能界定分类已基本完成的前提下，可优先对国有企业的二级公司进行功能分类，逐层明确各级子企业功能类别。在明确二级公司分类的前提下，推动内部整合，尽量避免主业重叠和关联交易，以更好地推动分类管理和分类进行混合所有制改革。

上海、北京、广东国企改革方案关于国有企业分类的比较

1. 上海。上海是十八届三中全会后首家提出国企改革方案的省级行政区。在其方案中,把国有企业分为竞争类、功能类、公共服务类三种类型,并明确提出3~5年基本完成公司制股份制改革,提高国企资产证券化水平,一般竞争性领域有序进退、合理流动;还提出要优化股比结构,探索特殊管理股制度,试点优先股;基础设施建设和公用事业运营项目,可通过特许经营等方式,引入风险投资、私募股权投资等非国有资本参股。

2. 北京。北京市的方案把国有企业分为公共服务类、特殊功能类、竞争类三类。提出2020年80%以上的国有资本集中到公共服务、基础设施建设、前瞻性战略性产业、保护生态环境、保障民生等方面;城市公共服务类和特殊功能类企业国有资本占比在60%以上,竞争类企业以相对控股战略支撑企业为主;2020年国有资本证券化率在50%以上。国有企业主要功能就是提供公共产品和负责完成保障性任务,国企要向这些领域集中。要推动一级企业股权多元化,力争具备条件的一级企业实现整体上市,加快从不具备竞争优势、效率低下的企业退出。

3. 广东。广东方案把国有企业分为准公共性和竞争性两类。提出到2020年,竞争性国有企业基本成为混合所有制企业,基础设施项目实现混合持股,国有资本流动性显著提高。不具备竞争优势和无法有效发挥国有资本作用的企业有序退出。对于准公共性企业,探索将政府资本金投入转为购买服务、约定回报,以及通过"项目+资源"、公私合作(PPP)等模式吸纳社会资本参与,实行国有控股或社会资本控股;对关系国计民生的准公共性企业,可探索建立国有股东"金股"机制,通过约定对特定事项行使否决权。监管体制上,国有股权低于50%的混合所有制企业,国有股东按约定治理模式行使权利。

三、民营企业受自身实力所限参与混合所有制改革积极性有待提高

一方面,民营企业在与国有企业合作时,在股权、企业决策权等问题上

往往处于弱势,难以取得企业经营的主导权,影响了民营企业参与国有企业混合所有制改革的积极性;另一方面,民营企业与国有企业产生经济纠纷时,合法权益往往得不到保障,这也是导致民营企业对混改参与积极性不高的原因之一。

如某省工商联针对会员企业的问卷调查结果显示,"愿意参与国有企业改革的民营企业占52%,不愿意的占25%,存有顾虑的占23%"。不愿意和存有顾虑的原因,既包括国有企业优质资源很难与民营企业分享、赚钱行业和领域难以进入;又包括民营企业实力不足,缺乏资金,对混合所有制改革政策了解不够等。

四、历史遗留问题制约国有企业混合所有制改革

国有企业办社会职能和历史遗留问题,是当前制约国有企业持续健康发展的突出问题。党中央、国务院及有关部门先后出台了一系列政策措施,支持国有企业分离办社会职能。企业办中小学、公检法机构已基本移交,部分企业所办医院移交地方或进行了改制。但目前国有企业仍然存在大量办社会职能和历史遗留问题,制约着国有企业进一步改革发展。据不完全统计,目前各级国资委监管企业办社会职能机构约1.66万个,其中职工家属区"三供一业"(供水、供电、供暖及物业)管理机构约4900个,国有企业因办社会职能每年需承担费用1400多亿元①。并且,由于地方事业单位编制等体制性问题,医院、学校等企业办社会职能的分离至今仍难以完成。

职工身份置换也是一个老大难的问题。上世纪末国企困难时期职工大规模下岗分流过程中,部分地方采取了"买断工龄""身份置换"的做法,暂时性缓解了矛盾、推进了国企改制。但该做法也带来不少后遗症,成为横亘在当前国企深化改革前面的重要历史包袱。

剥离企业办社会职能和解决历史遗留问题包括职工身份置换问题,不仅是使国有企业"轻装上阵",真正成为市场主体、公平参与市场竞争的必要前提,也是推进国有企业混合所有制改革的重要保障。

五、国有资产监管体制机制不健全成为改革操作上的短板

首先,现行国有资产管理体制已不能适应国有企业发展混合所有制经

---

① 数据来源:国务院国资委网站 http://www.sasac.gov.cn。

济的新形势和新要求。国有资产管理监管机构集出资人代表、管理和监督职能于一身,难以摆脱"婆婆"兼"老板"的角色,定位和权责模糊,国资委对改制企业管理的行政化倾向严重,管理"横向到边纵向到底",渗透到企业各个层级和方方面面。据不完全统计,目前国资监管机构对国有企业的审批事项有 100 多项,只要有国有资本就要"一竿子管到底",管得过细过深,严重束缚企业手脚。管理重复与缺位并存,没有解决国有企业分类管理问题,没有体现出垄断性企业和竞争性企业、国有独资企业和股份制企业的差异性,管理的科学性、管理体系效能以及所管竞争性企业市场活力等方面都有待提高。

其次,当前我国的国有资产定价机制仍然不健全。根据 2015 年中央巡视组报告的情况,一些企业领导人员利用掌握的资源和平台,在企业并购、合资合作、海外资产转让和经营中搞利益输送和交换,如"探囊取物"般从中谋取非法利益,亲属子女围绕企业经商办公司,进行关联交易谋利。一些项目在资产并购或处置过程中"贵买贱卖",向民企输送利益。有的领导干部甚至安排亲属子女直接或间接在下属企业违规零成本或低成本持股,或是利用合资合作经营捞取好处,在国有企业的海外资产管理和处置上也存在重大风险隐患。这其中反映出来的国有资产定价方面的问题不容忽视。

第五节 多措并举,规范发展混合所有制经济

把混合所有制经济提升到我国基本经济制度重要实现形式的高度,是经济制度理论上的重要突破。然而,国有企业发展混合所有制经济是一项"牵一发而动全身"的工作,如何从实践层面采取切实可行的办法,促进混合所有制经济规范化、可持续发展,才是完善我国基本经济制度更为重要的举措。总的来看,必须在政策、体制和工作层面多管齐下,方能取得事半功倍的成效。

一、政策层面

推进国有企业混合所有制改革,在发挥市场配置资源决定性作用的同时,要坚持政府引导和市场运作相结合,政府"有形的手"有效配合市场"无形的手"发挥作用。政府要细化配套政策,规范操作程序,加强监督管理,稳妥审慎地推进改革。

1. 加强政策宣传解释，鼓励各部门协调联动抓混合所有制改革

及时总结第一批、第二批国有企业混合所有制改革试点的新亮点，争取形成可复制推广的成功经验，在国有企业和地方层面加大政策解释与试点成果及案例宣传推介的力度，形成更为强大的改革动力。同时，在操作层面上，各项改革需要互动配套，不能单兵突进，要更加注重部门之间、地区之间的协调配合，打好"组合拳"，使各项改革措施协同发力。

2. 细化关键政策规定，促使各项改革举措落地生根

国有企业改革"1+N"体系框架已经形成，而在实际操作层面，由于改革的情况千差万别，要适时对国有企业改革的关键政策进行细化，制定配套的实施细则，打通改革推进的"最后一公里"。如国有企业分类的具体操作办法、原来由企业管理岗位离退休人员的交接等。此外，还要完善改革后的退出机制，以消除民营企业进入之初的顾虑。

一是要建立分类改革的动态调整机制。毫无疑问，国有企业的分类并非是一成不变的，在这个问题上我们也要切忌教条主义。我们必须用动态的眼光看国有企业的分类问题。随着我国市场经济发育程度的不断提高，以及技术和管理水平的提升，各类别的边界也会自然地产生变化。我们要根据经济社会发展和国家战略需要，结合企业不同发展阶段承担的任务和发挥的作用，在保持相对稳定的基础上，适时建立对国有企业功能定位和类别进行动态调整的长效机制，以适应新时期国有企业改革发展的需要，推动国有企业更好地同市场经济深入融合，实现国有企业经济效益和社会效益有机统一。面向未来，国有企业要更精准地进行"靶向式"改革，切实体现问题导向，真正做到有什么问题就改什么问题，什么问题突出就优先解决什么问题。唯有这样，才能更好地体现合理分类的价值和意义，促进广大国有企业更好地提升管理效益和改革成效，无愧为壮大综合国力、促进经济社会发展、保障和改善民生的重要力量。

二是要对国有企业员工身份置换等历史遗留问题做出更为具体的政策引导。国有企业员工的身份置换是个老问题，但同时也是在推进混合所有制改革过程中难以回避的问题。建议对现阶段继续实行职工身份置换的必要性以及身份置换与《劳动合同法》相关规定的接续关系等问题进行研究，从思想意识、政策文件、法律规定等层面切实解决历史遗留问题，让企业"轻装上阵"。

二、体制层面

1. 完善国资管理体制，逐步解除国有企业混合所有制改革的体制机制障碍

国有企业混合所有制改革后，国资委作为国有资产监管机构，监管模式亟须相应转变。应推行包括监管清单、报告清单和问责清单在内的权力清单管理机制模式，让监管机构在不该伸手的时候绝不伸手，有效破除政府干预企业经营决策的行为，最大幅度减少涉及企业的行政审批事项，使混合所有制企业"去行政化""去部门利益化"，切断企业和主管部门之间的利益输送链条，让混合所有制企业真正成为自主经营、自负盈亏、自担风险、自我约束的市场主体。

进一步加快政府职能转变，推进国有资产监督管理体制改革。大多数国有企业成为混合所有制的公司后，国资委作为国有资产监管机构，要真正做到由"管资产向管资本转变"，并进一步简政放权，以监管模式的转变提升国有资本的市场活力。

2. 建立容错纠错机制，保护地方和企业改革积极性

随着混合所有制改革实践的发展，不可避免地会出现一些我们不太熟悉的新情况、新问题。对此，中共十八届六中全会提出：建立容错纠错机制，宽容干部在工作中特别是改革创新中的失误。李克强总理2016年3月5日在作政府工作报告时也强调："健全激励机制和容错纠错机制，给改革创新者撑腰鼓劲，让广大干部愿干事、敢干事、能干成事。"中央的明智与支持，让真正的改革创新者在放手闯、大胆干的同时吃了一颗"定心丸"。我们要在依法治国原则下积极探索容错纠错机制，"鼓励大胆探索者，宽容改革失误者，鞭策改革滞后者"，让干部在改革创业中"胆子大，步子稳"，使国有企业混合所有制改革的政策举措在实践中不断丰富和完善。

当然，这里的"错"，仅适用于改革创新过程中的"探索性失误"，而不是少数人独断专行、盲目决策、谋求私利的"挡箭牌"，不能为决策者任性而为造成的损失"埋单"。同时，要科学合理设置容错认定的程序，制定容错纠错机制的实施细则，把因缺乏经验先行先试出现的失误与明知故犯行为区分开来，把国家尚无明确规定时的探索性试验与国家明令禁止后的有规不依行为区分开来，把为推动改革的无意过失与为谋取私利的故意行为区分开来，以切实保护好地方和部门特别是企业家推进混合所有制改革的积极性、主动性和创造性。

3. 实行"负面清单"管理方式，营造公平竞争的市场环境

应对民间投资实行负面清单管理模式，为市场机制在促进混合所有制经济发展中发挥决定性作用提供更大空间。从行业准入角度看，哪怕是军品生产，只要不涉及国家军事机密，如常规武器的生产，尤其是一些非核心的零部件，在监管到位的情况下，都可以适度让民企来参与，甚至可以让其在共同组建的混合所有制公司中拥有控股权。原来我们的军品生产企业要"军转民"，其实，对于民营企业而言，可以通过"民转军"适度从事一些技术要求高的军品生产，促进企业技术含量的提升，这是另外一种意义上的"军民融合发展"。

对于其他一些垄断性行业来说也是如此。特别是自然垄断行业，随着技术进步、垄断行业改革和我国产业结构调整步伐的加快，某些原来的自然垄断业务或环节已经不再具有自然垄断属性。这时就完全可以放开这些业务或环节，让民营经济充分参与进来，通过改革打造成混合所有制经济。如移动通信行业，随着运营商的增多以及互联网时代微信等新技术的出现，现在已经基本具备了竞争性行业的特征。此外，为了构建各类资本公平竞争的外部环境，还必须实行统一的市场监管，加强反垄断执法，清理和废除妨碍市场公平竞争的各种规定和做法，给予各类市场主体同等的法律待遇，提供均等的竞争机会。

4. 逐步将资源配置主导权让渡于市场，消除民企与国有企业在资源获取上的差异

市场在资源配置中能否真正发挥主导性作用，关乎国有企业混合所有制改革的成败。由于长期以来的制度惯性，实践中地方和企业对政府配置资源的路径依赖还相当严重。资源配置方式的改革涉及方方面面错综复杂的利益关系，需要通过实践不断累积经验，久久为功。必须坚持市场化的改革取向，大幅度减少政府对资源的直接配置，逐步把资源配置的主导权让渡于市场，进一步提升政府配置资源的市场化、法治化和规范化水平，提高资源配置的效率、效益和公平性。

具体来说，自然资源方面要以建立产权制度为基础，实现资源有偿获得

和使用,更多引入竞争机制进行配置;经营性国有资产方面,要突出国有资本的内在要求,明确委托代理关系的制度安排,建立健全国有资本形态转换机制,推动经营性国有资产证券化;对于非经营性国有资产,要引入市场化的手段和方法,采取政府购买服务、社会多元提供的方式,实现更有效率的公平性和均等化,从而促进公共资源配置更高效、也更公平。

三、操作层面

国有企业发展混合所有制经济是一个系统工程,要按照党中央、国务院的总体部署,加强各方面的协调配合,细化工作任务,落实工作责任,确保各项改革任务有序推进、取得实效。

1. 确保依法合规操作,严守国有企业混合所有制改革底线红线

发展混合所有制经济必须以保护产权为基本导向,切实做到维护契约、统一市场、平等交换、公平竞争、有效监管,切实保护混合所有制企业各类出资人的产权权益,以调动各类资本参与发展混合所有制经济的积极性。也要警惕少数腐败分子假借改革形成新的利益输送,或是"倒打一耙",把"异化"的责任和"帽子"扣在混合所有制经济的"制度设计"上。在资产评估、价格确定、交易透明和资金到位等关键环节从严把关,确保国有资产不流失,员工队伍基本稳定。

在国有企业发展混合所有制经济过程中,如何提高资产定价的科学性和合理性,促进公平交易,是国有资产监管的重要使命,也是社会关心的热点问题。正如习近平总书记2014年3月9日参加全国人大会议安徽代表团审议时谈到的,发展混合所有制经济关键和成败都在于细则。因此,在国有资产交易过程中,要严格规范交易程序,把好资产评估定价关,做到信息公开、程序合理、监督有效,防止"内部人控制"和不当利益输送造成国有资产流失。

2. 做好统计数据监测等基础工作,为制定相关政策提供决策参考

混合所有制改革相关统计数据难获取、不完整是制约混改推进及评估工作的主要瓶颈之一。建议相关部门加强相关数据统计,设立专门的统计口径,及时公布各类混合所有制经济的企业户数、投资、就业、税收、对国内生产总值贡献等方面的数值和比重,以更好地监测与分析混合所有制经济发展的基本情况和面临的问题,为制定相关政策提供决策参考。

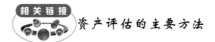

资产评估的主要方法

（1）收益现值法。这种方法假定，资产价格的形成基础不是历史价值，而是它所能带来的未来收益。相应地，根据被评估资产合理的预期获利能力和适当的折现率，计算出资产的现值，并以此评定重估价值。资产价格取决于该项资产可以带来的现金流，其定价公式为：

$$P = C_0 + \frac{C_1}{1+r} + \frac{C_2}{(1+r)^2} + \cdots + \frac{C_n}{(1+r)^n} = \sum_{i=1}^{n} \frac{C_i}{(1+r)^i}$$

其中，P代表资产价格，C_i代表第i期的现金流，r代表利率，n代表资产存续的期限，整个公式说明资产价格等于所有未来现金流的折现总和。这个定价公式是商业实践中最基础也是应用最多的。

（2）重置成本法。根据被评估资产在全新情况下的重置成本，减去按重置成本计算的已使用年限的累积折旧额，考虑资产功能变化、成新率等因素，评定重估价值；或者根据资产的使用期限，考虑资产功能变化等因素重新确定成新率，评定重估价值。

（3）现行市价法。参照被评估资产相同或者类似资产的市场价格，评定重估价值。

（4）清算价格法。根据企业清算时其资产可变现的价值，评定重估价值。

3. 加快完善混合所有制企业公司治理

为促进混合所有制经济规范化发展，要推动绝大多数混合所有制企业包括其母公司层面进一步健全现代企业制度，形成权责统一、运转协调、有效制衡的法人治理结构。要吸收一定比例的专业化人士进入董事会，董事会下设立若干专业委员会并切实履行职责。加大引进独立董事和外部监事的力度，进一步完善董事会、监事会议事制度，使包括独立董事在内的每一位董事、监事都能够发挥应有的作用，而不是充当"花瓶"。在公司治理机制层面，有必要建立强制性的小股东累计投票权制度，使混合所有制企业中的小股东有充分的利益诉求和顺畅可靠的表达渠道。如果只是让众多小股东参股而没有任何话语权,那么就失去混合所有制的本来意义。当然,对于关系国家安全和国民经济命脉的少数行业,在实行混合所有制经济的公司中,国有股权可实行具有否决权的"金股"制度,以维护国家和全社会的公共利益。关于公司治理问题,将在本书第十五章详细论述。

4. 健全和完善产权市场体系,为"国""民"联姻铺路架桥

发展混合所有制经济,要求产权必须流转顺畅,只有建立起产权自由流动的机制,才能实现资本、股权的优化配置,保障国有股权的有序进退。要按照"统一、开放、竞争、有序的现代市场体系"的目标要求,建立体制合理、规则健全、竞争充分、通畅有序的现代产权市场。关于完善产权市场功能,为混合所有制经济可持续发展创造良好的市场环境问题,本书第十五章将详细论述。

正如2017年5月中央深改组第35次会议所指出的,要尊重基层实践,多听基层和一线声音,多取得第一手材料,正确看待新事物新做法,只要是符合实际需要,符合发展规律,就要给予支持,鼓励试、大胆改。可以预见,未来随着国有企业混合所有制改革相关政策举措的全面贯彻落实,我国社会主义市场经济体制和产权保护制度将会更为健全,我国的基本经济制度亦将逐步趋于完善,国有资本、集体资本、非公有资本等融合发展的混合所有制经济将会迈上更为宽阔的舞台,为增进国民福祉作出更大的贡献。

第八章　国有企业"混改"中股权结构优化探讨

　　【本章提要】近40年的改革开放历史已经反复证明,在确立了社会主义市场经济改革目标以后,经济体制改革的核心是国有企业改革,国有企业改革的关键在于推进混合所有制改革,推进混合所有制改革的前提是产权多元化和完善法人治理结构,而产权多元化和完善法人治理结构的基础就是合理安排股权结构。本章就国有企业混合所有制改革股权结构进行了三项研究:一是利用Hansen面板回归模型对2006—2015年沪深两市含有国有资本的上市公司进行了实证分析,研究了绝对控股、相对控股和国资参股三种情况下国有资本最优持股比例区间;二是根据国有资本最优持股比例区间,分析了推进国有企业混合所有制改革的前提是必须推进产权多元化,并在股权多元化的基础上才能建立完善的法人治理结构;三是在推进产权多元化和完善法人治理结构的同时,应该注意的主要问题。研究表明,国有资本相对控股最优比例区间为(20%,27.3%],国有资本绝对控股最优比例区间为(51.7%,100%],是作者的独特观点和创新之处。该成果对于今年国务院正在推进的中央企业十家改革试点工作具有较强的针对性,对于中共十八届三中全会确定的国有企业推进混合所有制改革具有现实意义。

第一节　关于国有股权最优比例问题

一、发展混合所有制必须优化国有股权结构

中共十八届三中全会明确发展混合所有制经济,是深化国有企业改革的切入点,国有企业要立足新常态,从行业实际出发,全方位、多角度地认识和把握混合所有制[1]。单一的所有制形式限制了不同性质的资本相互兼容,因此资本管理能力也受到限制,混合所有制打破了地区、行业及所有制的限制,使不同种类、不同性质的经济要素自由组合,并在不断变化的过程中达到最优配置[2]。加快混合所有制改革,促进国有企业转换经营机制,有利于推动完善现代企业制度,健全企业法人治理结构;有利于提高国有资本配置和运行效率,优化国有经济布局,增强国有经济活力、控制力、影响力和抗风险能力。目前国有企业混合所有制改革的核心是优化股权结构、完善公司治理和建立现代企业制度[3],优化股权结构的核心是合理调整国有股权比例,确定国有股权最优比例成为国有企业混合所有制改革的重要依据。

近年来,许多学者对国有资本最优比例问题进行了研究,譬如:刘小玄和李利英(2005)对1994年至1999年间竞争性行业451家企业数据进行研究,发现国有产权越多对企业绩效越具有负作用;席敏等(2006)以140家上市公司为对象,研究了投资与股权结构间的关系,结果表明国有股权比例对我国上市公司投资无显著影响;刘媛媛等(2011)以我国2007年上交所730家公司为对象进行实证分析,结果表明国有股权比例与公司绩效显著正相关;任力和倪玲(2014)的研究结果表明,国有股权比例与公司绩效呈显著倒U型曲线关系,当国有股比例为31.13%时,公司绩效最佳[4];田昆儒

---

① 张卓元:《积极推进国有企业混合所有制改革》,《中国浦东干部学院学报》,2015年第3期。

② 常修泽:《完善社会主义市场经济体制的新议题:发展混合所有制经济》,2003年10月22日《21世纪经济报道》。

③ 戴保民、谢思淼:《关于建筑央企推进混合所有制的路径探讨》,《东岳论丛》,2016年第10期,第164—169页。

④ 田昆儒、蒋勇:《国有股权比例优化区间研究》,《当代财经》,2015年第6期,第107—117页。

和蒋勇（2015）以沪深两市 ST 和金融行业外的 A 股上市公司 2003 年至 2013 年间国有股权比例大于零的相关面板数据为样本研究,认为相对控股混合所有制企业国有股权比例优化区间为（32.16%,43.86%],国有股权比例尽量接近 32.16%,国有绝对控股的混合所有制企业国有股权比例优化区间为（74.56%,100%]。本章作者借鉴威斯康星大学 Bruce E.Hansen 的门限回归思路进行了实证研究,国有绝对控股的混合所有制企业国有股权比例优化区间为（51.7%,100%],国有相对控股的混合所有制企业国有股权比例优化区间为（20.0%,27.3%],国有股权比例尽量接近 27.3%。

二、关于面板门限回归模型及其利用该模型的实证研究

Hansen（1999）首次介绍了具有个体效应的面板门限模型的计量分析方法,该方法以残差平方和最小化为条件确定门限值,并检验门限值的显著性,克服了主观设定结构突变点的偏误。具体思路是:选定某一变量作为门限变量,根据搜寻到的门限值将回归模型区分为多个区间,每个区间的回归方程表达不同,根据门限划分的区间将其他样本值进行归类,回归后比较不同区间系数的变化。以面板单门限回归模型为例,其模型为:

$$y_{it} = u_i + \beta' x_{it}(\gamma) + \varepsilon_{it} \qquad (1)$$

其中,y_{it} 为被解释变量,u_i 为个体效应,$\beta' = (\beta'_1, \beta'_2)$,$X_{it}(\gamma) = \begin{bmatrix} X_{it}I(q_{it} \leqslant \gamma) \\ X_{it}I(q_{it} > \gamma) \end{bmatrix}$,$i$ 为个体,t 为时间,x_{it} 为解释变量,$I(\cdot)$ 为指示性函数,q_{it} 为门限变量,γ 为门限值,$\varepsilon_{it} - iid(0 - \sigma^2)$。面板单门限回归模型也可表示为:

$$y_{it} = u_i + \beta'_1 X_{it}I(q_{it} \leqslant \gamma) + \beta'_2 X_{it}I(q_{it} > \gamma) + \varepsilon_{it} \qquad (2)$$

通过对模型（1）组内变换消除个体效应后得到:

$$\gamma^* = \beta' X^*(\gamma) + \varepsilon^* \qquad (3)$$

通过最小化模型（3）中的残差平方和 $s_1(\gamma)$,来寻找门限最优估计值 $\hat{\gamma}$,即:

$\hat{\gamma} = \mathrm{argmin}_\gamma S_1(\gamma)$。然后对门限模型进行设定检验,主要包括门限效应检验、门限个数检验和门限值的置信区间。门限效应检验,以单门限模型为例,原假设为无门限值,备择假设为有一个门限值,使用统计量 $F_1 = [S_0 - S_1$

$(\hat{\gamma})]/\hat{\sigma}$,利用 Hansen(1999)的自举方法获得其渐进分布,得到 P 值,如果 P 值足够小,则拒绝原假设,证明至少存在一个门限。然后是门限个数检验,为了进一步确定模型中门限值的个数,使用 Hansen(1999)的 LR 统计量,检验是否存在第二个门限,以此类推,直至得到的门限不显著为止。门限值的置信区间的构造,使用 LR 统计量 $LR(\gamma) = [S_1(\gamma) - S_1(\hat{\gamma})]/\hat{\sigma}$,对于给定的显著水平 α,可得到 LR 检验的渐近临界值 $C(\alpha)$,在 $1-\alpha$ 置信水平下,门限值 γ 的渐近置信区间是集合 $\{\gamma | LR(\gamma) \leqslant C(\alpha)\}$。以上假定是单门限模型,现实情况可能存在多个门限,多门限模型类似双门限模型,双门限模型为:

$$y_{it} = u_i + \beta'_1 X_{it} I(q_{it} \leqslant \gamma_1) + \beta'_2 X_{it} I(\gamma_1 < q_{it} \leqslant \gamma_2) + \beta'_3 X_{it} I(q_{it} > \gamma_2) + \varepsilon_{it} \quad (4)$$

关于国有股权比例优化区间确定的基本思路,是寻找与资本回报率正相关的国有股权比例区间。国有股权比例影响股权结构,股权集中度和股权制衡程度体现了股权结构的特征,影响着公司治理水平,对资本回报率产生很大影响。公司高管薪酬水平影响高管激励程度,高管积极性和创造性的发挥相当程度地决定了公司利润,影响着资本回报率水平。当然,公司规模、偿债能力、营运能力、成长能力、资本积累水平、融资能力等方面也影响着资本回报率。尚不能确定国有股权比例变量存在几个门限值,假设存在两个门限值,构建双门限国有股权比例优化区间回归模型如下:

$$\text{roe}_{it} = \alpha + \beta'_1 \text{ stateshrrate}_{it} (\text{ stateshrrate}_{it} \leqslant \gamma_1) + \beta'_2 \text{ stateshrrate}_{it} (1 < \text{stateshrrate}_{it} \leqslant \gamma_2) + \beta'_3 \text{ stateshrrate}_{it} (\text{ stateshrrate}_{it} > \gamma_2) + \theta_1 \text{ Inasset}_{it} + \theta_2 \text{ debtratio}_{it} + \theta_3 \text{ growth}_{it} + \theta_4 \text{ assetturnover}_{it} + \theta_5 \text{ retainedearning}_{it} + \text{cashability}_{it} + \theta_7 \text{ ownership5}_{it} + \theta_8 \text{ zindex}_{it} + \theta_9 \text{ exe3salayrbyasset}_{it} + u_i + \varepsilon_{it} \quad (5)$$

其中,i 为上市公司,t 为年份,roe 为被解释变量,stateshrrate 为解释变量,同时为门限变量,α 为截距项,u_i 为公司个体效应,ε_{it} 为残差,其他变量为控制变量。变量说明见下表 8-1。

表 8-1　变量说明

变量名称简写	变量含义	备注
roe	资本回报率	
stateshrrate	国有股权比例	
asset	总资产	
lnasset	总资产的自然对数	
debtratio	资产负债率	
growth	营业收入增长率	
asset turnover	总资产周转率	
retained earning	留存盈余比率	
cashability	销售商品、提供劳务收到的现金/营业收入	
ownership5	前五大股东集中度	
zindex	股权制衡度	
exe3salary	前三名高管薪酬	
exe3salary by asset	前三名高管薪酬/总资产	

　　数据源自国泰安 CSMAR 数据库,统计软件使用 stata12.0。面板门限回归模型分析对象为面板数据,样本采用从 2006 年至 2015 年沪深两市 A 股含有国有资本上市公司数据。首先,剔除 ST、金融行业。为消除极端值的影响,进行 1% 和 99% 缩尾处理,得到的统计描述见下图 8-1;在图 8-1 基础上剔除国有股权比例为零的数据(国有股权必须大于零),得到统计描述见下图 8-2;在图 8-2 基础上要求样本从 2006 年至 2010 年期间均有数据,则剔除 2011 年以后上市公司数据,同时变量中仍有缺失的数据做填零处理,保留连续五年数据样本,则有 504 家 3570 个观测数据,变量统计描述见图 8-3。在门限效应检验中采用 $P = 0.01$ 作为判断显著性的依据。

Variable	Obs	Mean	Std. Dev.	Min	Max
roe	8977	.0691688	.0552014	−.088694	.258675
stateshrrate	7156	.3656948	.1978269	.019574	.673237
asset	8980	1.08e+10	2.16e+10	4.43e+08	1.51e+11
debtratio	8977	.4974132	.1831474	.080665	.851519
growth	8906	.3781582	1.201454	−.659407	8.819264
assetturno~r	8977	.7359386	.5302429	.077161	3.013425
retainedea~g	8977	.7440123	.3011897	−.891004	1
cashability	8979	1.031988	.1831615	.496984	1.65289
ownership5	8977	.4984387	.1511419	.181111	.871714
zindex	8977	17.68657	30.13506	1.0201	186.4708
exe3salary	8956	1603405	1387410	170000	8299300

图 8-1 剔除 ST 公司金融业 0.01 和 0.99 缩尾的统计描述

Variable	Obs	Mean	Std. Dev.	Min	Max
roe	7156	.0674731	.0547504	−.088694	.258675
stateshrrate	7156	.3656948	.1978269	.019574	.673237
asset	7156	1.21e+10	2.35e+10	4.43e+08	1.51e+11
debtratio	7156	.5048383	.1845062	.080665	.851519
growth	7114	.3851871	1.236343	−.659407	8.819264
assetturno~r	7156	.7405857	.5404176	.077161	3.013425
retainedea~g	7156	.7497951	.2931954	−.891004	1
cashability	7155	1.0281	.1838235	.496984	1.65289
ownership5	7156	.5056441	.1490707	.181111	.871714
zindex	7156	18.09901	30.43624	1.0201	186.4708
exe3salary	7138	1596594	1352733	170000	8299300

图 8-2 剔除股权为零的统计描述

Variable	Obs	Mean	Std. Dev.	Min	Max
roe	3570	.0725103	.0552956	−.088694	.258675
stateshrrate	3570	.3754273	.1928631	.019574	.673237
asset	3570	8.11e+09	1.82e+10	4.43e+08	1.51e+11
debtratio	3570	.497213	.1784699	.080665	.851519
growth	3530	.370258	1.236773	−.659407	8.819264
assetturno~r	3570	.7637586	.5417688	.077161	3.013425
retainedea~g	3570	.7554069	.2967175	−.891004	1
cashability	3569	1.049131	.1773588	.496984	1.65289
ownership5	3570	.5138589	.1471625	.181111	.871714
zindex	3570	18.8152	31.46041	1.0201	186.4708
exe3salary	3556	1197265	996809.4	170000	8299300

图 8-3 剔除 2011 年之后上市公司数据的统计描述

三、国有相对控股企业国有股权比例优化区间

采用连续 5 年国有股权比例均有数据的上市公司样本,且国有股权比例在(20%,50%]区间内。共有 251 家国有相对控股上市公司,变量统计描述具体见下图 8-4。

Variable	Obs	Mean	Std. Dev.	Min	Max
roe	1255	.0674474	.0505156	−.088694	.258675
stateshrrate	1255	.3517466	.0817155	.2	.499258
asset	1255	5.25e+09	8.37e+09	4.43e+08	8.42e+10
debtratio	1255	.5053559	.1722443	.080665	.851519
growth	1255	.2726678	.9617312	−.659407	8.819264
assetturno ~ r	1255	.8054138	.5716495	.077161	3.013425
retainedea ~ g	1255	.7819946	.2823007	−.891004	1
cashability	1255	1.040366	.1765177	.496984	1.65289
ownership5	1255	.4552702	.1178687	.202041	.871714
zindex	1255	13.90226	21.17634	1.0201	150.0985
exe3salary	1255	1170169	1018786	0	8299300

图 8-4　变量的描述统计

对上述国有相对控股上市公司进行门限回归分析,结果见表 8-2、表 8-3 和表 8-4。

表 8-2　门限效应检验

门限变量:国有股权比例		
	F1 值	9.5210
	P 值	0.0067
单门限检验	10%临界值	2.272467788
	5%临界值	2.821523588
	1%临界值	9.232640538
	F2 值	6.5749
	P 值	0.0167
双门限检验	10%临界值	2.96239532
	5%临界值	4.073966809
	1%临界值	7.798117726
	F3 值	3.6667
	P 值	0.0533
三门限检验	10%临界值	2.498181489
	5%临界值	3.864752562
	1%临界值	6.437694616

表 8-3　门限值及置信区间

门限	估计值	95%置信区间	
γ	0.2733	0.2704	0.2762
	0.2791	0.2704	0.2762

表 8-4　国有股权比例对资本回报率的回归估计结果

解释变量	线性回归个体固定效应模型	非线性单门限模型
lnasset	0.0137***(0.0039)	0.0144***(0.0039)
debtratio	-0.0935***(0.0170)	-0.0950***(0.0153)
growth	0.0035**(0.0014)	0.0033**(0.0011)
assetturnover	0.0613***(0.0064)	0.0600***(0.0057)
retainedearning	0.0089**(0.0041)	0.0092**(0.0034)
cashability	-0.0010(0.0082)	0.0006(0.0062)
ownership5	0.0538(0.0309)	0.0563(0.0277)
zindex	-0.0001(0.0001)	-0.0001(0.0001)
exe3salarybyasset	28.0645***(5.7804)	28.8779***(5.9957)
Stateshrrate 非门限变量	0.0166(0.0394)	
Stateshrrate 门限变量　区间1		0.1445**(0.0500)
区间2		0.0785(0.0379)

注释:括号内为标准误,*-代表15%的显著性水平,*代表10%的显著性水平,**代表5%的显著性水平,***代表1%的显著性水平;P值和临界值均采用Bootstrap反复抽样300次得到的结果。

在表8-2的门限效应检验中,单门限效应的P值为0.0067,说明应拒绝无门限的原假设,至少存在一个门限,双门限效应的P值为0.0167,说明应放弃备择假设,接受存在一个门限的原假设。

表8-3显示了国有股权比例的门限值:27.3%。

表8-4显示,当国有股权比例大于20%且未超过27.3%时,国有股权比例与资本回报率正相关,效果显著,相关系数为0.1445;当国有股权比例在27.3%与50%之间时,国有股权比例与资本回报率负相关,效果不显著,

相关系数为 0.0785;可见(20%,27.3%]为最优区间,国有股权最优应尽量接近 27.3%。

四、国有绝对控股企业国有股权比例优化区间

采用连续 5 年国有股权比例均有数据的上市公司样本,且国有股权比例在(50%,100%]区间内,共有 170 家国有绝对控股上市公司,变量统计描述具体情况见下图 8-5。

Variable	Obs	Mean	Std.Dev.	Min	Max
roe	850	.0811699	.0603384	−.088694	.258675
stateshrrate	850	.5928045	.593924	.500198	.673237
asset	850	1.58e+10	3.00e+10	4.43e+08	1.51e+11
debtratio	850	.4837231	.1866375	.080665	.851519
growth	850	.3536016	1.614153	−.659407	8.819264
assetturno~r	850	.7649646	.5539067	.077161	3.013425
retainedea~g	850	.6666167	.3260654	−.891004	1
cashability	850	1.049644	.1791277	0	1.65289
ownership5	850	.6519758	.883275	.501194	.871714
zindex	850	36.13337	46.101	1.0201	186.4708
exe3salary	850	1260536	916548.1	0	6462000

图 8-5　变量的描述统计

上述国有绝对控股上市公司进行门限回归分析,结果见下表 8-5、表 8-6 和表 8-7。

表 8-5　门限效应检验

门限变量:国有股权比例		
单门限检验	F1 值	9.5297
	P 值	0.0000
	10%临界值	2.533392072
	5%临界值	3.980971232
	1%临界值	6.971771929
双门限检验	F2 值	11.4363
	P 值	0.0067
	10%临界值	2.698293345
	5%临界值	4.247302163
	1%临界值	7.731477657

三门限检验	F3 值	5.5608
	P 值	0.0333
	10%临界值	2.749723485
	5%临界值	4.186708383
	1%临界值	7.232357377

表 8-6　门限值及置信区间

门限	估计值	95%置信区间	
γ	0.503	0.5029	0.5047
	0.517	0.5168	0.5202
	0.671	0.5012	0.6723

表 8-7　国有股权比例对资本回报率的回归估计结果

解释变量	线性回归个体固定效应模型	非线性单门限模型
lnasset	0.0124**(0.0048)	0.0138**(0.0045)
debtratio	−0.1174***(0.0212)	−0.1200***(0.0203)
growth	0.0009(0.0014)	0.0012(0.0014)
assetturnover	0.0560***(0.0071)	0.0576***(0.0094)
retainedearning	0.0096(0.0050)	0.0105**(0.0042)
cashability	0.0052(0.0105)	0.0058(0.0079)
ownership5	0.0969***(0.0575)	0.1006(0.0480)
zindex	−0.0001(0.0001)	−0.0001(0.0000)
exe3salarybyasset	25.5152***(9.2560)	22.9234**(8.6377)
Stateshrrate 非门限变量	−0.0232(0.0756)	
Stateshrrate 门限变量	区间1	−0.0221(0.0668)
	区间2	−0.1431(0.0600)
	区间3	−0.0767(0.0549)

注释:括号内为标准误,*⁻代表15%的显著性水平,*代表10%的显著性水平,**代表5%的显著性水平,***代表1%的显著性水平;P值和临界值均采用 Bootstrap 反复抽样 300 次得到的结果。

在表8-5的门限效应检验中,单门限效应的 P 值为 0.0000,说明应拒绝无门限的原假设,至少存在一个门限;双门限效应的 P 值为 0.0067,说明应拒绝双门限的原假设,至少存在双门限;三门限效应的 P 值为 0.0333,说明应拒绝三门限备择假设,接受双门限原假设。

表8-6 显示了国有股权比例的两个门限值,一是50.3%,二是51.7%。

表8-7 说明,当国有股权比例大于50%且未超过50.3%时,国有股权比例与资本回报率负相关,效果不显著,系数为−0.0221;当国有股权比例在50.3%与51.7%之间时,国有股权比例与资本回报率负相关,效果显著,系数为−0.1431;当国有股权比例在51.7%与100%之间时,国有股权比例与资本回报率负相关,效果不显著,系数为−0.0767;意味着当国有股权比例在(51.7%,100%]之间时,国有股权比例对资本回报率负面影响较小,从以上三组数据可见,都是"负相关",都有害,但"三害相权取其轻",故我们把(51.7%,100%]此区间定为最优区间。

五、国有参股企业国有股权比例优化区间

采用连续5年国有股权比例均有数据的上市公司样本,且国有股权比例在(0,20%]区间内,共有83家国有参股上市公司,变量统计描述具体情况见下图8-6。

Variable	Obs	Mean	Std.Dev.	Min	Max
roe	415	.0734018	.0613236	−.088694	.258675
stateshrrate	415	.864725	.548912	.019574	.199184
asset	415	5.21e+09	1.37e+10	4.43e+08	1.51e+11
debtratio	415	.476933	.1753383	.080665	.851519
growth	415	.4434194	1.55008	−.659407	8.819264
assetturno~r	415	.6866096	.4329864	.077161	2.781445
retainedea~g	415	.8013169	.2879662	−.891004	1
cashability	415	1.05362	.1694503	.496984	1.65289
ownership5	415	.4114115	.1481128	.181111	.7762181
zindex	415	5.46041	7.071951	1.0201	45.2974
exe3salary	415	1259042	1218208	0	8299300

图8-6　变量的描述统计

对上述国有相对控股上市公司进行门限回归分析,结果见表8-8、表8-9和表8-10。

8-8　门限效应检验

单门限检验	F1 值	6.3480
	P 值	0.0100
	10%临界值	2.413154213
	5%临界值	4.020385524
	1%临界值	6.284692942
双门限检验	F2 值	5.9652
	P 值	0.0033
	10%临界值	0.2716926459
	5%临界值	1.958285266
	1%临界值	4.78456138
三门限检验	F3 值	10.1536
	P 值	0.0067
	10%临界值	0.9161393443
	5%临界值	2.643512427
	1%临界值	8.564207218

表 8-9　门限值及置信区间

门限	估计值	95%置信区间
γ		

表8-10 国有股权比例对资本回报率的回归估计结果

解释变量	线性回归个体固定效应模型
lnasset	0.0113(0.0083)
debtratio	−0.1078***(0.0348)
growth	0.0019(0.0020)
assetturnover	0.1111***(0.0145)
retainedearning	0.0154(0.0091)
cashability	0.0180(0.0175)
ownership5	−0.0154(0.0486)
zindex	−0.0000(0.0006)
exe3salarybyasset	0.5473(9.8193)
Stateshrrate 非门限变量	−0.1599(0.1182)
Stateshrrate 门限变量	

注释:括号内为标准误,*−代表15%的显著性水平,*代表10%的显著性水平,**代表5%的显著性水平,***代表1%的显著性水平;P值和临界值均采用Bootstrap反复抽样300次得到的结果。

在表8-8的门限效应检验中,单门限效应的P值为0.0100,说明应拒绝无门限原假设,单门限效应的P值为0.0100,说明接受拒绝无门限原假设。即:当国有股权比例在(0,20%]之间时,资本回报率和国有资本持股比例线性无关。至于近几年各级政府设立的产业引导基金,参股比例大多在10%左右,对新上项目有一定推动作用,上市公司很少,没有纳入样本数据,不在研究之列。

第二节 混合所有制企业的股权结构

混合所有制的核心就是所有者到位,真正实行市场化运作。目前,国有企业最大的问题就是企业产权比较单一,国有股权一元独大,导致所有者缺席。虽然国资委对各级国有企业董事会授权对公司资产保值增值负责,推行外部董事制度,任命经理层负责经营管理,但由于部分外部董事缺乏足够授权或行业实践经验,对企业内部情况也缺乏过程了解,依然难以解决内部人控制问题。名义上国有企业所有职工均对国有企业产权负责,但在实际经营管理中职工只能对自己分工的工作负责,无法做到对国有企业产权负责。在企业产权结构中要突出多元化,积极引入各类投资者,尤其是引进民营资本、国外资本,逐步调整国有资本股权比例,切实建立相互制衡的法人治理结构,切实解决所有者缺席的问题。

一、国有资本绝对控股混合所有制企业

根据国发〔2015〕54 号文《国务院关于国有企业发展混合所有制经济的意见》应该分类推进国有企业混合所有制改革。对公益类国有企业,宜保持国有资本绝对控股地位,根据上节国有资本绝对控股优化比例区间分析,国有资本控股比例应超过 51.7%,为方便可操作性取整数 52%为宜;同时,民营资本应该持股 15%左右;另外,还应考虑引进社保、证券、保险等机构资金,机构持股比例在 15%左右为宜;另外,为了调动职工积极性,激发管理层创造性,增强约束,还应考虑职工持股 13%左右;管理层持股不超过 5%。具体情况见下图 8-7:国有资本绝对控股混合所有制企业股权结构图。

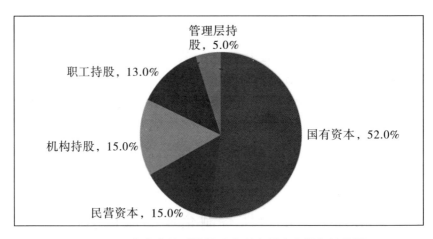

图 8-7 国有资本绝对控股混合所有制企业股权结构图

如中国联通公布的混改方案,联通集团持有中国联通的股权由 62.74%减至 36.7%,转让中国人寿保险股份有限公司和中国国有企业结构调整基金 10.22%和 6.11%,国有资本持股比例合计达到 53.03%,不低于国家关于电信行业 51%的要求。转让境内互联网领域民营资本及员工持股 21.57%,

公众股东持股 25.40%①。股权结构见下图 8-8。

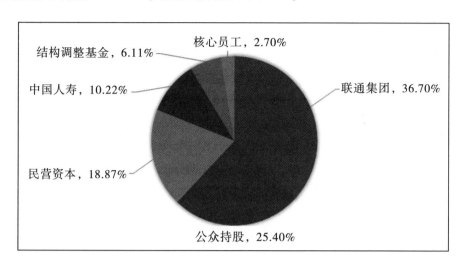

结构调整基金，6.11%　核心员工，2.70%

中国人寿，10.22%

联通集团，36.70%

民营资本，18.87%

公众持股，25.40%

图 8-8　中国联合网络通信股份有限公司初步股权结构图

二、国有资本相对控股混合所有制企业

根据国发〔2015〕54 号文《国务院关于国有企业发展混合所有制经济的意见》要求,对于商业类国有企业可以实行国有资本相对控股,根据上节国有资本相对控股优化比例区间分析,国有资本可相对控股,比例为 27.3% 左右(2016 年 8 月 19 日,国资委关于印发《关于国有控股混合所有制企业开展员工持股试点的意见》的通知要求,实施员工持股后,应保证国有股东控股地位,且其持股比例不得低于公司总股本的 34%),为方便可操作性取整数 28% 为宜;还可发挥民营企业创新和经营优势,由于国有资产规模很大,民营资本相对较小,要使民企进来后参与决策、共同经营,可以探索通过引进多家民营资本方式,民营资本总计持股比例应小于 24.7%,为方便可操作性取整数 25% 为宜;为发挥资本市场作用,宜引进社保、证券、保险等各类机构持股,比例应小于 22.0%;作为上市公司,为调动管理层积极性,防止短期行为,有利于企业长远发展,对管理人员采取股权激励、股票增持、定向增发的方式,让经营者、所有者的利益和公司效益正相关,可以实行管理层持股,比例不超过 5.0%;在政策指导下,为维护职工权益,调动职工技术创新积极

---

① 郭晓峰:《混改下的联通:将步入快速发展期》,《腾讯科技》,2017-08-17。

性,激发技术工人创造性,考虑职工的历史贡献,对管理骨干、技术骨干和业务骨干进行市场化激励,让骨干员工在提供劳动要素以外,拿出他们的资本要素、智力要素,可以实行职工持股,比例不超过 20.0%。

这样,第一大股东国有资本持股比例在28%左右,第二、第三股东持股比例应该分别为25%和22%,且第二、第三股东股份比例之和大于第一大股东,可以防止一股独大,是防止破坏企业法人治理结构的有效措施,确保国有企业发展战略制定和各项决策的科学性、前瞻性。这样探索多种方式实现所有者到位以后,公司就能够建立激励与约束相对应的薪酬分配方式,完善既有激励又有约束、既讲效率又兼顾公平、既考虑远期又注重近期的分配机制。具体情况见下图 8-9,国有资本相对控股混合所有制企业股权结构图。

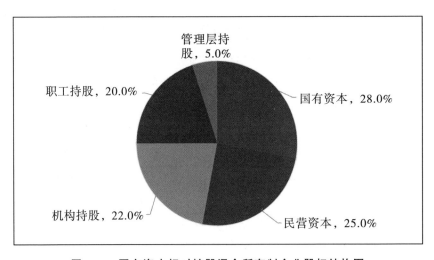

图 8-9　国有资本相对控股混合所有制企业股权结构图

如 2015 年中国交建股份有限公司并购了民营企业绿城中国控股有限公司,将 2010 年已经整体并入的中国房地产集团、中交地产集团、中交联合置业共同打造成中交地产集团板块,做大做强房地产业务。绿城中国控股有限公司成立于 2005 年 8 月 31 日,绿城房地产集团有限公司(以下简称绿城)1995 年 1 月 6 日注册成立,国内知名开发企业,专注于开发高品质物业,2006 年 7 月 13 日,"绿城中国控股有限公司"(股票代码:3900)在香港上市,绿城为其全资子公司。目前,绿城拥有 100 多家成员企业,3400 多名员工,开发足迹遍及国内 50 多个城市,致力于为社会创造文明、和谐、温馨、优雅的居住文化及人文环境①。并购以后,截至 2016 年 12 月 31 日,国有资本中国交建持股比例为 28.89%,香港九龙仓公司为 25%,宋卫平个人股份(Delta House Limited 和香港丹桂基金会有限公司)10.45%,寿柏年个人股份(Profitwise Limited)8.07%,外资 JP Morgan Chase & Co. 和 Stark Investment & Co.2.00%,公众投资者 25.59%②。中国交建并购绿城中国股权结构具体见下图 8-10。

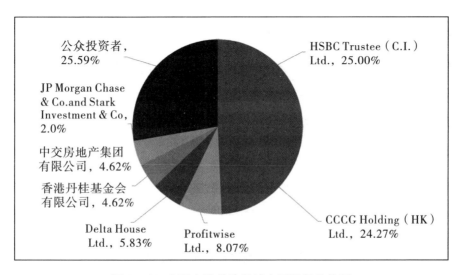

图 8-10　中国交建并购绿城中国股权结构图

三、国有资本参股混合所有制企业

对于主业处于充分竞争行业的商业类国有企业,没有强制性社会公共目标,以经济目标为主。政府也鼓励和支持该类企业提供公共服务,既可以壮大国有经济的实力,也可以发挥国有经济的引导作用,当社会资本因怕承担巨大风险而观望不前时,国家可以制定比较优惠的产业引导政策,同时由国有资产出资人投入一定资本参股开发,从而引导其他资本进入该类产业。对于此类企业国有资本可以参股,根据上节国有资本参股优化比例区间分析,参股比例应小于 20.0%,民营资本持股比例在 27.3% 左右,为方便可操

---

① 李正豪:《中交集团已启动成立房地产集团》,2015 年 5 月 25 日《中国经营报》,第 B10 版。
② 同花顺:《绿城中国 HK3900 股东持股》,http://stockpage.10jqka.com.cn/HK3900,2017-04-15。

作性取整数 28% 为宜;社保、证券、保险等各类机构持股 22% 为宜;职工持股比例 20.0% 左右;考虑民营资本控股特点,应适当提高管理层持股比例,管理层持股 10.0% 左右为宜。这样的股权结构设计,既保证了民营资本相对控股地位,又防止了民营资本一股独大或家族垄断的局面,也体现了现代企业法人治理中相互制衡的原则。具体情况见下图 8-11,国有资本参股混合所有制企业股权结构。

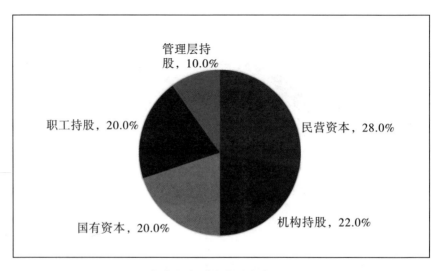

图 8-11　国有资本参股混合所有制企业股权结构图

如思源电器股份有限公司,由上海思源电气有限公司整体变更设立,经上海思源电气有限公司股东会审议通过,上海市人民政府沪府体改审〔2000〕050 号文批准,股份公司创立大会通过,有限公司原有股东作为股份公司的发起人,以 2000 年 11 月 30 日经审计的净资产为基准,按 1:1 的比例折为 3600 万股。该公司于 2004 年 7 月 21 日采用全部向二级市场投资者定价配售的方式发行了 1340 万股人民币普通股(A 股)股票,发行价为 16.45 元/股。截至 2016 年 12 月 31 日,流通 A 股 57888.227 万股,高管持股 18132.701 万股,合计发行 A 股 76020.928 万股。该公司为民营资本相对控股,其中,前五名股东为董增平、陈邦栋、李霞、陈颖翱和冯美娟,分别持股 17.99%、13.21%、5.00%、4.86% 和 4.20%,中央汇金资产管理有限公司持股 2311.036 万股,占总股数的 3.04%,易方达基金、银华基金、嘉实基金、中欧基金和南方基金分别持股 760.209 万股,持股比例共 5.00%。具体股权结构见下图 8-12。

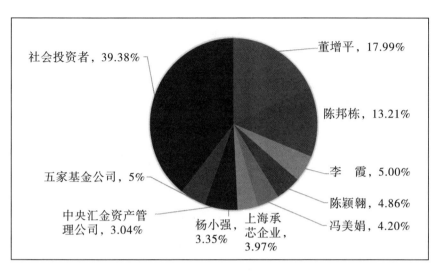

图 8-12 思源电器股份有限公司股权结构图

该公司主营业务为输变电设备的研发、生产、销售及服务,是目前输变电设备行业中能够覆盖电力系统中一次设备、二次设备、电力电子装置的产品制造和解决方案的少数几个厂家之一。公司一方面通过加强供应链管理,降低原材料采购成本;另一方面通过优化设计,不断推出新产品,提升产品附加值。2016 年该公司产品整体毛利率为 35.27%,较上年同期上升1.60 个百分点[①]。

第三节 优化股权结构应注意的主要问题

一、既要做好顶层设计,又要尊重企业家首创精神

在大型复杂工程项目中设计要经过三个阶段,即:规划设计、初步设计和施工图设计阶段。

对于国有企业推进混合所有制改革这个庞大复杂的社会系统工程,也

---

① 新浪财经:《思源电气股份有限公司 2016 年年度报告全文》,http://vip.stock.finance.sina. com.cn,2017-03-29。

可以借鉴建设大型复杂工程的三阶段设计管理办法。

中共中央十八届三中全会批复了国有企业推进混合所有制改革的总体方案,在中共中央和国务院出台《关于深化国有企业改革的指导意见》的基础上,2016年先后出台了7个专项配套文件,国资委会同有关部门又出台了36个配套文件,共同形成了国企改革总体规划图,国企改革"1+N"体系完成。国家对于混改总体要求和混改目标已经明确,也就是说,国有企业推进混合所有制改革的规划设计已经完成,如何进一步推进全国各省各行业的混改工作,包括目前98家中央企业的混改,具体情况千差万别,所以,中央要求因地施策、因业施策、因企施策,对于初步设计和施工设计,以及项目运营工作,均应该由各级国资委和各个企业探索、总结、调整、实施,并明确各级分工:

中央深改办和国务院负责规划设计,提出了混改总体要求,包括指导思想、基本原则、主要目标,分类推进国有企业改革、完善现代企业制度和国有资产管理体制,建立起国有企业改革系统,拟定的改革方案深度相当于工程建设中的规划设计阶段。

国务院国资委和各省级政府是国有企业改革的监管主体单位,在规划设计指导下,分别拟定中央企业和省属国有企业资本经济布局、混改股权比例设计(包括管理层和职工持股)、法人治理结构(包括党建工作)、主业方向、国有资产保值增值和主要考核指标体系,拟定的改革方案深度相当于工程建设中的初步设计阶段(中央企业改革方案由国务院国资委审核后报国务院审批实施,各省属国有企业改革方案由各省级政府编制,报国务院国资委审批后实施)。

各个中央企业和各省属国有企业是改革责任主体和实施主体单位,在中央深改办规划设计,国务院国资委和各省级政府的初步设计指导下,拟定本企业的具体改革方案,包括企业战略、公司章程、合作对象、股权设计、法人治理、党建工作、经营管理、薪酬绩效、员工管理和社会责任等等,具体改革方案深度相当于施工图设计阶段(中央企业改革方案报国务院国资委审批后实施,省属国有企业改革方案报省级政府审批后实施)。

在改革方案的编制和审批过程中,各级政府应该尊重国有企业的首创精神,尊重企业实践,大力倡导调查研究作风。古往今来的改革反复证明,成功的改革既需要顶层坚定不移的意志和持之以恒的恒心,也需要掌握时机适时推出合理方案,而合理方案往往来源于实事求是,来源于尊重认识客观规律,来源于企业家的首创精神和企业的反复实践活动,混改方案的研究、修订、完善和实施是一个不断循环持续提高的过程。

二、既要防止国有资产流失,又要坚定不移推进混改

中央强调,国有企业改革要先加强监督、防止国有资产流失。因此,当前国有企业推进混合所有制,首先要建立国有资产评估体系,规范国有资产评估流程,完善国有资产定价机制。可以参考土地市场招拍挂制度,严格操作流程,保证过程公开透明,确保结果公平正义,切实解决国有资产流失问题。

当前许多国有企业观望氛围浓厚,不愿意与民营企业合作,许多大的商业银行也不愿意向民营企业贷款,甚至许多地方政府官员也不愿意与民营企业交往。出现这些问题,固然与当前实体经济效益不好,投资项目回报大幅下降,投资风险加大有关,更重要的是许多地方政府和国有企业,包括国有金融机构对于十八届三中全会的认识出现偏差,担心与民营企业合作,有说不清、道不明的关系,即所谓有"瓜田李下"之嫌;在持续反腐压力巨大的情况下,担心给自己或单位带来不利影响;加之当前国有企业改革缺乏试错容错环境,有些政府部门人员工作动力不足、相互推诿、不愿作为、不愿担责等懒政现象突出,导致国有企业混合所有制改革步履蹒跚。

上述问题的产生是综合因素造成,要解决这些问题,一是要统一思想认识。坚定不移地把推进国有企业混合所有制改革统一到中共十八届三中全会以来的中央精神上来。二是坚持"一个中心,两个基本点"这个基本方针要百年不变,持之以恒,把全国工作重心统一到经济建设上来。三是要创造良好环境。各级政府要自上而下营造激励改革、保护担当的大环境,制定激励和保护国有企业领导大胆改革的相关政策。四是要始终取信于民。对于党中央、国务院和国务院国资委颁布的各项国有企业混合所有制改革的政策,要学习秦国商鞅变法中"徙木立信"的做法,切实落实十八届三中全会的改革措施,取信于民。

三、既要明确混合所有制企业定位,又要同等受到公司法保护

混合所有制企业既包括国有资本、民营资本,也包括外国资本,因此,混合所有制企业既不是单一的国有企业,也不是单一的民营企业,或是外资企业,它应当是一种新的企业所有制形式。在科学合理设计好股权结构以后,该形式企业同样具备民营企业和外资企业的创新动力、经营机制、激励机制和约束机制,同样具备规范的法人治理结构,所以,混合所有制企业和国有企业、民营企业、外资企业一样,是中国第四种所有制形式企业,同样受到我国公司法的保护,按市场规律参与市场竞争,不应该接受一些非市场因素的束缚①,该类企业同样能够健康发展。

如国家开发投资公司下属的国投创新投资基金有限公司(以下简称"国投创新")。该公司成立于 2009 年,是按照市场化要求独立运作的专业私募股权管理机构。其股东结构如下图 8-13 所示:

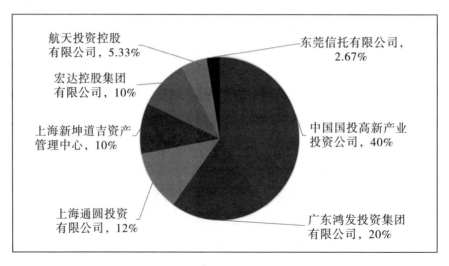

航天投资控股有限公司, 5.33%
东莞信托有限公司, 2.67%
宏达控股集团有限公司, 10%
上海新坤道吉资产管理中心, 10%
中国国投高新产业投资公司, 40%
上海通圆投资有限公司, 12%
广东鸿发投资集团有限公司, 20%

图 8-13　国投创新(北京)投资基金有限公司股东结构图

在国投创新的股权结构中,既包括中国国投高新产业投资公司、航天投资控股有限公司和东莞信托有限公司等国有资本,分别持股 40%、5.33% 和 2.67%,合计持股比例 48%,又包括广东鸿发投资集团有限公司、上海通圆投资有限公司和宏达控股集团有限公司等民营资本,持股比例分别为 20%、12% 和 10%,合计持股比例 42%,还包括管理层持股的上海新坤道吉资产管

---

① 戴保民、谢思森:《关于建筑央企推进混合所有制的路径探讨》,《东岳论丛》,2016 年第 10 期,第 164—169 页。

理中心,持股比例10%①,均擅长运作私募基金。这样的股权结构既实现了国有资本相对控股,又极大地吸引了民营资本参与,不但调动了管理层的积极性,还实现了各家股东的约束制衡,有利于企业持续健康发展。

四、既要抓好国有资产保值增值,又要严格保护民营资本产权

近年来,出现了一系列侵犯民营企业的产权案件,尽管情况不完全相同,但都反映了我们国家在产权保护方面,尤其是在民营企业产权保护方面存在严重不足。产权保护不力直接导致了近年来民营资本外逃,民营资本投资在固定资产投资方面连年下降,如2016年增长速度只有3.2%,成为国民经济继续探底的一个重要因素。2016年8月30日,中央全面深化改革领导小组第二十七次会议通过了《关于完善产权保护制度依法保护产权的意见》,提出了十条改革措施,要求加强对民营企业产权保护,强调平等保护产权,推进产权保护法制化。但是,在现实社会中,要么是产权保护制度设计不合理,要么是产权保护法律难以落实,在执法中和司法实践中往往走样,引发了诸多错判案件和群体性事件,人们期待《关于完善产权保护制度依法保护产权的意见》能够落实到位,在强调国有资产保值增值、防止国有资产流失的同时,同样要严格保护民营资本产权。②

五、既要积极推进国有民营资本合作,又要尊重双方主观意愿

关于混合所有制企业的文化融合问题,确实是一种客观存在且不容忽视的重要问题。

首先是两种文化差异较大。国有企业与民营企业在各自的创建目的、历史背景、人员组成、经营环境、发展过程、管理体制、公司文化上都存在较大差异,只有在相互包容下才能具备合作前提。现存国有企业一般历史较长,经营管理相对规范,生产成本普遍较高,社会责任比较沉重,创新动力比较缺乏,创新机制不够灵活,创新能力有些不足;民营企业都是改革开放以来的产物,市场竞争十分激烈,经营管理非常灵活,用工制度贴近市场,创新动力较强,企业家精神突出。国企民企要相互理解,求同存异。

其次,在依法合规经营方面认识不一致。混合所有制是一场公平公开、

---

① 《国投创新投资基金有限公司简介》,http://www.qianzhan.com/investment,2017-04-15。

② 参见常修泽:《广义产权论三大要义与产权保护制度》,《战略与管理》,2016年第6期。

互惠互利的合作,有些民营企业带有创业之初的"野性",常常为了利益"铤而走险"。在这方面,近年来有些国有企业在项目经营、土地开发、市场销售、工程承包、公司融资等方面也吃过不少苦头,产生过不少法律纠纷。因此,在混合过程中要认真细致地做好制度性安排,健全法人治理结构,依法合规搞好企业生产经营。①

另外,本着自愿原则推进国企民企合作。国企和民企的共同目标是做优、做强、做大,有些经营状况较好的国有企业不愿意接纳民营企业,即使政府有强制性要求,国有企业也会要价较高,民营企业无法接受,难以进入;有些经营状况较差的国有企业急需民营企业投资,但是,受债务债权纠纷等历史问题困扰,即使价格再低,民营企业也不愿意进入。对于国有企业和民营企业的合作,政府不要定时间、下指标,只能牵线搭桥,相互撮合,鼓励双方"自由恋爱",双向选择,充分发挥市场机制,由市场起决定性作用,致力于双方长期合作发展,充分发挥双方优势,推动双方共进共赢。

---

① 戴保民、谢思淼:《关于建筑央企推进混合所有制的路径探讨》,《东岳论丛》,2016 年第 10 期,第 164—169 页。

第九章 区域"混改"研究:东北国企 "浴火重生"的突破口①

【本章提要】发展混合所有制经济,需要在重点区域取得突破。东北国有企业作为曾经的"计划经济大本营"的坚实载体,现在处在极其艰难的向社会主义市场经济转型的"爬坡"过程中。包括东三省7000多家地方国企,以及隶属于国务院国资委的央企的众多子(孙)企业,整个国有企业改革是"全面振兴东北"的重头戏。本章作者实际调研表明,东北国企迄今依然市场化程度低、国有股权比重过高、经济效益不佳。2015年,东三省7076户地方国企,2.8万亿元总资产,经营一年总体亏损52.7亿元。下一步国企改革应以"浴火重生"、增强活力为目标,以混合所有制改革为突破口,以优势企业"率先突围"为先导,运用"产权人本共进论",妥善处置"僵尸企业",切实引进、保护并激励企业家,实现改革和发展的突破。建议国家设立"东北国企改革先行试验区",克服那些不合理条条框框的束缚,真正"杀出一条血路来"实现"浴火重生"。

本书第二章指出"混合所有制企业,主要集中在我国东部地区",相比之下"东北地区比较滞后"。基于此,第二章提出分区推进国企"混改",建议以东北地区为重点。这是发展混合所有制经济的"重要战场",也是考验国企"混改"能否取得突破的"试金石"。

东北国企作为曾经的"计划经济大本营"的坚实载体,现在处在极其艰

---

① 本章系作者"东北振兴战略新论"研究系列之一,2017年4月7日提交在东北举行的"国有企业改革:东北振兴的重头戏"学术论坛,并由作者在论坛简要报告,本章在研究报告完整文本的基础上补充修订而成。

难的向社会主义市场经济转型的历史性"爬坡"过程中。包括东北三省7000多家地方国企(2.8万亿的总资产),以及更大规模的央企所属企业(约3万亿的总资产)在内,整个东北的国有企业改革是"全面振兴东北"的重头戏。东北国有企业改革,既事关全国经济发展和转型升级的大局,又事关一亿多东北人乃至相关更多人的福祉。中央和全国人民对东北国有企业改革高度重视。

笔者关注东北国有企业改革,非自近年始。1979年,参与当时国务院财经委员会组织的"东北经济结构调查组",曾发表一篇探讨"所有制结构"的论文《长期并存 比翼齐飞》①。多年过去,回头看东北的所有制改革,虽已经取得明显进展,但与作者期待的"国有与非国有经济'长期并存,比翼齐飞'"仍有差距。一则,民营经济这一翼很不发达;二则,国有企业这一翼仍是"沉重的翅膀"。2015年11月笔者曾在《人民论坛》发表一篇《"再振兴"东北战略思路探讨》,提出"东北振兴应瞄准国企攻坚"的观点,引起国家主管部门关注。②

2016年2月6日,中共中央国务院《关于全面振兴东北地区等老工业基地的若干意见》发布后,围绕新阶段东北国企走出困境的问题,笔者先后八次赴东北调查,获得大量最新材料。形成的基本看法是,东北的国企过去是计划经济体制的载体,它承载的是计划经济那样的体制,现在要向社会主义市场经济转型(下一步可能会提出"更加成熟、更加定型的市场经济体制")。这个体制在发生变革,作为载体的国企怎么办?应该讲转型,但转型谈何容易?

鉴于东北国企的特殊性,不能拿统一的方案来套,需要"私人订制"。具体说,八个字:"浴火重生,增强活力。""浴火重生"是来自于"凤凰涅槃"的经典,指的是通过痛苦的煎熬和考验之后,获得重生,并在重生当中得以升华。本章根据第二章提出的混合所有制理论与战略,结合实际调查材料,就东北的国企如何以混合所有制改革为"突破口"实现"浴火重生"做进一步探讨。

---

① 常修泽:《长期并存 比翼齐飞》,1980年5月9日《人民日报》。

② 常修泽:《"再振兴"东北战略思路探讨》,《人民论坛》,2015年第11期。

相关链接 常修泽：东北国企如何浴火重生，增强活力？
——在"国有企业改革：东北振兴的重头戏"论坛上的发言（摘要）

4月7日，由东北大学、中国（海南）改革发展研究院联合辽宁省发展改革委员会、辽宁省国有资产监督管理委员会共同主办，中国东北振兴研究院承办，以"国有企业改革：东北振兴的重头戏"为主题的东北振兴专题论坛在东北大学汉卿会堂蔡冠深报告厅举行。国家发改委体改司、国资委企业改组局的相关负责人，国家级智库的专家学者，辽宁省人民政府、辽宁省发改委、辽宁省国资委相关负责人，辽宁省各市县领导干部、国有企业高级管理人员、媒体代表、东北地区高校的专家学者共500余人出席了论坛。

与会嘉宾分别就"制造业转型升级趋势与深化国企改革""加强国企改革创新交流与市场化合作""东北国企如何增活力、减负担""国有企业改革与民营经济发展""搞活国有资本与深化国有企业改革""东北经济的退与进"等内容进行了深入研讨和交流。常修泽教授应邀作《东北国企浴火重生，增强活力探讨》的学术发言。摘要如下：

□ 东北国企迄今依然市场化程度低、比重过高、经济效益不佳。三省7076户地方国企，2.8万亿元总资产，经营一年总体亏损52.7亿元。建议下一步国企改革以"浴火重生"，增强活力为目标，"四线推进"：优势企业"率先突围"；以"产权人本共进论"处置"僵尸企业"；以"异性混合"为战略、"同性混合"为策略，大力推进国企"混改"；切实引进、保护并激励企业家。为此，建议设立"东北国企改革先行试验区"，克服那些不合理条条框框的束缚，真正"杀出一条血路来"，实现改革和发展的突破。

□ 本次会议是讨论"东北"的国企改革问题。东北国企有其特殊性，不能拿统一的方案来套，需要"私人制订"。

□ 题目中关键词是八个字，"浴火重生，增强活力"。"浴火重生"是来自于凤凰涅槃的经典，指的是通过痛苦的煎熬和考验之后，获得重生，并在重生当中得以升华。作者过去几年，每年在东北住一两个月，深入实际、了解情况之后很痛苦。过去东北的国企是计划经济体制的载体，它承载的是计划经济那样的体制，现在要向社会主义市场经济转型,这个体制在发生变革,作为载体的国企怎么办? 应该讲转型,但如何转型? 作者作了系统分析(略)。

来源:中国改革论坛网　　时间:2017-04-14

第一节　东北国企三大症结

习近平同志在中共十八届三中全会作出的具有决定性的《中共中央关于全面深化改革若干重大问题的决定》的说明中,曾专门针对国有企业明确指出:"经过多年改革,国有企业总体上已经同市场经济相融合。同时,国有企业也积累了一些问题、存在一些弊端,需要进一步推进改革。"[①]后来又在多次会议上列举国企存在的问题,主要有:(1)国企市场主体地位未真正确立;(2)现代企业制度尚不健全;(3)国资监管体制需要完善;(4)国有资本运行效率不理想;(5)"内部人控制";(6)国有资产流失严重;(7)计划经济遗留下的企业办社会职能以及其他历史遗留问题等。2014 年年底,在中央经济工作会议上针对片面地为国企改革唱赞歌的思维,习近平更鲜明地指出:"推进国企改革要奔着问题去。"[②]

笔者认为,"奔着问题去"是指导国企改革的"着眼点"。依据"问题导向"思维,结合本人的实际调查,发现习近平列举的国企存在的七个问题,在东北地区不仅存在,而且其严重程度超过关内,加之还有东北特殊的问题,因而国有经济起飞的"翅膀"更加"沉重"。

东北国企的症结到底在哪里? 需要追根溯源。1949 年之前东北即先行解放,故谋划发展最早。新中国成立伊始,中央选定东北作为新中国第一个重要工业基地。苏联援建的 156 个项目三分之一以上在东三省,形成了辽宁以钢铁、机械制造为主,吉林以化学工业、汽车工业为主,黑龙江以机械、电力工业和军事工业为主的产业格局。与此同时,因当时没有经验可依,便把苏联高度集权的体制模式最早移植过来,逐步形成了一套完备的计划经

---

① 引自习近平在十八届三中全会关于决定的说明。
② 引自习近平在 2014 年年底中央经济工作会议上的讲话。

济体制,使东北与计划经济结下实质性"不解之缘"。就在这个"新中国的工业摇篮"和"中国计划经济的大本营"里,摇出了共和国的"长子",既成就了往日之辉煌,同时也积累下今日的矛盾。

根据实际调查,东北国企至今有三大症结：

一、市场化程度低,国企尚未成为市场主体

中共十八届三中全会提出,"使市场在资源配置中起决定性作用及政府发挥更好作用"。最关键的就是几个字——"市场决定性"和"政府更好作用"。那么,东北的"经济调节结构",究竟是"市场决定",还是"政府主导"(或称政府干预性模式)？东北长期以来存在的"政府主导"到底改了多少？调研后的基本判断是迄今"东北国企市场化程度低","企业的市场主体地位迄今尚未确立",需要从"市场化"视角切入进行深入探索。

在资源配置方面,世界各国都不可能有100%的市场化,总会有政府调节的一定空间。如何从统计数据上测算上述"使市场在资源配置中起决定性作用及政府发挥更好作用"的程度,是一个需要探讨的问题。笔者曾尝试研究中国分省区的市场化进度,即探讨经过39年改革之后中国分省区的市场化达到的水平,东北地区在全国又处于怎样的水平,但是非常遗憾,迄今尚未计算出中国分省份的"距离市场化目标的进度数据"和"企业市场主体化数据"。即使在学术文献中查找,也没有这方面的数据。

2017年1月看到王小鲁教授等的《中国分省份市场化指数报告》,虽然没有披露中国分省份市场化进程的某一年份"距离市场化目标的进程数据"和"企业市场主体化数据",但是该书披露的中国分省份市场化指数"相对"数据(市场化程度最高的省份得分为10,最低的省份得分为0,然后确定某一省在0与10之间的得分及其位置,并且把报告期与基期相比),还是有价值的。用"市场分配经济资源的比重""减少政府对企业的干预""缩小政府规模"来反映"政府与市场的关系"是具有合理性的。即使在这31个省(区市)市场化程度的"相对排序"中,也能看出东北地区市场化进程的迟缓,特别是国企市场化程度低,尚未成为真正的市场主体。

(一)辽宁省(见表9-1)

2014年"政府与市场的关系"辽宁省排在全国第21位,其中："市场分配经济资源的比重"排在第13位,"减少政府对企业的干预"排在第25位,

"缩小政府规模"排在第 19 位,表明辽宁省政府对企业的干预比较严重。

表 9-1   2014 年辽宁省政府与市场关系排名现状

项目	排名
政府与市场关系	21
其中:1.市场分配资源比重	13
2.减少政府对企业的干预	25
3.缩小政府规模	19

资料来源:王小鲁、樊纲、余静文:《中国分省份市场化指数报告》,社会科学文献出版社 2017 年版。

(二)吉林省(见表 9-2)

2014 年"政府与市场的关系"排在全国第 19 位,其中:"市场分配经济资源的比重"排在第 12 位,"减少政府对企业的干预"排在第 16 位,"缩小政府规模"排在第 21 位。

表 9-2   2014 年吉林省政府与市场关系排名现状

项目	排名
政府与市场关系	19
其中:1.市场分配资源的比重	12
2.减少政府对企业的干预	16
3.缩小政府规模	21

资料来源:王小鲁、樊纲、余静文:《中国分省份市场化指数报告》,社会科学文献出版社 2017 年版。

(三)黑龙江省(见表 9-3)

2014 年"政府与市场的关系"排在全国第 15 位,其中:"市场分配经济资源的比重"排在第 14 位,"减少政府对企业的干预"排在第 14 位,"缩小政府规模"排在第 15 位。但特别值得注意的是,黑龙江省在"要素市场的发育程度"方面表现较差,其中金融业的市场化排第 26 位,金融业的竞争排第 27 位,信贷资金分配的市场化排第 25 位,明显居于中国的后列。

表 9-3 2014 年黑龙江省政府与市场关系排名现状

项目	排名
政府与市场关系	15
其中:1.市场分配资源的比重	14
2.减少政府对企业的干预	14
3.缩小政府规模	15
金融业的市场化	26
金融业的竞争	27
信贷资金分配的市场化	25

资料来源:王小鲁、樊纲、余静文:《中国分省份市场化指数报告》,社会科学文献出版社 2017 年版。

结合作者近年调研,基本判断是:迄今"东北国企市场化程度低","企业的市场主体地位迄今尚未确立"。这是第一位的问题。

二、国企比重过高

长期以来,东北地区存在国企比重过高的问题。从 2003 年第一轮东北振兴开始,历经十年,截至 2013 年,国企比重过高的问题解决如何?

(一)规模以上国有工业企业资产比重及其与全国平均水平比较

2015 年夏天,为把握第一轮十年东北振兴后的所有制格局,笔者在东北详细调查了黑龙江、吉林和辽宁三省国有企业资产情况。从了解到的 2013 年有关数据来看,国有经济的比重依然过高。三省国有工业企业资产占规模以上工业企业总资产比重的具体数据分别是黑龙江 64.69%、吉林 54.09%、辽宁 45.8%,三省算术平均 54.86%。

根据国务院国资委研究中心负责人在"2013 上海国资高峰论坛"中提供的数据,2012 年年底,我国规模以上工业企业资产总额中,全国国有比重平均数只有 23%,东北三省比平均数高出 20~40 个百分点。具体说,黑龙江比平均数高 40 多个百分点,吉林比平均数高 30 多个百分点,辽宁比平均数高 20 多个百分点。

（二）工业企业国有资产比重与非金融领域国有资产比重全国平均水平的比较

考虑到东北国有工业企业中,制造业、服务业"剥离程度"不够,这里使用另一个指标——与"非金融国有资产占非金融企业全部总资产比重"这一指标进行比较,情况同样严重。

据了解,2014 年全国非金融国有企业总资产占非金融企业全部总资产的比重为 30.2%。[1] 用辽宁、吉林、黑龙江三省上面的算术平均数 54.86%,与非金融的 30.2%相比,也高出 20 多个百分点。即使比重较低的辽宁也高出全国平均值 15 个百分点,进一步证明东北"国企比重过高"的问题较为突出。

三、国企效益不佳

东北国企比重高并不是最突出的问题,关键是国有企业资产效益如何?有一种观点说:"东北国有经济的比重过高且效益不佳是个伪问题。"[2]到底是"伪问题"还是个"真问题"?要看事实。

根据 2016 年公布的《中国会计年鉴》2015 年度各省财务指标的分析,这里用以下 8 张图表(8 个指标)来透视东北国企效益不佳这一问题的严峻程度。

（一）资产总额

东三省地方国有企业总数为 7076 户,总资产为 2.8 万亿元(这里不包括央企在当地的下属企业约 3 万亿固定资产)。(见表 9-4)

表 9-4　2015 年东北三省地方国有企业资产总额

地区	户数(户)	资产总额(亿元)
辽宁省	3473	14737.0
吉林省	822	4112.8
黑龙江	2781	9362.1

资料来源:《2016 中国会计年鉴》。

---

① 李扬等:《中国国家资产负债表 2015》,中国社会科学出版社 2015 年版。
② 见《2016 年私人投资、工业增速逐年回落趋势未变——兼议东北"民营"超浙、沪、粤现象》,2017 年 2 月 11 日。

以上是东三省地方国有企业资产总额(包括负债),那么,地方国有企业资产负债率多少?

(二)国企资产负债率

三省平均60%以上(见表9-5)。

表9-5　2015年东北三省地方国有企业资产负债率

地区	户数(户)	资产负债率(%)
辽宁省	3473	63.5
吉林省	822	69.8
黑龙江	2781	52.3

资料来源:《2016中国会计年鉴》。

由此可见,东北国企资产负债率并不像有人渲染的70%～80%那样,大体与全国水平差不多。除去负债以后,那么,所有者权益总额是多少?

(三)国企所有者权益总额

总额为1.1086万亿元(见表9-6)。

表9-6　2015年东北三省地方国有企业所有者权益总额

地区	户数(户)	所有者权益总额(亿元)
辽宁省	3473	5377.0
吉林省	822	1242.4
黑龙江	2781	4467.0

资料来源:《2016中国会计年鉴》。

(四)地方国有企业资产总额

鉴于国有控股企业中有非国有股份,扣除其中非国有股份,纯粹的国有资产总额为9468.8亿元(见表9-7)。

表9-7　2015年东北三省地方国有企业国有资产总额

地区	户数(户)	国有资产总额(亿元)
辽宁省	3473	4312.9
吉林省	822	874.6
黑龙江	2781	4281.3

资料来源:《2016中国会计年鉴》。

如此大的国有资产规模,其经营效果如何,这是大家关心的问题,也是近来讨论中有争议的问题。究竟"东北国有经济效益不佳",是真命题还是伪命题?(见表9-8至表9-11)

(五)地方国有企业营业总收入

先看国企营业收入,东三省总计为5816亿元(见表9-8)。

表9-8　2015年东北三省地方国有企业营业总收入

地区	户数(户)	营业总收入(亿元)
辽宁省	3473	3806.9
吉林省	822	782.4
黑龙江	2781	1226.6

资料来源:《2016中国会计年鉴》。

(六)国企盈利面

表上可见,三省平均不足50%,这意味着东三省国企近一半盈利、一半多亏损①(见表9-9)。

表9-9　2015年东北三省地方国有企业盈利面

地区	户数(户)	盈利面(%)
辽宁省	3473	48.2
吉林省	822	45.0
黑龙江	2781	55.5

资料来源:《2016中国会计年鉴》。

(七)国企净资产利润率

辽宁-1%,黑龙江-0.1%,只有吉林正值0.2%,微乎其微。三省总计利润率为负数(见表9-10)

---

① 这里有个问题需要说明,东北国企中有些是"空壳企业",对其尚未"销号",仍然列入财务报表。这些企业因没有经济活动,当然也没有盈利。上述"一半多亏损"中包括部分"空壳企业"(常修泽注)。

表 9-10   2015 年东北三省地方国有企业净资产利润率

地区	户数（户）	国有企业净资产利润率(％)
辽宁省	3473	-1.0
吉林省	822	0.2
黑龙江	2781	-0.1

资料来源:《2016 中国会计年鉴》。

（八）国企利润总额

国企利润总额是核心指标。辽宁是-52 亿元,黑龙江是-3.2 亿元,只有吉林是 2.5 亿元。

表 9-11   2015 年东北三省地方国有企业利润总额

地区	户数（户）	利润总额（亿元）
辽宁省	3473	-52.0
吉林省	822	2.5
黑龙江	2781	-3.2

资料来源:《2016 中国会计年鉴》。

从以上财务报表可以看出,2015 年东三省的国有企业利润总额是-57.7亿元(其中辽宁负值最高)。这就意味着东三省,近 1 万亿元的国有净资产(加上银行贷款等超过 2.8 万亿元的国有总资产)经营一年,不但没有利润,反而整体亏损。2017 年 8 月 19 日,笔者在"东北振兴论坛"所作的《"'放'兴东北"的三点主张》中,曾讲过:"在 7 月 20 日《人民日报》发表我的东北论文(常修泽:《以改革开放新举措促进东北全面振兴》,2017 年 7 月 20 日《人民日报》理论版)前,他们把清样发到我住的吉林山区小镇,审稿时,我把'七千多家国有企业近一半是亏损的'这句话保留,但把'总体是亏损的'这句话删掉了,因为面子不太好看,我还是给东北留有余地。总之,我调研得出的结论,东北的国企比重很高,而且效益比较差。"①这充分表明,东北国企效益低下不是一个"伪命题",而是一个"真命题",需要引起高层

① 常修泽:《"'放'兴东北"的三点主张——在"2017 东北振兴论坛"的发言实录》,中国改革论坛网,2017 年 8 月 28 日。

和整个社会高度重视。

第二节　明确三个理念,厘清国企改革指导思想

国有企业是中国经济发展的重要力量,以国有企业为基础形成的国有经济位于党和国家事业发展的重要物质基础之首。习近平一再强调:"必须毫不动摇巩固和发展公有制经济,坚持公有制主体地位,发挥国有经济主导作用,不断增强国有经济活力、控制力、影响力。"[①]2015 年 7 月在吉林省考察时又指出:"国有企业是国民经济发展的中坚力量。""我们要向全社会发出明确信息:搞好经济、搞好企业、搞好国有企业,把实体经济抓上去。"[②]

相关链接　准确把握全面振兴三要义——访经济学家常修泽教授
谭　怡　史冬柏

振兴东北在路上。党的十八大以来,尤其是近一年多以来,东北振兴发展取得一定成绩,需要在新的起点上进行新的总结与反思,继续攻坚克难,打赢全面振兴这场硬仗。振兴东北究竟怎么"兴"?本报记者近日专访经济学家、中国宏观经济研究院教授常修泽。常修泽教授给出新思考,他认为振兴是一个总战略、大系统,包括三大要义,即"正"兴东北、"干"兴东北、"放"兴东北,总称为"振兴东北三部曲"。

"正"兴东北:方向正、路子正、方法正

辽宁日报:中央 7 号文件发布一年多以来,东北地区等老工业基地在攻坚克难中砥砺前行。据您观察,现在总体情况怎么样?

常修泽:从经济增长来看,东北三省今年基本止跌稳住。比如,今年上半年,辽宁地区生产总值同比增长 2.1%,虽然还比较弱,但毕竟已经转负为正。从改革大局来说,东北依然是难点,但也有一些亮点,比如在净化政治生态和优化营商环境方面,辽宁率先出台《辽宁省优化营商环境条例》,这是东北地区首部规范营商环境建设的省级地方法规。

---

① 《习近平关于十八届三中全会决定的说明》,新华社,2013 年 11 月。
② 《习近平在吉林省考察时讲话》,新华社,2015 年 7 月。

再如，沈阳、长春的产权交易所，作为用市场来配置资源的载体，以股权质押的形式到银行贷款，到资本市场融资，帮助没有上市的民营中小企业解决融资难、融资贵问题，成为市场化改革的一个亮点。从对外开放来看，东北地区初步形成一个"大十字"高铁纵横格局。这些都是趋好的迹象。

从去年接受你们采访以来，我又多次到东北调研，也在持续思考振兴问题。我认为，振兴东北需要战略性大思路，需要系统性大思维，应注重振兴发展的系统性、整体性、协同性，而不能仅仅局限于一时一地的"支招"。在这方面，首先要做的工作就是正本清源，或者说"以正视听"。

辽宁日报：这个判断很有针对性。是否在调研中发现一些地方在具体实践中仍有认识上的偏差和操作上的误差？

常修泽：是的。正确把握振兴东北的指导思想是顺利推进振兴发展的前提。实际上，中央已经给出一本好经，各地在实践中不能把好经念歪了。所以我提出振兴东北第一要义，就是"正"兴东北。

"正"字怎么解？首先是"方向正"。"正"的标准是什么？就是《中共中央国务院关于全面振兴东北地区等老工业基地的若干意见》和习近平总书记的"四个着力"要求。这是准绳，是参照系，按照这个办就是正，偏离这个就是不正，就有可能走错方向。

2015年7月，习近平总书记在长春就推动东北老工业基地振兴提出着力完善体制机制、着力推进结构调整、着力鼓励创新创业、着力保障和改善民生的要求。"四个着力"是面向整个东北地区提出的要求，是一个大逻辑、大方向。2016年4月，《中共中央国务院关于全面振兴东北地区等老工业基地的若干意见》发布，提出振兴总体思路和发展目标，继续强调"四个着力"要求，就是给出方向。具体到辽宁，今年3月7日在参加十二届全国人大五次会议辽宁代表团审议时，习近平总书记提出推进供给侧结构性改革、推进国有企业改革发展、推进干部作风转变这"三个推进"要求。

这一系列部署是一脉相承的，从时间上看有先后，但从逻辑上看是一致的，不能认为提出"三个推进"就可以忽略"四个着力"。我觉得，二者之间存在特殊性与普遍性的关系。

其次是"路子正"。方向正是对上,合时代趋势,"见天光";路子正则是脚踏实地,"接地气"。路子正就是要从实际出发,依靠内生动力自己走出来、闯出来。大家都要老老实实吃透东北实际,找准路数。《中共中央国务院关于全面振兴东北地区等老工业基地的若干意见》指出,要"努力走出一条质量更高、效益更好、结构更优、优势充分释放的发展新路",这就明确东北发展要走什么样的路子。方向中央定,路子则要自己走。

最后是"方法正"。问题的产生并非一日之寒,解决起来也不能一蹴而就。操作层面,要讲究方法和策略,循序渐进。

总之,"正"就要吃透中央精神,正确贯彻中央精神,按照中央的指示去办。越是攻坚克难阶段,越要"正"。

"干"兴东北:针对不干、假干、蛮干、怕干

辽宁日报:正确认识是推进实践的前提,一旦认准方向并找对路子和方法,接下来的问题就是干。

常修泽:对,既要抬头看路,还要低头拉车,方向定了就要干。针对一些"唱衰东北"的舆论进行有力回击是必要的,即我们要"唱兴东北",但光靠"唱"是振兴不了的,必须拿出实干的具体行动,所以我提出"干"兴东北的命题,这是振兴东北的第二要义。

辽宁日报:我们注意到,习近平总书记曾专门强调"调动干部队伍积极性"问题,指出当前干部队伍存在一定程度的"为官不为"。应该承认,这种现象在东北振兴进程中也存在。您提出"干"是否针对这一问题?

常修泽:是。提出干,首先针对的就是不干。由于振兴东北是一场深刻的改革,必然涉及利益重新调整,因此有的人不干,具体表现如抱有多一事不如少一事,等、靠、要,对付、应付,"宁可不做事,也别多惹事"等心态,实际上就是拖延,客观上制造阻力。

当然,"干"还针对其他几种现象。一个是假干,光喊不干,唱而不干,搞形式主义,搞花架子。一个是蛮干,企图"毕其功于一役"。还有一个是怕干,在客观条件和心理上都有顾虑,思想包袱重,认为多干多错、不干不错,所以怕干。

实际上,这也是习近平总书记在省部级主要领导干部学习贯彻党的十八届五中全会精神专题研讨班上概括的能力不足而"不能为"、动力不足而"不想为"、担当不足而"不敢为"的问题。对此,东北地区的领导干部要认真研究,把情况搞清楚,把症结分析透,把对策想明白,有针对性地加以解决。

辽宁日报:您讲到"干兴"针对的那些现象,实际上都直指"人"这个关键因素。

常修泽:对。今年四五月份,我三次前往山东调研新旧动能转换这个问题,因为对我国来说,新旧动能转换迫在眉睫,事关成败。但我发现,不少人把新旧动能转换仅仅看成是产业的动能转换问题,这值得商榷。

我认为,新旧动能转换最深层的问题是体制的转换,其实质是激发和造就习近平总书记所说的"能动的人"。没有"能动的人",中国的动能就没办法从根本上转换。

我想提醒一句,对于东北地区来说,讲新旧动能转换千万不要停留在新业态层面来理解,而要抓住塑造千千万万"能动的人"这个根本,特别是有企业家精神的"能动的人"。不是凡事都像计划经济时期那样等着上面下指令,而是需要自己去开拓创新。如果人缺乏能动性,东北就没法转动能。

"放"兴东北:(思想)解放、(对下)放权、(企业)放活、(对外)开放

辽宁日报:在"干"的诸多方面,您认为核心应该抓住哪一条?

常修泽:我认为,"干"的核心问题是"放"。"放"兴东北是我要讲的第三要义,如果说"三兴"是振兴东北的"皇冠",那么"放"兴东北则是"皇冠"上的"宝石"。

辽宁日报:"放"字怎么解?

常修泽:首先是(思想)解放。东北地区要从传统计划经济思维中走出来,思想再解放一些。

其次是(对下)放权。中央已经给出方向,并放手让东北去干。放权就不是凡事都计划,都画出条条框框,而是赋予自主权,这是中央和地方关系层面的"放"。比如,建立中国(辽宁)自由贸易试验区,"试验"两个字,就包含对下放权、自主探索的内容。

再次是(企业)放活。具体地说,就是所有制方面更要放活。当前东北地区国有企业"混改",要注意克服四个"绕开走"倾向,即绕开垄断领域、绕开母公司、绕开主营业务、绕开异质产权多元化。应注意,《中共中央关于全面深化改革若干重大问题的决定》在讲"积极发展混合所有制经济"时有这样一段重要的话:"国有资本、集体资本、非公有资本等交叉持股、相互融合的混合所有制经济,是基本经济制度的重要实现形式,有利于国有资本放大功能、保值增值、提高竞争力,有利于各种所有制资本取长补短、相互促进、共同发展。"这里讲的是"异质产权多元化",要准确把握。

最后是(对外)开放。"一带一路"建设给东北地区带来新的发展机遇,如中俄天然气管道合作、中俄原油管道建成运营等,将使新时期东北地区作为我国开放前沿之一的作用得到进一步发挥。因此,东北区域经济发展要与"一带一路"建设相贯通。

辽宁日报:现在很多观点都提出融入"一带一路"的视角,可有些过于泛泛,您有什么具体的建议?

常修泽:"一带一路"这篇大文章,东北要做,但一定要扎扎实实做功课。应把握融入"一带一路"建设的机遇,不要泛泛而论,得有具体的抓手。我认为具体有以下抓手。

一是在推进"一带一路"建设中促进区域发展,在区域发展中抓重点经济带、抓经济带上的关键节点城市建设。在"一带一路"建设中,东北地区可以打造"三纵"("主轴线""东纵线""西纵线")"四横"(北、中、南和满洲里到集安)等多条经济带。还可以"八大边口"(辽宁的丹东,吉林的集安、珲春,黑龙江的绥芬河、抚远、黑河,内蒙古的满洲里、二连浩特)为支点,推进沿边开发开放。

二是办好中国(辽宁)自由贸易试验区。中国(辽宁)自由贸易试验区应在中国(上海)自由贸易试验区的基础上有所创造,更好地为东北振兴服务。除了推进贸易和投资便利化、金融服务业开放和金融创新外,还应注重以外促内,倒逼东北地区的体制改革,包括倒逼行政管理体制改革、国有企业改革、区内服务业开放、社会体制改革等。在这里，我还有一个建议，就是中国（辽宁）自由贸易试验区应该理解为国家设在辽宁的自由贸易试验区，而不能孤立地看。实际上，我们一直在提倡东北地区各省市要加强联动和协同性，那么自贸试验区除了在沈阳、大连、营口三个片区外，还可探索政策外溢化，比如长春、哈尔滨等是否建设"类自贸试验区"，扩大自贸试验区在东北的共建共享作用。

三是除沈、大、长、哈这条大经济带外，还有一个很强的经济带可以建设，把东北靠东边的这条线连起来，具体包括丹东、本溪、白山、通化、长白山、延边、牡丹江、鸡西、七台河、鹤岗、双鸭山、佳木斯、伊春等12至14个城市，以丹东出海口作为"龙头"，应该实打实地把这个经济带打造起来。

来源：《辽宁日报》　　时间：2017-08-31

笔者认为，东北经济困境，不是依靠上多少基建项目或资金扶植就能解决的。根本问题是体制问题，而其改革重点在国有企业。要明确三个理念，厘清国企改革指导思想。

一、"做强做优做大"不应指"国企"而应指"国资"

对于"做强做优做大"国资与"做大国企比重"，现在普遍存在"画等号"的误解。应当明确："做大做强做优"国资不能等同于在东北进一步"做大国企比重"。

第一，实践上，东北国有工业资产比重已经大大高于全国平均水平，即使是非金融国有企业资产比重也大大高于全国平均水平。关键是质量和效益。

第二，理论上，国资"做大做强"与国企"做大做强"二者之间有一定的联系，但是两个不完全同一的命题，不可简单画等号。应当超越"国企"视野而提升到新的层面。

第三，目标上，东北国企改革的目标应当放在"增强活力"上，而不应当片面讲"做大比重"，如果单纯以"做大比重"为国企改革的目标，将可能导致更为严重的后果（这里并非指某个特定"企业"，就整个国资而言，应该"三做"——做优、做强、做大。至于企业则具体问题具体分析）。

二、以打造"市场主体"为改革基点,增强国企活力

1994 年,笔者在国家重点项目成果《现代企业创新论》中曾提出:"社会主义经济体制改革的实质,就是在以公有制为主体的条件下,由原来排斥市场的'社会巨型科层'组织转变为社会主义市场经济新体制,具体到微观运行层次,就是把国有企业从庞大的行政机构的附属物塑造成真正的企业组织。"①今天,东北国企面临的最大的课题,依然是如何适应社会主义市场经济新体制的要求,将自己打造成为"真正的市场经济主体"。如果打造不成市场主体,社会主义市场经济体制就不可能确立。

为打造成为"真正的市场经济主体",东北国企改革作过艰难的探索。在 20 世纪 80 年代曾先后创造出企业租赁制(全国第一家)、破产制(全国第一家)、资产经营责任制(全国第一家)以及企业公司制、股份制(全国较早)等多种形式,确实有过"昔日改革的辉煌"。但是,自 90 年代特别是新世纪以来,东北国企改革锐气有所衰减,目前陷入一种"胶着"状态。现在,东北国有资产比重依然如此之高,而国企发展却持续走低,甚至出现整体亏损的情况,这难道不值得深思吗?

对此,应该认识到,东北地区国企的问题不是"比重不够"的问题而是"活力不足"的问题。"增强国企活力"才是东北国企改革的真正命题,应当以打造"市场主体"为改革基点,通过打造市场主体,增强东北国企的活力,实现东北国企真正的"浴火重生"。

三、按功能和经营状况分成三类"精准改革"

针对东北国企比重高、效益不佳等问题,同时基于东北国企数量多、情况复杂等现状,建议根据企业功能与经营状况分类"精准改革":

(一)按功能分类"精准改革"

中共十八届三中全会决定将国有企业界定为商业类和公益类两大类。其中,商业类又分成"主业处于充分竞争行业和领域的商业类""主业处于关系国家安全、国民经济命脉的重要行业和关键领域、主要承担重大专项任务的商业类"和"处于自然垄断行业的商业类";公益类是指以保障民生、服务社会、提供公共产品和服务为主要目标的企业类别。根据企业功能分类

---

① 常修泽等:《现代企业创新论》,天津人民出版社 1994 年版。

"精准改革"：建议对以保障民生、服务社会为主要目标的公益类国企，要保护和扶持；对垄断类和掌握国民经济命脉的重要国企，要"破垄"和提高；对处于充分竞争行业的国企，要大胆放开和重组。

（二）按经营状况进行分类"精准改革"

按照盈利亏损情况分类，大体分为优质、中间和劣质企业。应按照国有企业功能经营状况，分别采取"做强""升级"或"淘汰"的方针，即做强优质国企，升级中间国企，淘汰劣质国企，以真正优化国企结构。

第三节　以混合所有制改革为突破口实现"浴火重生"

国有企业改革是"全面振兴东北"的重头戏。这出大"戏"如何"演法"？应以混合所有制作为国企改革突破口，从以下五个方面推进。

一、把混合所有制作为国企改革的突破口

下一步，东北地区应把混合所有制作为国企改革突破口。工作中，建议注意以下几点：

（一）把握重提混合所有制经济新的价值追求

它不仅是公正的市场经济体制的产权基础，而且也是"社会共生"体制的经济支撑和现代国家治理体系的重要组成部分，是新阶段全面改革的突破点（具体见本书第二章，第一节）。应把混合所有制经济作为东北经济基础的实现形式来构造，实现从计划经济基础载体向社会主义市场经济基础载体的转变。

（二）把握混合所有制经济的总基调

本书第一章导论已经指出：中共十八届三中全会讲的"发展混合所有制经济"，是指"国有资本、集体资本、非公有资本等交叉持股、相互融合"。这里的"产权多元化"，主要是"异质产权多元化"（"异性混合"）。至于在改革中，隶属于不同国有资产运营公司的国有资本（以及社保资金等）参与"混改"，形成"国资内部产权多元化"（"同性混合"）也是有一定意义的，可以作为"混改"的一种方式（特别是开始阶段），但要摆正位置，尤其不能喧宾夺主，背离"异质产权多元化"的基本方向。当然，"同性混合"相对容易些，"异性混合"相对困难些。可以考虑以"异性混合"为战略、为基调，以

227

"同性混合"为某种策略,大胆推进国企"混改"。①

关注国企"混改"中"四个绕着走"的片面倾向
——在"2017东北振兴论坛"的发言实录节录
常修泽

第一条意见,就是要抓住中央推动国企搞混合所有制改革的历史性机会,努力寻求国企改革的"突破"。那么,混合所有制如何改革?我最近半年在东北几次调研,发现有"四个绕着走"的新情况,这是片面倾向的问题。

第一个倾向是绕着垄断性领域走;第二个倾向是绕着母公司走,只搞国企的二级公司、三级公司改革,绕着母公司走,这样的现象很多;第三个倾向是绕着主营业务走,仅仅在辅业上搞混改;第四个倾向是绕开"异性恋"走。我在调查中发现,中央让搞混合所有制改革,而且派督导组到各省市来督导,于是乎大家都来关注混合所有制改革。但我了解到,有些地方搞混改,只是在国有资本圈圈里边做文章,甲国企加乙国企加丙国企,或者央企加个地方国企,或者国企再加上社保基金会的国有资本,总之是在"国有"这个大圈里头做文章,然后就说完成了混合所有制改革。

我认为,东北作为一个困难的地方,起步阶段在国有资本内部搞点同质混合,不失为一种策略,也是可以操盘的,但是作为一个战略问题,我认为是值得商榷的。中共十八届三中全会关于混合所有制经济有明确的定义,这个文件是怎么写的?《决定》讲到"积极发展混合所有制经济"时,强调的是"国有资本、集体资本、非公有资本等交叉持股、相互融合"。不能偏离这一基调,但现在有一种倾向,就是试图绕着所有制多元化,而搞同质化的国有内部产权多元化,我把这个现象叫做"同性恋"。同质化的混合就是"同性恋",异质化的混合就是"异性恋"。现在有一种绕着"异性恋"而片面搞"同性恋"的现象。我觉得这种倾向

① 参见常修泽:《混合所有制经济的价值再发现与实现路径》,《人民论坛·学术前沿》,2014年第3期(下)。

值得关注。我认为，"异性恋"是主旋律，"同性恋"只是个协奏曲。

总之，混改是我们要研究的新情况、新问题，如何避免以上"四个倾向"是混改能否成功的关键问题。

来源：《中国民商》　　2017年第8期

（三）沿着"四条线路"发展混合所有制经济

第一条线路，立足于国有企业，吸引民营资本、外资与国有资本融合。国有资本是东北最重要的资本力量（中央加地方有近6万亿的总资产）。建议把混合所有制经济作为东北经济微观基础的实现形式来构造。[①] 按相关规定，国企应集中于安全类、公共产品生产和服务类、命脉类和特定任务类等主要经营业务（这些有的也可向民营资本开放），其他非主营业务领域，特别是商业类即竞争较充分的领域，更应尽快向民营资本开放。就整个国企而言，明确提出"三可"，即国资"可控、可参、可退出"，让民营资本进入从而组成混合企业。对此，东北民营企业家多有疑虑，唯恐出现"关门打狗"之事。针对这种情况应采取措施，予以疏导，研究怎么改变"混改"环境，防止坠入"混改"的陷阱。

第二条线，立足于民营企业，让国资、外资与其他民营资本融合。《决定》提出"鼓励发展非公有资本控股的混合所有制企业"，这是一个新的命题。调查发现，各省非国有经济发展指数的排位，江苏排第1位，广东排第2位，浙江排第3位，而东三省的辽宁排第13位，吉林排第17位，黑龙江排第24位。[②] "鼓励发展非公有资本控股的混合所有制企业"东北对此重视不够，实践中比较罕见。但我们调查发现，辽宁也有进入"中国民企500强上榜企业"，包括大连万达集团股份（名列"中国民企500强上榜企业"前茅）、辽宁亿达集团、盘锦北方沥青燃料、辽宁环嘉集团、锦联控股、同益实业集团和沈阳远大企业集团，7家总营业额为3498.5亿元；吉林有修正药业集团，营业额为575.2亿元；黑龙江有著名的东方集团，营业额为362.9亿元。可从这些大型或其他较大型民营独资企业入手，吸引国资、外资与其他民营资

---

① 参见常修泽：《振兴东北的三"放"主张》，《中国民商》，2017年第8期。
② 引自王小鲁、樊纲、余静文：《中国分省份市场化指数报告》，社会科学文献出版社2017年版。

本,逐步将其改造成混合所有制企业。但注意,这条线要让"非公有资本控股",否则民营企业缺乏积极性。

相关链接 延边易达白桦产业有限公司混合案例

延边易达白桦产业有限公司位于长白山池北区,是白河林业局与民营企业吉林省锡梦矿业技术服务有限公司共同出资建立的混合所有制企业。白河林业局出林地部分空闲使用资源和白桦汁"采集权"。锡梦矿业出资金、技术和市场。白河林业局占25%股份,吉林省锡梦矿业技术服务有限公司占75%股份。

白河林业局有大面积的截伐的次生林,其中有四十年生的白桦树。吉林省锡梦矿业技术服务有限公司在寻找可供开发的闲置资源——白桦树汁和林间空地,把白桦汁发酵成白桦汁酒和白桦汁饮料。白河林业局与吉林省锡梦矿业技术服务有限公司组建易达白桦公司。

据吉林大学经济学院陈立峰博士介绍,此种"混合"能把民企资本追求创新、利润的动力与国有闲置的林业资源通过股份制融合起来,形成混合制股权结构,其产权结构做到优势互补。

第一,民营资本追求利润的动力和《公司法》所规定的企业运行机制与国有资源结合为一个经济体,有助于克服国企动力不足、代理费用过高及管理制度软弱的缺欠,使国有资本增强活力。

第二,混合所有制企业按《公司法》建立科学的企业规制,使企业管理体制科学化,并有了股东和股市的监督体制,克服了两方面"监管不到位"的问题。

第三,白河林业局虽经营困难,但也有闲置资源;民营资本虽具有发展动力,但处于弱势、资本体量小,特别是资源严重缺失。把国有的闲置资源和民营资本结合,使民营资本有了广阔发展空间。

总之,把国有资本和民营资本混合捆绑到一个"马车"上,有利于互相取长补短,同股同权同利,共同发展。[感谢吉林大学经济学院陈立峰博士带领考察]

第三条线，立足于外资企业，让国资、民资与其他外资融合。总的来说，东北开放度很低。2015年，东三省外贸依存度只有14.6%，比全国平均水平低21.8个百分点。外资在东北总量较小，比重很低。下一步，随着中德（沈阳）装备制造园、中以（哈尔滨）产业合作园等一批中外合资项目的创建，估计外资企业资本可能到东北"扩张"（在2017年8月19日东北振兴论坛上，英国表现了浓厚兴趣）。需要研究如何利用跨国并购方式发展混合所有制问题。

第四条线，立足于企业员工，实行员工持股。十八届三中全会《决定》重新提出："允许混合所有制经济实行企业员工持股。"员工持股，既不要搞全民持股和平均量化持股（"撒胡椒面"式的激励），也不要单纯强调MBO（管理层持大股），应提倡"骨干持股"，即在公司关键岗位工作并对公司经营业绩和持续发展有较大影响的科研人员、经营管理人员和业务骨干。东北可在以下三类企业率先推进：第一类是人力资本和技术要素贡献占比较高的转制科研院所；第二类是高新技术企业；第三类是科技服务型企业。在开展员工持股试点中，主要是职工以货币资本出资，不得在此环节向员工无偿赠予股份或向持股员工提供垫资、担保、借贷等财务资助，但可探索技术评估作价持股等。①

（四）排除干扰，支持辽、吉、黑三省的"混改"试验

从全国地区分布来看，国资参入的混合所有制企业主要集中在我国苏、沪、浙等东部地区，占比超过五成，东北地区和中西部比较滞后。分析可见，东北地区属于滞后地区。国家发改委网站消息，国家发改委东北振兴司于2017年5月6日上午组织召开了东北地区央企混合所有制改革试点工作座谈会。振兴司司长周建平表示，中央企业在开展混合所有制改革过程中，要重点把握以下三个方面问题：一是要充分认识国有企业开展混合所有制改革的重要意义，二是国有企业要用优良资产和有竞争力的业务吸引非国有资本参与混合所有制改革，三是在开展混合所有制改革过程中要明确利益共享和风险分担机制。2016年，辽宁提出推出9户（2017年笔者实际推进

---

① 参见常修泽：《混合所有制经济的价值再发现与实现路径》，《人民论坛·学术前沿》，2014年第3期（下）。

调查为 7 户) 省属企业搞混合所有制改革试验有一定力度, 但遭到诸多非议。笔者认为, 辽宁试验是正确的, 各级政府应理直气壮地支持。

(五) 考虑到目前东北的政治生态, 应及早提出"防止混合所有制异化"的警示, 提前预防和遏制

务必把好四关, 即资产评估关、价格确定关、交易透明关、资金到位关(具体见本书第二章, 第六节)。

二、优势企业"率先突围", 进一步"做优"

当年土地革命时期, 中共中央从大局出发, 抛掉坛坛罐罐, 率领红军最有战斗力的有生力量"率先突围", 才取得胜利。今天, 东北国企改革应借鉴这一宝贵经验, 组织有生力量"率先突围"。

东北有一批优势企业, 像沈阳机床、沈阳华晨、长春客车、哈尔滨电气集团等。2017 年 4 月, 笔者在沈阳调研了解到, 沈阳华晨集团年销售收入1727 亿元, 上缴税收 285 亿元。类似的好企业还有不少。笔者建议, 应推动这些优势企业"率先突围", 把国资做优做强, 担负起作为"主力部队"的责任。

装备制造业作为东北地区的"王牌"产业, 应当做新的文章。当今世界发达经济体服务业占整个经济比重 70%, 制造服务业又占整个服务业的70%。[1] 我国这方面的比重很低, 空间很大。据统计, 2015 年, 广东生产性服务业占服务业比重为 53.1%, 辽宁生产性服务业占服务业比重是 35%, 东北能否在新一轮科技革命中把握先机, 能否抓住结构升级的重要机遇, 关键在于能否实现由生产型制造向服务型制造转变。如何在装备制造业基础上发展制造服务业? 东三省应当抓住"一带一路"建设的好时机, 积极探索如何促进装备制造业和装备制造服务业"走出去", 这是"突围"的一个重要方向。

三、以"产权人本共进论"处置"僵尸企业"[2]

目前, 东北地区国企问题的一大聚焦点在于如何对待国有经济中的某些"僵尸企业"。"僵尸企业"这一提法不太准确、不太严格, "僵尸企业"并

---

① 资料来源:《值得关注的两个 70%》, 2017 年 4 月 6 日《经济日报》。
② 常修泽:《产权人本共进论》, 中国友谊出版公司 2010 年版。

未成为"尸体"，而是以活体形式持续"吞噬"人民的财富与血汗，把它们叫做"僵噬企业"更为贴切。据国资委披露，仅在全国央企中需要处理的"僵尸企业"和特困企业就达 2041 家，涉及资产 3 万亿元。[①] 2015 年，东三省 3000 多家地方国企处于亏损状态，其中不少属于"僵噬企业"，这种隐性的"国有资产流失"不能再被容忍。

现在一些地方优柔寡断，这里有职工安置问题，也有怕过去业绩"打水漂"问题，更有既得利益者阻挠问题。针对这一问题，建议以"产权人本共进论"处置：一是"保人不保企"。以壮士断腕的魄力厉行改革，该拔掉输血管的拔掉输血管，该撤掉呼吸机的撤掉呼吸机，不能再优柔寡断；二是"淘企不淘人"。对于"僵噬企业"的员工，应当予以保护与安置，多渠道实现再就业与社会保障。

四、探索完善国有企业新的治理模式，特别是切实引进、保护并激励企业家

习近平 2014 年底在分析国企存在的问题时指出，特别是有的国企内部管理混乱，侵吞、贪污、输送、挥霍国企资产现象大量发生，从近期揭露出来的一些国企中发生的腐败案件看，问题触目惊心。为此，必须根据新的情况探索完善国有企业新的治理模式。

（一）按《公司法》规定完善公司治理结构

笔者在调查中发现，虽然国有企业已经建立由股东会、董事会、监事会、经理层等形成的组织架构，但董事会的决策作用和经理层的管理作用发挥不够，随着下一步引进战略投资者、员工持股等改革的实施，企业治理结构的进一步改革突显出来，建立公司现代治理结构迫在眉睫。

（二）建立企业经理人员市场化选拔任用机制

东北地区受传统"官本位"体制的影响，不少地方"错把经理当官员"，尚未形成企业家市场选择和配置机制。可采取党组织"管资格"、企业家"参加竞聘"、董事会"择优选聘"的办法，实行企业家与企业双向选择。

（三）引进、保护并激励企业家

企业家是东北的"短板"。切实按照习近平提出的"我们全面深化改革，

---

① 资料来源：《为何有企业僵而不死》，2017 年 4 月 6 日《经济日报》。

就要激发市场蕴藏的活力。市场的活力来自于人,特别是来自于企业家,来自于企业家精神"的指示,引进、保护并发挥企业家的作用,着力培育企业家精神,真正从"人"的角度推动国企改革迈上新台阶。[①]

五、设立"东北国企改革先行试验区"寻求新突破

东北国企改革陷入瓶颈的一大关键因素在于,政府投资的红利虽有,但制度性的条条框框限制仍然较为突出。如果脱离实际,千篇一律,缺乏针对性,东北国企改革将难以实现根本性突破。为此,建议在东北地区设立"东北国企改革先行试验区",突破现行那些不合理条条框框的束缚,真正如当年邓小平同志说的那样,"杀出一条血路来",实现改革和发展的突破。

相关链接 常修泽教授在东北论坛作《"放"兴东北的三点主张》报告

中改院博士生　袁树卓

应主办单位邀请,2017 年 8 月 17 日至 20 日,著名经济学家常修泽教授出席在长春举办的"2017 东北振兴论坛"。在 19 日的大会上,常教授以其《东北振兴战略新论》为理论根基,结合最新调查情况,发表了《"放"兴东北的三点主张》的报告。

常教授报告一开始,即提出他的"东北振兴三兴论",即不仅要"唱兴东北",更重要的是,在"正"兴东北的基础上,"干"兴东北,特别是"放"兴东北。

围绕"'放'兴东北"命题,教授提出三点主张:

主张一:所有制方面"更放活",建议采取 16 字方针——"国有经济,做优做活,民营经济,做大做强"。把"做大做强"的帽子戴到民营经济头上。

常教授强调,当前东北国企混改,要注意克服四个"绕着走"的片面倾向,即:克服"绕开"垄断领域;"绕开"母公司;"绕开"主营业务;"绕开"异性恋。他指出,针对东北实际,开始阶段不是不可搞"同性恋"

---

① 参见常修泽:《关于激发和保护企业家精神的七点意见》(2017 年 1 月 10 日,原为内部报告);2017 年中共中央国务院于 2017 年 9 月 25 日正式颁发《关于营造企业家健康成长环境弘扬优秀企业家精神更好发挥企业家作用的意见》后,2017 年 9 月 26 日中国改革论坛网公开发表。

（国资圈内的多元化）；但"异性恋"是主旋律，"同性恋"只是协奏曲。

主张二：对外经济"更放些"：一带一路"内外打通"。具体建议：一是中国（辽宁）自贸区东北共用；二是"实打实"打造"东边道经济带"（12+2）；三是创"精准引进聚集区"。

主张三：南北协作"更放些"，由"对标"向"对本"。建议采取"两省联合领导小组"等举措，寻求东北经济的"广东化"、"江浙化"。

常教授的观点引起重视。新华网、《人民日报》、《光明日报》、《香港大公报》、《辽宁日报》以及吉林、长春等当地媒体对常教授联合采访。

大会前，18日晚吉林省委常委、长春市委书记王君正同志会见常教授，两人共叙学术。常教授向王君正书记赠送其《东北振兴战略新论》。

在长春期间，常教授还实地调研了吉林长春产权交易所，对其"托管增信—对接融资—配套服务"的市场模式予以肯定。

8月20日，新华网率先发表了《五大关键词解码》的会议综述，其中重点报道了常教授《"放"兴东北的三点主张》的观点。

来源：中国改革论坛网　　时间：2017-08-02

第十章　中央企业走出去与
发展混合所有制经济

【本章提要】混合所有制经济是资源在不同所有制之间的优化配置，国际化经营则是资源在不同国别市场之间的优化配置。企业国际化经营＋混合所有制，有利于国有企业统筹利用两个市场、两种资源，充分融合各类投资主体的管理经验、技术优势、资源禀赋，实现资源在更大范围、更广领域的优化配置。

本章概述了中国国有企业特别是中央企业国际化经营的最新进展情况及其作用；分析了中国企业国际化面临的困难与挑战；在此基础上，提出了"以混合化促进国际化"经营转型升级的意见。

第一节　中央企业国际化经营情况及其作用

一、中央企业国际化经营情况

走出去开展国际化经营是企业统筹利用两个市场、两种资源，培育具有创新能力和国际竞争力的世界一流公司的重要途径，也是以开放带动国内供给侧结构性改革的重要手段。近年来，中央企业①主动适应全球化趋势，大力开展国际化经营，积极参与国际合作，境外经营规模不断扩大，资源配置能力和国际竞争力大幅提升。

目前，中央企业境外法人单位超过9000家，分布在全球180多个国家

---

① 本文所提中央企业是指国务院国有资产监督管理委员会履行出资人职责的企业，目前为98家。

236

和地区,境外业务涵盖基础设施建设、能源资源合作、园区开发、民生工程建设等领域。2017年,48家中央企业进入《财富》世界500强,其中国家电网、中国石化、中国石油分列第2、3、4位。

中国提出"一带一路"倡议以来,中央企业积极响应,把"一带一路"沿线国家和地区作为海外业务拓展的重点,发挥自身优势,按照市场化原则积极参与重点项目建设,共有47家中央企业参与、参股或与当地企业合作共建了1676个项目①。

二、中央企业国际化经营发挥的作用

(一)推进基础设施建设,带动"一带一路"沿线地区经济快速发展

中央企业充分发挥在公路、铁路、港口、航空、油气管道、电力、通信网络等基础设施建设方面积累的经验和优势,主动参与重点项目和重大工程建设,有力推动了"一带一路"沿线国家的紧密联系和协同发展。

在铁路方面,亚吉(埃塞俄比亚至吉布提)铁路已开通运营,蒙内(肯尼亚蒙巴萨至内罗毕)铁路已经通车,中老(中国至老挝)、中泰(中国至泰国)等一批铁路项目已经开工建设或正在加快推进过程中。其中,高铁"走出去"成效显著,雅万(印尼雅加达至万隆)高铁等一批高铁项目成为"一带一路"建设的亮丽名片。

在公路方面,中巴喀喇昆仑公路等项目明显改善当地交通条件,盘活了当地资源,培育了一批新产业,有力带动了当地居民生产生活条件的改善。

在通讯网络方面,中央企业在东北亚、中亚、南亚、东南亚等周边区域建设跨境海底光缆、陆地光缆等大容量高速率通信设施,打造了全方位立体结合的通信网络联通体系,以信息化助力"一带一路"建设。

(二)深化能源资源合作,对接沿线国家经济发展诉求

中央企业根据"一带一路"沿线国家经济发展需要,先后在20多个国家开展了60多个油气合作项目,在参与矿产资源开发中加强技术交流和共享,有效提升了沿线国家能源矿产资源开发能力和水平。中国石油承建的中俄、中哈、中缅原油管道,中俄、中亚、中缅天然气管道等项目,有效解决了

① 中央企业参与"一带一路"建设情况,来源于2017年5月8日上午10点国务院新闻办举办的新闻发布会资料。

当地丰富油气资源输出难的问题。

国家电网在俄罗斯等周边国家建设的 10 条输电线路,三峡集团、中国电建、中核集团建设的中巴经济走廊重点电力项目,中广核的马来西亚埃德拉电力项目,提供了当地急需的电力能源,为推动当地经济发展、改善和保障民生作出了重要贡献。

(三)加强产业投资和园区建设,帮助沿线国家实现工业化

中央企业结合"一带一路"沿线国家产业发展情况,加大投资力度,加强国际产能和装备制造合作,着力推动所在国实现工业化、现代化。

多个采用中国装备和技术的工业、制造业项目在马来西亚、老挝、蒙古、印尼等国家成功落地,有效满足了当地经济发展需求。

中央企业建设运营的希腊比雷埃夫斯港、斯里兰卡汉班托塔港等项目,提升了当地港口运营水平,为经济贸易发展作出了积极贡献。

中国有色集团自 1998 年进入赞比亚以来,不断加大在赞比亚的投资合作力度,积极推动经贸合作区的发展,截至 2015 年年底,在赞累计投资超过 26 亿美元,累计纳税 3.6 亿美元,为当地提供各种捐赠 2000 万美元,为当地提供 1.5 万个就业岗位。其中中国有色赞比亚经贸合作区为当地提供了 8500 个就业岗位。目前,该经贸合作区累计投入基础设施建设 1.87 亿美元,已有 55 家企业和租户入驻,园区实际完成投资 15.7 亿美元,区内企业累计实现销售收入 110.45 亿美元①。

(四)积极履行社会责任,促进民心相通

在"一带一路"建设进程中,中央企业始终严格依法诚信经营,坚持本土化发展,注重生态环境保护,积极投身公益事业,在改善当地民生、推动协调发展、促进文化交流等方面发挥了积极作用。

中央企业目前海外分支机构 38.4 万名员工中,85% 是本地员工,不少企业的员工本地化率达到 90% 以上,中国石油印尼公司、中国移动巴基斯坦公司员工本地化率高达 99%。

中央企业严格遵守国际通行规则和当地环保法律法规,通过开展第三方环境评估、节能减排、废弃物管理等,加大对环境的保护力度。一些企业

---

① 资料来源:中国有色网新闻。

在矿产资源开发中,致力于将绿色发展理念贯穿生产经营全过程,通过提高环保标准,采用先进技术,最大限度降低矿产开采对环境造成的影响。

中央企业积极参与项目所在地的教育、文化、医疗等服务设施建设,造福当地人民。中国石化 Addax 基金会的公益项目,针对发展中国家和地区开展健康、教育和环境保护等活动,惠及赞比亚、乌干达、尼日利亚等国家。中冶集团在项目所在地出资建设医院、学校,解决就医难、上学难等问题,赢得了当地社会和居民的广泛赞誉。

三、中央企业在国际化经营过程中投资方式的变化

在走出去开展国际化经营过程中,中央企业不断创新商业模式,投资方式正由绿地投资为主向股权投资为主转变,工程项目合作方式正由 EPC 总承包向 BOT、PPP、"前港—中区—后城"等建营一体化方式转变,参与方式也由单打独斗向组建项目联合体、联合产业链上下游和相关产业企业抱团走出去转变,企业国际竞争力大大提升。

应该说,中央企业走出去开展国际化经营,一方面,面对发展中国家市场,带动了当地经济社会发展,推动了国际产能合作;另一方面,面对欧美发达国家市场,通过开展以获取技术、品牌、市场网络等为目的的并购,弥补了国内产业短板。通过内外互动推进"三去一降一补",推动了国内供给侧结构性改革。

第二节　中央企业国际化面临的困难与挑战

总体上看,中国企业走出去尚处初级阶段,与国际一流跨国公司相比还有不小差距,全球资源配置和跨文化融合的能力和水平相对不足。再加上境外投资经营面临的风险较高,除了项目本身的经营性风险外,境内外政治、社会、文化不同带来的风险更为明显,中央企业的国际化经营面临着巨大的困难和挑战。

一、投资环境不熟悉

不少企业还没有做好走出去的准备,对投资"标的国"市场情况不熟悉、不了解,对当地的法律法规、监管政策等调查不够。有的习惯于按国内思维考虑问题,只考虑项目的经济性回报,对项目面临的政治、安全、环保、社会等非商业性风险考虑不够,贸然决策导致失误。如在东欧某公路和中东某轻轨项目中,因有关企业对项目所在国法律、环保、劳工等投资环境评估工作不足,成本核算出现巨大偏差,最终导致项目巨额亏损。

二、政治风险应对乏力

近年来,"逆全球化"思潮泛滥,民粹主义此起彼伏,"中国威胁论"不时沉渣泛起,部分地区政治局势动荡不安。出于政治和经济利益因素,新政权不承认旧政府签订的经济合同、以各种原因重新审核过去订立的经济合同、通过法律和政策手段干预企业经营行为,甚至对外国资本实行国有化的事件时有发生,造成中国企业海外投资合作项目被迫中止或重新谈判。

在国际化经营过程中,中国企业有的在与投资合作国业主、政府谈判中处于弱势地位,部分正当利益和诉求难以保证,不能通过自身实力有效化解此类风险,项目经营不确定性增大。而这类风险具有高度的不可预测性、不可控制性,所产生的损失较大,对企业国际化经营的威胁也最大。

如缅甸密松水电站项目,该项目是中缅两国政府签署的伊洛瓦底江上游水电开发项目中最大的一座电站,于2009年12月21日正式开工建设。2011年9月30日缅甸方面突然宣布暂时搁置密松水电项目,导致企业损失严重。

三、协同优势发挥不够

在企业走出去过程中,工程承包和境外投资领域较易产生无序、恶性竞争。比如在工程承包类项目中,一些企业为了占市场、抢项目,不惜以低于成本的低价投标,或在明知发标方已接受一家中国企业报价的情况下,恶意以更低价格参与竞标;有的在投资并购中抬高收购价格,造成最终成交价远高于合理溢价;有的在竞标中采取不正当手段,恶意诋毁竞争对手;有的明知竞争对手企业已获得中标通知或已同业主签署具有约束力的合同、协议或其他形式的法律文件,仍然违规介入。

产生上述情况的原因,主要是由于业务同质化严重,缺乏差异化竞争优势。从目前情况看,我国具有比较优势的产业还不够多,企业相对集中。

以高铁产业为例,具备施工能力的就有多家企业,在千军万马分别走出去的情况下,企业间竞争十分激烈,前方业务人员出于业绩压力,总是会想方设法争抢项目。

四、融资瓶颈限制

联合国贸易和发展会议发布的《2017 年世界投资报告》显示,中国 2016 年对外投资飙升 44%,达到 1830 亿美元,首次成为全球第二大对外投资国。面对急剧扩张的资金需求,企业走出去开展国际化经营,却面临着融资难、融资贵、融资结构不合理等问题,融资问题成为制约中资企业竞争力的瓶颈问题。

以融资成本为例,我国政策性"两优贷款"利率最低在 2% 左右,而日本商业性贷款利率一般低于 1%。除了融资成本高,目前中资企业对外投资主要依赖银行间接融资,股权融资、债券融资、风险投资等直接融资规模较小,导致融资手段较为单一,融资门槛较高,加剧了企业的财务负担和经营风险,显著降低了我国企业的国际竞争力。

五、国际化人才储备不足

作为企业国际化经营竞争力和执行力的重要体现,国际化人才在大型跨国公司的形成和发展过程中必不可少。与通用的技术、管理人才不同,国际化经营人才既要具有专业技术或运营管理经验与技能,又要熟练掌握 1~2 门外语,具有较强的国际交流能力;既要熟悉并善于运用国际规则和多双边贸易规则,又要熟知国内监管规则;既要能遵守和宣传企业管理文化,又要有能力适应不同国家的传统、文化和社会制度。

以境外安全管理为例,一个合格的安全管理人才需要具备专业的安全知识、流利的英语和项目所在国语言,熟知国际商务规则,又要有跨文化沟通的能力。这样的人才往往凤毛麟角、一将难求。这也是中国企业在境外安全风险防控上捉襟见肘的重要原因。因此,国际化人才的缺乏,直接导致中国企业在走出去战略实施过程中,经营活动无法按计划圆满实施,企业管理难以科学、有效,部分情况下甚至影响到"走出去"整体战略目标的顺利实现。

第三节　以混合化促进中央企业国际化转型升级

企业国际化经营中存在的困难和挑战,在很大程度上源于企业间信息不通、协同不够。企业能独资、不控股,能控股、不参股,能就地投资、不股权并购,导致投资风险加大且由一家独自承担。而混合所有制经济的发展,给企业走出去模式的改变提供了新思路,既可推动国有企业与民营企业、项目所在地企业和国际投资公司的合作共赢,又可推动商业模式向建营一体化、商产融联合体、项目+贷款+资源等模式转变,有效降低国际化经营风险,推动走出去转型升级。

2016 年,国务院国资委修订并印发了《中央企业境外投资监督管理办法》(国资委令第 35 号),要求中央企业将境外投资风险管理作为投资风险管理体系的重要内容。境外投资项目应积极引入国有资本投资、运营公司以及民间投资机构、当地投资者、国际投资机构入股,发挥各类投资者熟悉项目情况、具有较强投资风险管控能力和公关协调能力等优势,降低境外投资风险。对境外特别重大项目,中央企业应建立投资决策前评估制度,委托独立第三方有资质咨询机构对投资所在国政治、经济、社会、文化、市场、法律、政策等风险做全面评估。这也是适应混合所有制和国际化发展的需求在产权层面做出的制度安排。

一、引入当地投资者客观把握投资环境,协调各方利益

跨国经营无一例外都涉及所在国政治利益和经济利益,地方政府和社会团体对项目的影响也不可忽视。加上对所在国的法律和投资经营环境缺乏充分掌握和了解,在舆论环境中缺乏主导权和话语权,中国企业境外投资频繁被欧美和当地媒体攻击,近年来一些项目遇当地大选就被"翻烧饼"的情况也频繁发生。适当引入当地成分,通过当地有实力企业参股、参与部分工程项目施工建设或咨询服务,有利于客观判断项目投资价值,有效化解项目政治经济风险。

如国家电网公司(SGCC)作为技术合作伙伴与菲律宾蒙特罗公司(MOGRC)、卡拉卡公司(CHPC)三方按照菲律宾法律组建联营体于 2009年 1 月 15 日中标菲律宾国家输电网 25 年特许经营权项目,至今运营良好,其依托本地资本的股权结构,使项目即使在中菲关系因南海岛屿仲裁案恶化时,项目也未受到大的冲击和影响。

二、引入国际投资者发挥地缘政治影响力

当前,我国实力的快速增长正在引起世界政治格局的某些变化,但东西方的力量对比和影响力尚未从量变引起质变,欧美国家仍然在政治、经济、军事领域对世界有着重要影响,形成一套协同运作机制和规则。特别是欧美跨国公司,具有丰富的境外投资经验,能够熟练运用政府影响来保护境外投资安全。中国企业在境外投资适当引入欧美资本参与,有利于客观掌握国际投资者对该项目的判断,淡化中国国有资本色彩,能够使中国企业在工程建设、装备制造、资金等方面的优势与欧美资本在政治、金融、保险、法律和风险管理等方面的优势相互结合,形成互补,提高项目运作成功率和经营效果,对规避日后经营中的政治风险、汇率风险也有好处。

如中国工程机械制造企业中联重科结合国内外三个 PE 机构,成功收购世界排名第三的意大利混凝土机械生产企业 CIFA,境内外基金合作起到了至关重要的作用,既抓住了时机,又优化完善了并购方案,降低了成本,分散了风险。

三、引入其他股东实现优势互补,发挥协同效应

总体上看,中国企业在走出去过程中仍习惯于"单打独斗""包打天下",不注重发挥自身优势与其他企业相互帮衬、互惠合作。鉴于此,应积极推动企业创新走出去方式,搭建若干平台,进一步增强国际市场竞争能力和风险管控能力。

1. 搭建优势产业合作平台,推动高铁、核电、电网、信息化、重大基础设施建设等具有国际竞争力的优势产业走出去,带动中国技术、标准、管理和服务进入国际市场。

2. 搭建高效产能合作平台,围绕航空、航天、机械、电力、电信、冶金、炼化、建材、轻工、纺织等高效产能,结合当地需求,加快境外合作园区建设,发展产业集群,推动双边和多边产能和装备合作。

3. 搭建商产融结合平台,以优势大企业为核心,发挥其在国际化经营中的品牌、网络、渠道、人才、资本、信息、资源整合和风险防控等方面的综合优势,联合境内外各类资本,打造合作大平台,带动其他企业共同走出去。

4. 搭建跨国并购重组平台,推动同行业及产业链上下游企业通过股权合作等方式,组成联合体,推动纵向整合与横向协作,参与对境外先进企业、研发机构、著名品牌和营销网络的并购,推动中央企业向市场价值链高端迈进。

四、引入金融机构推进产融结合,破解融资难问题

随着经济全球化的推进,企业金融服务的需求不断扩大,而金融业的规模及创新发展还不能及时满足企业国际化经营需要,尤其是针对企业发展的特色化、个性化金融服务供给不足。因此,产融结合作为一种可高效快速匹配资源的经营模式受到越来越多的关注。产融结合的关键是改变融资结构,变短期债务融资为中长期股权融资,努力探索对外投资模式创新,在市场化运作、利益共享的基础上,加强企业"联合出海"力度,打造商产融联合体,从产融整体判断项目的经济性,而不是单从产或单从融考虑,可大大提升产业竞争力。

[本篇附录]国企发展混合所有制案例

案例一:东航物流有限公司实行混合所有制改革

中国东方航空集团公司(下称东航集团)旗下的东方航空物流有限公司于2017年6月19日宣布,与联想控股股份有限公司、普洛斯投资(上海)有限公司、德邦物流股份有限公司、绿地金融投资控股集团有限公司等4家投资者,以及东航物流核心员工持股层代表,在上海正式签署增资协议、股东协议并审议通过公司章程,东航物流的混合所有制改革尘埃落定。

一、公司基本情况

(一)主营业务及资产情况

东方航空物流有限公司(以下简称东航物流)是中国东方航空股份有限公司(以下简称东航)旗下的全资子公司。公司注册资金11.5亿元人民币,年营业收入近100亿,拥有中国货运航空、东航快递、东航运输、东航货站等子公司及境内外近200个分支机构,员工8000余人,是全世界独一无二的一家航空公司下属又下辖公司的物流企业。

东航物流以成为综合实力领先的现代物流服务集成商为目标,致力于为国内外客户提供安全、高效、精准、便捷的全程综合物流服务。公司拥有道路货物运输(普通货物),仓储,海上、航空、陆上国际货物运输代理,货物装卸,物业管理,停车场,会务服务,为国内企业提供劳务派遣服务,日用百货、办公用品的销售,商务咨询(除经纪)、机票代理、货物及技术的进出口业务、电子商务等方面业务的营运资质。

东航物流集供应链管理、航空运输、陆路运输、水路运输、仓储、装卸、快递、报关、进出口贸易等业务功能于一体,在运营实践中培育和形成了综合物流服务所必备的方案设计、优化、组织、实施、管理等全程物流服务能力,可根据客户的需求提供"一站式"物流解决方案,实现全方位的项目过程管理、时间和成本控制。

(二)运营状况

东航物流拥有功能齐全、结构均衡的战略资本架构,其母、子公司

245

400多架客机腹舱和12架全货机的航空运力以及遍布全国、辐射全球的航线网络是东航物流得天独厚的资源优势。作为天合货运联盟成员,公司旗下的中货航与亚洲、美洲及欧洲多家航空公司开展了互换舱位、代码共享、SPA联运合作,通过与密集的国内外卡车配送网络衔接,可为客户提供覆盖全世界各个角落的全过程门到门物流服务。

东航物流在上海虹桥和浦东机场均设有运营基地,拥有六个近机坪货站(含海关监管仓库),总面积达125万平方米。凭借先进的货邮处理设备,可为客户提供货物组装、分解、仓储、驳运、配送、集装器管理等一系列标准服务。货站设有特种货物操作专区和危险品、冷藏冷冻品、贵重物品、活体动物等专用仓库,可操作、存储各类特种货物;还可为客户提供超越常规标准的限时服务、延伸服务及增值服务,全方位满足客户各种特殊需求。

公司旗下的东航运输是国内首家具有报关资质、经营国际进出口货物空陆联程的物流运输企业。公司拥有近300辆海关监管车辆,配备专业装卸平台、GPS卫星定位系统、车辆监控调度系统,货物运输全程可查可控。公司设有专门的特种货物运输保障部门,在危险品、冷鲜货、精密仪器、超大件等特货运输上具备专业能力和丰富经验,可为客户提供陆空、陆海等多式联运服务。以上海自贸区建设及跨境电子商务试点工作为契机,东航物流创新打造"快递+电商+贸易"的商业模式,搭建了"东航产地直达"电商平台,商品种类覆盖水果、生鲜、冷冻食品、奶制品、粮油副食等多个大类。公司通过预先收集境内外客户的消费需求,从产地直接集中采购,采用航空运输方式,最大限度地缩短"从产地到餐桌"的时间,辅以自有快递公司的配送服务,使客户真正享受到高端快速、新鲜到家的消费体验。

二、其他各参与方情况

(一)联想控股股份有限公司

联想控股股份有限公司(以下简称"联想控股")于1984年由中国科学院计算技术研究所投资,柳传志等11名科研人员创办。从IT行业起步,经过30多年的发展,现已成为中国领先的多元化投资控股公司,创造了"战略投资+财务投资"双轮驱动的独特业务模式,通过价值创造和价值发现,构建并管控优秀且有高潜力的投资组合,推动公司价值的持续增长。通过前瞻性布局、灵活的投资策略以及持续的增值服务,联想控股在若干领域打造了一批有影响力的优秀企业;同时,联想控股高度重视并充分发挥人的作用,在多个行业发现并培养领军人物,为员工创造事业舞台,激发企业的发展活力。公司于 2015 年 6 月 29 日在香港交易所主板上市(HK:03396),截至 2016 年 12 月 31 日,联想控股综合营业额约 3070 亿元,综合总资产约 3223 亿元。[①]

(二)普洛斯投资(上海)有限公司

普洛斯投资有限公司(以下简称普洛斯)是全球领先的现代物流设施和工业基础设施提供商。公司业务遍及中国、日本、美国和巴西的 117 个主要城市,拥有并管理约 5492 万平方米的物流基础设施,形成了一个服务于 4000 余家客户的高效物流网络。通过标准设施开发、定制开发、收购与回租等灵活的解决方案,普洛斯致力于为全球最具活力的制造商、零售商和第三方物流公司服务,不断提高供应链效率,达成战略拓展目标。[②] 其中国总部位于上海。

(三)德邦物流股份有限公司

德邦物流股份有限公司(以下简称德邦物流)致力成为以客户为中心,覆盖快递、快运、整车、仓储与供应链、跨境等多元业务的综合性物流供应商。其凭借网络基础、人才储备、市场洞悉,为跨行业的客户创造多元、灵活、高效的物流选择,让物流赋予企业更大的商业价值。德邦紧随客户需求而持续创新,坚持自营门店与事业合伙人相结合的网络拓展模式,搭建优选线路,优化运力成本,为客户提供快速高效、便捷及时、安全可靠的服务。截至 2017 年 5 月,该公司已开设 10000 多家标准化的门店,服务网络覆盖全国 34 个省级行政区,全国转运中心总面积超过 110 万平方米。目前,德邦物流正从国际快递、跨境电商、国际货代三大方向切入跨境市场,已开通韩国、日本、泰国等多条国际线路,全球员工人数超过 11 万。[③]

---

① 资料来源:联想控股网站(http://www.legendholdings.com.cn)。
② 资料来源:普洛斯中国网站(http://www.glprop.com.cn)。
③ 资料来源:德邦公司网站(https://www.deppon.com)。

（四）绿地金融投资控股集团有限公司

绿地金融投资控股集团（以下简称绿地金融）成立于 2011 年 4 月，是世界 500 强企业。绿地集团着力打造的战略性金融投资平台。立足于"投资+投行"的大资管金融全产业链布局，同时抓住国家深化金融改革的契机，已完成四大板块业务布局，即金融机构投资、基金投资和管理业务（包括房地产基金、产业基金、并购基金、股权投资基金和一二级市场证券投资基金等基金投资和管理等）、类金融业务（包括自主经营小额贷款公司、融资担保公司、金融资产交易中心、融资租赁公司、财富管理公司等）、资本运作（包括资产管理、海外直投、并购重组、大宗资产交易等），以及在此基础上发起设立互联网金融事业部，整合各交易中心、财富管理、第三方支付及征信等资源，积极推动互联网金融发展。

绿地金融成立以来，入股了锦州银行（00416.HK）、东方证券（600958.SH）和上海农村商业银行等多家机构，并已分别成为上述机构的第二、第五和第六大股东。2015 年，绿地金融实现利润总额 34.3 亿元，截至年末，资产规模已经超过 430 亿元，并成功收购了杭州工商信托公司近 20% 的股权。经过前期的多项探索和准备，绿地金融目标三至五年内通过收购获得包括保险、证券、银行、信托等在内的金融牌照，逐步完善大金融全产业链布局，并成为在细分领域具有核心竞争力的综合性金融服务集团。

三、混改概况

（一）股权结构安排

东航集团的东航物流实施混改方案主要体现在股权的多元化，这也是国有资本管理机构在推行混改试点中最重要的一步。东航集团发布的方案显示，改制后的东航物流将由东航集团、联想控股、普洛斯、德邦物流、绿地金融以及东航物流核心员工组成，分别持有东航物流 45%、25%、10%、5%、5%、10% 的股份。在这次改制中，东航集团实际投入的国有资本约为 18.45 亿元，而引入 22.55 亿元的非国有资本进入，并将资产负债率从 2016 年年底的 87.56% 降低到目前的 75% 左右，达到全球顶级的航空货运企业平均水平。①

（二）混改实施步骤

按照为东航物流制定的混改"三步走"规划，其混合所有制改革将按照如下步骤实施：第一步是股权转让，将东航物流从中国东方航空股份有限公司的体系内脱离出来，专注于经营航空物流产业；第二步是增资扩股，引进战略投资者和开展核心员工持股计划；第三步是改制上市，积极创造条件，实现企业上市。在完成混合所有制改革之后，东航物流将建立市场化体制，形成竞争优势，推动上市计划。

（三）改革后公司的战略定位

关于未来东航物流的重点业务方向，东航方面表示，伴随着全球化电子商务产业的迅猛发展，物流产业逐步形成"大数据+现代仓储+落地配"的新型商业模式，单一企业的核心竞争力正在向系统竞争力、产业链竞争力、生态圈竞争力演变，形成新型物流产业体系。混改后新的东航物流将在航空物流、货运产业基础上，整合民营资本的第三方物流、物流地产、跨境电商以及传统快递产业的落地配功能，走出一条引领全球航空物流转型发展之道。同时，进一步形成东航集团航空客运与航空物流"双轮"驱动的产业发展模式，有效提升东航集团产业整合能力、经营能力和可持续发展能力。

基于此，混改后的东航物流将打造成为各类资本优势互补、股权结构均衡有序、具有健全的法人治理机构、完善的现代企业制度、市场化的体制机制，符合物流行业产业生态圈的高端物流服务集成商，逐步成长为能够比肩联邦国际快递、联合包裹服务公司和中外运敦豪的世界一流航空物流"国家队"，并为国企改革探索路径，积累可复制、可推广的改革经验。②

四、几点思考和启示

东航物流公司的混改案例，在股权比例安排、多元投资者选择、员工持股等方面都有了比较大的突破，亮点颇多，为我们在中央企业子公

---

① 黄淑慧：《东航物流"混改"试点方案落地》，2017年6月20日《中国证券报》。

② 钱擘、税宁：《全国首批七大领域央企混合所有制改革试点在民航落地——东航物流混改签约》，2017年6月21日《中国民航报》。

司层面推进混合所有制改革方面提供了可复制推广的经验。

（一）对于竞争性商业类国有企业不应强调国有股的绝对控股要求

部分国企在混改中存在追求绝对控股的倾向，不希望"受制于人"，而希望继续在改革后的公司中"说一不二"。这种情况下，混改企业很难成为真正的市场主体，完善法人治理结构、改善国企预算软约束问题、保护中小股东权益等目标也很难实现。东航物流突破了国有股51%的绝对控股比例限制，国有大股东仅占股45%，不仅体现了大股东参与混改的诚意，也为民营和外资参与混合所有制改革打消了顾虑。

（二）混改时必须注重引进具有战略协同作用的多元投资主体

对于东航物流而言，优先选择引入联想控股、德邦物流、普洛斯、绿地金融等与企业产业布局、发展战略相匹配，产品有较强关联度，具有行业领先核心技术的战略投资者，以及拥有先进发展理念和管理模式，具有较强投融资能力和资本运营能力的战略投资者，对于混改后公司的长远发展和战略定位的重新调整意义重大。多元投资主体在公司治理中的制衡作用，必将使公司快速走上更为良性的发展轨道，对新公司的未来发展起到助推作用。

（三）通过员工持股形成利益共享、风险共担的机制

员工持股是一种有效的长期激励，也是混合所有制的重要实现形式。它可以较大程度地提高员工的主人翁责任感及组织承诺，完善市场化的激励约束机制，并真正形成利益共享、风险共担的机制，这也就是为什么很多其他所有制经济成分资本参与国有企业混合所有制改革时，要求骨干员工特别是管理层持有混改后的公司股份的主要原因。本案例中，职工持股平台共将拥有企业10%的股份，在此次改革中认购8%，剩余2%留给未来加盟企业的优秀人才；持股平台的参与者包括高管和核心员工共125人，其中高管必须根据职位认购金额上千万元到数千万元的股权，其他核心员工则每人认购数十万元到数百万元的股权。[1] 东航物流核心员工10%的员工持股，必将成为强化公司激励机

---

① 钱擘、税宁：《全国首批七大领域央企混合所有制改革试点在民航落地——东航物流混改签约》，2017年6月21日《中国民航报》。

制、推动公司治理进一步完善的关键因素之一。

（注：本案例由国家发改委市场与价格研究所副所长
刘泉红研究员根据公开文献整理、撰写并评点）

案例二：邮乐网改革案例点评

一、邮乐网是发展混合所有制经济的有益尝试

积极发展混合所有制经济，是以习近平同志为核心的党中央作出的重大战略部署。党的十八届三中全会通过的《中共中央关于全面深化改革若干重大问题的决定》明确，国有资本、集体资本、非公有资本等交叉持股、相互融合的混合所有制经济，是基本经济制度的重要实现形式，有利于国有资本放大功能、保值增值、提高竞争力；有利于各种所有制资本取长补短、互相促进、共同发展。允许更多国有经济和其他所有制经济发展成为混合所有制经济，对于坚持和完善基本经济制度、深化国有企业改革意义重大而深远。2015年9月出台了《国务院关于国有企业发展混合所有制经济的意见》（国发〔2015〕54号），各地、各中央企业认真贯彻落实中央的决策部署，积极探索发展混合所有制经济，取得重要成效。中国邮政集团携手香港 TOM 集团打造邮乐网，是发展混合所有制经济的有益尝试，对促进传统邮政转型升级意义深远。

二、邮乐网发展混合所有制经济的几个特点

（一）邮乐网是以合作成立新公司方式发展混合所有制经济

根据《国务院关于国有企业发展混合所有制经济的意见》，发展混合所有制经济，要鼓励国有资本以多种方式入股非国有企业。在公共服务、高新技术、生态环境保护和战略性产业等重点领域，以市场选择为前提，以资本为纽带，充分发挥国有资本投资、运营公司的资本运作平台作用，对发展潜力大、成长性强的非国有企业进行股权投资。鼓励国有企业通过投资入股、联合投资、并购重组等多种方式，与非国有企业进行股权融合、战略合作、资源整合，发展混合所有制经济。邮乐网作为由中国邮政集团和香港 TOM 集团联手打造的国有资本和非国有资本合资成立新公司方式发展混合所有制经济，符合党中央国务院的

规定。

(二)邮乐网通过发展混合所有制经济,建立了灵活高效的市场化运作机制

多年来,一批国有企业通过改制发展成为混合所有制企业,但治理机制和监管体制还需要进一步完善;还有许多国有企业为转换经营机制、提高运行效率,正在积极探索混合所有制改革。邮乐网充分发挥混合所有制企业区别于国有企业的制度优势,尊重市场经济规律和企业发展规律,以企业为主体,充分发挥市场机制作用,把引资本与转机制结合起来,把产权多元化与完善企业法人治理结构结合起来,通过发展混合所有制经济,建立了灵活高效的市场化运作机制。

(三)邮乐网立足长远战略考虑,实现了国有资本与非国有资本优势互补、共同发展

根据《中共中央关于全面深化改革若干重大问题的决定》,国有资本、集体资本、非公有资本等交叉持股、相互融合的混合所有制经济,有利于国有资本放大功能、保值增值、提高竞争力。邮乐网创立之初,中国邮政和香港 TOM 集团分别占 51% 和 49% 的股份。在首轮融资中,邮乐网获得 IDG 资本和赛富基金投资,实现了国有资本和其他多种社会资本的优势互补、共同发展,共同推动了混合所有制经济发展。

(四)邮乐网通过发展混合所有制经济,放大了国有资本功能

在邮乐网经过首轮融资之后,中国邮政持股比例下降为 44.24%,但仍是邮乐网的最大股东,拥有足够的管理权、控制权。随着邮乐网市场估值增加,中国邮政的有效权益从当初 300 万元投资,巨幅增加到现在 20 亿估值,实现了国有资产的增值保值,放大了国有资本的功能。

三、从邮乐网看混合所有制企业需要进一步关注的问题

(一)进一步探索以管资本为主加强国资监管的有效方式

根据《中共中央关于全面深化改革若干重大问题的决定》,完善国有资产管理体制,要以管资本为主加强国有资产监管,改革国有资本授权经营体制,组建若干国有资本运营公司,支持有条件的国有企业改组为国有资本投资公司。这意味着监管国有资产的职能,将从监管企业为主向监管资本为主转变,主要致力于国有资本的优化配置,对国有资

本运营和投资公司进行动态管理,更好地服务于国家战略目标。

(二)进一步推进党的建设与现代企业制度有机融合

发展混合所有制企业,要贯彻落实习近平2016年10月在全国国有企业党的建设工作会议上的讲话精神,进一步推进党的建设与现代企业制度有机融合,即做到两个"一以贯之":一是坚持党对国有企业的领导是重大政治原则,必须一以贯之;二是建立现代企业制度是国有企业改革的方向,也必须一以贯之。要按照习近平同志要求,打造中国特色现代国有企业制度,把党的领导融入公司治理各环节,把企业党组织"内嵌"到公司治理结构之中,明确和落实党组织在公司法人治理结构中的法定地位。当前,国企国资改革正处于攻坚期和"深水区",党的领导只能加强,不能削弱。

(三)推行职业经理人制度

发展混合所有制企业,要按照现代企业制度要求,建立市场导向的选人用人和激励约束机制,通过市场化方式选聘职业经理人依法负责企业经营管理,畅通现有经营管理者与职业经理人的身份转换通道。职业经理人实行任期制和契约化管理,按照市场化原则决定薪酬,可以采取多种方式探索中长期激励机制。严格职业经理人任期管理和绩效考核,加快建立退出机制。

(注:本案例由国务院国资委企业改革局副局长吴同兴评点)

相关链接 **多政策推动外资"入局"国企混改**

　　随着国企改革不断深化,外资有望成为国企混改亮点。《经济参考报》记者日前获悉,国家正在推出多项政策,鼓励外资参与国内企业优化重组,简化程序,放宽限制,特别是下一步将继续鼓励外资参与国有企业混合所有制改革。

　　"鼓励外资参与混改,一方面是因为中国的外资并购空间巨大,将成为吸引外资的主要方向;另一方面也是推动中国国企优化调整机制、增强活力的需要。"一位国资人士对《经济参考报》记者表示。他同时透露,目前各地方国资也在酝酿配套政策和方案,除了鼓励多种所有制参与混改,外资参与混改也是下一步改革的重要方向。

　　例如,上海市日前出台了《关于进一步推进上海国资国企改革发展的若干意见》,根据该意见,大力推动上海国有企业"跨地区""跨所有制重组",吸引中央企业、地方企业及外资企业、民营企业参与本市国资调整和国有企业重组。同时,包括上海市国资委在内的相关部门正在抓紧研究制定配套政策、实施细则和工作方案。

　　实际上,近年来随着我国对外开放水平的提高,外资进入中国的领域已经越来越宽。今年7月,国务院就减少了自贸试验区外商投资负面清单中的10个条目、27项措施。

　　此外,国务院还出台《关于在市场体系建设中建立公平竞争审查制度的意见》,确保外资准入以后能和国企、民企在同一个公平的环境内进行竞争。

　　国务院近期印发《关于促进外资增长若干措施的通知》,明确表示积极利用外资是我国对外开放战略的重要内容。该通知指出,当前经济全球化呈现新特点,我国利用外资面临新形势新任务,要不断提升我国引资新优势,促进吸收外资实现稳定增长。根据该通知,我国将从进一步减少外资准入限制、制定财税支持政策、完善国家级开发区综合投资环境、便利人才出入境、优化营商环境等五个方面促进外资增长。

　　记者了解到,目前央企也在纷纷布局推动混改,其中外资参与混改的身影已经显现。今年6月落地的中国东方航空集团公司旗下东方航空物流有限公司混改,就引入了普洛斯投资(上海)有限公司作为战略合作者,并占股10%,在资源互补的基础上进行合作。此前,中石化、中信集团等企业也不同程度地在混改中引入了外资。

"目前国企混改已经初步形成突破,也已经具备引入外资的条件",中国企业研究院首席研究员李锦向记者表示。他认为,未来应通过进一步完善董事会治理等方法,解决外资进入国企时同股不同权的问题。此外,他建议应在分类的基础上推进国企引入外资混改的工作。

商务部国际贸易经济合作研究院国际市场研究所副所长白明也表示,国企引入外资不能一概而论,应在细分产业链的基础上进行。"普通的民用产业中也可能承担军品任务,国防科工等军工国企也有民品,因此很难笼统地说某一领域、某一企业是否应该开放,应该对此做适当限制,在准入、股本占比、经营领域、合作方式等方面作出相应规定。"

"外资进入国企,实际上是优势互补,"白明告诉《经济参考报》记者,国企与外企的区别之一是国企在追求盈利的同时还承担着很多社会责任,且在我国国民经济中占重要地位,外企则追求利润最大化。但白明认为,国企和外企的合作,利益重合部分要大于错位。"十八届三中全会提出,要使市场在资源配置中起决定性作用,国企的利益就是国家利益,这种利益也应尽可能通过市场、通过现代企业制度的方式实现。"白明说。

白明认为,国企引入外资时应崇尚优势互补的原则,借助外资的技术、境外营销渠道等扩大国企的国际影响力,助力中国从制造大国走向制造强国。他表示,目前我国引入外资的结构正在调整和优化,比如高端制造业和现代服务业这两项利用外资增长就较快,因此他认为,利用外资助力国企的转型升级不仅符合"中国制造2025"的规划,也是国企引入外资时的趋势。

来源:《经济参考报》　　时间:2017-09-08

相关链接 **国务院关于国有企业发展混合所有制经济的意见**

国发〔2015〕54 号

各省、自治区、直辖市人民政府,国务院各部委、各直属机构:

发展混合所有制经济,是深化国有企业改革的重要举措。为贯彻党的十八大和十八届三中、四中全会精神,按照"四个全面"战略布局要求,落实党中央、国务院决策部署,推进国有企业混合所有制改革,促进各种所有制经济共同发展,现提出以下意见。

一、总体要求

(一)改革出发点和落脚点。国有资本、集体资本、非公有资本等交叉持股、相互融合的混合所有制经济,是基本经济制度的重要实现形式。多年来,一批国有企业通过改制发展成为混合所有制企业,但治理机制和监管体制还需要进一步完善;还有许多国有企业为转换经营机制、提高运行效率,正在积极探索混合所有制改革。当前,应对日益激烈的国际竞争和挑战,推动我国经济保持中高速增长、迈向中高端水平,需要通过深化国有企业混合所有制改革,推动完善现代企业制度,健全企业法人治理结构;提高国有资本配置和运行效率,优化国有经济布局,增强国有经济活力、控制力、影响力和抗风险能力,主动适应和引领经济发展新常态;促进国有企业转换经营机制,放大国有资本功能,实现国有资产保值增值,实现各种所有制资本取长补短、相互促进、共同发展,夯实社会主义基本经济制度的微观基础。在国有企业混合所有制改革中,要坚决防止因监管不到位、改革不彻底导致国有资产流失。

(二)基本原则。

——政府引导,市场运作。尊重市场经济规律和企业发展规律,以企业为主体,充分发挥市场机制作用,把引资本与转机制结合起来,把产权多元化与完善企业法人治理结构结合起来,探索国有企业混合所有制改革的有效途径。

——完善制度,保护产权。以保护产权、维护契约、统一市场、平等交换、公平竞争、有效监管为基本导向,切实保护混合所有制企业各类出资人的产权权益,调动各类资本参与发展混合所有制经济的积极性。

——严格程序,规范操作。坚持依法依规,进一步健全国有资产交易规则,科学评估国有资产价值,完善市场定价机制,切实做到规则公开、过程公开、结果公开。强化交易主体和交易过程监管,防止暗箱操作、低价贱卖、利益输送、化公为私、逃废债务,杜绝国有资产流失。

——宜改则改,稳妥推进。对通过实行股份制、上市等途径已经实行混合所有制的国有企业,要着力在完善现代企业制度、提高资本运行效率上下功夫;对适宜继续推进混合所有制改革的国有企业,要充分发挥市场机制作用,坚持因地施策、因业施策、因企施策,宜独则独、宜控则控、宜参则参,不搞拉郎配,不搞全覆盖,不设时间表,一企一策,成熟一个推进一个,确保改革规范有序进行。尊重基层创新实践,形成一批可复制、可推广的成功做法。

二、分类推进国有企业混合所有制改革

(三)稳妥推进主业处于充分竞争行业和领域的商业类国有企业混合所有制改革。按照市场化、国际化要求,以增强国有经济活力、放大国有资本功能、实现国有资产保值增值为主要目标,以提高经济效益和创新商业模式为导向,充分运用整体上市等方式,积极引入其他国有资本或各类非国有资本实现股权多元化。坚持以资本为纽带完善混合所有制企业治理结构和管理方式,国有资本出资人和各类非国有资本出资人以股东身份履行权利和职责,使混合所有制企业成为真正的市场主体。

(四)有效探索主业处于重要行业和关键领域的商业类国有企业混合所有制改革。对主业处于关系国家安全、国民经济命脉的重要行业和关键领域、主要承担重大专项任务的商业类国有企业,要保持国有资本控股地位,支持非国有资本参股。对自然垄断行业,实行以政企分开、政资分开、特许经营、政府监管为主要内容的改革,根据不同行业特点实行网运分开、放开竞争性业务,促进公共资源配置市场化,同时加强分类依法监管,规范营利模式。

——重要通信基础设施、枢纽型交通基础设施、重要江河流域控制性水利水电航电枢纽、跨流域调水工程等领域,实行国有独资或控股,允许符合条件的非国有企业依法通过特许经营、政府购买服务等方式参与建设和运营。

——重要水资源、森林资源、战略性矿产资源等开发利用，实行国有独资或绝对控股，在强化环境、质量、安全监管的基础上，允许非国有资本进入，依法依规有序参与开发经营。

——江河主干渠道、石油天然气主干管网、电网等，根据不同行业领域特点实行网运分开、主辅分离，除对自然垄断环节的管网实行国有独资或绝对控股外，放开竞争性业务，允许非国有资本平等进入。

——核电、重要公共技术平台、气象测绘水文等基础数据采集利用等领域，实行国有独资或绝对控股，支持非国有企业投资参股以及参与特许经营和政府采购。粮食、石油、天然气等战略物资国家储备领域保持国有独资或控股。

——国防军工等特殊产业，从事战略武器装备科研生产、关系国家战略安全和涉及国家核心机密的核心军工能力领域，实行国有独资或绝对控股。其他军工领域，分类逐步放宽市场准入，建立竞争性采购体制机制，支持非国有企业参与武器装备科研生产、维修服务和竞争性采购。

——对其他服务国家战略目标、重要前瞻性战略性产业、生态环境保护、共用技术平台等重要行业和关键领域，加大国有资本投资力度，发挥国有资本引导和带动作用。

（五）引导公益类国有企业规范开展混合所有制改革。在水电气热、公共交通、公共设施等提供公共产品和服务的行业和领域，根据不同业务特点，加强分类指导，推进具备条件的企业实现投资主体多元化。通过购买服务、特许经营、委托代理等方式，鼓励非国有企业参与经营。政府要加强对价格水平、成本控制、服务质量、安全标准、信息披露、营运效率、保障能力等方面的监管，根据企业不同特点有区别地考核其经营业绩指标和国有资产保值增值情况，考核中要引入社会评价。

三、分层推进国有企业混合所有制改革

（六）引导在子公司层面有序推进混合所有制改革。对国有企业集团公司二级及以下企业，以研发创新、生产服务等实体企业为重点，引入非国有资本，加快技术创新、管理创新、商业模式创新，合理限定法人层级,有效压缩管理层级。明确股东的法律地位和股东在资本收益、企业重大决策、选择管理者等方面的权利,股东依法按出资比例和公司章程规定行权履职。

（七）探索在集团公司层面推进混合所有制改革。在国家有明确规定的特定领域,坚持国有资本控股,形成合理的治理结构和市场化经营机制;在其他领域,鼓励通过整体上市、并购重组、发行可转债等方式,逐步调整国有股权比例,积极引入各类投资者,形成股权结构多元、股东行为规范、内部约束有效、运行高效灵活的经营机制。

（八）鼓励地方从实际出发推进混合所有制改革。各地区要认真贯彻落实中央要求,区分不同情况,制定完善改革方案和相关配套措施,指导国有企业稳妥开展混合所有制改革,确保改革依法合规、有序推进。

四、鼓励各类资本参与国有企业混合所有制改革

（九）鼓励非公有资本参与国有企业混合所有制改革。非公有资本投资主体可通过出资入股、收购股权、认购可转债、股权置换等多种方式,参与国有企业改制重组或国有控股上市公司增资扩股以及企业经营管理。非公有资本投资主体可以货币出资,或以实物、股权、土地使用权等法律法规允许的方式出资。企业国有产权或国有股权转让时,除国家另有规定外,一般不在意向受让人资质条件中对民间投资主体单独设置附加条件。

（十）支持集体资本参与国有企业混合所有制改革。明晰集体资产产权,发展股权多元化、经营产业化、管理规范化的经济实体。允许经确权认定的集体资本、资产和其他生产要素作价入股,参与国有企业混合所有制改革。研究制定股份合作经济（企业）管理办法。

（十一）有序吸收外资参与国有企业混合所有制改革。引入外资参与国有企业改制重组、合资合作,鼓励通过海外并购、投融资合作、离岸金融等方式,充分利用国际市场、技术、人才等资源和要素,发展混合所有制经济,深度参与国际竞争和全球产业分工,提高资源全球化配置能力。按照扩大开放与加强监管同步的要求,依照外商投资产业指导目录和相关安全审查规定,完善外资安全审查工作机制,切实加强风险防范。

（十二）推广政府和社会资本合作（PPP）模式。优化政府投资方式，通过投资补助、基金注资、担保补贴、贷款贴息等，优先支持引入社会资本的项目。以项目运营绩效评价结果为依据，适时对价格和补贴进行调整。组合引入保险资金、社保基金等长期投资者参与国家重点工程投资。鼓励社会资本投资或参股基础设施、公用事业、公共服务等领域项目，使投资者在平等竞争中获取合理收益。加强信息公开和项目储备，建立综合信息服务平台。

（十三）鼓励国有资本以多种方式入股非国有企业。在公共服务、高新技术、生态环境保护和战略性产业等重点领域，以市场选择为前提，以资本为纽带，充分发挥国有资本投资、运营公司的资本运作平台作用，对发展潜力大、成长性强的非国有企业进行股权投资。鼓励国有企业通过投资入股、联合投资、并购重组等多种方式，与非国有企业进行股权融合、战略合作、资源整合，发展混合所有制经济。支持国有资本与非国有资本共同设立股权投资基金，参与企业改制重组。

（十四）探索完善优先股和国家特殊管理股方式。国有资本参股非国有企业或国有企业引入非国有资本时，允许将部分国有资本转化为优先股。在少数特定领域探索建立国家特殊管理股制度，依照相关法律法规和公司章程规定，行使特定事项否决权，保证国有资本在特定领域的控制力。

（十五）探索实行混合所有制企业员工持股。坚持激励和约束相结合的原则，通过试点稳妥推进员工持股。员工持股主要采取增资扩股、出资新设等方式，优先支持人才资本和技术要素贡献占比较高的转制科研院所、高新技术企业和科技服务型企业开展试点，支持对企业经营业绩和持续发展有直接或较大影响的科研人员、经营管理人员和业务骨干等持股。完善相关政策，健全审核程序，规范操作流程，严格资产评估，建立健全股权流转和退出机制，确保员工持股公开透明，严禁暗箱操作，防止利益输送。混合所有制企业实行员工持股，要按照混合所有制企业实行员工持股试点的有关工作要求组织实施。

五、建立健全混合所有制企业治理机制

（十六）进一步确立和落实企业市场主体地位。政府不得干预企业自主经营，股东不得干预企业日常运营，确保企业治理规范、激励约束机制到位。落实董事会对经理层成员等高级经营管理人员选聘、业绩考核和薪酬管理等职权，维护企业真正的市场主体地位。

（十七）健全混合所有制企业法人治理结构。混合所有制企业要建立健全现代企业制度，明晰产权，同股同权，依法保护各类股东权益。规范企业股东（大）会、董事会、经理层、监事会和党组织的权责关系，按章程行权，对资本监管，靠市场选人，依规则运行，形成定位清晰、权责对等、运转协调、制衡有效的法人治理结构。

（十八）推行混合所有制企业职业经理人制度。按照现代企业制度要求，建立市场导向的选人用人和激励约束机制，通过市场化方式选聘职业经理人依法负责企业经营管理，畅通现有经营管理者与职业经理人的身份转换通道。职业经理人实行任期制和契约化管理，按照市场化原则决定薪酬，可以采取多种方式探索中长期激励机制。严格职业经理人任期管理和绩效考核，加快建立退出机制。

六、建立依法合规的操作规则

（十九）严格规范操作流程和审批程序。在组建和注册混合所有制企业时，要依据相关法律法规，规范国有资产授权经营和产权交易等行为，健全清产核资、评估定价、转让交易、登记确权等国有产权流转程序。国有企业产权和股权转让、增资扩股、上市公司增发等，应在产权、股权、证券市场公开披露信息，公开择优确定投资人，达成交易意向后应及时公示交易对象、交易价格、关联交易等信息，防止利益输送。国有企业实施混合所有制改革前，应依据本意见制订方案，报同级国有资产监管机构批准；重要国有企业改制后国有资本不再控股的，报同级人民政府批准。国有资产监管机构要按照本意见要求，明确国有企业混合所有制改革的操作流程。方案审批时，应加强对社会资本质量、合作方诚信与操守、债权债务关系等内容的审核。要充分保障企业职工对国有企业混合所有制改革的知情权和参与权，涉及职工切身利益的要做好评估工作，职工安置方案要经过职工代表大会或者职工大会审议

通过。

（二十）健全国有资产定价机制。按照公开公平公正原则，完善国有资产交易方式，严格规范国有资产登记、转让、清算、退出等程序和交易行为。通过产权、股权、证券市场发现和合理确定资产价格，发挥专业化中介机构作用，借助多种市场化定价手段，完善资产定价机制，实施信息公开，加强社会监督，防止出现内部人控制、利益输送造成国有资产流失。

（二十一）切实加强监管。政府有关部门要加强对国有企业混合所有制改革的监管，完善国有产权交易规则和监管制度。国有资产监管机构对改革中出现的违法转让和侵吞国有资产、化公为私、利益输送、暗箱操作、逃废债务等行为，要依法严肃处理。审计部门要依法履行审计监督职能，加强对改制企业原国有企业法定代表人的离任审计。充分发挥第三方机构在清产核资、财务审计、资产定价、股权托管等方面的作用。加强企业职工内部监督。进一步做好信息公开，自觉接受社会监督。

七、营造国有企业混合所有制改革的良好环境

（二十二）加强产权保护。健全严格的产权占有、使用、收益、处分等完整保护制度，依法保护混合所有制企业各类出资人的产权和知识产权权益。在立法、司法和行政执法过程中，坚持对各种所有制经济产权和合法利益给予同等法律保护。

（二十三）健全多层次资本市场。加快建立规则统一、交易规范的场外市场，促进非上市股份公司股权交易，完善股权、债权、物权、知识产权及信托、融资租赁、产业投资基金等产品交易机制。建立规范的区域性股权市场，为企业提供融资服务，促进资产证券化和资本流动，健全股权登记、托管、做市商等第三方服务体系。以具备条件的区域性股权、产权市场为载体，探索建立统一结算制度，完善股权公开转让和报价机制。制定场外市场交易规则和规范监管制度，明确监管主体，实行属地化、专业化监管。

（二十四）完善支持国有企业混合所有制改革的政策。进一步简政放权，最大限度取消涉及企业依法自主经营的行政许可审批事项。凡

是市场主体基于自愿的投资经营和民事行为,只要不属于法律法规禁止进入的领域,且不危害国家安全、社会公共利益和第三方合法权益,不得限制进入。完善工商登记、财税管理、土地管理、金融服务等政策。依法妥善解决混合所有制改革涉及的国有企业职工劳动关系调整、社会保险关系接续等问题,确保企业职工队伍稳定。加快剥离国有企业办社会职能,妥善解决历史遗留问题。完善统计制度,加强监测分析。

(二十五)加快建立健全法律法规制度。健全混合所有制经济相关法律法规和规章,加大法律法规立、改、废、释工作力度,确保改革于法有据。根据改革需要抓紧对合同法、物权法、公司法、企业国有资产法、企业破产法中有关法律制度进行研究,依照法定程序及时提请修改。推动加快制定有关产权保护、市场准入和退出、交易规则、公平竞争等方面法律法规。

八、组织实施

(二十六)建立工作协调机制。国有企业混合所有制改革涉及面广、政策性强、社会关注度高。各地区、各有关部门和单位要高度重视,精心组织,严守规范,明确责任。各级政府及相关职能部门要加强对国有企业混合所有制改革的组织领导,做好把关定向、配套落实、审核批准、纠偏提醒等工作。各级国有资产监管机构要及时跟踪改革进展,加强改革协调,评估改革成效,推广改革经验,重大问题及时向同级人民政府报告。各级工商联要充分发挥广泛联系非公有制企业的组织优势,参与做好沟通政企、凝聚共识、决策咨询、政策评估、典型宣传等方面工作。

(二十七)加强混合所有制企业党建工作。坚持党的建设与企业改革同步谋划、同步开展,根据企业组织形式变化,同步设置或调整党的组织,理顺党组织隶属关系,同步选配好党组织负责人,健全党的工作机构,配强党务工作者队伍,保障党组织工作经费,有效开展党的工作,发挥好党组织政治核心作用和党员先锋模范作用。

(二十八)开展不同领域混合所有制改革试点示范。结合电力、石油、天然气、铁路、民航、电信、军工等领域改革,开展放开竞争性业务、推进混合所有制改革试点示范。在基础设施和公共服务领域选择有代表性的政府投融资项目,开展多种形式的政府和社会资本合作试点,加快形成可复制、可推广的模式和经验。

(二十九)营造良好的舆论氛围。以坚持"两个毫不动摇"(毫不动摇巩固和发展公有制经济,毫不动摇鼓励、支持、引导非公有制经济发展)为导向,加强国有企业混合所有制改革舆论宣传,做好政策解读,阐释目标方向和重要意义,宣传成功经验,正确引导舆论,回应社会关切,使广大人民群众了解和支持改革。

各级政府要加强对国有企业混合所有制改革的领导,根据本意见,结合实际推动改革。

金融、文化等国有企业的改革,中央另有规定的依其规定执行。

国务院

2015 年 9 月 23 日

第三篇

the third part

民企混合篇

第十一章　民营经济发展的总体态势与发展混合所有制经济

【本章提要】中国民营经济发展经历了艰难的历程。从本章提供的最新数据看,近40年来,中国所有制结构已经发生了深刻变化,民营经济已经成为国民经济的重要组成部分,它与国有经济一样,都是我国经济社会发展的重要基础。

目前,中国正处在一个非常艰难的转型中,垄断领域改革与民营经济发展,正是新阶段的艰难转型之一。作者以其"结构性破垄"和"包容性改革"理论,对此进行了深度探讨。

作者把中国的垄断分为三类"六种"情况,"三破三不破",并对国家拟放开准入的"六个"垄断性行业民营资本投资比重做了计算和判断,表明具有很大空间。

本着为民营经济开拓空间的战略考虑,本章对下一步民营经济发展提出了思路。

上一篇,是国企"混改"篇,重点研究国企如何推进混合所有制改革。之所以用5章篇幅系统阐述国企"混改",是因为它既是中国国企改革本身的"突破口",也是中国发展混合所有制经济"整台大戏"的"重头戏"。本篇是民企混合篇,重点研究民企如何参与混合所有制改革,旨在开辟中国发展混合所有制经济的"第二战场"。在这一章,我们首先对中国民营经济发展的基本态势与新的机遇做一总体分析,然后探讨民企如何参与垄断行业改革以及发展混合所有制经济的前景。

第一节　中国民营经济发展的艰难历程

一、在计划经济体制的"缝隙"中萌生

中国在传统的计划经济体制下,由于国家所有权占统治地位,当时没有民营企业和外资企业。即便在农村有个别冒险经营小规模企业的人员,为避免被称为"资本主义的尾巴",也只得"隐蔽从业"或者借顶"红帽子"戴上,何人敢说非公有经济? 在那种高度集权的体制背景下,不可能产生民营经济,更"不准雇工"。

改革开放初期,在计划经济体制一统天下的"缝隙"中,民营经济萌生出来,有关方面因势利导,予以承认。1979 年 3 月,党中央、国务院批准第一个有关个体经济的报告,但当时明令"不准雇工"。这期间,继农村"阳关道与独木桥"之争(1980 年)之后,围绕"鼓励和扶植城镇个体经济的发展"问题,也展开了以"傻子瓜子"为典型事件,如何对待"个体经济"的大争论。

以经营"傻子瓜子"闻名的安徽芜湖小商贩年广久卷入争论漩涡。1980 年,邓小平看到了关于"傻子瓜子"问题的调查报告后,当时对姓"社"姓"资"的争论,表示要"放一放"和"看一看"。

1981 年 6 月,中共十一届六中全会通过的《关于建国以来党的若干历史问题的决议》指出:"国营经济和集体经济是我国基本的经济形式,一定范围内的劳动者个体经济是公有制经济的必要补充。"这是官方文献中最早提到个体经济是"必要补充"的文件[①]。

1984 年 10 月中共十二届三中全会通过的《中共中央关于经济体制改革的决定》是中国改革史上第一个改革决定。指出:"我国现在的个体经济是和社会主义公有制相联系的,不同于和资本主义私有制相联系的个体经济,它对于发展社会生产、方便人民生活、扩大劳动就业具有不可代替的作用,是社会主义经济必要的有益的补充,是从属于社会主义经济的。特别是在以劳务为主和适宜分散经营的经济活动中,个体经济应该大力发展。"[②]

---

① 中共中央:《关于建国以来党的若干历史问题的决议》(1981)。

② 《中共中央关于经济体制改革的决定》(1984)。

随着非公有制经济的发展,继而"私营经济"地位提了出来。前面提到的"傻子瓜子"就是典型一例。由于在经营过程中使用雇工超过了 8 个,曾引发了一场全国更大范围的"是否存在剥削"和"是否属于资本主义经济"的大讨论。

1984 年 10 月 22 日,邓小平在中央顾问委员会第三次全体会议上曾以年广久为例子说:"前些时候那个雇工问题,相当震动呀,大家担心得不得了。我的意见是放两年再看。那个能影响到我们的大局吗?如果你一动,群众就说政策变了,人心就不安了。你解决了一个'傻子瓜子',会牵动人心不安,没有益处。让'傻子瓜子'经营一段,怕什么?伤害了社会主义吗?"①

根据小平同志的构想,1987 年 10 月,中共十三大报告中基于社会主义初级阶段的理论,提出"以公有制为主体发展多种所有制经济,以至允许私营经济的存在和发展,都是由社会主义初级阶段生产力的实际状况决定的。只有这样做,才能促进生产力的发展";并指出"目前全民所有制以外的其他经济成分,不是发展得太多了,而是还很不够。对于城乡合作经济、个体经济和私营经济,都要继续鼓励它们发展";"私营经济一定程度的发展,有利于促进生产,活跃市场,扩大就业,更好地满足人民多方面的生活需求,是公有制经济必要的和有益的补充"。② 私营经济的发展"首次"被决策层在党的政治决议中加以"认可",但仍在体制外,而没有进入体制内。

二、进入体制内但依然"坎坷"前行

包括个体经济和私营经济在内的民营经济,从体制外进入体制内始于1997 年中共十五大对中国基本经济制度内涵的重新界定。十五大报告指出:"公有制为主体、多种所有制经济共同发展,是中国社会主义初级阶段的基本经济制度","非公有制经济是中国社会主义市场经济的重要组成部分。"

笔者当时曾在《经济日报》(理论周刊)撰文指出:这个判断与传统社会主义理论把非公有制经济排除在社会主义经济制度之外的解释是根本不同的,它改变了只有公有制才是社会主义的传统思维,把多种所有制与社会主

---

① 《邓小平文选》第三卷,人民出版社 1994 年版,第 91 页。
② 《中共十三大报告》(1987 年 10 月)。

义性质融合在一起,把非公有制经济从社会主义经济"制度之外"纳入"制度之内",从地位上的"补充"、作用上的"拾遗补缺"提升到"重要组成部分"和对国民经济发展具有重要作用,这就大大拓展了我国基本经济制度的内涵。这是对传统社会主义所有制观念的一个重大突破,是对马克思主义所有制理论的发展。[①]

继而,1999 年 3 月通过的《宪法修正案》做出规定:"国家在社会主义初级阶段,坚持公有制为主体、多种所有制经济共同发展的基本经济制度",并规定"在法律规定范围内的个体经济、私营经济等非公有制经济,是社会主义市场经济的重要组成部分","国家保护个体经济、私营经济的合法的权利和利益",这就标志着在法律上对非公有制经济的定位已由"体制外"转入"体制内"。

进入 21 世纪后,非公有制经济发展环境的改善体现在两个"非公经济发展 36 条"上。

2005 年 2 月,国务院发布《关于鼓励支持和引导个体私营等非公有制经济发展的若干意见》,这是首个促进非公有制经济发展的政府文件,特别是该文件着眼于创造公平竞争的体制环境,对非公有制经济进入一些重要领域包括垄断行业做出了明确规定(此为第一个"非公经济发展 36 条")。

在此基础上,2010 年 5 月,国务院又发布《关于鼓励和引导民间投资健康发展的若干意见》,进一步拓宽民间投资的领域和范围,明确了为非公有制经济创造公平竞争、平等准入的市场环境(此为第二个"非公经济发展 36 条")。

新老"36 条"的先后出台,标志着对非公有制经济从分散的政策支持到形成政策体系框架的转变,对于推动非公有制经济进入发展新阶段具有重要作用。

这里有一个关键的法律是《物权法》。围绕《物权法》,当时在《物权法》起草小组负责人江平先生与反对《物权法》起草的北京一法学教授之间展开。经过激烈争论和各种艰苦努力,2007 年 3 月国家颁布《物权法》,确立了"平等保护私人物权"的原则,对保护私有财产做了详细规定,由此,对非

---

① 参见常修泽:《所有制理论的新突破》,1997 年 9 月 29 日《经济日报》(理论周刊)。

公有制经济合法权益的保护得到法律上的支撑。

中共十八大后,2013 年 11 月,中共十八届三中全会通过的《中共中央关于全面深化改革若干重大问题的决定》,从多个层面提出鼓励、支持、引导非公有制经济发展,激发非公有制经济活力和创造力的改革举措。

第一,在功能定位上,明确提出"公有制经济和非公有制经济都是社会主义市场经济的重要组成部分,都是我国经济社会发展的重要基础"。由这两个"都是"形成的"共同基础"论是文件的最大亮点。

第二,在产权保护上,明确提出"公有制经济财产权不可侵犯,非公有制经济财产权同样不可侵犯";强调"国家保护各种所有制经济产权和合法利益,保证各种所有制经济依法平等使用生产要素、公开公平公正参与市场竞争、同等受到法律保护"。虽然两个"不可侵犯"前没有"神圣"二字,但明确写道:"同等保护产权",也是"神圣"的。

第三,在政策待遇上,强调"坚持权利平等、机会平等、规则平等,废除对非公有制经济各种形式的不合理规定,消除各种隐性壁垒,制定非公有制企业进入特许经营领域具体办法。鼓励非公有制企业参与国有企业改革,鼓励发展非公有资本控股的混合所有制企业"。从以上可以看出,与本篇内容有关的非公有资本参与国有企业"混改"以及民营经济发展混合所有制经济问题,在这里已经明确提出。

三、2016 年:民营经济投资的下滑

民营经济虽进入体制内,但发展之路依然"坎坷"不平,特别是进入2016 年,民营企业的投资出现严重下滑,这是过去所没有的。请看图11-1:全国 2016 年 1 至 4 月份的投资情况。

实践中出现的这个问题,引起了国家有关方面的关注。2016 年 5 月 9日《人民日报》"权威人士谈经济",讲了中国经济九大困扰,其中,把民企投资的大幅度下滑列为首位。

但权威人士谈经济以后,问题并没有解决,继续下滑。5 月份、6 月份、7月份,到 7 月底,情况更加恶化。请看图 11-2:

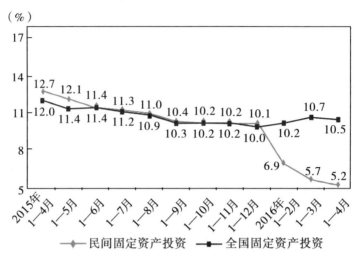

图 11-1　民营企业投资下滑趋势(2016 年 1—4 月)

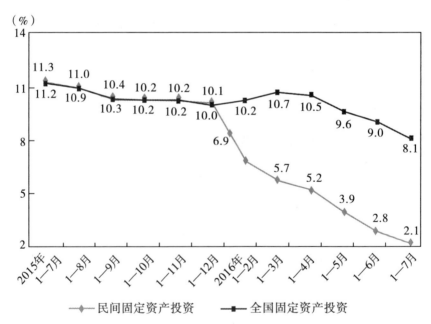

图 11-2　民间固定资产投资和全国固定资产投资增速(2016 年 1—7 月)

在民营经济已成气候的情况下,它的下滑,对整个国家来说影响是很大的。推进中国的改革与发展,急需发挥面广量大的民营企业作用。

相关链接 **常修泽教授在湖南的报告《民营经济的困境与出路》摘要报道**

2016 年 7 月 11 日,《湖南日报》在"要闻版"刊发了该报记者对常修泽教授关于民营经济发展的访谈,题为《湖南民营经济需补齐三大短板》。这是常教授在湖南报告的一部分。

2016 年前 5 个月全国民营企业固定资产投资的大幅下降(见下图),引起中央和地方党政机构的焦虑和重视。6 月 24 日,在湖南省委大院举办"湖南决策咨询:非公经济发展"专题会议,寻求解困之道。应湖南省委改革办邀请,常修泽教授出席会议。会上,常教授向与会领导、专家学者和民营企业家作《民营经济的困境与出路》的学术报告。

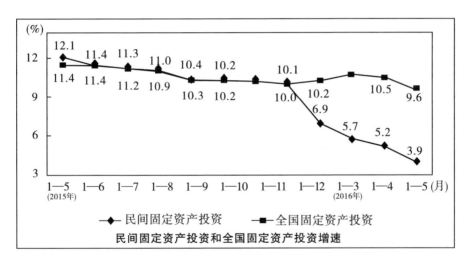

民间固定资产投资和全国固定资产投资增速

常教授指出,当前中国九大经济困扰,民营企业投资大幅下降应排在问题之首。事先,教授在湖南作了调研。讲后,与各路高手切磋研讨;并到湖南省委改革办交流。常教授在接受访谈时,建议湖南补上民营经济"量少、层低、不平衡"3 块短板。

湖南省委书记徐守盛同志委托省委副秘书长兼省委研究室主任陈质颖同志向常修泽教授来湘讲学表示问候。

来源:中国改革论坛网　　时间:2016-07-11

为什么？怎么办？针对此，笔者在调研基础上撰写了《产权保护　市场准入　政府重塑——民企投资下降倒逼的三大改革》研究报告。[1] 但研究到深处，发现是民营经济在整个国民经济中的地位问题尚未被整个社会所认识。

第二节　民营经济发展的规模和地位：数据分析

一、私营企业规模及其注册资金"家底"

据笔者了解，关于私营企业规模及其注册资金，1988 年前无正式公布统计数据，从 1988 年才开始正式公布。统计数据显示，从 1988 年至 2014 年，私营企业数量从 4.0634 万家增长至 1546.37 万家。全国私营企业注册资本，根据国家工商总局报告，截至 2015 年年底，为 112.4 万亿元。但这些注册资金只是时点数据，不少企业注册后，资金又有收回。至于私营企业实际资产"家底"，未获资料。笔者查到中国社会科学院李扬、张晓晶、常欣等著的《中国国家资产负债表 2015：杠杆调整与风险管理》一书估算的"非金融类国有和广义民营企业（包括集体在内）资产各占非金融类企业总资产比重数据"。据测算，非金融类国有企业总资产占非金融类所有企业的总资产大约 30.2%；那就意味着，非金融类民营企业总资产占非金融类所有企业的总资产大约 69.8%。[2] 比例是"三七开"，三成是国有，七成是民营。但这个民营是"大民营"的概念，包括集体经济在内。

二、从 4 组流量指标看民营经济在国民经济大格局中的地位

1. 从 GDP 指标看

全国 GDP 总量中，60% 是非公经济创造的。[3] 这个民营还是一个窄民营（指非公经济），如果再加上集体或者混合企业等，会更高。

以此推算，2016 年，全国 GDP 总量为 74.4 万亿元，民营企业（即使按窄

---

① 常修泽：《产权保护　市场准入　政府重塑——民企投资下降倒逼的三大改革》，先是 2016 年 8 月 22 日中改院与中国井冈山干部学院举办的"井冈山高峰论坛"的报告，后在有关刊物发表，媒体也有报道。《群言》2016 年第 10 期全文发表，2016 年 9 月 1 日《经济观察报》曾简要报道。

② 李扬、张晓晶、常欣等著：《中国国家资产负债表 2015：杠杆调整与风险管理》，中国社会科学出版社 2015 年版。

③ 资料来源：1 月 13 日《人民日报》。

民营——非公经济计算），非公经济创造的 GDP 总量约为 45 万亿元。这是一笔相当重要的财富。

2. 从工业增加值指标看

国有企业创造的工业增加值占 25%左右，民营企业占 75%左右。这里不包括服务业，也不包括农场，仅仅指工业增加值。据国家统计局网站消息，其 2017 年 2 月 28 日发布《2016 年国民经济和社会发展统计公报》显示，2016 年全年全部工业增加值 24.8 亿元，按民营企业占 75%计算，民营企业创造的工业增加值高达 18.6 亿元。

3. 从税收指标来看

据最新资料，非公经济税收超过 50%，公有经济税收不到 50%。据中国国家税务总局局长王军 2017 年 1 月 12 日在北京披露，扣减出口退税后，2016 年全国税务部门组织税收收入 11.5878 万亿元，非公经济税收超过 5.8 万亿元。这是支撑国家财政支出需要的一股重要力量。

4. 从新增就业贡献指标看

非公有制经济新增就业贡献达到 90%。据人力资源和社会保障部发布的数据，2016 年，全国城镇新增就业 1314 万人，其中，非公有制经济新增就业贡献达到 1182 万人。无疑，非公有制经济已经成为新增就业的主渠道。[1]

三、"包容性改革"新思维："都是重要基础"

上述的变化给理论界提出一个问题，在客观情况发生了变化的条件下，究竟应怎样认识今天中国的经济基础，或曰：当代中国的经济基础到底是什么？诚然，国有经济是"我国经济社会发展的重要基础"是没问题的。问题是，民营企业界的朋友问："我们是不是也是我国经济社会发展的重要基础"？就文献看，"民营经济是社会主义市场经济的重要组成部分"，这个话中共十五大就已经讲过，但这是不够的，需要再追问民营经济是否是"我国经济社会发展的重要基础"？

在中共十八届三中全会之前，本书作者在出版的《包容性改革论》[2]一书中提出，基于国家发生的变化，不要用排斥性的思维，而要用包容性的思维

---

[1]　以上数据资料来源：2016 年 3 月 13 日《人民日报》。
[2]　常修泽著：《包容性改革论》，经济科学出版社 2013 年版。

思考问题。基于此,提出了"产权体制创新:包容'国有'与'民营'"的观点,①主张"国有和民营是我国经济社会发展的共同基础"②,引起学术界和社会上的热议(个别学者表示反对)。

2013年11月,中共十八届三中全会制定的《关于全面深化改革若干重大问题的决定》中有一段经典论述:"公有制为主体、多种所有制经济共同发展的基本经济制度,是中国特色社会主义制度的重要支柱,也是社会主义市场经济体制的根基。公有制经济和非公有制经济都是社会主义市场经济的重要组成部分,都是我国经济社会发展的重要基础。必须毫不动摇巩固和发展公有制经济,坚持公有制主体地位,发挥国有经济主导作用,不断增强国有经济活力、控制力、影响力。必须毫不动摇鼓励、支持、引导非公有制经济发展,激发非公有制经济活力和创造力。"③

请注意:这里的两个"都是"(公有制经济和非公有制经济"都是社会主义市场经济的重要组成部分"、"都是我国经济社会发展的重要基础"——此为战略定位)和两个"毫不动摇"("毫不动摇巩固和发展公有制经济","毫不动摇鼓励、支持、引导非公有制经济发展"——此为战略决策),这段具有"包容性改革论"思维的判断,可以视为对中国所有制结构改革的高度概括和总结。

2016年"两会"期间,即3月4日,习近平同志在民建和全国工商联联组会上有一个讲话,题目为《毫不动摇坚持我国基本经济制度,推动各种所有制经济健康发展》。标题虽然标的是"各种",但笔者看后发现,里边主要说的是推动民营经济发展,这个讲话的核心命题是三个"没有变":(1)非公有制经济在我国经济中发挥的地位和作用没有变;(2)我们毫不动摇鼓励和支持、引导非公有制经济发展的方针政策没有变;(3)致力于为非公有制经济发展营造良好环境和提供更多机会的方针政策没有变。④

习近平同志进一步指出:"任何想把公有制经济否定掉或者想把非公有

---

① 常修泽:《包容性改革论》,经济科学出版社2013年版,第190—191页。
② 常修泽:《包容性改革论》,经济科学出版社2013年版,第190—191页。
③ 中共十八届三中全会:《关于全面深化改革若干重大问题的决定》,人民出版社2013年版。
④ 习近平:《毫不动摇坚持我国基本经济制度,推动各种所有制经济健康发展》,2016年3月9日《人民日报》第二版。

制经济否定掉的观点,都是不符合最广大人民根本利益的,都是不符合我国改革发展要求的,因此也都是错误的。"①这段对中国所有制结构改革的高度概括和总结,为民营经济发展混合所有制经济,奠定了坚实的制度基础。鉴于当前理论界和经济界以及社会上"想把公有制经济否定掉或者想把非公有制经济否定掉的观点"都存在,因此必须以中共十八届三中全会制定的《关于全面深化改革若干重大问题的决定》中的上述思想,来统一人们的认识。

第三节　民营经济发展的关键在于
参与垄断性行业改革②

一、垄断分类:"三破、三不破"

中共十八届三中全会之前的 2013 年 6 月,本书作者曾提出《给三中全会全面改革方案的四点框架性意见》,先是刊登在《经济决策参考》(2013年 6 月),后于当年 8 月在《经济导报》刊登。③《框架性意见》之中,包括建议实行"结构性破垄"。

在中国,垄断有三种类型、六种情况。所谓三种类型,是按照经济学经典著作定义划分的三种垄断:

第一种,自然垄断。现在有些解释说,"自然垄断就是对自然资源的垄断",这是望文生义。这个地方的自然是"天然"的意思,不一定是自然资源。所谓"天然"是指网络性的东西天然由一家经营比较合适,比如航空网、铁路网、电信网、电力网、自来水管网、煤气网、污水网,等等。"自然垄断"三个要点:(1)以网络供应系统的存在为基础;(2)巨额固定资本投入及其沉淀性;(3)相应的规模经济性和范围经济性。所以,自然垄断不等于自然资源垄断。

---

①　习近平:《毫不动摇坚持我国基本经济制度,推动各种所有制经济健康发展》,2016 年 3 月 9 日《人民日报》第二版。

②　本节在常修泽《论新阶段垄断领域改革与民营经济发展》一文基础上改写。原文刊于《改革与战略》,2016 年第 6 期。

③　常修泽:《给三中全会全面改革方案的四点框架性意见》,《经济决策参考》,2013 年第 6 期;《经济导报》,2013 年第 17 期。

第二种,"法定垄断"或"行政垄断"。突出特点是政府为行为主体,由政府凭借限制竞争的法令、政策垄断,或者直接利用权力导致的垄断。在中国,"法定垄断"或"行政垄断",包括根据全国人大的法定或者政府的法令来进行的垄断。

第三种,经济性垄断。三个要点:(1)具有资本集中、生产集中和技术集中等经济优势;(2)企业凭借其优势单独或合谋垄断;(3)在生产经营和服务领域限制、排斥或控制竞争。它既不是网络性,也不是法定性,而是凭着资本集中,用其优势来进行垄断。

这三大垄断简称自然垄断、法定垄断、经济垄断。这是教科书里的东西。

但是,中国面临的垄断问题,实际情况要复杂得多,根据前一段的学术研究,中国至少有三类六种垄断情况(笔者把每一类都分成两小类)①:

自然垄断分成两种情况,第一种情况是真正的自然垄断,比如铁路的轨道。第二种是假冒的或变异了的自然垄断。假冒的,指本来就是非自然垄断的东西,但是它打着"自然垄断"的旗号(有的原本是一种竞争性的东西,但是它打着自然垄断的旗号)。还有,由于技术条件变了,过去技术条件不发达的情况下它可能是垄断,但是随着技术的进步打破了壁垒,可把它称作"变异了的自然垄断"。

法定垄断也分成两种,一种是真的法定垄断,比如烟草,它是人大常委会下的法令。但是,也有假的,可把它叫作滥用行政权力的垄断。它无法可依、不是法定的,是利用自己的政治权力来垄断的,比如说某个县委县政府、市委市政府甚至省委省政府下令这个地方只能喝这个地方的酒。这种垄断是没有法律根据的,是利用权力垄断,这样的事在中国很多。

经济性垄断也分成两种:在中国目前的情况下,有一种情况是合适的,就是中小企业间的适度的集中。为什么要适度的集中?因为中国中小型企业数量多,集中度不够,因此需要在竞争的基础上适当地集中,这是提高产业集中度,是对的。但是还有另外一种经济垄断,就是厂商之间、企业与政

---

① 有关中国三类六种垄断情况,参见常修泽《广义产权论》第三章,中国经济出版社 2009 年版。

府之间合谋、串谋、勾结，几家商量以后来垄断市场，这是非法的。

分成六种情况是为了什么？是针对一度未提"垄断行业改革"，所以笔者要把这个"核桃"砸开，看看有几个"核桃仁"：哪些"核桃仁"我们可以不破，哪些地方我们必须破，这就叫作"结构性破垄"。

三个不破：

第一个是，真正的自然垄断，不破，但是也要搞一定程度的竞争。比如政府或国企可以把"特许经营权"拿出来，卖给民营企业家。这地方是政府或国企来办，可以，但是政府或国企应把"特许经营权"拿出来拍卖，民营企业界去买这个"特许经营权"①。

第二个是法令性的垄断，不破，比如烟草专营。当然，烟草行业自己也要改革，笔者与中国烟草总公司讨论过，但烟草垄断经营可以不破。

第三个是在竞争基础上形成的产业集中，不破，其基础是竞争，然后形成一个产业集中。因为有竞争基础，所以可以进一步加强，以提高国际竞争力。

这是三个"不破"，这个也是给有关方面吃"定心丸"。

三个必须破：

第一个是对假冒的、或过时的所谓"自然垄断"以及垄断性行业中的竞争环节，要坚决破垄。这里，有的是假冒的；有的过去是，现在不再是；还有的行业是垄断性的，但是它那个环节不是垄断性的，必须放开。

第二个是对不合理的行政垄断（存在不少）坚决破，这里涉及政府的权力问题，合理的不动，但要坚决打破垄断和开展反垄断斗争。

第三个是对阻碍和限制竞争的经济性垄断，比如价格操纵、厂商串谋，这些一定要破。最近两年来，一些国内的企业和国外的在华企业，如日本的汽车企业、美国的企业等在中国彼此搞串谋，搞价格操纵，搞厂商勾结，这样的垄断一定要打破。

这三个方面是需要破的，民营企业发展混合所有制经济的机会在这三个方面。提出"结构性破垄"的观点，是想把话说清楚，要力图说服有关方面能够把破除垄断向前推进。

---

① 对"特许经营权"的阐述，见常修泽：《广义产权论》第三章，中国经济出版社 2009 年版。

在实践当中,要针对性地"破垄"。自然垄断里的电信、电力、民航、邮政、铁路已经启动改革,还有其他的战略性的资源行业,如石油、天然气也被列入改革,等等。主要的进展有三个方面:政企分开、业务拆分、引进行业外的资本。这几年进展曲曲折折,"结构性破垄"的战役打得十分艰苦,到现在也没有完全攻下来。

下一步,随着改革的深化,特别是随着结构性转型的深化,对垄断性行业问题的解决应该是有盼头的。当然,这个话是放在一个正常的情况下来讲的。须知,这个领域的"破垄"来自既得利益集团的阻力相当之大,所以这个改革到底能不能攻下来,还要看改革这股力量与既得利益集团力量博弈的结果。

按照上述理论逻辑,下一步应该推进"结构性破垄"。这是下一步中国结构性改革的重大"戏码"。但是能改多少取决于两股力量的较量和博弈,特别是有关部门是不是能超越既得利益集团的束缚,这是中国整个改革的关键。要看有关部门能不能摆脱它,超越它,驾驭它。[1]

二、中共十八届三中全会:新一轮垄断性行业改革的部署

2013年11月召开的中共十八届三中全会通过的《关于全面深化改革若干重大问题的决定》,对新一轮垄断性行业改革做了重要部署。梳理《决定》中有关垄断性行业改革和反垄断的内容,主要有如下10点:[2]

第一,"必须积极稳妥从广度和深度上推进市场化改革,大幅度减少政府对资源的直接配置,推动资源配置依据市场规则、市场价格、市场竞争实现效益最大化和效率最优化。政府的职责和作用主要是保持宏观经济稳定,加强和优化公共服务,保障公平竞争,加强市场监管,维护市场秩序,推动可持续发展,促进共同富裕,弥补市场失灵。"这段话高屋建瓴,强调"从广度和深度上推进市场化改革",为新一轮垄断性行业改革、进而发展混合所有制经济确立基调。

第二,"国有资本继续控股经营的自然垄断行业,实行以政企分开、政资

---

① 参见常修泽《包容性改革论》第五章第六节关于垄断行业改革分析,经济科学出版社2013年版,第209—216页。

② 以下十条系本章作者根据中共十八届三中全会通过的《关于全面深化改革若干重大问题的决定》梳理。

分开、特许经营、政府监管为主要内容的改革,根据不同行业特点实行网运分开、放开竞争性业务,推进公共资源配置市场化。"这段话专指"自然垄断行业",有三层意思:(1)对于真正的自然垄断行业(不是过时的、假冒的所谓"自然垄断"),由"国有资本继续控股经营";(2)即使真正的自然垄断行业也要"改革",改革的内容,十六字方针:"政企分开、政资分开、特许经营、政府监管",其中"特许经营"是新内容;(3)具体方式"网运分开",实行一定范围的"争夺市场的竞争方式(competition for the market)"。

第三,"推进水、石油、天然气、电力、交通、电信等领域价格改革,放开竞争性环节价格。政府定价范围主要限定在重要公用事业、公益性服务、网络型自然垄断环节,提高透明度,接受社会监督。"这段话,严格区别了垄断性行业中的"竞争性环节"和真正的"网络型自然垄断环节",分别对待。前者,市场;后者,政府。

第四,"进一步破除各种形式的行政垄断。"这段话,由"自然垄断"转向"行政垄断"。就是上一条讲的除"对法令性的垄断(如烟草)可不破垄外","对不合理的行政垄断(存在不少),要坚决破垄。"

第五,"建设统一开放、竞争有序的市场体系,是使市场在资源配置中起决定性作用的基础。必须加快形成企业自主经营、公平竞争,消费者自由选择、自主消费,商品和要素自由流动、平等交换的现代市场体系,着力清除市场壁垒,提高资源配置效率和公平性。"这段话,进一步由"自然垄断""行政垄断"转向"阻碍和限制竞争的经济性垄断",明确提出"清除市场壁垒"。

第六,"改革市场监管体系,实行统一的市场监管,清理和废除妨碍全国统一市场和公平竞争的各种规定和做法,严禁和惩处各类违法实行优惠政策行为,反对地方保护,反对垄断和不正当竞争。"这段话,继续指向"阻碍和限制竞争的经济性垄断(厂商串谋、寡头垄断)等",明确提出"反对垄断"。

第七,"企业投资项目,除关系国家安全和生态安全、涉及全国重大生产力布局、战略性资源开发和重大公共利益等项目外,一律由企业依法依规自主决策,政府不再审批。"这段话,表明战略性资源开发等,政府将继续审批。

第八,"推广政府购买服务,凡属事务性管理服务,原则上都要引入竞争机制,通过合同、委托等方式向社会购买。"这段话,提出垄断性行业"破垄"

的一种重要方式:"政府购买服务"。

第九,"推进金融、教育、文化、医疗等服务业领域有序开放,放开育幼养老、建筑设计、会计审计、商贸物流、电子商务等服务业领域外资准入限制,进一步放开一般制造业。"这段话说明,不仅垄断性行业要"破垄",过去控制较严的服务业领域也要"反对垄断"。

第十,"国家保护各种所有制经济产权和合法利益,保证各种所有制经济依法平等使用生产要素、公开公平公正参与市场竞争、同等受到法律保护,依法监管各种所有制经济。"这段话,是一句收底的话,各种所有制经济依法平等使用生产要素、公开公平公正参与市场竞争、同等受到法律保护,体现了一种《包容性改革论》的思维。

中共十八届三中全会通过的《关于全面深化改革若干重大问题的决定》的上述 10 点,为新一轮垄断性行业改革、进而发展混合所有制经济奠定了基调。

三、民营资本进入垄断性行业的基本格局分析

李克强总理在讲到未来"十三五"期间的改革发展的时候,明确提出大幅度放宽六大领域,后面还加了一个"等"字。这六大领域就是电力、电信、交通(民航、铁路、邮政、港口、公路)、石油、天然气、市政,这六大领域要大幅度地放宽。[①]

除了这六个以外还有别的,就是在"等"字里包括。比如说,盐业改革。从汉武帝实行"盐铁专营"以来,已经 2000 余年,铁早就放开,但盐长期垄断,2016 年才提上改革议程。

通过开放消除各种隐形壁垒,鼓励民营企业扩大投资。民营企业发展混合所有制经济,下一步要参与国有企业改革,特别要参与到垄断性行业的改革中去。

现在民营资本进入垄断性行业的情况怎么样?下面列了一张表。数据是在国家统计局资料里收集到的,收到以后做了一个分类比较,按照 2014 年固定资产投资中民营资本所占的比重,由高到低做了一个排列分析(见表 11-1)。

---

① 参见李克强 2016 年政府工作报告中有关"十三五"期间的改革发展内容。

表 11-1 基础设施行业的固定资产投资结构（2014 年）

	总投资额（亿元）	其 中		
		国有控股	集体控股	私人控股
电力、热力的生产和供应业	17432.5	11981.3（68.7%）	502.5（2.9%）	3831（22%）
燃气的生产和供应业	2241.6	991.3（44.2%）	82.4（3.7%）	946.3（42.2%）
水的生产和供应业	3150.9	2118.7（67.2%）	196.2（6.2%）	602.5（19.1%）
铁路运输业	7707.2	7427.2（96.4%）	75.6（1%）	172.7（2.2%）
城市公共交通业	2225.3	2122.9（95.4%）	29.1（1.3%）	50.2（2.3%）
航空运输业	1430.4	1235.1（86.3%）	18.9（1.3%）	64.3（4.5%）
电信、广播电视和卫星传输服务业	2065.3	1539.9（74.6%）	33.8（1.6%）	82.5（4%）

燃气，民营资本占 42.2%。现在这个领域民营资本进入得比较像模像样，是目前民营资本进入比重最高的一个行业。

电力和热力，民营资本占 22%。电力分成发电和输电，输电网由国家控制（某些线段也可实行售电放开），但是发电是要开放的，发电跟输电是两个不同的环节，发是发，输是输，只要把输电网骨干部分控制就可以，所以发电可以放开（输电某些线段也可实行售电放开）。热力生产也是一样，目前电力和热力行业民营资本超过 1/5。

水的生产和供应，民营资本占 19.1%。水包括水的生产和供应，水网可国家控制，但是水的生产供应是放开的，民营资本不到 1/5。

航空 4.5%。航空是指航空公司，包括民航公司或者货运公司，都可以放开，民营资本可以进来，像上海的春秋航空公司、天津的奥凯公司，以及吉祥航空等，但是前几年进了以后也受到一些阻碍（如武汉东星航空），现在还不到5%。

电信和其他信息传输4%。

还有铁路和公交。其中,城市的公共交通,民营资本2.3%。最低的是铁路运输业(2.2%)。这里不是指铁路网,铁路网国家有控制,包括火车站都是控制的,火车站是路网的一部分,铁路网是控制的,但是运输是要放开的,铁路运输公司或者民营参股控股都可以。将来会不会民营资本自己搞一个铁路运输公司? 估计将来是可能出现的,因为"运"要放开,当然调度是铁路部门统一调度,运输是要放开的。

应把握"网运分离",网是网,运是运。网,会控制的;但运会放开。具体说,电网骨干部分要控制,电力生产要放开;航空网要控制,航空公司要放开;铁路网要控制(当然民营资本也可投资铁路,如杭台铁路),铁路运输要放开;电信网要控制,但是电信和其他的信息传输服务要放开。这里面有控有放。

民营企业发展混合所有制经济应关注上述垄断领域,这里面有商机。国家会放开市场准入,作为民营企业家要抓住国家放开的机遇,研究这里面的商机。

第四节 为民营经济发展混合所有制开拓空间

一、充分认识民营经济对国企"混改"的促进作用

前面分析民营经济的发展走势,特别是垄断性行业改革态势,可以看出国有资本与非国有资本相互融合和渗透的客观趋势。这种渗透和融合是中国所有制结构改革的必然选择。从理论与实践结合、历史与现实交汇的角度研究,民营经济对国企"混改"的促进作用,主要体现在三个方面:

第一,民营经济的发展对国有经济的改革产生倒逼机制。世界万物都是相互作用、交相呼应的。非国有企业的产生,提供了一种倒逼的力量,也在一定程度上提供了某种标杆和监督评判的参照系。由于其运行真正受市场支配,效率普遍高于国有企业,这就带来了强大的竞争压力,促进了国有企业自身的改革(前20年,国有企业经营机制方面的几个重要改革措施,如实行利改税、推行承包经营责任制以及引入现代企业制度,一定程度上都来

自于非国有企业竞争的压力）。正是国有企业和民营经济之间竞争的加剧，激励了国有企业"混改"步伐的加快。

第二，民营经济的发展为国有经济的改革创造有利条件。一方面，民营经济的蓬勃兴起促进了经济的快速增长，并增加了对财政的贡献，从而减弱了国有企业上缴财政压力；而且民营经济迅猛扩张过程中也创造了大量就业机会，为转移国有企业富余职工创造了条件。这些都有效地缓解了国有企业改革过程中的利益矛盾和摩擦。另一方面，民营经济灵活、有效的运行机制能够对国有经济产生某种"示范效应"，便于将其引入国有经济改造的过程中，这也在某种程度上减少了国有经济向市场经济体制转轨的运作成本。

第三，促进由"板块式"平行发展格局向"胶体式"的混合所有格局发展。本书在前言指出，1980 年笔者曾撰写一篇探讨"所有制结构"的论文《长期并存，比翼齐飞》①。主张国有经济与非国有经济"长期并存，比翼齐飞"。这里所论述的就是一种"板块式非交叉"的"并存经济"。就微观基础来说，A 还是 A，B 还是 B，没有涉及"产权交叉混合"问题。但是，在民营经济发展的带动和促进下，中国国有企业和国有经济层面的改革会不断深入。在此基础上，"多种所有制经济共同发展"的混合所有制经济格局开始形成。如果说最初这种混合所有制经济格局更多反映在宏观层面，还是一种"板块式非交叉"平行发展格局的话，近年来中国也开始寻求微观细胞层面"胶体式产权交叉混合"的混合所有格局。这就要打破国有经济封闭的产权结构，允许国内民间资本和外商资本参与国有企业改组改革，参与国有资本置换，使有资本和各类非国有资本相互渗透和融合。

二、民营经济发展中的市场准入与"两平一同"

所谓放开市场准入，可以把它简要地归纳成两个"凡是"。

第一个凡是：凡是法律法规没有明确禁止的行业和领域都应该鼓励民间资本进入，四个字——非禁即入。世界如此之大，问题如此之多，情况如此之复杂，现在把它分为三个类别：一个是禁止类，一个是允许类，一个是非禁止也非允许类。商机恐怕就在这里：要善于找那些没说能干但也没说不

---

① 常修泽：《长期并存，比翼齐飞》，1980 年 5 月 9 日《人民日报》理论版。

能干之类的,这样的问题是亟待关注的,叫非禁非允类。政府的眼光是有限的,禁止是明确的,允许也是明确的,但是不可能把天下的事都考虑得那么周到。尤其是在当前信息革命时代,在经济全球化的时代,这样的空间很大。可以说它是条"缝隙",但不是一条"小缝",是"大缝",甚至是一个"广阔的天地"。就拿互联网金融来说,像阿里巴巴搞淘宝、支付宝等,前几年有文件允许吗?有文件鼓励吗?有文件禁止了吗?都是他们创造的。就要在既不禁止也不鼓励的空间里开拓进取。当然不能搞一些非法的东西。总的来说,要寻找商机,要抓住"非禁即入"。

第二个凡是:凡是我国政府已向外资开放或承诺开放的领域都应该向国内民间资本开放。既然都允许外国资本进入,难道还不允许我们中国的民间资本进入吗?这应该是下一步推进的地方。建议学一下 2001 年的相关文件。2001 年加入 WTO 时有承诺,对哪些领域、哪些方面、到哪年放开,都有承诺,承诺向外资开放,也应该承诺向民间资本开放。

这里面有一个重要的问题:"服务业开放"问题[1]。一般的服务业贸易项目好说,但是资本项目怎么开放?资本项目开放需要研究。跟意识形态相关的一些领域,比如说,报纸以前说是时政类的不开放,但是健康类、娱乐类、烹饪类、广告类不涉及时政,也不涉及意识形态主要的方面,这些领域开不开放?具体到实践中这里面就很复杂,要关注服务业开放问题。

为民营企业发展开拓空间,还必须实行"两平一同"。

第一个"平",是平等使用生产要素。

生产要素是什么?按照马克思《资本论》里的观点,当时的生产要素主要是三大方面:资本、土地、劳动力。但随着人类文明的发展,现在生产要素增加,第四大生产要素是技术,第五大生产要素是管理,信息将来会不会是?现在信息跟技术暂时打包放在一起,将来信息会不会列成一个单独的生产要素?要看。总之,生产要素在发生革命性的变化。

请关注这种革命性的变化。以前,生产要素是资本、土地、劳动力(这是最基本、最原始的生产要素),现在的信息、技术、管理,我们认为都是当代新的生产要素。下一步应把信息独立出来,因为人类将来会进步到智慧型社

---

① 参见迟福林主编《二次开放》,中国工人出版社 2017 年版。

会,现在打造智慧型城市只是开端。信息技术有几个大的方面:一般讲五个字"云、物、移、大、智",即云计算、物联网、移动互联、大数据、智慧型。

现在的问题在哪里?面对生产要素,应该让国有企业和民营企业平等使用。什么叫平?中国人喜欢喝茶,这个茶道讲什么?"一碗水端平",要平等、公平。现在要研究对于民营企业和国有企业在使用生产要素上是"一碗水端平"了吗?如贷款,2015年一年新增的人民币贷款11万亿,余额近100万亿,贷给谁呢?民营企业家反映融资难、贷款难,而且利息要一层一层加码,说明在使用资本的生产要素上不平等。在土地竞争中平等吗?问题很多,这碗水没有端平。①

第二个"平"是公平参与市场竞争。

并不是说对民营企业"超国民待遇",只是公平待遇。但能不能平等参与?能不能一条起跑线?除一条起跑线外,"比赛跑道"一样不一样?是否国有的跑道平平坦坦,而民营的跑道坑坑洼洼?要公平地参与市场,环境应该是一样的。

一同,"同等受到法律保护"。

这里面的问题很多。中共中央把国有资产流失作为一个专门的问题提出来,国有资产流失要追究国有企业的领导责任,追究上级政府的责任。通过反腐可以看出来,国有资产流失得很厉害。要反对国有资产流失,但是,民营企业的资产也不能够非法侵吞。《包容性改革论》有一句话:国有资产不能够侵占,民营资本同样不能够侵吞,要一碗水端平,同等受到法律保护。

李克强总理政府工作报告里有一段话:"依法平等保护各种所有制经济产权,严肃查处侵犯非公有制企业及非公有制经济人士合法权益的行为,营造公平、公正、透明、稳定的法治环境,促进各类企业各展其长、共同发展。"②要严肃查处侵犯非公有制经济的行为,这个问题也很重要。

三、民营企业发展混合所有制基本思路

上面研究了民营经济对国企"混改"的促进作用,以及民营经济发展中的市场准入与"两平一同"问题,下面研究民营企业如何吸引国有资本和员

① 参见常修泽著《包容性改革论》,经济科学出版社2013年版。
② 李克强:2016年《政府工作报告》。

工股与之融合以开辟发展混合所有制经济"第二战线"问题。

民营资本是中国改革开放以来新崛起的一支资本力量。根据国家工商总局负责人披露的数据,截至 2016 年 3 月底,全国私营企业 1991.5 万户。全国私营企业注册资本,根据国家工商总局报告,截至 2015 年年底为112.4 万亿元。在上述私营企业中,大型私营企业虽然为数不多,但是拥有的企业资产和个人财富相当可观。从实际情况看,这支队伍(包括大、中、小民营企业)的作用并未充分发挥出来。这就意味着,民营资本参与发展混合所有制具有很大的潜力。

立足于现有民营企业,让国、外、内部员工股本进入民营,可称之为"民有吸纳式"。在过去十几年的研究中,学术界多聚焦于将国有企业改造成混合所有制企业,而对民营独资企业改造成混合所有制企业重视不够。中共十八届三中全会《决定》指出:"鼓励发展非公有资本控股的混合所有制企业",提出了一个新的问题。增强各类所有制经济活力,应包括发挥非公有经济的活力,为民间资本提供大显身手的舞台。

对发展潜力大、成长性强的民营企业,国家允许民营企业吸收国有资本进行股权投资。其做法两大类(1):可以通过投资入股、联合投资、并购重组等多种方式,吸引国有资本与民营企业资本进行股权融合、战略合作、资源整合。(2)也可以采取两种资本共同设立"股权投资基金"的办法,参与民营企业改制重组。

在实施两大类操作时,均可运用现在沪深两个证券交易市场简称"主板"和"创业板"(深圳)、北京全国股权交易系统(简称 3 板)和各地"产权交易市场"(简称 4 板)。据笔者实地考察,湖北武汉光谷联合产权交易所及其控股的武汉股权托管交易中心,就是发挥产权交易市场的平台作用促进混合所有制经济发展的一个缩影。该股权托管交易中心挂牌企业总数、股份公司家数、科技板企业家数、融资额(除去债券通道业务)、县域产业板块等 5 项主要指标排名全国第一,值得借鉴。① 但鼓励民营企业吸引国有资本,切勿违背民营企业的意愿,搞强制性的"腾笼换鸟"或"鸠占鹊巢"。

① 武汉光谷联合产权交易所龚波、魏洁:《著名产权经济学家常修泽教授在湖北作"广义产权论"报告并实地考察》,中国改革论坛网,2017-07-09。

四、完善产权保护制度和保护企业家精神

据作者调研了解,目前民营经济参与国企"混改"有诸多顾虑。网上流传一副对联。上联是:"招商时一切满应满许,笑脸相迎";下联是:"民资进驻后吃拿卡要,关门打狗"。这虽为民间笑谈,有些夸张,但涉及两个关键问题:一个是完善产权保护制度问题;另一个是保护企业家精神问题。

(一)关于完善产权保护制度问题

针对现实中产权保护不力问题,中共中央、国务院连续推出涉及"完善产权保护制度依法保护产权"一系列文件。

2014年10月,中共十八届四中全会通过的《中共中央关于全面推进依法治国若干重大问题的决定》,就指出要"健全以公平为核心原则的产权保护制度,加强对各种所有制经济组织和自然人财产权的保护"。

2016年11月27日,中共中央、国务院授权新华社发布《关于完善产权保护制度依法保护产权的意见》。其主要针对性有四:一是,公权力对产权保护不到位,政府违约和政策不稳定,侵害企业特别是民营企业以及个人的合法产权和权益;二是,不同所有制产权保护不平等,对非公有产权的保护弱于对公有特别是国有产权的保护;三是,公有产权保护制度仍不完善,国有企业内部人控制和国有资产流失的问题仍然存在,农村集体资产产权保护不到位;四是,侵犯知识产权的行为易发多发,侵权违法成本低,维权成本高等。

针对此,强调要"加强各种所有制经济产权保护","完善平等保护产权的法律制度",提出要"加快推进民法典编纂工作,完善物权、合同、知识产权相关法律制度,清理有违公平的法律法规条款,将平等保护作为规范财产关系的基本原则。健全以企业组织形式和出资人承担责任方式为主的市场主体法律制度,统筹研究清理、废止按照所有制不同类型制定的市场主体法律和行政法规,开展部门规章和规范性文件专项清理,平等保护各类市场主体。加大对非公有财产的刑法保护力度"。这些论述,有利于矫正长期存在的不同所有制经济产权保护不够同等等问题,对于平等保护各类产权,尤其是加强非公有产权保护意义重大。

《意见》还强调"完善政府守信践诺机制",提出要"推进法治政府和政务诚信建设,地方各级政府及有关部门要严格兑现向社会及行政相对人依

法作出的政策承诺,认真履行在招商引资、政府与社会资本合作等活动中与投资主体依法签订的各类合同,不得以政府换届、领导人员更替等理由违约毁约,因违约毁约侵犯合法权益的,要承担法律和经济责任。"

这是中华人民共和国成立以来,党中央发出的第一份系统关于完善产权保护制度依法保护产权的纲领性文件,被新华社列为 2016 年十件大事之一,在中国改革史上具有重要位置。①

但从文件下达到本书截稿近一年的时间来看,落实还不尽如人意。在"妥善处理历史形成的产权案件""严格规范涉案的财产处置"等方面力度不够,特别是涉及"公权力侵害私有产权案件"处理、纠正民营企业和投资人的"错案冤案"、解决民营企业资产"被违规查封扣押"冻结等方面,效果还不明显。

(二) 关于保护企业家精神问题

在当代人类经济社会活动中,企业家是参与市场经济活动的重要主体。当代中国,企业家阶层作为一个重要的社会阶层正在发挥不可替代的作用。习近平用"特别"二字指出:"我们全面深化改革,就要激发市场蕴藏的活力。市场活力来自于人,特别是来自于企业家,来自于企业家精神。"②今天研究这个问题具有重要的理论和现实意义。

23 年前即 1994 年,本书作者在探索完成的国家哲学社会科学重点科研项目成果《现代企业创新论》中提出了"培育企业家阶层""尊重并鼓励企业家创新精神"的命题。在《企业创新主体分析》一章中指出:"为了健全企业的创新机制,应当自觉地培育企业家阶层,切实地为这一阶层的形成和发展开辟道路。"③

23 年过去了,企业家阶层作为参与市场经济活动的重要主体已经在中国出现,企业家精神作为改革开放精神的重要组成部分也受到"尊重并鼓励",对这些成绩和进展应以一种能动的、向好的、远眺的眼光给予足够的估

---

① 在此文件产生前的 2016 年 8 月,本书作者曾向国家有关部门提交了关于"产权保护"的内部报告。参见常修泽:《"广义产权论"三大要义与产权保护》,《战略与管理》,2016 年第 6 期,台海出版社 2016 年版。

② 习近平:《在亚太经合组织工商领导人峰会开幕式上的演讲》,2014 年 11 月 10 日。

③ 常修泽等:《现代企业创新论》,天津人民出版社 1994 年版。

量。但同时,毋庸讳言,现实生活中由于种种原因,在培育企业家阶层特别是激发和保护企业家精神方面存在不少矛盾,致使部分企业家的"预期"和"信心"出现问题,有些地方企业家"出走"情况比较严重。

基于企业家崛起的历史必然及其前景,为解决企业家的社会预期问题,笔者认为,当前国家亟须着力营造法治、透明、公平的体制政策环境和社会舆论环境,"保护企业家精神,支持企业家专心创新创业",尤其是要"稳定民营企业家信心","引导形成良好社会预期"。为此,笔者在 2017 年 1 月 10 日向国家有关部门提交《关于激发和保护企业家精神的七点意见》的基础上,曾撰写《企业家阶层新论》,从理论和实践相结合的角度,对企业家阶层进行再探讨。文中指出:

(1)企业家是参与市场经济活动的重要主体。随着社会经济的发展,企业家的"特质内涵"需要做出新的界定。

(2)作为"创建企业并担任经营管理职责的指挥者",企业家必须具有"创新""情操""复合经济人"等三合一的特质。这是新时代企业家的重要标志。

(3)在中国,企业家作为稀缺的社会资源,其整个阶层在改革、开放、创新发展中肩负着重要使命。

(4)鉴于当前企业家在"预期"和"信心"方面存在某些问题,提出进一步培育企业家阶层,特别是"激发和保护企业家精神"具有重要意义。

(5)需要从国家战略的高度,采取提高对企业家阶层的社会尊重度,切实保护企业家的产权、创新收益和其他合法权益,建立社会容错和企业家自我纠错"双机制"等六点方略,以稳定企业家的社会预期,促进企业家队伍的健康成长。

2017 年 9 月 25 日,《中共中央国务院关于营造企业家健康成长环境弘扬优秀企业家精神更好发挥企业家作用的意见》正式公布,这是中央首次以专门文件明确企业家精神的地位和价值,在十九大前公布这一文件,实际上是再次宣示对企业家群体的爱护与呵护,意义十分重大。鉴于文件颁发,不再赘述。

总之,把握我国经济发展的大局,社会应该激发企业家精神,更大限度地发挥企业家的才能。企业家自己更要提高素质,这样就能塑造一个比较良好的政商关系,从而为民营企业发展混合所有制经济打下良好的基础。

第十二章　民营企业发展混合所有制的
迫切性、模式与注意问题

【本章提要】民营企业发展混合所有制已经成为中国经济变革中的一个重要分支。本章重点分析民营企业发展混合所有制的迫切性、基本模式以及值得注意的几个问题。家族模式发展受限、互联网等新科技的冲击、全球化的影响、国企改革带来的新机遇是民营企业发展混合所有制的主要动因。民营企业发展混合所有制的基本模式主要有民营基金模式、互联网增资扩股模式和上市公司定增模式。民营企业发展混合所有制的实际操作中也有不少风险，值得注意的问题主要有：利益侵占与定价风险、地方政府政策风险和决策风险。

国有企业混合所有制改革受到了较多关注，民营企业的混合所有制发展则相对不受关注。实际上，民营企业在发展混合所有制方面，也进行了较多的探索，并取得了一定的成绩。当然，从发展角度看，民营企业发展混合所有制还有很大潜力，如果解决好发展中的相关问题，有望为中国经济打造一个新的增长点。本章分为三节，主要分析民营企业发展混合所有制的迫切性、基本模式以及值得注意的几个问题。在本章后面的案例篇，我们还提供了民营企业发展混合所有制的案例，供参考。

第一节　民营企业为何发展混合所有制

民营企业发展混合所有制，既有其内在的动因，也有外部环境带来的机遇。内外部因素的共同作用,造成了民营企业发展混合所有制的独特路径,它有望成为民营经济发展的一个重要趋势。

一、家族模式发展受限

中国的民营企业大多采用家族模式,家族模式虽然在企业成长和发展过程中发挥了积极作用,但其负面作用对企业健康发展也产生了一定的消极影响,从而对民营企业的发展形成了一定的限制,主要体现在资源融入、发展规模与范围、公司治理等方面。

1. 家族制企业的五个弊端

(1)任人唯亲,不利于企业广揽贤才和科学管理

家族制企业往往在非常有限的范围内挑选接班人,甚至企业的接班人是注定的,不可更换的。但下一代不一定就适宜担任企业接班人。即使他们可能接受到较好的教育,但他们的兴趣与专长不一定在企业经营管理方面。这样,家族制的企业就有可能发生危机。任人唯亲和经营不善,对家族企业而言是难以摆脱的恶性循环:任人唯亲→排斥异己→人才流失→人才匮乏→经营不善→家族危机,这种家族企业特有的现象将家族企业的竞争优势丧失殆尽。因此,任人唯亲而非唯才导致企业失败的家族治理模式,是所有家族企业面临的随时可能陷入困境的一枚"定时炸弹"。

(2)企业领导权传递给第二代或第三代后有企业分裂、解散和破产的风险

家族企业的创立者以其独特的经营风格领导和维系着家族企业,企业管理层已长期适应"家长"的风格。一个风格迥异或才德不足的接班人,往往难以服众和驾驭全局,而家族中一些"羽翼丰满"或不满现状的家族成员又暴露出离心倾向,随着家族企业内部各种矛盾的激化,家族企业的崩溃分离就为期不远了。通常称之为"富不过三代"现象。

(3)产权封闭限制了企业的规模发展

我国民营企业在家族企业制下,企业的产权通常是封闭的。家族持有股权,既不愿外界前来参股,也不打算走产权多元化的道路。有时,尽管办成有限责任公司,引入现代企业制度,实行股份制,但股份化程度也很低,股东在两人以上,但持股者或是妻子儿女,或是少数亲戚,董事会形同虚设。在封闭性产权条件下,家族企业的所有权社会化和公开化程度低,企业的融

资渠道狭窄,企业的发展主要依靠自身的积累和原有股东的再投入,很难吸入社会资本,企业发展所需的资本来源极度缺乏,这就大大限制了企业的继续扩展。有时,为了不让外界了解企业经营状况和股东状况,企业连银行融资方式也拒绝,这就更加阻碍了民营企业的壮大成长。

(4)家长集权,不利于决策的透明化,影响组织创新能力

家族企业制的集权管理和决策往往有很大的局限性。家族企业制下的企业决策实际上是家长个人的决策。企业规模扩大和市场竞争加剧以后,家长个人独断专行的决策很可能脱离实际,以致造成投资或经营方针的重大失误。

一些家族企业实行家长式管理,又没有相应的约束机制,经营中的经验管理和盲目决策现象时有发生,且容易滋生独断专行和官僚主义作风,使企业在不知不觉中失去竞争的活力。企业引入家族关系,使企业内原本比较简单的人际关系复杂化了,家族关系又会压迫和屏蔽工作关系。一个人在企业中,既是家族的一员,又是企业的一员,从而引起角色冲突。这一切都将导致企业目标多元化,管理目标多元化,企业效率自然也会下降。"家族网"阻碍他人创新,甚至阻碍他人能力的正常发挥,从而阻碍企业的发展。

(5)缺乏对家族以外公司人力资本的激励作用

家族治理模式等级森严,家族外员工一般很难进入公司的最高管理层,同时,家族外员工包括高级管理人员由于不持有公司股份,因而对公司的关切度低。这种情况使具有人力资本潜质的家族外员工的能力和智慧不能通过有效形式发挥出来,造成了公司人力资本的巨大浪费。

2. 家族制企业应走向混合所有制

由于家族制以上五个弊端,其未来发展有望走向混合所有制,以消解家族制的不利影响。

在我国民营企业发展混合所有制的过程中,会逐渐从封闭的家族式管理向现代公司制度的转变,其核心是资本社会化。资本社会化就是要打破家族所有制的藩篱,引进外部股东,实现自然人产权制度向法人产权制度转变。

资本社会化可以由多种途径实现:(1)或者让企业经营管理人员、技术骨干等企业员工购买企业股份,或者对作出突出贡献的员工奖励企业股份,

或者对高层经营管理人员实现股票期权制,分散企业股份,并利用股份形成企业和员工真正的命运共同体;(2)吸收外部投资入股,加盟到企业股东的行列;(3)通过与其他企业合资合作、合并、兼并等形式,或者与其他企业形成企业集团实现资本社会化;(4)企业上市也是实现资本社会化的一个重要方式。

3. 与此相对应,公司治理也会有所规范化

公司治理的规范化是指严格按照《公司法》的精神来运作,重视制度的力量,从理性的高度避免随意管理,实现"人治"向"法治"的转变。发挥董事会、监事会等决策机构和监督机构的作用,杜绝表面上重视这些机构的作用,实际上把它们作为"摆设"和"橡皮图章",把治理结构制度"贴在墙上"等做法。

二、互联网等新科技的冲击

2003 年是移动互联网元年,十几年来,以移动互联网为代表的新科技全方位影响社会,互联网已经不仅仅是工具,而是一个新的环境,无线 WIFI 无处不在,六亿个智能手机用户,互联网红利正在惠及各个层面,电子商务与信息消费正在成为中国经济格局中新的增长点(中国的网络零售交易额占社会消费品零售总额的 10%左右)。新科技对产权结构的影响不可忽视,混合所有制在互联网企业中非常常见,而在互联网全方位介入传统企业后,深度融合、跨界融合不可避免,传统企业(民营企业为代表)的混合所有制改革会逐步提上日程。

互联网不但是企业提高效率的工具,还是企业构建未来商业模式和组织创新的基础设施。移动互联网是互联网的升级版,它极大拓宽了生活方式和商业模式,正在深度影响众多行业,尤其是民营企业比较集中的行业。移动互联网相关的主要是云计算和大数据,它们是不可或缺的因素。互联网的核心是大数据,收集整理开发大数据会带来巨大价值。

互联网的影响涉及许多行业。到目前为止,重点涉及十几个行业,比如,零售业、传媒业、旅游业、教育业、汽车业、房地产业、医药业、物流业、金融业(民间金融与互联网金融的结合,正在产生新物种)。又如,万科也在尝试业主的信息平台,植入新型的互联网思维和模式,探索传统的地产业与新兴互联网如何嫁接。

另外,近年来,以智能设备为核心的物联网迅速发展,有望创造新的生活秩序和商业生态。

互联网的核心理念是"去中心化"。每个人有智能手机,就可以做网民。这种理念对于混合所有制的发展是非常契合的,破除中心制,减少一家独大,平等、公开、透明。

移动互联网浪潮不可回避,互联网已经逐步渗透进入整个产业链条中,民营企业应该关注时代最前沿的声音,顺应潮流,拥抱互联网,适时发展混合所有制经济,进行企业重塑和裂变,找到新的价值增长点,更好地利用互联网时代的机遇,减少互联网对自身带来的威胁。

三、经济全球化的影响

社会化大生产最终导致了国际分工的形成,而在世界格局发生重大变动之际,经济全球化的滚滚浪潮汹涌澎湃。它不仅使大部分国家融入世界经济的整体运行之中,而且深刻地影响着各国经济的发展和变革。后金融危机时代,美、欧、日发达国家尚未完全恢复元气,经济持续低迷,许多企业发展困难,且其基础设施陈旧老化,急需大量外来投资来重建实体经济和基础设施。

从中国企业的国际化角度来看,已经从单纯的出口逐步走向海外投资阶段,直接在海外建企业或直接参股控股海外企业,成为中国企业新一阶段国际化的重要特征。国内经济新发展和推进"一带一路"建设,更进一步助推中国企业的海外投资战略。"一带一路"倡议使沿线60多个国家通过全方位互联互通紧密联系在一起,相互消减贸易和投资保护主义,为中国企业国际投资提供了极大的发展空间。

从制造业角度分析,中国有望在几年内成为世界的制造中心,这使得中国企业全球采购成为可能。因此中国大型企业正在积极参与到全球制造业采购体系中,走国际化的路子。从中国企业国际并购的结果来看,并购国外制造类的中小企业,成功率相对较高。

另外,在全球化过程中,民营企业可以通过合作生产、特许经营、提供服务等途径引进国外先进技术,加快产品升级换代,提高产品科技含量,从而提高产品核心竞争力,占领更大市场。比如,中国吉利集团并购沃尔沃汽车主要是出于这方面的考虑。

显然,在这个世界逐渐融为一体的时代,中国民营企业也必须要适应时代发展的大趋势,通过参股、并购或上市等资本运作手段,加入国际化混合所有制的行列中。目前,中国的民营企业在国际化混合所有制上已经取得了一定成果,如华为、复星、万向集团、重庆力帆等,它们积累了不少可供我们参考借鉴的经验和方法。总的来说,国际化资本是中国民营企业发展混合所有制经济可供选择的一条资源渠道。

四、国企改革带来的机遇

近年来,国有企业改革稳步推进,其基本方向就是在市场化条件下建立现代企业制度。而民营企业正是市场化运作的一类典型企业。因此,民营企业与国有企业基于市场化的分层次融合,可能是未来中国经济发展的一个新亮点。

2017 年 5 月 10 日,国务院办公厅转发《国务院国资委以管资本为主推进职能转变方案》,对国资监管方式和国资委职能转变作出系统性安排。这个文件强调实现由管资产向管资本转变,它是国资改革的新方向。目前改革进程显示,新一轮国有企业改革的主导方面已经不是"国有企业"的自身,而是在国家层面推进国有资产实现形式的资本化,以国资改革带动国企改革的势态正在明朗。

国资改革必然牵涉国资委的改革。原来是国资委与企业两层的结构,现在中间又加了一个国有资本投资管理、投资运营公司,变成了三层结构。目前,国有资本投资运营公司改革试点正在推进。在 2014 年,国资委首次在国家开发投资公司、中粮集团两家央企试点开展国有资本投资公司建设后,2016 年,又新增神华、宝武、中国五矿、招商局、中交、保利 6 家央企扩大试点。地方国资投资运营公司的改革也在提速。

《方案》提出,牵头改组组建国有资本投资、运营公司,实施资本运作,采取市场化方式推动设立国有企业结构调整基金、国有资本风险投资基金、中央企业创新发展投资引导基金等相关投资基金。

显然,以市场化运营为导向的国有企业改革将走向资本运作,与民营企业融合的混合所有制是其中的一个重要方向。国有企业经营较差的,有可能通过资本运作的方式转交民营企业运营,国家实现国有资本的合理回报,民营企业获得有价值资源予以价值放大,这对于民营企业的混合所有制发展显然是一个重大机遇。

第二节　民营企业混改的模式与操作

民营企业发展混合所有制是大势所趋,在实际操作过程中,可以分为三大类模式,它们只是目前流行的模式,不排除未来还会出现新的混改模式操作。目前的流行模式主要涉及金融、互联网和上市公司领域。

一、民营基金模式(国有 LP 引入)

国内资本市场上活跃着众多 VC(风险投资)、PE(私募股权投资),按其产权性质可大致分为国有派、民营派和外资派。但值得注意的是,民营 VC、PE 中间往往存在国有性质的 LP(有限合伙人),这实际上已经是金融领域的混合所有制了。其中,最具典型意义的就是国有资本以政府引导基金的方式参与 VC、PE。当然,国有性质的母基金并不只是政府引导基金一种,但它比较典型。

例如,国内知名的 VC 同创伟业与深圳市创业投资引导基金就有此类的混合所有制合作。

深圳市同创伟业创业投资有限公司成立于 2000 年 6 月 26 日,注册资本 1 亿元人民币,目前已经挂牌新三板,管理资产规模约 80 亿元,是中国第一批专业创业投资公司,到目前为止,同创伟业已完成对国内超过 150 家企业的投资,其中,上市企业 24 家,并购转让回购 20 家,项目成功退出率超过 50%。该公司为深圳和全国多家中小型企业提供创业资金,协助企业规范运作、改善治理结构、参与企业战略决策、提高企业的盈利水平,并策划企业上市,从而与企业实现共同成长。同创伟业成立 17 年来,旗下共设立了 5 支南海成长系列基金。2014 年 7 月份,同创伟业与深圳引导基金共同出资合作设立了一支创投子基金(深圳市同创伟业创新节能环保创业投资企业),该子基金为有限合伙制,主要投向节能环保行业。到目前为止,该基金运行良好,投资业绩比较显著。

深圳市创业投资引导基金成立于 2009 年,总规模为 30 亿元,是由深圳市人民政府出资设立的按市场化方式运作的政策性基金。其定位是发挥财政资金的杠杆放大效应,通过参股创业投资基金,引导社会资金加大对深圳市战略性新兴产业的投资,并重点投资处于初创期、早中期的创新型企业,促进相关产业和科技的发展,形成新的经济增长点。截至 2012 年 9 月,深圳市引导基金已完成参股子基金 8 支,与众多知名创投机构,如深创投、同创伟业、松禾资本、力合创投、达晨创投等均保持了良好的合作关系。深圳市创业投资引导基金管理委员会办公室作为深圳市创业投资引导基金管理委员会下设机构,为深圳市政府直属事业法人单位,是引导基金的日常管理部门,对外行使引导基金的权利并承担相应义务。

又如,苏州工业园区创业投资引导基金(该引导基金 I 期以及 II 期中的国创元禾母基金均由元禾控股负责管理)在成立初始便定位为市场化运作的母基金,其 I 期引导基金目前已与国内著名 GP(一般合伙人)机构合作设立了 16 支子基金。

这种混合所有制模式的操作是民营企业(基金管理公司、基金管理人)担任 GP,国有资本(此处是政府引导基金)担任 LP,进行资本投入,要求资本回报,但基本不参与基金的具体运营环节,不干预投资项目的选择和管理以及退出。引导基金以"母基金"(FOFs)的方式运作(所谓 FOFs,即投资于基金的基金,其与一般的基金不同,是以股权投资基金作为投资对象的特殊基金)。

这种模式的特点是把民营资本的高效率与国有资本的财务性参与进行融合,但以民营资本为主导。民营资本在资本市场的市场化运营方面相对较强,包括基金的募资策略与能力、投资策略、投资流程、退出策略、基金的投资组合设计、投后增值管理、专业化的基金管理团队以及市场化的团队激励机制等。

实际上,这种政府引导基金已经成为各地政府吸引 VC、PE 的一种重要手段和政策性产物,它实际上是一种半市场化的运作模式,主要依赖政府资源,发挥对民营资本的杠杆放大作用(放大倍数至十余倍),不把财务盈利作为最主要的目标(不逐利),它有时替民营 VC、PE 承担了一定的投资风险(即风险补助),即如果遇到投资损失,国有性质的政府引导基金先承担责任。因此它在很多民营性质的 VC、PE 中都有一定比例的存在,最高可以占到基金总规模的 40%。

2001 年国内出现了最早成立的创业投资引导基金——中关村创业投资

引导基金,此后各类政府引导基金不断涌现,仅 2015 年,深圳市财政就设立总计 800 亿元的发展引导基金,其中包括民生事业 300 亿元,创新创业 200 亿元,新兴产业 200 亿元,城市基础设施投资引导基金 100 亿元。中国的政府引导基金活跃在各类民营 VC、PE 之中,且渗透率相当高。

值得注意的是,目前国内某些政府引导基金直接通过委托某些民营专业机构来对引导基金进行管理,如安徽省创业投资引导基金、荆州市引导基金均曾委托浦东科投作为引导基金的 GP 托管机构,又如,上海金山区、闵行区创业投资引导基金委托盛世投资,绍兴市创业投资引导基金委托凯泰基金,这些则是直接在引导基金层面上实现混合所有制了。

二、互联网企业增资扩股模式

互联网企业是中国企业中的一个亮点。大部分互联网企业均为民营企业。互联网企业的发展模式是分阶段寻求外部融资,阶段成功后进行增资扩股,在新阶段性成功后再进行增资扩股。百度、阿里、腾讯、京东商城、58、饿了么、美团、大众点评等知名公司都先后进行了数轮的融资。互联网行业创造了一条独特的融资模式:创立—融资—扩张—再融资,这条循环的链条中,VC(风险投资)成为了最重要的一环。通常,一家互联网公司在上市前要经过四至五轮融资,即种子轮、天使轮、A 轮、B 轮、C 轮。值得注意的是,近年来,在互联网企业的增资扩股过程中,越来越多的国有性质的资本开始介入,其中,比较典型的是中信产业投资基金(800 亿)、中国文化产业投资基金(200 亿)、中国互联网投资基金(1000 亿,此基金成立较晚,暂无突出投资业绩)。区域性的国有资本更为常见,其中比较成功的是深圳市创新投资集团有限公司。这些资本通常以 VC 或 PE 形式介入互联网企业,在其中占据较少的股份,并不过多参与互联网企业经营管理。

中信产业投资基金将自身角色定位为“国企转型专家”和“民企成长伙伴”。2014 年 1 月 2 日,中信产业基金斥资 6000 万美元,投资嘀嘀打车 C 轮,腾讯基金跟投 3000 万美元。2016 年 10 月,共享单车平台 OFO 完成 C 轮融资,滴滴出行、小米科技、顺为基金、经纬中国、中信产业基金等机构共同向 OFO 投资 1.3 亿美元。2017 年 3 月 1 日,OFO 宣布完成 D 轮 4.5 亿美元(约合人民币 31 亿元)融资。此次融资由 DST 领投,滴滴、中信产业基金、经纬中国、Coatue、Atomico、新华联集团等多家国内外知名机构跟投。中信产业投资基金参与的其他知名互联网投资项目还有：2016 年 3 月 7 日,纷享销客,E 轮 1 亿美元;2015 年 1 月 23 日,饿了么,E 轮 3.5 亿美元;2015 年 8 月 27 日,饿了么,F 轮 6.3 亿美元;2012 年 6 月 1 日,赶集网,D 轮数千万美元;2011 年 6 月 13 日,凡客诚品,F 轮 2.3 亿美元。

中国文化产业投资基金由财政部出资,中银国际管理。该基金首批募资 60 亿元,是文化产业基金中的"国家队",投资项目包括新华网、中国出版集团等国有文化企业以及众多民营互联网企业。中国文化产业投资基金参与的知名互联网娱乐投资项目有:2017 年 3 月 20 日,中国文化产业投资基金(有限合伙)、丁杰、王倩、王一飞、陶瑞娣等投资大连天神娱乐股份有限公司 20.89 亿人民币,占 9.19% 股权。2017 年 3 月 7 日,同方投资有限公司、上海东方证券资本投资有限公司、深圳市天正投资有限公司、中国电信集团公司、中国文化产业投资基金、招商湘江产业投资有限公司等投资号百控股股份有限公司(无线互联网服务)37.62 亿人民币,占 32.72% 股权。2016 年 10 月 12 日,中国文化产业投资基金、北京京东世纪贸易有限公司、苏州太浩创业投资管理合伙企业(普通合伙)、天使投资人邱坚强和天使投资人华勇联合投资苏州新科兰德科技有限公司 B 轮 2.18 亿元人民币。2014 年 6 月 10 日,中国文化产业投资基金管理有限公司投资炫彩互动网络科技有限公司 A 轮 8000 万元人民币,占股 8%。2013 年 12 月 31 日,中国文化产业投资基金和常春藤(上海)三期股权投资基金合伙企业(有限合伙)投资上海百事通信息技术股份有限公司 B 轮 1.38 亿元人民币,占股 19.64%。2013 年 11 月 22 日,中国文化产业投资基金投资杭州玄机科技信息技术有限公司 B 轮 5200 万。

三、上市公司定增模式 (含 IPO 募股)

定向增发,简称定增,是上市公司非公开发行股份的方式,它是上市公司向少数特定投资者非公开发行股份的行为。定向增发的目的通常为资产注入、融资收购资产、项目融资、补充流动资金、配套融资等,涉及增发对象主要有大股东、大股东关联方、机构投资者、境内自然人。对于一些资本收益率稳定而资金需求大的行业,如地产和金融,定增由于方便快捷成本低,受到诸多投资机构的认可。

民营上市公司在上市前的最后一轮定增以及上市后的各轮定增,均是其发展混合所有制经济的重要手段,定增过程中引入的股东通常含有国有性质的股东,当然,更多的还是民营性质的股东。有时,定增过程中也会出现外资股东的参与。

对于国有投资机构以及国有上市公司而言,通过定增以低成本的方式参与到民营高成长公司中,可以获取丰厚的投资收益,非公开发行定价基准日为当次发行董事会决议公告日,发行价格不低于当次董事会决议公告日前20个交易日公司股票交易均价的90%。当然,在中国的资本市场上,偶尔也会出现市价跌破定增发行价的情况。

例如,国有保险公司每年都会将一定比例的资金配置在定向增发上,其中民营上市公司所占比例不小。保险公司一般会通过自有资金或保险产品的途径进行配置,其总规模在300亿~600亿。险资在所有参与定增资金规模中的占比约为9%。

民营上市公司是定增队伍里的主要力量。2016年共有600余家上市公司实施了定增,融资总额近1.7万亿元,上市民企定增募资额占比接近六成。在已实施定增的上市公司中,涉及民营企业339家,募集金额共7214.66亿元。在20家定增募资额超过100亿元的公司中,民营企业占了9席。2015年也呈现类似的情况。2015年全年定增股权融资规模1.29万亿,其中,共有上市公司定向增发400余家,全年实施定增的上市公司中,民营企业占据绝对数量第一,达到223家。

例如,2016年1月27日,广州浪奇(000523.SZ)对外发布《广州浪奇发行情况报告暨上市公告书》,分别以8.47元/股向广州国资发展控股有限公司以及浪奇资管计划两名特定对象非公开发行股票,募集资金总额不超过6.49亿元。广州浪奇此次非公开发行的股票数量将为7673.6715万股,其中由广州国发认购7438.0164万股,由浪奇资管计划认购235.6551万股。股份限售期为新增股份上市之日起36个月。广州国资发展控股有限公司参与广州浪奇定增,持股14.25%。这是广州市国资改革的一大内容。广州市国资委旗下新设立的投资管理平台广州国发作为战略投资者入股广州浪奇。广州浪奇表示,此次非公开发行的目的在于引入战略投资者广州国发,同时增加公司的流动资金,以壮大资本实力,改善资本结构,降低资产负债率,从而进一步增强公司的抗风险能力和持续经营能力。资料显示,广州浪奇是广东省目前唯一的日化行业民营上市公司,注册资金 44516.35 万元,资产总额超过 30.1143 亿元,公司年销售收入接近 54 亿元,主要生产洗衣粉、液体洗涤剂、皂类和日化洗涤材料,旗下品牌包括浪奇、高富力、天丽、万丽、维可倚、肤安、洁能净等。

又如,2015 年 2 月 25 日,TCL 集团股份有限公司发布公告,公司已完成向特定对象非公开发行 A 股 27.28 亿股,每股价格 2.09 元,募资主要投向华星光电第二条 8.5 代液晶面板生产线的建设。

其中,国开创新出资 8 亿元,认购 3.83 亿股;国开精诚出资 4 亿元认购 1.91 亿股;国开装备出资 3 亿元认购 1.44 亿股;紫光通信出资 10 亿元认购 4.78 亿股;中信资本(天津)出资 3 亿元认购 1.44 亿股;天津诚柏出资 2 亿元认购 0.96 亿股;惠州投控出资 1 亿元认购 0.48 亿股;九天联成出资 8.55 亿元认购 4.09 亿股;东兴华瑞出资 9.46 亿元认购 4.53 亿股;上银基金以资产管理计划出资 8 亿元认购 3.83 亿股。股份限售期为新增股份上市之日起 36 个月。TCL 集团是知名民营企业,2016 年实现营业收入 1065 亿元,净利润 21.38 亿元。

公开资料显示,国开创新和国开装备的控股股东、国开精诚的股东之一为国开金融有限责任公司,而后者是国家开发银行的全资子公司。国开金融注册资本近 500 亿元,主要从事股权投资业务,是国家开发银行唯一的股权投资平台,也是目前中国市场上最具实力的投资机构之一。国开金融在支持国家战略实施和产业发展的同时,对国内产业资本的投向也起到了重要的引领性作用。本次国开系公司拟出资 15 亿元认购,不仅显示对项目发展前景的看好,更是昭显"国家队"资金对液晶面板产业的战略支持。

需要指出的是,除了民营上市公司可以通过定增发展混合所有制以外,在新三板市场上挂牌的企业也可以通过定增实现混合所有制,而新三板上一万多家挂牌企业绝大多数为民营企业,定增为其融资的主要手段。值得注意的是,新三板企业在挂牌时通常并不能同步融资(极少数企业新三板挂牌的同时进行定向增发),挂牌后方可通过股票发行、定增或股份转向进行融资,这一点与国内主板、中小板、创业板 IPO 融资存在明显区别。

第三节　值得注意的几个问题

虽然民营企业发展混合所有制有较大的潜力,但是在实际操作过程中,依然是风险重重,如果不注意相关问题,最终有可能形成双输的局面。民营企业在发展混合所有制的过程中,值得注意的问题很多,我们只选择其中的三个突出问题进行分析,分别是利益侵占与定价风险、地方政府政策风险和决策风险。

一、利益侵占与定价风险

混合所有制是各方的合作,各方贡献的价值如何评估是一个关键问题,即定价机制与估值模型。如果定价不合理,它会直接导致利益侵占,有可能是国有资产侵占民营资产,也有可能是民营资产侵占国有资产。

在民营企业发展混合所有制过程中,国有资产流失是一个常见的潜在风险,一旦被认定国有资产流失,或国有资本非国有化,可能对已经形成的混合所有制造成重大的负面冲击,甚至全盘重组。理论上讲,只要国有资产定价合理,就不会造成国有资产的流失。但是,真正合理的定价可能只存在于理论之中,现实之中的资产定价和估值无法做到百分之百的科学准确。

国有资本参与民营企业混合所有制过程中的定价,直接涉及国有资产是保值增值还是流失,一直存在争议。但是,由于股权定价的复杂性、模糊性和不确定性,目前在国有股转让中的定价问题上尚存在法律空白,除不低于每股净资产等底线的意见外,缺乏可操作的实施细则或标准化、量化的匡算模式。

《股份有限公司国有股股东行使股权行为规范意见》第十七条规定:"转让股份的价格必须依据公司的每股净资产值、净资产收益率、实际投资价值(投资回报率)、近期市场价格以及合理的市盈率来确定,但不得低于每股净资产值。"《减持国有股补充社会保障资金暂行办法》规定,国有股定价以市场方式为主。

总之,无论采用哪一种方法,目前都还缺乏可操作的实施细则或标准化、量化的计算方式。另外,如果是民营企业收购国有企业,往往除价格之外还有很多附加条件,如同时要求安置下岗员工、清偿债务等。这些如何在定价上进行折让体现,也是一个难题。

民营企业在涉及国有资产评估时在三类问题上容易产生风险:首先是在无形资产和土地价值的评估上,容易忽视无形资产和土地的价值;其次是在选择资产评估方法时容易受到地方政府有关部门的影响而不能正确评估资产价值;最后是在资产评估过程容易发生违法评估的行为。这些风险都会让企业得到不准确的资产评估结果。

另一方面,民营企业在发展混合所有制的过程中,也存在一定的定价问题,主要是民营企业无形资产如何估值问题,例如民营企业较高的管理效率、较强的市场运作能力等,并不容易在估值中进行合理体现。如果定价不合理,就会存在对民营资本的利益侵占问题。

在我国民营企业发展混合所有制的实践中,存在多种定价方法,主要有:市盈率法、净资产法和市场定价法。

（一）市盈率法

市盈率是衡量股份制企业盈利能力的重要指标,其计算公式为:市盈率＝每股价格/每股税后净利,即反映了投资者对每股税后净利所愿支付的价格。市盈率越高,说明公众股东对该股票的评价越高、相信公司未来成长的潜力很大。市盈率可用于股票市场的估价。如果能够分别估计出股票的市盈率(例如,取相关行业或板块的平均值)和每股收益,那么就可由市盈率公式大致估计出股票的价格。

如果采用市盈率法来衡量国有资产、民营资产的价格,则存在两个问题。首先,究竟什么水平的市盈率算是合理的?目前并无一致的标准,即使在国外成熟的资本市场中,合理的市盈率水平也不一致。其次,每股收益指标,一般是取最近三年的平均值,但是取平均值在一定程度上会扭曲公司的盈利能力,尤其是那些收益波动比较大的公司。

（二）净资产法

净资产法是指通过资产评估和相关会计手段确定每股净资产值,然后根据证券市场状况将每股净资产值乘以一定的倍率来确定股票价格。这种方法的优点是操作简单方便,公司每股净资产值可以从公司财务报告中取得,只要财务报告是合规的,那么就可以用当期(或前期)的每股净资产作为定价的基准。

净资产法同样存在两个问题。首先,资产定价的基础与资产的未来收益无关,即是说用净资产法得到的资产价格不能反映资产的未来净现金流量。其次,净资产法定价导致了账面净值小于市值的资产被抢购,但是账面净值大于市值的资产却乏人问津。

(三)市场定价法

市场定价方式主要有三种:拍卖定价法、上网竞价法和网下询价法。国有股的定价目前已倾向于按市场方式进行。

二、地方政府政策风险

在民营企业发展混合所有制经济的过程中,涉及地方国有企业,地方政府的政策风险不可忽视。地方政府间接参与民营企业的混合所有制,有可能会给民营企业主体带来风险。地方政府的政策风险主要体现在两个方面:地方政府是地方国有企业的产权所有者,这本身就是一种风险;由于民营企业和地方政府之间信息不对称会阻碍项目的顺利进行。

(一)地方政府对地方国有企业拥有产权的风险

在民营企业发展混合所有制的过程中,地方政府对地方国有企业拥有产权,这本身就构成了风险。虽然地方政府名义上拥有地方国有企业,但是由于历史原因和体制原因,地方国有企业产权不清,在此情况下,国有企业参与民营企业混合所有制,本身就蕴含着巨大风险。这给民营企业主要带来两个风险:一方面混合所有制的程序和手段可能会不符合常规或法律规定,这为以后出现产权纠纷埋下伏笔;另一方面地方政府可能会怕背上国有资产流失的罪名而对项目运作设置种种障碍和提高壁垒。

(二)信息不对称风险

在地方政府的政策风险这个范围内信息不对称带来的风险主要包括两个方面:一方面是政府目标和民企目标不一致带来的风险;另一方面是地方政府为了让国企产权实现高估值而帮助企业"包装"舞弊。

政府寻求的最终目标是风险最小化的前提下政绩最大化,民营企业为取得政府的信任,往往会描绘一系列的远景规划,出具一系列的承诺,而这些规划和承诺往往是正契合地方政府对地方经济发展的总体规划或者解决地方政府头痛的诸如职工安置等问题。但是一旦当这些规划和承诺由于某些原因而无法实施时,地方政府可能会采取比较极端的措施,比如终止合作等。

地方政府帮助舞弊的主要形式有税收优惠和财政补贴两种。税收优惠是指按照税法规定,特区企业、高新经济技术开发区企业和内地企业所得税税率各不相同,所得税的减免权除税法统一规定外,地方无权减免。但为了扶持上市公司,许多地方政府相互比照,越权给上市公司税收返还政策,使得很多上市公司实际所得税率甚至比15%还要低。财政补贴是指地方政府还常采用财政补贴的形式帮助上市公司实现一定的盈利目标,这些补贴往往数额巨大,且缺乏正当理由。由于信息的不对称,民营企业并不知道这些企业的真实利润,这就给混合所有制的施行带来了额外的风险。

三、决策风险

(一)民营企业发展混合所有制过程中决策风险的种类及评估

1. 风险种类

(1)战略风险。战略风险是指在混合所有制发展过程中,参与各方对经营方向、规模、资源配置等方面意见不一致而产生的风险。例如,在基金模式中,以政府引导基金为代表的国有 LP 与民营 GP 就经常出现利益不一致而导致决策分歧。由于引导基金"社会服务"及"让利于民"的特点,其政策导向与参股基金的收益导向存在天然的矛盾抵触——前者更为注重资金的安全,不以盈利为目标,后者则追求利益的最大化。因此,LP 与 GP 的利益无法做到一致,决策经常出现冲突,一方面这将会严重影响基金的运作效率,另一方面,双方诉求存在分歧,容易导致"利益共享,而风险不共担"的局面,对于参股基金的收益及风险控制等各个方面均会造成不利影响。

(2)管理风险。管理风险是指在决策权、控制权方面所产生的风险。

(3)法律风险。法律风险是指在混合所有制发展过程中可能发生的法律纠纷及其风险。

(4)市场风险。市场风险是指混合所有制发展过程中所发生的市场竞争及其所带来的资本成本上升的风险。

2. 风险的评估

民营企业发展混合所有制的风险来自上述多个方面,但所有方面的风险最终都会反映到经济效益上。具体来说,都会在涉及的投资额、经营成本和经营收益上反映出来。因此,其风险程度的评估,主要是对项目的未来经济收益的风险评估。

最常用的风险评估方法是概率和数理统计的分析方法。所谓数理统计分析方法，即是对所涉及项目的投资额、未来的经营成本和经营收入可能发生的状态及各种状态发生的概率进行事先估计，然后，计算未来收益的"净现值"，再利用各种状态发生的概率计算出"净现值"的期望值、标准差及累计概率分布。如果净现值的期望值为正值，标准差较小，净现值出现正值的累计概率分布值较大，则说明该项运营的风险较小。通常民营企业可以聘请专业机构来做此类评估。

如果混合所有制是通过证券市场进行的，则以证券价格的系统风险系数为衡量风险指标的"资本资产定价模型"是一种较好的风险评估方法，它有助于更好地评估相关风险。

但是，概率和数理统计的分析和资本资产定价模型的方法只是一种工具，并不能代替交易决策者对全部风险的正确判断和综合评估。

（二）战略风险的防范

战略风险的防范主要可以采取以下三种措施：

首先，对公司的经营环境进行预测。社会的科技、经济和政治环境的变化是影响公司战略的主要因素。对这些因素的变化进行预测，并将它们的变化与公司的现有业务结合起来进行分析，确定公司现有市场的前途和发现公司的潜在市场，使公司的经营战略与环境始终保持一致。

其次，要慎重选择公司应进入的市场。要将潜在市场与公司拥有的经营资源结合考虑，正确确定公司应进入的市场。对于公司进入并不熟悉的市场，一定要慎重考虑。

最后，要正确确定公司进入市场的方式。公司应该认真考虑是自己单独进入市场还是与人合作进入市场。合作进入市场一般可以减少公司的风险，但合作对象的选择十分重要。如果合作对象缺乏诚意，或对即将进入的市场缺乏了解和经验，合作方式不仅不会减少风险，反而会增大风险。

（三）其他风险的防范

防范市场风险主要是加强保密性，对各项决策和措施必须注意保密，要加强对有关人员的保密教育，对可能发生的泄密事故，必须制定防范措施。

最后要指出，由于民营企业发展混合所有制存在很大不确定性，以及企业内部各成员所持的不同利益动机,企业决策是一个磋商、妥协的过程。在发展混合所有制过程中,民营企业防范决策风险的基本方向是由家族治理走向董事会治理。包括实现投资决策及决策程序的合理化,推动和监督企业内部各个运作环节的制度建设和组织建设,使这些环节运作程序化、透明化、合理化,推动内部控制机制的制度化、合理化。在重大决策管理流程上,强调模板化决策程序、规则化管理机制。董事会决策要求专业化的技巧,这些技巧最好通过董事会层次的委员会得到执行。董事会下可设若干委员会,包括审计委员会、薪酬委员会、提名委员会、发展战略委员会、投融资委员会、公司治理委员会等,这些委员会的成员应主要由外部董事和独立董事组成。在此过程中,提高其战略决策和投资决策的科学性。在民营企业中,可成立由外部专家组成的决策咨询委员会,它可以是董事会的一部分(如顾问董事会)。

[本篇附录] 民企发展混合所有制案例

南京绿金在线混合所有制案例

2013 年 12 月 26 日，对于南京绿金在线而言，是一个值得纪念的日子。绿金在线从国有上市公司的控股企业变为民营控股、国有参股的互联网+创业创新平台，它不仅为绿金在线后期的股权改革开启了序篇，而且也为其成长为产业电商的旗舰企业奠定了基础。

绿金在线是"消费电商"格局基本形成后首批国内"产业电商"的企业之一。该公司于 2011 年 4 月 19 日，由国有上市公司南京医药股份有限公司与创始自然人张文军联合成立。成立之初，依托南京医药公司中医药的存量资源，聚焦中药材及其制品+互联网方向。双方基于南京医药公司的中医药存量资源及南京同仁堂的品牌资源，B2B 垂直电商将在消费电商格局奠定后的下一个蓝海，一致选定中药材及其制品+互联网的 B2B 垂直领域发力。

绿金在线成立的初衷就是瞄准中药材流通环节的如下痛点：流通半径大、环节多、成本高、效率低，无效物流严重等，同时因为环节繁杂，导致人为干预因素多，制假贩假现象，严重影响了中药材的质量、标准、价格等。绿金在线拟充分利用互联网、物联网等信息技术及金融资本，持续整合产业链的关键要素资源与功能，逐步实现去中间化、增值服务的集成、供应链金融的植入，协同中药材全产业链产前、产中和产后协调发展，改变行业一二三产的利益分配格局，使得利益更多传导到上游，使其增产增收，最终逐步提高中药材供给侧的质量和标准。

同时，我国道地中药材主要分布在自然环境资源优越经济欠发达和后发地区，属于老少边穷地区或革命老区，也是国家扶贫攻坚的重点区域。绿金在线通过产业与互联网融合、产业与金融资本的融合、产业与智力资源的结合，为中药材的产地与销地架设了信息流、物流、资金流的数字化桥梁，成为"产业融入式"扶贫的新模式。绿金在线通过对"政、产、学、研、用"的协同整合，逐步有序地促进我国中药材产业从经济边缘向经济前沿、资源分散向资源集中、传统产业向新兴产业、消费隐患向消费安全、价值隐藏向价值发现等五个根本性转变。

创立之初，南京医药占 60% 的股份，创始自然人占 40% 的股份。双方从创业运营以来，快速实现了业务突破，在成立当年平台成功上线，在当年完成了 170 亿元的交易额（GMV），并实现创电商企业记录的 8800 万的营收，这年的成绩无论是之前的消费电商代表，还是同时期的产业电商均是不可及的。其原因归纳起来，主要得益于南京医药在中医药领域的存量资源的推动作用。但随着时间的推移，遇到几个新的矛盾：一是国有上市企业对所辖企业业绩及利润的要求与电商平台初创期需要持续"烧钱"投入之间的矛盾；二是上市企业决策流程冗长与创业创新企业的快速"试错"之间的矛盾；三是成熟企业文化的稳定性与初创企业文化的不确定性之间的矛盾；四是传统企业成熟人员与创业企业 80 后、90 后新新人类之间价值观及思维习惯等方面的矛盾。这些矛盾制约和阻碍了企业的发展。

在这些矛盾之中，尤其是电商企业需要持续投入与南京医药业绩需要改进之间的矛盾难以协调，成为双方求变的基本动因，直接推动了绿金在线后期系列股权结构的变化，从国有控制企业逐步走向了以创始自然人及核心团队为主的混合所有制的模型。基于这样的背景，双方在 2013 年中，针对股权改革、公司治理、后期资本进入等进行了深入全面的探讨，并很快达成了扬双方之长、避各自之短，协同发展，各归其位的共识。

在充分沟通的基础上，双方一致同意，由创始自然人及核心团队收购绝大部分国有上市企业持有的企业股份，南京医药在一定时间内仍然是绿金在线的财务投资人及产业投资人。如此一来，既消除了国有上市企业对产业电商持续投入的压力与自身上市公司每年对业绩要求的矛盾，又激发了创业团队更大的创业创新热情，还为企业未来引入战略投资者打开了股权的空间，力求实现双赢甚至多赢。双方达成一致，采取国有企业股权转让"招拍挂"的方式进行公开转让，南京医药在企业的创办过程中共投入注册资金 3600 万，创始自然人股东在注册资金的基础上，进行了适当议价收购，拥有了南京医药股份持有该平台 50%

的股权,以上股权转让,正式于 2013 年 12 月 26 日完成工商变更。这是绿金在线发展史上第一次股权结构的变化。

这次股权变更对绿金在线带来的变化是"革命性"的,收购前的 2013 年绿金在线的交易额为 240 亿,营收为 9900 万;股权变更后的 2014 年,其交易额就达到了 360 亿,营收达到了 1.67 亿元。在后面的几年里,交易额和营收每年均保持着 60% 以上的增长。在 2016 年,平台上中药材原材料及半成品的交易额突破了 700 亿元,企业营收达到近 5 亿元。从 2015 年企业就实现了盈利,到 2016 年企业已经连续盈利两年。

通过近 5 年的发展,绿金在线已经成为中药材产业电商的排头兵,一跃成为中药材+互联网的第一品牌。目前集团旗下已经集聚了线上线下人才近 400 人,构建了产业资源+互联网+金融服务的独特产业电商商业模式,随着企业在 2016 年 11 月 11 日获得国家食品药品监督管理局颁发的互联网药品交易资格证(A 证),绿金在线平台将从之前单一的中药材延展到药品、器械、中成药、保健品等大健康的全品类,成为健康产品+互联网的旗舰品牌,逐步有序建成健康领域的全产业链电子商务生态系统。

是什么推动了绿金在线的高速健康发展,成为全国互联网百强品牌、医药产业电商的旗舰代表?归根结底,正是混合所有制的设立与实施。2015 年,绿金在线又引进了 3 批次的财务投资人及产业投资人,为企业直接融资 3 亿元以上。同时,企业在 2015 年就通过持股平台,对企业高管、关键重要岗位释放了股权和期权,使得企业的股权结构更为合理,构建了专业 PE 投资人、财务投资人、产业投资人、创始团队、核心团队的混合型股东层。

以上股权结构,一则解决了企业发展过程中的资金需求问题,二则解决了企业在壮大过程中的产业资源整合问题,三则激发了核心团队联合创业创新激情的持续性问题,实现创造价值和分享价值的协调。通过合理的股权架构,初步实现了企业的资方和劳方的利益协同,企业实际控制与资本收益的协同,产业资源和平台融入的协同,政产学研用及产业链上中下游的协同,企业经济效益与社会效益的有机协同。

(绿金健康产业创始人、董事长兼 CEO 张文军撰稿)

第四篇
the fourth part

实现机制与治理篇

第十三章　混合所有制改革中的国有企业资产证券化

【本章提要】资产证券化是 20 世纪最重要的金融创新之一。我国国有企业目前以债权融资为主,债务率较高,本息负担沉重,导致用于良性发展的资金流不足。另一方面,国企在长期的历史发展中,累积了大量流动性较差却有稳定可预见现金流的资产和辅助业务。资产证券化有助于将国企的这两点结合起来,通过一定的结构安排,对资产中风险和收益要素进行分离和重组,以部分优质资产作为担保,由专门的特别目的载体(SPV)发行证券,在资本市场上出售套现,为国企解决资金需求,推动国企进一步良性发展。本章认为资产证券化是我国本阶段国企改革的主要趋势和主导路径,然后分析了国企资产证券化的特点和作用机制,研究了企业资产证券化模式和国企运作资产证券化所可能带来的风险和防范措施,目的在于从总体上分析国企资产证券化的特性和功能,进一步探讨国企资产证券化改革的主要路径和策略,试图构建有益于国企资产证券化的一组有效政策建议。

第一节　国企改革与资产证券化

一、资产证券化对国企改革的重要意义

资产证券化是混合所有制的一种模式,国企直接改革一直受到各种牵制,比如对国资流失等方面的担忧。利用资本市场是一种比较能为各方面接受的良策,资本市场对于资产价值具有相对透明、公平、规则化的效应,能

够降低国企改革的风险,减少一些反对国企改革的阻力,资本证券化因而对国企改革具有重要意义。归纳起来,有如下六点:

1. "政企分离"说了多年,但一直未能很好实现,原因在于国企资本的单一性,只有资本多元化形成股东多元化才可能形成国企真正的现代企业制度。国企证券化,通过发行股票、可转换债券等,增加资本金降低企业杠杆率,比较易为政府接受;同时国企产权通过资产证券化转为多元主体,自然实现政企分开,有利于国企形成良好的公司治理结构。

2. 国资"保值增值"是国企改革的基本前置条件,而证券化则有助于达成这一目标。资本市场提供了国企原来未曾有的外部监管压力,外部压力与上级要求共同推动国企完善公司治理,提高盈利水平。特别是,资产证券化使国有资产的保值增值具有市场化的衡量标准,而不是原来的账面价值。市场化环境下资产的价值不断变化,证券化给予动态的价值衡量,在公开透明的交易平台上通过证券交易实现,成为衡量国资真正价值的标尺。

3. 国企证券化有利于实现国企改革中的"有进有退"要求,借助资产证券化的形式和资本市场的力量,国资进入或退出某一行业或具体企业都较为灵活,可以更便利地配置资源和资本。这就提供了国企资本优化和调整布局的手段,利于国企利用增资扩股、借壳上市、资产置换等方式调整国企资本布局比例。

4. 大型国企中的集团资产证券化,如资产置换、购买大股东资产、借壳上市等,有利于大型国企的旗舰——上市国企"做优做强做大"。并购外部优质资产,或者出清内部淘汰资产,都可以通过资产证券化形式低成本实现,有助于形成更强大的国企集团。

5. 资产证券化大大促进了国企改革的"并购重组"。以往国企并购重组,虽然也可以试图从银行取得并购贷款等资金,但取得程序复杂,难度较大。资产证券化再结合银行贷款,多层次的资本组合,就使得国企在需要时候筹集并购重组资金难度大为降低,速度也更快。这就有利于国企展开兼并重组,重点发展利于经济转型的高端制造业和生产型服务业。

6. 资产证券化给予地方政府通过国企改革推动经济进一步发展的一个重要手段。地方政府对于资产证券化的应用,主要是实现三个结合,首先即资产证券化与地方产业规划的结合,以资产证券化筹措地方规划中的优势产业发展的必需资金;其次是将资产证券化与国有企业改造重组的结合,便于地方政府实施区域国企资源优化配置,实现策略规划,推动国有资产证券化地方战略的实施;第三是资产证券化与国资监管改革的结合,逐步以市场机制替代原来难以发挥根本重要作用的政府对国企的监管。同时,资产证券化导入资本市场力量约束国企盲目投资和过分扩张产能。

正是由于资产证券化对国企改革的上述六点意义,在中央政策明确后,可以看到地方政府对资产证券化迸发出了极大的热情,例如北京要求到2020 年国资资产证券化率要超过 50%,广东省要求 2017 年省属企业证券化资产 1 万亿元,资产证券化率达到 60%,2020 年达到 70% 等。全国绝大多数省区都出台了国企改革方案,其下属各地级市也出台了更为细化和具体的国企改革方案,方案中都将国有资产证券化作为主要途径,证券化率目标普遍定在 50% 以上。地方政府的积极性固然与化解高速发展阶段常年累积的庞大债务规模有关,但这样的热情,在我国整体改革历程中,都是罕见的。

二、国企资产广义证券化改革的五种途径

这里所说的国企资产广义或简称泛证券化,是对资产证券化的外延扩大,并不仅限于发行企业 ABS 的途径(简称 ABS,是指资产证券化,以基础资产所产生的现金流为偿付、支持,通过结构化等方式进行信用增级,在此基础上发行资产支持证券的业务活动),而是将企业资产通过各种模式实现证券化交易,都统一视为国企资产证券化的泛应用。

主要途径包括以下五种:

1. 发行企业 ABS。出清企业淘汰资产,或盘活流动性差的长期资产,换取当下现金,降低企业负债率,推动企业转型升级,利用获得的资金发展新产业、开发新产品,或执行并购重组,调整企业产业格局,形成发展新动力。

2. 集团上市或核心资产证券化。对于有上市条件或已上市的国企集团来说,这种模式是最具吸引力的,关键在于我国股票市场除银行股等少数行业外,市盈率较高,相应证券发行价较高,利于企业形成庞大资产规模和以股票价值为基准的强大融资能力。例如浙江物产中大集团,整体上市前国有市值仅 31.66 亿元,通过向国有控股股东增发股票,吸收合并原集团公司实现整体上市。整体上市后以 2015 年收盘价计算,国有市值增加到了

212.20亿元,增值近7倍,而这样的市值所对应的融资能力不言而喻。核心资产证券化,则指集团将所有经营性资产均注入上市公司,通过增发等手段大幅增加市值,这种模式对企业极具吸引力。但需要指出,仅限于大型或较大的中型国企可以做到,毕竟能上市发行股票的国企在整体上是少数,绝大多数中小型国企是无法达到上市条件的。

3. 资产重组。资产重组自然也可通过上市或企业ABS实现,在其他情况下,主要还是通过政府的行政力量来实施。即将产品结构相似、区域布局相互冲突、目标客户定位一致、整体同质化发展的国企合并有效资产,重组建立股份制企业后发挥其协同效应,同时降低国有资本的重复投入,也可以降低运营成本,实现合理竞争。

4. 混合所有制改革。外部引入战略投资者,例如PE基金、产业投资基金或民企集团,内部实行管理层股权激励,使管理层逐渐成为国企中少量持股者。内外部的结合,一方面引入社会资本,增加国企发展资本金和建立市场化监督约束机制;另一方面激励内部发展动力,形成企业利益一致的发展机制。

5. 其他泛资产证券化途径。包括资产置换、购买大股东资产、借壳上市、股权激励等,基本都是上述途径的变形或补充。其根本目的都是以股权及股权对应资产的调整来强化企业内生竞争力,提升国企业绩。

三、混合所有制改革推动资产证券化成为国企改革主导路径

混合所有制改革是本轮改革主线,广义上来说,包括集团上市等所有引入外来资金,改变国企股权结构的改革都可以说是混合所有制改革;狭义上来讲,只有引入社会或国际资金,且外来资金有"所有者占位",可以发挥对国企股东监督和对国企出资人能进行利益博弈的才是真正的混合所有制改革。从中央对国企改革的目的来看,希望通过混合所有制改革解决的不仅是国企的资本金和债务问题,更希望借此解决国企的"行政病",促使国企形成股东监督和制衡机制,真正建立起现代企业制度。从这个意义来看,狭义的混合所有制改革更符合中央的国企改革意图,而资产证券化显然符合狭义的混合所有制改革的定义,因而成为国企改革的重要路径。

(一)混合所有制的类型和改革基本思路

要理解资产证券化对于"混改"的意义,首先要搞清楚我国"混改"的类

型和思路。

混合所有制改革的思路,目前以国务院国资委和上海市国资委的改革思路最具典型性,前者代表纵向国资混合所有制改革,后者代表横向地方混合所有制改革。

	国务院国资委	上海市国资委
内容	4 项改革:国有资本投资公司、混合所有制、董事会授权、派驻纪检组	发展混合所有制,分类监管、设立国资流动平台,激励约束机制
思路	三中全会精神,先在中央企业启动	三中全会精神,各类所有制互相融合,发展公众公司
目标	解决改革难题。总结经验,以点带面,有序推进改革	3~5 年完成国企公司制,除规定国有独资外,其余全部企业股权多元化
原则	4 结合:顶层设计与先行先试结合、市场化与问题导向结合、探索与底线结合、整体推进与重点突破结合	4 原则:完善基本经济制度,市场化,规范公开透明、统筹兼顾稳妥推进
具体措施	8 家央企试点,2~3 家进驻纪检组	9 项措施:公司制股份制、股权比例结构、市场化重组、股权激励员工持股、改制重组决策程序、市场化价格、审计规范价值评估、保障合法权益、税制和环境
步骤	5 步骤:分工组织、一企一策、指导实践、总结完善、梯次推广	

上述比较可知,第一个角度看,无论中央还是地方,混合所有制改革都是国企改制中心,只是中央考虑较为谨慎,先试点再推广,而地方积极性高,

是要全部推广并设置时间表。各地的思路大都与上海相仿。

从第二个角度看,混合所有制改革不是有人误解的所谓"私有化"改革,而是以民营资本注入和管理监管切入为手段,为国企注入活力、盘活国企长期资本、调整优化国企产业布局,最终达到巩固和发展公有制经济主体地位的目的。这种目的的实现手段正是资产证券化这种金融工具所擅长的。

(二)资产证券化成为混合所有制改革的主导路径

1. 为什么资产证券化应该成为混合所有制改革的主导路径?存在着怎样的逻辑关系

主要是基于混合所有制改革的两大目的:

一是吸引社会和国际资本,充实国企资本金,降低国企负债率,盘活长期资产,提升国企效益,推进转型升级。

二是使外界资本进入国企,形成与国企出资人制衡的"所有者占位",改变国企"行政化",形成真正现代企业。这两大目的实现的根本手段,只能是市场化的资本市场运作。

2. 市场化的资本运作需要解决混合所有制改革三大难题

混合所有制改革目前存在着三大难题,是非公资本所质疑的,也是目前国企"混改"多以国资之间的资产混合为主,民间资本参与并不踊跃的根本原因。这三大难题是:国资在混合所有制企业中的权利问题、非公投资安全问题、撤出国资去向问题。

①关于国资在混合所有制企业中的权利问题。民企中一直有种说法,即一个企业哪怕只有1%的国有股权,国资也会发挥100%的控制力。这种说法未必正确,但反映了我国民企长期在国民经济中的"弱势心态"。民企会考虑,即使自己入股了国企,占到哪怕40%股权,就真的能对国企管理层形成制衡吗?即使是公众公司,国企仍然有"内部人控制"的可能性,自己如何真正影响入股国企的经营,发展产业,控制成本,优化管理?反过来,国企也会考虑,如果让民企入股者干预管理过多,造成国资损失怎么办?双方的权利制衡,固然要国资出资人只管资本,经营管理市场化聘用和绩效考核,也要在机制上考虑如何既保障国资权益,也能充分保障社会资本的权益。

②关于非公投资的安全问题。国企的政治地位导致非公资本处于弱势地位,因而必然顾忌自身资本投入国企的安全和控制问题,担心被国企"圈

钱"。单单股权比例的分配,即使民企占据了相当大的股权,基于"民无法与官较劲"的忧虑,民企仍然会担心实质的控制权分配是否到位。

③关于撤出国资的去向问题。深层次反映的是民企对参股的实质运营资产的质量担忧,是否自己买到的是劣质资产？国资圈钱后会不会把钱撤出,自己去买优质资产了,等等。

之所以通过市场化的资本市场来推进混合所有制改革,就是为了解决这三大难题,但不是所有的市场化的资本市场金融工具都具备解决这三大难题的能力。

资本市场主要是两部分,即中长期信贷市场以及证券市场。前者对国企来说就是银行贷款,本身就已成为问题;后者是创新金融工具的主要来源,我国目前证券市场主要的金融工具包括股票上市、债券、基金、期货、信托、票据、融资租赁、PE(私募股权)、信贷和企业 ABS 等。在所有这些工具中,股票适合国企的整体上市或核心资产证券化的广义型资产证券化,部分种类的基金和 PE 适合未上市国企小额股权融资,但对解决所有者占位问题没有帮助,债券、信托、票据等只适合国企短期项目型融资,而从国企混合所有制改革的目的来看,兼具各种优势的就只有资产证券化这种金融创新工具。

3. 资产证券化为什么适合混合所有制改革

一是资产支持证券的"真实销售"和"破产隔离",有利于消除社会资本对影响混合所有制企业经营管理和投资资金安全的顾虑,即使得社会资本对上述三大难题中的前两个难题的担心降到最低。资产证券化将基础资产从国企中真实切割了出来,以市场化公开透明的价格出售,社会资本接盘而带来的法律和政治风险就降到了最低。而资产支持证券在公开市场的公开流通,使社会资本可以便于撤出,对投资资金安全的考量也就降到了最低。

二是国企一般盘子很大,但资产证券化拿出来的是部分资产,社会资本感兴趣的也是以合理的价格取得拿出来的资产并经营或投资获利。因此,国企获得的资金转移就是国企的正常收益,不再为社会资本所考虑。在这种背景下,社会资本也就可能对国企证券化的资产进行控股后长期经营,与国企各取所需,使得第三个难题也得到部分解决。

三是资产证券化针对的是国企流动性差但有稳定和可预见现金流的资

产,这部分资产正是国企要解决盘活的长期固定资产,国企通过资产证券化有进有退,调整结构,改善资产质量,降低企业负债率,改善资产负债结构,这些资产证券化本身具有的金融工具功能与混合所有制改革的目的高度吻合。

因此,资产证券化成为混合所有制改革的主导路径。总结上述分析和论证,形成了一条清晰的逻辑链条如下:

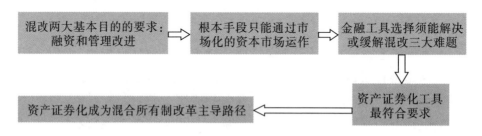

(三)资产证券化释放国企改革巨大红利

中国国企存量资产规模巨大,在此轮以资产证券化为特征的国企混合所有制改革中,各种口径统计不一,有说 30 万亿的,有说 40 万亿的,还有高估到 60 万亿的,无论哪个数据口径统计精确,有一点是明确的,就是可以通过资产证券化释放出来的国企存量长期资产规模极为庞大,以数十万亿元计。

如此规模和量级水平的国企改革,将释放巨大的制度红利,正如当初农村联产承包制对农村生产力的释放一样,考察中外经济成长历史,制度变革带来的成长性最具持续性、最具影响力,是最大的成长性。

这一特殊阶段的成长性,从长期看,国企将盘活数十万亿"沉睡"的资产,获得数十万亿资金推进企业转型升级和做强做优做大,大幅降低国企负债率,提升企业经营效率,获得更多的经营效益。而社会资本则将获得巨大的投资机会,建立起丰富的投资渠道和出口,分享国企成长的红利,赢得在新的资产新的行业基础上的发展机会。而从社会整体看,泛滥的累积流动性将被资产证券化国企所建立的巨大市场所吸收。总体看,长期所能释放的红利不可估量,势必成为我国经济发展下一阶段的主推力量。

我国改革开放的历史证明,经济体制改革是最大的推动力,经济体制改革本身能够释放巨大制度红利,而且经济体制改革会带动其他方面主动或被动地改革所释放出来的综合红利。

另一方面,是资产证券化对国企管理水平和发展真正现代企业制度的巨大推动力。目前的国企混合所有制改革,资产证券化的一个主要方向就是股份合作制的发展,企业高管和职工持股化,而且不是形式持股,是与企业盈利紧密结合的利益共同体。股份合作制是集体所有制,从而也成为公有制的一种形式。国企的股份合作制改革,可以实现国企利益、国企管理层利益与国企员工利益的紧密结合,再结合引入外界投资人,形成多元化的制衡机制,就能打破国企长期行政化的顽疾,提升国企管理水平,发展真正高水平的现代企业。

如此规模巨大的国企资产证券化,在全球经济和金融历史上可谓罕见,规模和量级都要求以国企为主的资产证券化要建立广泛统一、监管严密、高流通性的专门交易市场,这就是本文接下来要探讨的金融资产交易中心。

四、资产证券化的深化——金融资产交易中心发展

国企资产证券化的量级和规模,决定了我国目前以上交所和深交所为主的通过其大宗交易平台的资产支持证券模式不利于资产证券化的发展。从长期看,我国应建立适应资产证券化产品交易的专业国家级金融资产交易中心。

(一)我国金融资产交易平台的发展现况

目前我国各地已建立多个地方性金融资产交易所,但从本章探讨的金融资产交易中心所需具备的能力来看,还不是一回事。自 2010 年 5 月国内 2 家金融资产交易所——天津金融资产交易所和北京金融资产交易所开业以来,重庆、武汉、成都、大连、深圳(前海)等地纷纷设立金融资产交易所,目前很多地级市也成立了金融资产交易所。这些地方金融资产交易所创立的目的,主要还是地方政府解决中小企业融资难和为当地金融机构服务的考量,显然不是真正能够支持巨大资产证券化产品的金融资产交易中心。

互联网金融资产交易所也初现雏形,陆金所、网金社、招财宝等互联网平台定位于金融资产交易,但很多此类平台产品以 P2P 为主,产品违规较多。投资端固然多以个人为主,资产端多数也是变相的收益权拆分和转让模式,法律风险较大。

目前此类金融资产交易所的产品主要有四类:(1)基础资产交易:金融

国资、不良资产、私募股权、应收账款、债权投资等;(2)权益资产交易:小贷资产收益、融资租赁收益、票据收益、信托收益等;(3)信息耦合交易:撮合投融资业务或项目交易;(4)备案、登记、托管、结算等交易服务。交易产品利率水平一般在 5%~7%。

(二)需要建立全国性金融资产交易中心

综合来看,目前的金融资产交易体系存在着很多问题,最主要的是盲目发展,已有 40 多家,而目前我国资产证券化存量业务还有限,分到各地就会存在着优质资产资源不足的问题,导致部分金交所业务来源有限,经营规模较小,因此无力发展规范的管理机制、先进的技术系统以及提升资金和交易管理的水平。其次,各地政府重视程度不一、发展目的不一、侧重不一,而互联网金交平台更是游走在法律边沿。

凡此种种,都说明了目前的金融资产交易体系是无力承担起未来国企资产证券化大发展带来的巨额金融资产交易的需求的,有必要建立类似我国沪、深两个股票市场类型的具有公信力的全国性金融资产交易中心。

(三)全国性金融资产交易中心的功能与定位

国家级金融资产交易中心应该实现如下功能:

1. 国家级全国性资产证券化产品为主的市场化综合交易平台,不再是银行间市场的补充。

2. 将原来的"区域性银行间市场"功能取消,剥离出全国性市场,以免干扰银行间市场的正常运行。

3. 非标资产,包括中小企业直接融资、票据业务等功能应从全国市场平台剥离,但可在次级金融资产交易中心(省级)开展业务。

4. 基本上设立两级金融资产交易结构,全国性市场和次级省级市场性平台。全国性交易市场设立产品审核门槛,通过门槛审核的产品可在全国市场上流通交易。省级交易市场作为全国性市场补充,吸纳其他合规但达不到全国性市场要求的产品交易和开展其他中小企业直接融资业务,也可承担部分影子银行业务,即银行低风险的中间业务、银行间市场私募债等。

5. 交易产品以资产支持证券为主,包括信贷 ABS 和企业 ABS 以及资产支持票据等,这个市场可与股票市场形成错位发展,股票市场相对高风险,机构和个人投资者风险偏好激进。国家级金融资产交易所则相对低风险,产品收益率普遍在 5%~8% 之间,适合风险偏好较低希望持有证券时间较长的稳健型机构和个人投资者,特别是开放个人投资者投资,是适合我国证券交易现况的措施。目前按照有限公司股东的人数限制,每一产品合格投资者不得超过 200 人,这一措施不利于企业资产证券化的发展,应该使得个人投资者不必通过购买理财产品才能买到资产证券化产品,降低个人投资者的成本和扩大投资者群体。

6. 基本作为固定收益类金融资产交易平台,电子平台交易,对投资者开立机构账户、个人账户,大数据系统每日根据各产品利率变化、信评变化和时间期限等计算出参考合理价格,设立价格波动上限,避免无理炒作。投资者操作流程:产品发行或存量产品—参考价了解—报价买入—存续期持有—提前卖出或到期结算。投资者可以如同股票交易般,通过电子平台方便地进行资产支持证券的买卖。

7. 全国性金融资产交易平台必须建立起强大的技术交易平台,平台必须具有海量数据的处理能力,其水平要达到股票交易所软件平台的水平。

8. 产品发行由资产证券化产品服务券商报送金融交易中心审核,此种审核要较股票上市简洁许多,主要是按照金融交易中心设置的门槛条件进行审核,只要完成证监会备案和达到门槛条件的,即可上市发行。券商在交易中心开立资产计划账户,作为资金交割中转账户。

9. 投资者账户开立可如同股票般在券商处登记开立。券商代行投资者资格审查,完成登记后投资者下载交易软件和联结自身交易银行账户,即可开始交易。

总体上,由于我国股票市场和股票交易平台已发展多年,在交易环节和交易技术上已较成熟,完全可以应用到全国性金融资产交易中心平台上。

据此,全国性金融资产交易中心的定位是,以固定收益类信贷 ABS、企业 ABS、资产支持票据等资产证券化的证券为主要交易产品,以"中央登记、中央交易、中央清算"的网络电子交易为交易模式,以简洁的申报审核流程便利资产证券化产品流通的开放型、全国性金融资产交易中心。

第二节　国企资产证券化的运作机制与重点领域

一、国企资产证券化运作机制的特殊性

我国国企,特别是非竞争性国企,现在不是,未来也不会是完全西方市场经济定义的市场竞争企业,因此其资产证券化就必须考虑到国企的一些特殊性,并在运作机制上加以考虑。当然,资产证券化的一般运作机制有其普遍性,这里,仅就一些应考虑特殊性的运作机制的元素加以论证。

一是,资产重组原理在应用时不仅应考虑按资源配置优化、收益最佳化、利益均衡设计、最低化成本四项原则来进行资产组合,也不应仅考虑技术性的方法,还应考虑国企资产重组的政策性因素,例如国企资产重组一般应"纵向层级收缩,横向层级集中,国有股权比重降低"[1]。再如国企资产重组应考虑哪些行业资产战略性的退出,哪些行业即使目前流动性差但根据国家需要会进一步投资发展等。这些因素都会影响资产重组的最后选择,导致最终资产重组并非技术性上的最优解,而是一个次优的选择。

二是,风险隔离原理要求实现真实出售,在大多数的情况下并不构成国企资产证券化的必然障碍,但有些特殊情况下,需要考虑特殊的解决途径。例如部分军工资产、战略资产,从今天的角度看也许真实出售并无大的问题,但从长远看,也许存在国家未来需要,届时必须做调整,在这样的情况下,是否需要解决回购权的问题?而回购权的存在又挑战了真实出售的成立。

三是,信用增级原理的应用,我国许多国企与地方政府或行业主管部门关系密切,本来使用政府担保是合适的,可以提高投资者信心和信用评级,为国企资产降低融资成本等获取良好的条件。但按照我国《担保法》的规定,国家机构不得为保证人,使得这些国企在寻求外部信用增级上遇到很大的挑战。担保法的规定具有现实重要意义,不可能单为了资产证券化修改,这会造成地方债务平台放大等问题。因此,国企的政府担保问题可能需要借助变通的方法来实现。

---

[1]　《上海国资重启新一轮改制》,《上海国资》,2008 年第 9 期。

四是,基础资产的问题,部分基础资产在我国传统上被视为国家专控的战略资产,例如一些基础设施,铁路、高速公路,在以其收益运作资产证券化产品时,表面上没有发生操作问题,可是从长远来看,如果发生违约,投资者执行抵押权,这些资产实质上是不能转移到非国企控制的。也有一些特殊的处理方式需要设置。

五是,国有资产的保值增值问题,目前国企资产证券化由于运作的都是优质资产,这个问题不太突出,但今后真正扩大运作起来,就会存在着一个国企资产必须保值增值的特殊性问题。那些真正流动性差的长期资产,在资产证券化运作中必须有较大的折价率才能保证销售出去,这样在账面上就会出现国有资产的较大幅度减值,谁来负这个责任? 需要国家有相应的政策来对应处理。

二、国企资产证券化重点发展的基础资产类型

国企资产证券化在目前初始阶段,资源尚有限,应该选择重点发展。

在 2014 年中国企业资产证券化刚开闸的初始阶段,证监会曾经考虑优先支持保障房、安置房、棚改等项目,行政级别上优先保障国家立项项目,重点支持省市立项项目,限制县立项目①。尔后在 2014 年 11 月正式出台的《证券公司及基金管理公司子公司资产证券化业务管理规定》中,却并未明确界定基础资产的类型,而是采用了负面清单管理,原则上不在负面清单上的资产,只要符合其他规定,都可以考虑作为基础资产。但在实践中,中国证监会鼓励证券公司重点对五类基础资产进行证券化,包括:

1. 水电气资产,例如自来水厂、污水处理、固废处理、电厂、电网、燃气公司、长期供水供电供热合同收益权等具有稳定收费来源作为现金流、但占用大量原始投资形成的长期公共服务资产。

2. 公共基础设施收费权,例如高速公路、铁路、机场、港口、公交网络等公共基础设施的收费权。

3. 市政工程:包括已建成投入使用的和正在建设的,特别强调正在回款期的 BOT 项目。

4. 经营稳定,现金流稳定清晰的商业物业租赁。

---

① 《安邦:企业资产证券化不应厚此薄彼》,财经网,2014-09-05。

5. 融资租赁(企业大型设备租赁)、企业应收账款、金融资产租赁等。

2016 年 12 月,中国证监会和国家发改委联合发布发改投资 2698 号文,要求各地发改委大力推动传统基础设施领域 PPP 项目资产证券化。这是证监会力推的第 6 类基础资产。

上述鼓励的 6 类重点基础资产类型,从债权类型的视角分析,实际上包括的是三类:(1)公共基础设施收益权;(2)租赁债权;(3)应收账款和企业债权。

根据 2016 年的实际企业 ABS 发行情况统计,在所有发行的企业 ABS 中,租赁债权占比 23%,应收账款和企业债权占比 26%,基础设施收费占比 7%,其中基础设施收费的占比明显偏低,而这是国企存量长期资产最大的一块,在未来应重点推动①。

除去上述基础资产类型,从我国国企的实际情况来看,未来还有 2 个基础资产类型应该作为重点领域发展,其一是不良资产证券化,其二是绿色资产证券化。

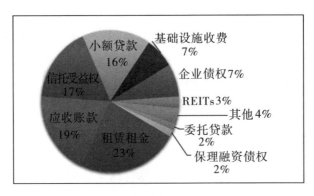

图 13-1 2016 年企业 ABS 发行统计

不良资产证券化固然主要是银行累积的不良资产,但国企特别是大型国企,累积的不良资产也不在少数,这类"死资产""僵尸资产"也占了国企长期资产构成中的一部分,且是最无流动性的部分,国企轻装上阵必须解决不良资产问题。

---

① 数据和图片来源:《2016 资产证券化发展报告》,Wind 资讯和中央结算公司,2017 年 1 月 18 日。

　　绿色资产证券化主要针对节能环保领域,国企在节能环保领域投资规模很大,例如电力能源方面的水电、风电、太阳能等,交通方面应用新能源的公交经营等方面。绿色资产与基础设施资产证券化在很多领域可以配套运作。

三、国企资产证券化重点发展的行业领域

　　我国国企资产证券化重点发展的行业领域显然要配合这一轮国企改革的主线——混合所有制改革。按照中央定调的 2017 年混改七大行业领域,显然这也是国企资产证券化需要重点发展的七大领域,包括电力、石油、天然气、铁路、民航、电信、军工。这些行业的传统领域国家投资巨大,形成了规模极大的基础设施长期资产,这些资产流动性差,但很多均有稳定的可预见的未来现金流收入,这些行业需要转型升级往高级形态发展,需求的资金就可以通过资产证券化,将原来的基础设施长期资产逐步转化为当下可用的发展资金。

　　具体分析这七大行业,几乎都是国企占据绝对优势和市场占有率高的行业。其中仅央企集团的数量就超过了 30 家,最多的是军工 10 家,其次发电集团 6 家、电网 5 家。各央企集团都是长期资产体量非常庞大的集团。除央企外,这七大行业领域还包括众多的地方国企,基本上,这七大行业构成了我国国企长期资产的主要部分,因此也成为国企改革的重点和国企资产证券化发展的主要领域。

　　七大行业中,石油、天然气行业在等待油气体制改革的出台,在此之前,混改和资产证券化的推行估计都要等待。发电和电网领域,2016 年 12 月国家公布了以混改方式开展增量配电投资业务等一批重点改革措施,刚刚开始破冰,短期资产证券化的动作不会太大。而军工的方向,是军民融合混改,行业体制已较为明晰,将成为国企资产证券化的重要市场。铁路、民航、电信这 3 个行业同样如此。因此,短期我国国企资产证券化的重要行业领域主要是军工、铁路、民航、电信这四大行业,而在经过一段时间的国企改革后,将进入七大行业同时作为国企资产证券化发展重点行业的阶段。

第三节　国企资产证券化的发展与完善

基于上述对国企资产证券化的各方面论证分析,这里就国企资产证券化的深化和良性发展作一分析。

一、企业资产证券化制度与立法的推进和完善

(一)企业资产证券化的主要现行法规

时间	政策文件
2004-10-21	《关于证券公司开展资产证券化业务试点有关问题的通知》【文件1】
2009-05-21	《证券公司企业资产证券化业务试点指引(试行)》　　　【文件2】
2013-03-15	《证券公司资产证券化业务管理规定》　　　　　　【文件3】
2013-04-22	《深圳证券交易所资产证券化业务指引》
2014-11-19	《证券公司及基金管理公司子公司资产证券化业务管理规定》　　　　　　　　　　　　　　　　　　　　　【文件4】
2014-11-26	《上海证券交易所资产证券化业务指引》
2014-12-24	《资产支持专项计划备案管理办法》　　　　　　　【文件5】

上述7个企业资产证券化法规中,5个由证监会发布,另外2个是深交所和上交所的管理规定。严格意义上来讲,都只是政策,而不是法律。企业资产证券化的法律和制度薄弱的程度由此可见一斑。信贷资产证券化面临的局面也类似。

(二)推进立法和制度建设的建议

1. 上位法的建立

我国是大陆法系国家。大陆法系的国家,社会活动建构在法律体系基础上,依据法律体系进行。企业资产证券化是未来可能关系数十万亿资产流通的重大经济领域,因此我国有必要参考日本等大陆法系国家的经验,制定统一的《资产证券化法》或适用更广的《金融资产交易法》这样的上位法,使企业资产证券化取得长期发展立足的法律依据。

2. 与其他领域上位法冲突的解决

目前企业资产证券化领域,存在与关联的其他上位法的冲突,例如《证券法》第 6 条规定证券公司并不享有营业性信托的经营范围,而按证监会【文件 3】的规定,券商资产证券化业务实质为信托原理的资产证券化活动,显然与上位法冲突。再如该文件规定专项资产管理计划属于客户资产管理业务(信托财产),而国务院《证券公司监督管理条例》规定券商管理客户的委托资产属于客户资产,也有冲突。类似这样的冲突还有很多。因此在资产证券化统一上位法制定过程中,有必要解决与其他领域上位法冲突的相关领域,或者其他上位法应该补充必要的司法解释。

3. SPV(特定目的机构)法律性质的明确

目前证监会实质只采用专项资产管理计划,特定目的机构(SPV)没有被采用,原因也是法律问题,在我国《公司法》中会涉及 SPV 法定公积金和公益金提取等规则的冲突,潜在使得资产转让环节税费多,还存在 SPV 在税法上的双重课税问题。但从国外的实践看,SPV 有其实用性。在我国国企资产证券化中,SPV 会提供更多的操作便利性和安全性,例如政府背景出面的 SPV,将有利于资产证券化的推进。因此,有必要在资产证券化上位法修订中制定相关规则或《公司法》等方面出具司法解释,解决这一关键问题。

4. 未来债权法律规定的明确

资产证券化针对的类似基础设施收益权、应收款等属于未来债权,未来债权按目前《合同法》等法律规定应公示到每一位债务人,但资产证券化周期较长,很可能存在不能通知到的情况,导致债务人有权追索,使得破产隔离失效。这样的问题也有必要在新的法规中明确。

5. 税收制度的建立和完善

目前企业资产证券化税收问题还基本处于空白状态,倒是信贷资产证券化在 2016 年国税总局的文件,即《关于信贷资产证券化有关税收政策问题的通知》中,明确了税收优惠政策。企业资产证券化则还没有,短期应该明确其享受与信贷资产证券化同样的税收优惠政策,中长期则参考国外资产证券化的税收体系,从我国税法的实际情况出发,建构相关税收政策。除了普遍性的税收规定外,建议重点关注 SPV 的规避双重课税,资产运作各环节的不增税负,以及针对特定类型企业资产的税收优惠政策。例如针对特定类型国企、特定类型国企资产、绿色证券化的减免税等,以利于推动我国企业资产证券化的良好发展。

6. 会计制度的建立和完善

会计方面目前也存在诸多问题,建议对企业证券化的出表制定量化标准,并制定相应的会计核算方法。对出表后基础资产的表外处理、SPV 与原始权益人的财务报表规则、资产支持证券发行的会计处理等都需要专门的财会制度规定来加以规范。

二、国资监管与国企资产证券化监管的进一步完善

(一)国有资产监管体系的进一步完善

我国国资监管体系在不断完善的进程中,国务院《关于改革和完善国有资产管理体制的若干意见》中,将国资委从管资产重新定位到管资本,组建国有资本投资运营公司,履行出资人职责。原来的二级架构变成了三级架构,即原来是从国资委到经营性国企,现在则是从国资委到国有资本投资运营公司再到经营性国企,这样政府与国企之间多了一条隔离带。这两个重大举措呈现了国资监管体系完善的方向。

上述代表国家政策方向的国资监管体系的完善,在具体措施上,仍有值得建议完善和改进之处:

1. 国资在"混改"和证券化过程中存量和增量的价值监管须明确规则

国企改革中,或涉及存量资产的证券化,市场化的过程中可能减值;或涉及增量扩股,可能稀释国有资本(增加价值被增量股份摊薄),这都是监管中必须重点关注的问题,需要明确认定和实行的规则,公平保障国资和社会资本的各自利益。

2. 外部监管机制的建立和推广

建立国有资本投资运营公司,大都是从国资委和其他政府部门及国企中组织人员成立,并没有完全规避掉原来国资委既当股东又当婆婆的局面,中间加了一层,政府部门转为企业资本管理,可能有所改进,但也可能拉长了多层管理的链条。因此,仍然建议增加外部监管机制,利用外界专业人员或服务机构对国资进行外部监督。

3. 国资监管体系人员的社会化、市场化和专业化

国资监管体系目前人员主要来自机关、学校和国企,在国资监管的很多

领域,国资监管机构的现行人员素质未必能够很好地专业性地监管,例如国企资产证券化,在我国是新生事物,国资如何监管?因此,国资监管体系人员应逐步社会化、市场化和专业化,以适应我国经济不断创新发展的现实需求。

(二)国企资产证券化的监管体系的进一步完善

资产证券化的一大特点就是跨界,目前分业监管体制主要由证监会监管企业 ABS。但企业资产证券化的多个环节都会涉及多个监管部门,例如国有资产的进出要涉及国资委,地方国企要涉及上级政府的行业主管部门,银行要涉及银监会等等。因此监管体系仍需进一步完善。

1. 分业监管体系,根本上与混业经营有冲突,有必要适应发展趋势而调整

考察我国资本市场的金融监管体系,可以发现,现行分业经营、分业监管体制"一行三会(银行/证监会/银监会/保监会)"的形成是 20 世纪 90 年代借鉴美国经验发展而来的,2003 年成型,在当时起到了积极的作用。但分业监管的体系,从长期来看,与越来越多的金融混业经营的发展趋势越来越冲突。现在看国外,欧洲主要是混业经营、综合监管,美国在次贷危机后逐步走向混业经营,监管体制也在逐步转型。我国资产证券化业务的推行,以及金融行业其他方面的发展,都在走向混业经营,因此,分业监管的架构未必能够适合未来的发展。我国分业监管的体制,在未来需要根据混业经营的金融发展趋势加以调整。

2. 合规性监管向风险性监管的进化

目前的监管体系,注重的是产品各阶段的合规性,但对风险性监管则流于形式,或者说尚未建立起风险性监管的能力,特别是缺乏事前监管的能力。在这方面有必要加强技术性的建设,对数据的日常监管和调控,对市场的跟踪,对产品的创新流程的审验,对交易中不正常现象的预警等,需要形成风险性监管体系。

3. 地方金融监管体制的建立和完善

我国金融发展变得越来越复杂,金融机构迅速增加,金融产品越来越多且规模越来越大,企业资产证券化尤其涉及地方的深层面,仅靠中央级监管机构和其派驻地方机构的少数人员是难以驾驭这种局面的,因此有必要发

展分级金融监管体制或多层次金融监管体制,让地方政府加入金融监管,划分监管事权。

三、资产证券化各交易环节的完善和监管强化

资产证券化的一大弱点就是交易链条很长(9个步骤实施),累积之下各参与主体存在着较大的风险。

目前我国对资产证券化各交易环节的监管还比较流于形式,主要是我国资产证券化产品运行不久,暴露问题不多,使得各层面对此问题的潜在风险还认识不深刻,现有必要参考国际经验,预防在前。

一是,道德风险预防。各交易主体的道德风险很难在事前预防,因此可行的有效方法是增加道德风险发生的成本。例如类似银行贷款"终身负责制"的措施,在事后无论时间已经多长,对责任人员和机构都给予严厉追责和惩罚;或者类似"保荐人"制度,对重要环节必须有一个专门人员签字对相关环节的道德风险负责等。

二是,信息披露机制完善化。由于资产证券化的长链条,信息不对称情况明显,因此如何完善信息披露,达到公开、透明、全面、真实的信息披露,以保障投资者利益,是非常重要的风险预防措施。有必要对产品所需公布的信息进行明确的要求,包括公布数据范围、时间期限、责任负担等进行明确要求,并对数据造假进行严厉惩处。

三是,信用评级加强。在我国金融体系中,信用评级目前是明显的薄弱环节。信评水平不高,流于形式,缺乏有效技术模型等。一要必须加强信评机构管理,建立资质审查和递进阶梯体系。二要扶持信评机构发展,包括人员和技术等领域,有必要国家投入一定资源加速发展。三要加强技术研发,尽快积累和分析数据,建立适应我国具体产品类型和金融环境的有效信评模型。

四是,现金流管理的监管。目前的体制赋予券商较大的现金流控制权力,包括再投资产品选择、利率协商等直接关系利益的处置权力,因此在此环节发生道德风险的概率较高。对此监管的责任应赋予受托银行,由银行对券商现金流管理的表现向监管机构呈交报告。当代大数据和云计算技术的发展也应该考虑,可以通过数据挖掘分析起到预警作用和发现问题。

五是,主要参与主体制衡监督的形成。各参与主体在机制上应形成一

定的制衡监督的格局。例如,律所、会计师所的选择应由发起人选择,而不是由券商组织。资产评估机构则不能由发起人选择。各机构之间需要考虑彼此利益来源方向和监督职责,中介机构之间绝对不能"抱团"成为一条彼此配合的产业链。尽量形成彼此制衡的关系,避免形成道德风险发生上的默契和配合。

四、金融资产总量规模与实体经济规模相匹配

国有企业资产证券化的好处是明显的,最根本上,国有资产变得容易变现、容易交易、容易监管、容易考核。但在利用资产证券化的正面效应的同时,不要忘记资产证券化的管理不善也可能带来严重问题,甚至是金融危机,由美国房产抵押贷款次级证券作为导火索引发了美国次贷危机并引发全球金融危机,就是一个最深刻的教训。

美国金融市场创新不断,衍生产品层出不穷,金融发展导致金融产业一方面严重与实体经济脱节,虚拟经济极度膨胀,从而成为无源之水、无本之木。另一方面侵吞实体经济资源,导致实体经济萎缩和衰落。实践表明,金融发展最终必须依托在实体经济之上,为实际的物质和科技发展服务,而不可能自己成为一个独立体系。在美国次贷危机前夜,美国 2006 年的 GDP约为 13 万亿美元,而当年市场上流通的金融资产,包括股票、债券、各类资产证券化产品、期货、期权等,价格总额竟然高达 400 万亿美元,虚拟经济规模是实体经济的 30 倍! 这种虚拟的繁荣终究无法持续,金融危机即使不为次贷危机所引发,也会因为其他金融产品的崩塌而发生。我国必须吸取美国教训,可以预见,类似资产证券化这样的金融工具大发展,我国的金融资产规模也将迅速扩大,而目前如果将房地产考虑在内,我国虚拟经济的规模已经远远超过实体经济。按照工信部总经济师的研究,将房产投机考虑在内,2000 年虚实比值只有 0.9,2008 年达到 3.5,而 2010 年达到 9.8[①]。姑且不论他的数据研究是否准确,但我国虚拟经济规模远远超过实体经济规模已是不争的事实。参考美国和其他国家的发展经验,虚拟经济与实体经济保持一定的合理比例非常有必要。因此,国家应该研究合适的虚实比例,不

① 信息来源:《工信部总工程师:我国虚拟经济是实体经济 10 倍》,中安在线-安徽新闻,2012-12-31。

能无限制地发行发展金融产品,事实上,我国部分金融产业已对实体经济形成挤压,例如我国工业利润率仅 6% 左右,而证券银行业多年利润率高达 30%。国家对金融产品的结构、品种、规模、发展速度应综合考虑,确定量化或与实体经济成长匹配的金融发展控制体系。

五、对国企资产证券化的其他建议

一是,国企资产证券化要避免"圈钱",即要实现的是"把现金流证券化",而不是"把烂资产死资产证券化"。圈钱的行为给资本市场提供的是质量过差的产品,这将一方面导致国企资产证券化产品的公信力下降,吸引力减弱,造成投资者损失和影响社会舆论,另一方面会给资本市场带来风险。资本市场的特点是联动性非常强,心理因素影响大,"羊群效应"极为明显,如果有一批规模大的国企资产证券化产品在市场上"爆炸",其效应可能传导到整个资产证券化市场,从而引发危机。因此,对资产证券化国企资产的现金流的可行性和可信性必须要严格监督,而国企不良资产证券化要谨慎鼓励,设置好风险的重重防御,保证资产证券化市场不成为扔破烂、卸包袱的"垃圾场"。

二是,对国企资产证券化发行产品后获得的现金要严格监督,使之与产品发行时承诺的用途一致,要避免国企将新资金又投入老的打价格战过剩产能扩张上去。这不但与我国推行资产证券化"去杠杆化",推动国企转型升级的目标相背离,更是对宝贵现金的极大浪费。只有将获得的资金投入到高成长、有益长远国计民生的产业发展和技术进步之中,才能达到国企资产证券化的目的。资产证券化是"良药",是手段,但不是"粮食",不是目的,"粮食"是企业形成竞争力强的现代企业制度,目的是发展实体经济。

三是,落后国企可能因资产证券化的推广而获得"续命"的机会,但这种机会未必会带来落后国企的重生,反而有可能浪费宝贵的资金,使得落后国企的出清机会延迟,浪费经济资源,拖累经济发展。社会主义国家在经济上应设立利用优势,降低整体经济的沉没成本,即在某个行业产业过多成本时,果断调整,将资源集中到优秀企业身上。美国大企业非常优秀,但整体社会的沉没成本很高,拖累了整体经济的效益。在美国每出现一个新兴行业,就会有各种社会资本蜂拥而至,但最后能生存的企业是少数,多数投入的资源都浪费掉。我国需要避免这样的格局,这就需要对包括国企在内的落后产能和竞争无效尽快地出清。在这个方面需要国家对国企有进有退的管理,而不是只要企业资产还有证券化的可能就给予机会,以避免浪费国家经济资源。

四是,房地产抵押证券的推广应有一定限制。大型国企参与房地产很深,房地产抵押证券的发展将提升大型国企在这方面的积极性,既然国家认为房产是用来住的而不是用来炒的,要贯彻这样的理念,就将房地产主要控制成为基础设施,而不是金融产品。当然,我国房地产金融化已经很深,控制的难度很大,但房地产金融化的继续深化对我国房价的失控、未来金融风险的扩大都加大了可能性。

五是,国企资产证券化混改的重要方向是股份合作制,将管理层和员工的利益与国家利益和企业效益构成利益共同体。这就需要明确国企内部按资和按劳分配的比例。美国大约是资本劳动比3∶1左右,我国作为社会主义国家,国企员工应该体现企业主人翁的实际利益。可以参考的例子是华为,资劳比大约是1∶3(2015年,华为工资1200亿,股金分红400亿),按资分配较低,按劳分配较高。这样的分配比例对于华为企业员工的积极性促进有目共睹。长期以来国企员工名为主人翁,但没有持股,收入来源是较为固化的工资和补贴,积极性不高。通过企业ABS作为催化剂实施股份合作制度改革,创建真正的利益共同体,就能够有效提升国企管理水平和员工积极性。

第十四章　在发展混合所有制经济中发挥产权交易市场的平台作用

【本章提要】本章首先介绍了在我国经济体制改革大背景下诞生的产权交易市场,为国有企业改制发展服务,逐步建立起完整的符合公开公平公正要求的市场交易制度。交易的品种从处置废旧厂房、设备,到产股权和多种权益,实现了资本市场的融资功能和产权流转功能。

文章重点阐述了产权交易资本市场不同于其他资本市场的特点。产权交易市场非标准化的属性,不仅确立了它在我国资本市场体系中与标准化资本市场的对等地位,也是其交易制度的广泛适应性和对企业一对一服务特色的基础。广泛的适应性使得服务的宽度已经涵盖了产股权交易、金融资产交易等12个领域,服务的深度已经具有只要有权益就能做成交易产品的能力。产权交易市场的三个特质属性,可以为我国数以千万计的非上市企业提供多种个性化服务。这种机制能满足发展混合所有制经济的内在需求。

最后,文章从服务混合所有制经济发展的角度,简要介绍了产权交易市场业态调整、市场化服务、制度创新、风控管理和行业自律监管等发展趋势。

前一章,我们论述了资产证券化和与此相联系的金融资产交易所,这是发展混合所有制的一种重要机制。本章研究另外一个平台——产权交易市场的作用问题。

产权交易市场是上世纪 80 年代顺应国有企业改制需要而诞生的。它从处置企业厂房、设备,发展到产股权交易、融资服务,具备了资本市场融资和产权转移的功能。它通过交易规则和市场化服务,提高市场效率,降低交易成本,依法维护各类投资人权益。党中央、国务院已经明确产权交易市场为资本市场。这实质上是一种新的制度安排。在发展混合所有制经济中应充分发挥产权交易市场作为我国非标资本市场"主板"的市场平台作用。

第一节　产权交易市场的产生与发展

一、产权交易市场的产生

上世纪 80 年代,改革冲破僵化的经济体制束缚,把增强全民所有制大中型企业活力作为经济体制改革的核心。国有企业改革由利改税、所有权和经营权适当分开发展为股份制改革,实现产权有条件的转让是深化企业改革的重点措施。国有企业重组由关、停、并、转变为有偿转让,小型企业可以有偿转让给集体和个人。有的地区开始尝试企业兼并,但都是"拉郎配",把陷入困境的企业并给好的企业,结果好企业也被拖垮。当时是不并不行,但行政指令性的并也不行。

面对大批企业经营困难、职工维稳工作难等棘手问题,首先是改革先行地区的相关部门提出要改变思路,实行跨行业、多形式的重组。他们针对如何解决兼并中资产评估、转让费用等问题进行了大胆实践;与此同时理论界也进行了探索。[①] 理论和实践部门分别从不同角度认识到,需要有个机制来从事产权交易,在这种背景下,决定探索市场化的路子。经过理论探索和实践酝酿、筹备,1988 年 5 月 27 日武汉市企业兼并市场事务所成立,当天完成了产权交易市场第一笔交易。

此后,为了满足本地国有企业转让的需求,各地纷纷筹建产权交易机构:1989 年有 25 家挂牌;1994 年 6 月有 174 家挂牌,其中省级 14 家,地市级 104 家,县级 56 家;1996 年达到 200 多家挂牌。[②]

---

① 参见常修泽:《关于建立企业产权市场和经营权市场的构想》,1988 年 4 月 22 日《经济参考报》。常修泽、戈晓宇:《产权市场论》,《学术月刊》,1988 年第 12 期。
② 取之于国务院国资委 2007-B10-5《规范发展产权市场研究》。

二、产权交易市场的制度建设

产权交易市场制度建设具有自上而下推进的特点。《中小企业促进法》明确"产权交易"是为中小企业服务的重要内容。党的十六大提出要"发展产权、土地、劳动力和技术等市场"。党的十六届三中全会要求"规范发展产权交易"。此后,《企业国有资产法》规定国有资产转让要在依法设立的产权交易场所公开进行。这些法律和党的重大方针政策,为产权交易市场制度建设设定下了基调。

根据国家发布的政策规定,各地产权交易机构细化、修改、完善产权交易制度,制定各类规范性文本。如《产权上市申报书》《产权收购意向登记表》《产权出让、收购委托代理合同》《产权(股权)转让合同》《产权交易所(中心)审核意见书》等等,明确了产权交易的操作流程,规定了挂牌确认、交易方式确定、强化会员管理等制度。运用信息化手段加强内部流程的管控,交易项目一旦受理全程留痕监管。

2003年12月31日,国务院国资委和财政部联合颁布《企业国有产权转让管理暂行办法》(简称3号令)。3号令规定了国有产权转让的程序、批准的程序,明确要求企业国有产权在产权交易机构公开转让。3号令对产权交易市场发展有着重要的意义。

各地产权交易机构根据这些规定,完善了交易规则。至此,以企业国有产权交易制度为基础架构,建立了完整的产权交易市场的制度体系。

三、产权交易市场的领域拓展

当初国家选择产权交易市场转让国有产权,是想通过这个市场公开交易,防止国有资产在转让中流失。2003年12月国务院国资委等3号令实施以后,产权交易市场交易迅速发展。据统计,2003年为939.1亿元,2010年发展到1737.1亿元。公有资产非排他性的特点,极易产生经营者或然性道德风险。产权交易市场的实践,展示了这个市场制度的优点。产权交易市场交易的是非标准的产品,采用的是非连续的交易方式。非标的交易制度具有很好的适用性和经济性,这为产权交易市场拓展业务领域、创新交易品种提供了很大的空间。

产权交易市场拓展业务领域主要是从两方面实现的。

一是政府相关部门扩大了国有资产进场交易的范围。除交易企业类资产外,还有:(1)2008 年财政部《中央级事业单位国有资产处置管理暂行办法》规定:"中央级事业单位国有资产出售、出让、转让,应当通过产权交易机构、证券交易系统、协议方式以及国家法律、行政法规规定的其他方式进行"。(2)2009 年财政部《金融企业国有资产转让管理办法》明确要求金融企业的非上市企业国有资产转让要通过产权交易机构进行。这样,全国的事业单位和金融企业的国有资产都进入场内交易。(3)在重庆市产权交易市场探索的基础上,2011 年 9 月最高人民法院发文规定:"涉诉国有资产的司法委托拍卖由省级以上产权交易机构实施"。实践中,有的省涉诉资产全部进场交易。(4)后来国务院国资委又增发了实物资产进场交易和企业增资进场的规定。

二是产权交易机构积极主动拓展业务领域。紧紧围绕我国经济发展的需求拓展业务领域,主动为实体经济发展服务,是产权交易市场发展的一个显著特点。(1)根据党中央加强文化事业建设的要求,一些省市探索建立文化产权交易所,目前全国有上海、深圳等地 12 家。(2)十七届三中全会以后,拓展了农业、林业领域的交易。(3)在全球气候谈判背景下,为我国生态建设需要,探索了排污权和碳排放权交易,建立了 13 个环境权益交易所。(4)10 家产权交易机构利用市场化优势为公共资源交易服务,2016 年交易额达 3059 亿元。(5)根据海域经济发展需要,沿海有些产权交易机构建立海洋产权交易所,探索海域产权交易。还有其他方面的探索。现在,中国产权协会已经对产权交易市场规定了 12 类统计口径。

四、产权交易市场的交易规模

到目前为止,全国产权交易市场的年交易额,已经连续上了百亿元级、千亿元级、万亿元级三个台阶。

第一个台阶:上个世纪 90 年代,尚未编制中国产权交易市场年鉴,没有全国产权交易市场的数据。当时大多数交易机构门可罗雀,有的甚至发不出工资。上海产权交易市场算是个别佼佼者,被同行视为标杆,到 1999 年仍达不到百亿元(见下表)。

表 14-1　上海产权市场交易额(亿元)①

1994 年	1995 年	1996 年	1997 年	1998 年	1999 年
2.85	6.35	19.99	51.34	86.29	87.55

经过 20 世纪 90 年代后半期的市场整顿,政府部门加强监管,各交易机构加强了市场制度建设,完善各项制度和格式文本。市场交易规模逐步上升,迈上了百亿大关。

第二个台阶:到本世纪初,全国产权交易市场交易额即突破千亿元,到 2009 年,达 5159.96 亿元(见下表)。

表 14-2　全国产权交易市场年交易额(亿元)②

2004 年	2005 年	2006 年	2007 年	2008 年	2009 年
1913.84	2926.08	3993.93	3512.88	4386.15	5159.96

第三个台阶:由于相关政府部门扩大了国有资产进场交易的范围和各交易机构积极拓展业务领域,产权交易市场年成交量迅猛增长。中国产权协会年度统计项目在(1)产股权交易、(2)实物资产交易、(3)涉诉资产交易、(4)金融资产交易、(5)公共资源交易的基础上,增加了(6)环境权益交易、(7)技术产权交易、(8)融资服务交易、(9)文化产权交易等 4 项。不久,又增加了(10)林权交易、(11)矿业权交易、(12)农村产权交易,合计一共有 12 项统计指标(这里还未包括海洋用益物权交易)。统计数据显示,2012年产权交易市场年交易额已经突破了 2 万亿元,2016 年近 8 万亿元。

表 14-3　全国产权交易市场年交易额(亿元)③

2012 年	2013 年	2014 年	2015 年	2016 年
22498.01	26029.48	15583.83	37628.89	79282.20

下一步,随着新一轮国企改革的推进,国有企业增资进场和混合所有制改革会吸引更多的民营资本乃至境外资本进场交易。业内人士估计,2017 年交

① 表 14-1 取之于中国产权协会资料库。
② 表 14-2 取之于《中国产权市场年鉴》。
③ 表 14-3 取之于中国产权协会《产权市场行业统计报告》。

易金额将达 10 万亿元。现在,产权交易市场以年均万亿元的增长量,显示了它存在的社会价值。可以预见,产权交易市场的交易规模还会不断扩大。

第二节 产权交易市场的融资功能创新及三点特质属性

一、产权交易市场的融资功能创新

产权交易市场成立初期,进场交易的基本上是濒临破产的企业,卖的是企业地上附属物——厂房、设备等(其实真正值钱的是企业占用的土地),变现的钱用来安置下岗职工。与其他资本市场不同,这时候的交易程序重在维护职工的权益,交易标的的资本运作含量很低,就是把实物资产变现为货币。随着企业改制推进,股份制的企业日渐增多,交易已不是当初为变换体制、安置职工,而是通过股权转让来融资,或是换取技术、市场等,实现企业的战略发展目标。例如,吉林产权交易市场通过股权托管为中小企业增加信用,交易中心对接投资基金、银行,推介有融资需求的企业。2006 年以来,协助 2697 家企业用股权质押方式融资 1311 亿元,最近 4 年每年融资额超过 200 亿元。

到产权交易市场挂牌的企业,有个怎么卖、卖给谁、以什么价卖的问题。"怎么卖",各级国资委对企业国有产权转让前的方案有政策规定。但是,产权交易机构对挂牌企业怎样适合市场需求卖,还要做好策划工作。

[案例]九江钢铁公司破产拍卖,两次流拍,到产权交易市场挂牌。产权交易机构建议把不良资产剥离,由财政垫资安置职工(资产变现后归还),把有较好前景的钢缆品牌和生产线单独转让。吸引上海一家企业以 2000 万元收购,紧接着追加 4000 万投资上了两条生产线。

真正考验产权交易市场能力的是"卖给谁",即发现买家。找不到买家,融资就成了空话。早先,主要是向潜在的投资人发送推荐信息,召开推介会,这常常会事倍功半。而后尝试定向推介,向符合企业战略意图的投资人精准投放。

[案例]上海产权市场向 3 个国际服务商发出并购要约,最终世界 500 强企业法国威望迪集团公司的子公司——法国通用水务公司以 2.45 亿美元的溢价和相应的承诺条件获得上海市自来水浦东有限公司 50% 的股权,

折合人民币 20.26 亿元,这一买价相当于资产评估价的 2.66 倍,从而圆满地实现浦东水厂转让意图。

产权交易市场活跃度增加后,3 号令规定的协议转让、拍卖或招投标交易方式已经不能满足市场需求。产权交易市场在实践中创新了网络竞价,并根据不同标的情况,衍生出多种方式,有一次性报价,有综合评分权重计价等等。每一种交易方式都在披露信息时事先公布。这一成功探索,在《企业国有资产法》中得到肯定,"征集产生的受让方为两个以上的,转让应当采用公开竞价的交易方式。"

[案例]深圳市银宝山新决定上市前增资扩股 15%,约 1430 万股,资金总额 8000 万元。征集到上海、北京、天津、深圳四地 6 家意向受让方,通过"权重竞价"加"网络多次报价"的两段式组合竞价,经过 18 轮报价,联合意向受让方天津力合创赢股权投资基金和常州力合华富创业投资有限公司以 10296 万元(每股 7.2 元)成功竞得,比挂牌价提高了 24%。

企业增资业务进场后,融资业务显得更加活跃。

[案例]沱牌舍得集团通过四川省产权交易市场成功引进民营资本,转让 37.8%股权获得 10.38 亿元,民企按约定再投入集团 27.85 亿元,并设置金股护航。

[案例]北京市产权交易市场参与策划的"招商创融—天虹商场(一期)资产支持专项计划"是以国有不动产资产为基础的 REITs 项目(房地产信托投资基金)。上市公司天虹商场把旗下一座大厦的裙楼装入物业公司,以物业公司为标的进行融资。方案计划融资 14.5 亿元,其中优先级占 65%,劣后级占 35%,以该物业租赁收入支付资产支持的证券利息,以物业未来退出收入偿付本金,转让方认购 30%劣后级份额。天虹商场将这个物业公司在北京产权交易市场挂牌上市,招商证券用"招商创融—天虹商场(一期)资产支付计划"募集的资金到北京产权交易市场摘牌。发行当日,优先级份额和劣后级份额分别获得 1.5 倍和 1.3 倍的超额认购。

[案例]重庆市产权交易市场用 36 天为中国铁路物资总公司变现存量资产,回笼资金 27 亿元,避免了该公司的债券兑付危机。

2016 年 11 月 23 日,新华社电讯称"我国产权交易市场最近 4 年已累计交易突破 10 万亿元,正成为新型资本市场"。确实如此,从以往数据看,产权交易市场在我国非金融部门融资比例中占据了一席之地,并且非国有资本也有相当的比例。就资本市场融资功能和产权流转功能来说,产权交易市场都已具备,是个名副其实的资本市场。

表 14-4　全国非金融部门融资占比对照表①

占比%／融资种类	2005 年	2006 年	2007 年	2008 年	2009 年	2010 年
贷款	73.26	75.9	73.67	77.41	77.25	71.41
股票	3.13	5.22	12.27	5.68	3.69	5.23
国债	8.92	6.21	3.36	1.59	6.01	8.32
企业债	5.98	5.26	4.09	8.46	9.04	10.01
产权融资	8.71	7.42	6.60	6.86	4.01	5.03

表 14-5　全国产权交易总量中国有与非公资本占比表②

	2005 年	2006 年	2007 年	2008 年	2009 年	2010 年
国有资本%	80.04	76.26	59.08	52.32	75.53	58.42
非公资本%	19.96	23.74	40.92	47.68	24.47	41.58

二、产权交易市场的三点特质属性

2015 年,党中央国务院《关于深化国有企业改革的指导意见》对我国新一轮国有企业改革作了顶层设计,"支持企业依法合规通过证券交易、产权交易等资本市场,以市场公允价格处置企业资产",明确产权交易市场是资本市场。本章前面叙述了产权交易市场所具有的资本市场一般特征。产权交易资本市场与其他资本市场的不同点是什么?弄清楚这一点,是把握产权交易市场发展方向及其对发展混合所有制经济意义的关键。

产权交易资本市场的特质属性主要表现为以下三点。

(一)非标准化性

我国法律规定,标准化产品交易应在依法批准设立的交易场所进行。产

---

① 表 14-4 取之于中国人民银行《中国货币政策执行报告》。笔者把产权交易市场年交易额加入后重新计算了比例。

② 表 14-5 取之于《中国产权市场年鉴》。

权交易市场不属于依法批准的标准化交易场所。国务院三次对产权交易市场的整顿,其触发因素都是有产权交易机构踩了标准化"红线"。国务院2011年38号文和国务院办公厅2012年37号文,不仅重申了产权交易市场不得涉及标准化市场,而且对产权交易市场非标性质作了具体规定,不得进行均等份额集中连续交易。从近30年产权交易市场交易的实际情况来看,支撑整个市场的是非标产品,采用的是非连续交易方式。可以说,非标准化是产权交易资本市场与其他资本市场的本质区别。坚持这一点,不仅守住了产权交易市场健康发展的底线,也是对完善中国特色资本市场体系有益的贡献。

(二)一对一服务性

一般的资本市场,交易产品合规上市后,能否卖掉,能卖出什么价,全凭随行就市。虽交易的产品不同,但交易方式基本上是"银货两讫"。产权交易市场是把服务贯穿于交易的全过程。一个交易"标的"要约,既要体现要约方意愿,又要符合市场公开公平公正要求,更要设法找到符合要约条件的买家。全过程的"一对一服务"是产权交易市场的特色和优势。

(三)广泛适应性

由于历史的原因,以往我们比较注重从政治角度看待所有制,忽视了所有制的核心——产权的经济属性。从《广义产权论》来看,产权,横向包括"广领域"(天、地、人产权)、纵向包括"多权能",即包括所有权及在此基础上衍生出来的使用权、收益权、处置权。① 依据处置权,产权的所有权、使用权、收益权都可以在产权交易市场交易。从交易的品种来看,有产股权、所有者权益、实物资产等。从进场交易的企业来看,有大中小型企业,有上市公司旗下的企业法人资产,也有科创企业的知识产权。从交易产品的实质内涵来看,是企业的融资和并购,②这既有资本市场的一般特征又有产权交易市场的特点。在长期的市场实践中,产权交易市场形成了一套公平公正的规范制度。在降低企业信息成本、信用成本、谈判成本、签约履行成本和纠纷处置成本等方面,这些制度显示出它的经济性。

用非标的交易方式、市场化的服务,帮助企业实现融资和并购,构成了

---

① 参见常修泽:《广义产权论》,中国经济出版社2009年版。
② 参见常修泽主笔:《产权交易与运作》,经济日报出版社1995年版。

产权交易市场中国创造的特色。作为非标的产权交易资本市场构成我国资本市场体系的一个独立板块,它适应我国社会主义初级阶段不同水平生产力发展的需求。由于交易制度的适应性、规范性和经济性,产权交易市场能够在发展混合所有制经济中发挥市场平台的助力作用。

第三节　如何发挥产权交易市场在混合所有制发展中的作用

一、区域产权交易市场促进混合所有制经济发展的作用

1. 市场基本现状

据中国产权协会统计,2017 年,中国产权交易机构 126 家,其中省级的有 46 家,地市级(含 1 家县级市)的有 80 家。也就是说,全国除台湾省外,平均每个省、市、自治区有 4 家产权交易机构。考虑到有些省市约几十家专业产权交易机构没有加入协会,产权交易市场的机构总数应大于 126 家,但总数应在 200 家之内。

近几年,向中国产权协会上报交易数据的有 69 家交易机构。2016 年,规模较大的 7 家产权交易机构合计年交易额占全国产权交易市场年交易额的 96%,占总数 3/4 的产权交易机构的年交易额只占全国年交易额的 1.3%。交易量大的如北京产权交易所和广东产权交易集团,2016 年的年交易额分别超万亿,交易量小的交易机构年交易额才几百万。

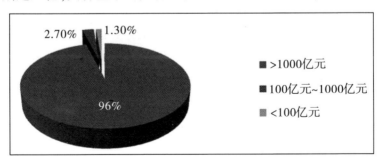

图 14-1　中国产权协会 69 家会员单位年交易额分布图[①]

[①]　图 14-1 数据取之于中国产权协会《产权交易行业统计报告》。

产权交易市场目前的现状有其客观的原因。我国实行的是国有资产分级管理体制,产权交易机构是由各地政府部门批准建立的。这种状况符合国有企业改革初期的要求。但是,从资本市场建设的要求来看,这种状况就已经显得不合适。

2. 区域市场的组建

产权交易市场是个非标的资本市场,受交易成本的制约,不可能像标准化资本市场那样全国只设一两个交易所。在某一经济区域,其中经济发达、资本集散力强、市场制度完善的地区,往往具有一定的经济辐射力。这个地区的产权交易机构运作空间大,常常具有领先优势。以这样的机构为核心,牵头组建区域产权交易市场(简称区域市场),是一个务实的选择。

区域市场的组建不仅有区域经济优势可以依托,还有政策层面的支撑。国务院《关于深化泛珠江三角洲区域合作的指导意见》指出:"推动各类生产要素跨区域有序自由流动和优化配置,规范发展综合产权交易市场。"国家发改委《长江三角洲城市五年发展规划》要求"建立产权交易共同市场。依托三省一市产权交易市场,逐步实现联网交易,统一信息发布和披露"。打破"一亩三分地"思维,推动金融市场一体化是《京津冀协同发展规划纲要》的重要内容。这些政策为协调政府相关部门支持区域市场开辟了政策通道。

3. 打破"行政藩篱",促进要素流动

区域市场必须做到统一交易规则、统一交易系统、统一信息发布。这"三个统一"以区域内核心产权交易机构为主实施,其他产权交易机构应像某些国家让渡部分主权那样,"让渡"相应的主体权力。区域市场内的核心机构要多承担市场建设和维护的义务,其他机构会保留具有核心机构延伸的平台功能,更多地发展投行功能。区域市场建设坚持行政推动、市场化运作、自愿联合,先易后难,逐步推进,最终实现目标。这样,在一个区域内打破行政藩篱,生产要素流动就没有交易制度障碍,市场化服务水平会更高更好,有效吸引区域外的要素资源流入。

二、服务市场化促进混合所有制经济发展

1. 充分发挥平台作用。与生俱来的产权交易市场的业态,使得这个市场机制的平台作用发挥得不是很到位。许多中小产权交易机构受信息辐射力和市场服务能力限制,市场效率和资源优化配置都存在不尽如人意之处。在资本市场新起点上建设的产权交易市场,按资本市场的一般规律和产权交易市场特点,区域市场的核心产权交易机构将与区域内的其他产权交易机构一起共同构建市场平台,健全这个平台的运作机制。在向社会发布信息的同时,以平台为枢纽,一头连接投资公司、基金公司等,依靠自身积聚的客户资源作精准推介;另一头连接市场服务中介机构,为交易双方提供便捷、规范、公正的服务。企业股权进入混合所有制改革的状态,必然是有进有退。产权交易市场是各类资本自主进退的通道。

2. 提高市场运作效率。产权交易市场传统的交易活动主要在线下进行。卖方挂牌申请、买方意向报名,买卖双方的谈判,竞价的组织,成交签约,出具交易凭证等等,都是在有形市场的象征——交易所进行,形式上类似"坐商"。互联网将导致产权交易市场的交易制度和组织方式发生革命性的变革。信息发布、资料文本、项目审核、有形项目多维展示、项目推介会、项目洽谈、合同签约等等,凡是能在网上运作的皆通过互联网进行。国家《电子签名法》和社会信用体系建设,为网上组织产权交易提供了法律和社会机制保障。现在,有的产权交易机构已经做到以手机为移动端,查看信息,意向登记,网上竞价,了解交易进程。今后,产权交易市场将是线上线下合为一体的"商贾"。

3. 引导投资人决策。各产权交易机构的交易结果等数据会及时传送到协会。协会利用市场信息的大数据,发布全国产权交易指数,分析市场动态,反映资本在市场内的流向、行业交易投资的活跃程度、与国民经济行业数据的相关性等等,为投资人询价提供服务,引导市场理性投资行为。

三、创新交易制度适应混合所有制经济发展

标准化资本市场的交易制度基本上是恒态的。产权交易市场是非标准化的资本市场,它的交易制度随着交易品种的变化不断丰富。产权交易市场建立初期,买家难求,多数交易为一对一谈判。3 号令发布以后,协议转让和拍卖用得多些(招投标由于有特定的对象规定,很少采用)。进入股权交易后发现,企业的需求有多样性,并非可以一拍了之,产权交易机构开始针对企业的需求设计合适的交易制度。2016 年 7 月 1 日,国务院国资委和财政部颁布的 32 号令规定国有企业增资交易进场,对交易制度创新提出了新要求。这就会产生如何解决市场公正性问题。

[案例]福建雪津啤酒的案例很有启示性:若不公布核心技术要不到好价钱,若一开始就公布核心技术又失去了要价的本钱。于是卖方提出两次公布。意向收购方的外资律师团队以政府部门没有规定分批公布信息为由拒绝。福建产权交易中心援用《合同法》,提出的两次公布方案得到买卖双方认同。这个案例很好地诠释了发布信息公平公正的内涵:同一时间对同类人群公布同样的内容。雪津啤酒最终被一家外企以高于净资产58倍的价格竞买得手。福建雪津啤酒有限公司国有股权的比率为39.48%,转让方案中设计了捆绑转让方式,即公告时就约定在本次国有股权转让后一定期限内分阶段将其余非国有股权以同样的价格和条件转让给本次国有股权的受让者,实现了参股权向控股权转让的过渡。

在产权交易市场,外资、民营资本参与国有企业资产转让交易的不在少数,民营企业进场寻找"混合"发展的也有案例。32号令颁布后,产权交易市场在帮助发现企业价值、设计交易方案时,更多地综合考虑买卖双方的利益。

[案例]重庆产权交易市场招商局蛇口太子湾项目,采取捆绑交易,并在交易方案中设计了回购条款,帮助买方降低风险,促成了交易。

采用捆绑交易:DY04-D1、DY04-04两个项目拟建商业和文化艺术中心,投资规模大,回收周期长,单独转让或增资很难找到买家。DY02-02、DY02-04投资规模小,回收周期短。方案设定前两个项目为100%股权转让,后两个项目采用增资方式。

设回购选择权:为降低受让方的决策风险,在双方签订股权转让协议并生效的6个月内,受让方可要求转让方按这次转让价回购不超过49%的股权。最后,香港上市公司新世界集团以88.89亿元人民币成交(增资项目40.6亿元、股权转让项目48.22亿元)。

在混合所有制经济中,国有资本、集体资本、非公资本等交叉持股、相互融合的混合,会有政府和社会资本的混合(PPP),也有非公资本入股国有企业或国有资本入股非国有企业,还有职工参与持股。产权交易市场在帮助各类资本"混合"方面有很好的制度优势。

[案例]山东省交运集团想通过山东产权交易市场完成"混改"。产权

交易机构帮助设计了"存量转让＋增量引资"方案。山东省社保基金和另一家国有企业转让持有的 2.88 亿元股份。交运集团增发 20.58% 的股份，增资额不少于 1.39 亿元。混改后的股权结构为交运集团原国有股东持股37%，员工通过设立平台公司持股 30%，引入外部资本 33%。国有资本相对控股，有利于保障社会服务职能；员工参与持股，保护了管理层和核心骨干的积极性；非公资本占大多数，有利于完善公司治理结构。32 号令颁布施行一年来，北京产权交易市场完成企业增资项目 46 宗。从项目成交方式来看，采用竞争性谈判成交的有 21 宗，采用综合评议成交的有 23 宗，采用网络竞价成交的有 2 宗。合计融资总金额达 572.01 亿元，其中非国有投资人共 43 家，投资金额为 201.03 亿元。

为混合所有制经济发展服务，必然面临保证非公资本公平公正竞争交易的问题。按照中共中央、国务院《关于完善产权保护制度依法保护产权的意见》，产权交易市场要梳理包括交易制度在内的市场制度，对国有资产、集体资产和非公资产，坚持权利平等、机会平等，坚持平等保护、公平交易。现有市场制度中符合两个"坚持"的予以吸纳保留，带有"所有制痕迹"的予以调整。各类投资人在产权交易市场的平台上没有制度"断崖"之虞，能够平稳"对接"，交叉持股，自主进退，确保投资人在产权交易市场的各个环节公平公正地参与市场竞争。

四、健全风控体系护航混合所有制经济发展

产权交易市场以前服务的对象比较单一，交易的品种比较少，3 号令之后制定了比较完善的企业国有资产转让规定，产权交易市场的风险点比较容易控制。近几年，产权交易市场的业务领域逐步扩大，服务对象增多，面临着许多新情况新问题。现在，尤其要站在资本市场这个基点上思考全面风险管理问题。在经营的全过程和管理的各环节，建立风险管理制度、梳理风险管理流程、培育风险管理文化、健全风险管理体系，为实现风险管理目标提供制度和机制的保证。

重点着力强化这五个风险防控机制：

1. 交易系统预警机制。今后产权交易市场对互联网的依赖度会越来越大，在线交易的安全性不仅关系到市场的信誉，也关系到投资人的利益。交易系统必须建立全天候的预警和处置机制。

2. 新产品论证机制。随着产权交易市场服务实体经济的深入,将会开发出更多新产品以满足企业融资需求。对新开发的产品要组织专题论证,是否符合市场发展方向,符合的全力推进,不符合的就要慎重;是否符合非标的要求,符合的可以上市做,不符合的坚决弃之。

3. 交易制度评估机制。交易制度一定要创新,且创新的制度必须符合公开公平公正的原则,否则就要修改。交易制度执行情况要有反馈机制,发现问题及时按程序修订。

4. 突发事件处理机制。突发事件的概率普遍存在,防范工作做得好,概率会降低,但不可能归结于零。必须建立市场应对突发事件的制度和程序,以维护投资人权益,维护市场秩序。

5. 纠纷协调机制。交易组织过程中,交易双方受各自利益主导,难免有利益冲突。要建立第三方协调机制,为交易双方提供沟通的平台,消除分歧,降低谈判和履约成本。

同时,产权交易机构应建立风控专司职能部门或岗位,对可能失控的风险实行一票否决制。

五、行业自律监管保驾混合所有制经济发展

中国产权协会是 2011 年初成立的,设有业务标准委员会、市场创新委员会、政策研究与自律委员会、国际交流与合作委员会、纠纷调处委员会。经过近 7 年的发展,以交易机构会员为主体,新增设了"资本投资运营专业分会"和"市场服务专业分会",建设市场投资服务链。现有会员约 300 家,其中信用评级 3A 的有 15 家、2A 的有 8 家。按照创新社会治理体制的精神,国家把行业协会商会作为推动经济发展的重要力量,支持它在服务企业发展、规范市场秩序、开展行业自律、制定团体标准、维护会员权益等方面发挥作用。在组织引导会员为经济发展服务方面,协会商会作用更加凸显。中国产权协会组织全行业在四个方面为发展混合所有制经济服务。

1. 行业标准服务。如上所述,制定、执行产权交易规则的法律主体责任在产权交易机构。由于地区间经济的差异、文化习惯的差别,交易规则会有些许不同。但是,有些技术性的如格式文本、专项业务的收费标准等,在总结市场实践的基础上,协会拟订统一的规范。根据市场的发展情况,制定行规行约,保障为投资人客观公正服务。

2. 政策协调服务。协会是政府与会员之间的桥梁和纽带,积极向政府相关部门提出有利市场、有利投资人的建议,努力做好协调工作。如前所说的区域市场建设,必然会遇到交易凭证异地互认问题,就需要协会协调国家工商管理部门提出处置意见,以避免增加企业变更过户的成本。

3. 互联互通服务。现在,各交易机构都有自己的信息系统。近年来,有些机构开始探索联合开发互联网信息系统。但终究难以摆脱运维成本高、局域范围限制等问题。协会设立自己的门户网站,让全行业信息系统通过门户网站互联互通,共享投资信息和市场服务。把协会的门户网站同相关的"云平台"联结,把产权交易市场与全国的企业乃至全球的企业需求对接,为发展混合所有制经济提供更加丰富的市场资源。

4. 自律监管服务。现在对产权交易市场的监管主要来自两个方面,一个是国资委,一个是证监会牵头的部际联席会议。国务院国资委主要是依据3号令、32号令及相关文件,每两年会联合财政部、发改委、监察部、工商总局、证监会等部门对京津沪渝产权交易机构交易中央企业国有产权的情况进行检查评估,监督企业国有产权交易是否合规。各地国资委也会比照对本省产权交易市场交易本地企业国有产权的情况进行检查。协会将对全行业的交易情况进行交易前、交易中、交易后全面的自律性监管。各交易机构拟定的交易规则要送协会备案,协会要审查有无违背公开公平公正的情形。对全体会员的市场行为进行监管,不得有违协会的行规行约。对交易机构的交易方式进行监管,不得违反法律和国务院规定的非标底线。对违规的交易机构和会员给予风险警示,严重的要按协会章程及相关规定处理。

世界经济发展史表明,一国经济大转轨时期是腐败的高发时期。在我国经济体制由计划经济向社会主义市场经济转轨的过程中,产权交易市场用其公开公平公正的交易制度,有助于解决公有资产转让交易中腐败高发的难题。产权交易市场不仅有助于解决公有资产公平交易,依法维护职工权益,从而维护社会稳定,还有效地提高市场运行效率和资源优化配置,衍化出一套各类投资人权利平等、机会平等的市场交易制度。我国有千万家企业,在标准化市场上市的不足万家,产权交易市场服务领域广,服务对象多,服务内容丰富,能够满足各类企业、各类投资人的不同需求。产权交易市场一定能够为我国混合所有制经济发展提供助推力,也将在服务混合所有制经济发展中建设成为我国成熟的非标准化资本市场。

著名产权经济学家常修泽教授在湖北作"广义产权论"报告并实地考察

作者:武汉光谷联合产权交易所　垄波　魏洁

应湖北省人民政府国资委、中国企业国有产权交易机构协会(以下简称中国产权协会)和武汉光谷联合产权交易所的联合邀请,2017年5月31日至6月3日,著名产权经济学家、中国宏观经济研究院常修泽教授为全国产权界人士作《广义产权论三大要义与产权交易》的学术报告,并在湖北调研,重点考察当地资本要素市场建设和产权交易市场发展情况。

常修泽教授于1987年在国内首次提出《建立企业产权市场和经营权市场的构想》。1988年在上海《学术月刊》发表长篇论文《产权市场论》,为90年代初各地创办产权市场提供了理论准备。他随后主笔出版的《产权交易理论与运作》一书,成为产权市场界的入门教材,被产权市场界公认为产权市场体系研究第一人。湖北产权交易市场的创始人何亚斌先生当年即是读到这本书创办产权交易所的,并由此与常教授结下20多年的"产权"情缘。

5月31日,常修泽教授到武汉,出席了由中国产权协会组织的小型沙龙,会见了来汉聚会的全国产权交易界的新老朋友。18位有关省市产权交易机构的负责人交流了当地产权交易市场的发展现状,以及下一步产权交易市场的发展思路。常修泽教授仔细聆听了各地代表的发言,深入了解了全国产权交易机构的业务模式和发展动向。中国产权协会秘书长夏忠仁、湖北产权市场创始人何亚斌、武汉光谷联合产权交易所董事长陈志祥等,与常教授就未来发展趋势以及制定"产权交易法"等做了探讨和交流。

6月1日上午"资本要素市场规范与创新发展论坛"在东湖国际会议中心举行。常修泽教授作了题为《广义产权论三大要义与产权交易》的主题报告。在报告中,结合2017年各地改革发展的新情况,系统阐述了他的"广义产权论"三大要义:1."广领域"(包括天、地、人产权);

2."多权能"(包括所有权和各种派生权能);3."四联动"(包括产权界定、产权配置、产权交易和产权保护)。

按照"广义产权论"的逻辑,常教授在会上提出了中国下一步产权市场发展的"非标资本市场主板"特质属性、广阔前景和混合所有制改革提供的机遇。其前瞻性思想和独到观点受到与会代表的高度评价。

6月1日下午,常修泽教授前往湖北碳排放权交易中心调研,详细了解了湖北碳交易试点及碳市场建设进展情况,特别是了解到湖北碳产权交易量现货占到全国55%、加远期总和占到全国83%时,十分兴奋,称赞"中国碳交易第一省",并强调指出,湖北武汉是我国中部崛起的战略支点,在此集聚低碳发展资源,对国内探索绿色发展乃至在国际上执行《巴黎气候协定》具有重要启迪。

6月2日,常修泽教授先后前往武汉光谷联合产权交易所、武汉股权托管交易中心和武汉陆羽国际茶业交易中心等要素市场平台调研。在武汉光谷联合产权交易所,当得知股权托管交易中心挂牌企业总数、股份公司家数、科技板企业家数、融资额(除去债券通道业务)、县域产业板块等5项主要指标排名全国第一时,颇感欣慰。指出,湖北省产权交易中心的创业史以及此后武汉光谷联交所的发展史,实则是我国体制创新的一个缩影,应该认真解剖这一典型。对于与湖北省宏泰国有资本投资运营集团新组建的湖北省联合交易集团,教授认为是"一个精巧的制度设计","为下一步资本化和市场化运作开辟了新的平台"。

在武汉期间,常教授还与中国产权协会副秘书长王龙先生就"在发展混合所有制经济中,如何发挥产权交易市场的平台作用"进行了讨论,并与京、津的吴汝川董事长、孔晓艳主任,广东(省、市)的刘闻董事长、刘晓鸿总裁,山东的苗伟董事长,东北三省的王琳琳主任、谭志刚主任、付承华副书记,以及西南联合所的宋洁总经理、安徽的斯映红总经理等进行了比较深入的交谈。期间,还向会议有关单位赠送了他近年来出版的专著《广义产权论》《包容性改革论》和《人本型结构论》。

来源:中国改革论坛网　　时间:2017-06-09

第十五章　公司治理与国有企业发展混合所有制

【**本章提要**】国有企业发展混合所有制必须立足于依法治企，而依法治企的根本在于公司治理。本章从投资者权益平等、董事会治理规范化、企业家能力提升和充分信息披露等方面，分析了国有企业有效推进混合所有制改革的公司治理基础，指出投资者权益平等是国有企业混合所有制改革成功的基石，要建立国有资本和民有资本之间的权利平等机制；董事会是国有企业混合所有制改革的组织保证，要实现董事会治理的"形神兼备"；在新的形势下，尤其要处理好加强党对企业的领导（政治组织保证）与"董事会治理"之间的关系，此为在实践中需要探索的重要课题；企业家是国有企业混合所有制改革的活力源，要通过激励和约束等机制设计大力提升企业家能力；充分的信息披露是国有企业混合所有制改革的信任基础，要通过市场引导和法律约束，保证"能说的都要说"，以吸引更多的投资者参与国有企业的混合所有制改革。

中共十八届三中全会提出了发展混合所有制的国有企业深化改革战略，十八届四中全会则提出了依法治国的治国方略，依法治国落实到企业，便是依法治企，而依法治企的根本在于公司治理。因此，强化公司治理是国有企业发展混合所有制能否成功的关键所在。

混合所有制早已有之，国有控股的混合所有制企业已经不是少数，其中，上市公司无疑是混合所有制企业的典型代表。一方面，国有控股上市公司在全部上市公司中的比例不断下降，2008—2015年，国有控股上市公司占全部上市公司的比例从51.87%下降到38.53%。其中,国家绝对控股公司(国有股比例>50%)占比从18.85%下降到11.11%,国有强相对控股公司(30%<国有股比例≤50%)占比从22.90%下降到16.72%,国有弱相对控股公司(国有股比例≤30%)占比从10.12%略增到10.70%。混合程度比较高的两类国有相对控股公司,在全部上市公司中总计占比从33.03%下降到27.42%(参见图15-1),年均下降2.62%;两类公司营业收入在全部上市公司中的占比则从18.35%提高到了30.41%,年均提高7.48%。

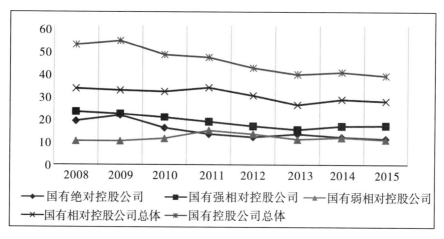

图15-1　不同类型国有控股公司在全部上市公司中占比的变化(%)

资料来源:根据北京师范大学公司治理与企业发展研究中心"中国公司治理分类指数数据库"绘制。

另一方面,国有控股上市公司的混合程度在提高。2008—2015年,在全部国有控股上市公司中,国有绝对控股公司占比从36.34%下降到28.84%,国有强相对控股公司占比从44.15%下降到43.40%,而国有弱相对控股公司则从19.51%提高到27.76%。混合程度较高的两类国有相对控股公司总计从63.66%提高到了71.16%,年均提高1.6%(参见图15-2);而两类公司营业收入则从22.12%提高到38.92%,年均提高8.41%,远大于数量的增速。

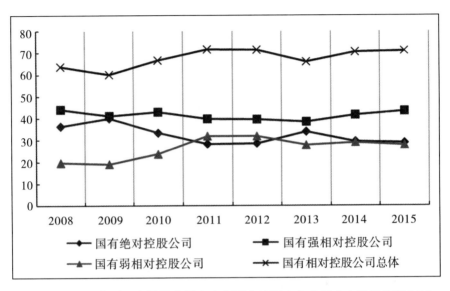

图 15-2　不同类型国有控股公司在全部国有控股上市公司中占比的变化(%)

资料来源:根据北京师范大学公司治理与企业发展研究中心"中国公司治理分类指数数据库"绘制。

从上述数据可以看到,国有企业混合所有制改革确实取得了一定的成绩。然而,为什么党的十八届三中全会又重新把国有企业发展混合所有制作为国家战略?这只有一个答案,就是国有企业的混合所有制改革并不到位,具体说,就是公司治理不到位。本章将从投资者权利、董事会治理、企业家能力(含高管薪酬)和信息披露等公司治理的几个主要方面,来讨论国有企业发展混合所有制的公司治理基础问题。

第一节　投资者权利平等:
国有企业混合所有制改革的制度基础

一、投资者权益平等是国有企业混合所有制改革成功的基石

何谓混合所有制?顾名思义,"混合"意味着同一企业中存在多元股东或产权主体,不同产权主体入股同一企业的目的是寻求投资回报的最大化。其本质特点表现在两个方面:一是"混合"指的是多元股东或产权主体的混

合。如果同一企业只是不同国有企业的混合,则该企业不是混合所有制企业,因为这些不同国有企业属于同一产权主体。进一步说,混合所有制是指不同所有制主体的混合,而不是同一所有制主体的混合,也就是说,国有企业发展混合所有制,必须有非国有股东或民营资本的进入,是国有资本和社会资本(民营资本)的混合。二是不同产权主体混合的目的是追求利润最大化。这意味着,只有竞争性国有企业才适合发展混合所有制,而提供公共品的公益性国有企业和提供准公共品的自然垄断性国有企业则不适合发展混合所有制。另外,稀缺自然资源开发类国有企业也不宜发展混合所有制,因为这类企业一旦成为混合所有制企业,便会出现因追求利润最大化而导致稀缺自然资源的过度开发问题;而过度开发稀缺自然资源势必造成生态环境破坏,并对经济社会可持续发展造成严重损害。因此,以下对国有企业发展混合所有制的讨论仅限于竞争性国有企业。

既然国有企业发展混合所有制的本质是国有资本和民有资本的混合,无疑,国有企业发展混合所有制需要高度重视混合国有资本和民有资本的权利平等问题。而这恰恰是国有企业发展混合所有制的难点,也是制度(尤其是法律制度)建设的重点。在国有控股公司中,民有资本所有者无疑属于中小投资者,而中国对中小投资者权益的保护一直颇受人们诟病。由于保护投资者的法律制度很不健全,作为中小股东,其参与公司治理的权利经常处于"真空"地带,甚至被人为剥夺。

二、混合所有制国有企业中小投资者保护现状及问题

我们以国际通行的中小投资者权益保护制度规范,同时考虑中国立法和执法状况,从中小投资者知情权、决策与监督权、收益权、维权环境等四个维度,利用 37 个指标对中国上市公司中小投资者权益保护水平进行了评估,计算了中小投资者权益保护指数,评估结果参见图 15-3。可以看到,中国上市公司中小投资者权益保护处于偏低水平,尽管 2015 年比 2014 年有所提升,但没有改变水平偏低的状况。值得注意的是,2015 年,国有控股公司中小投资者权益保护指数已被非国有控股公司所超越。

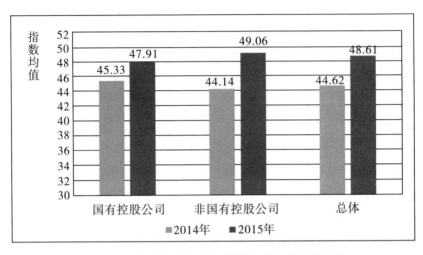

图 15-3　中国上市公司中小投资者权益保护水平

资料来源:根据北京师范大学公司治理与企业发展研究中心"中国公司治理分类指数数据库"之"中小投资者权益保护指数数据库"绘制。

　　四个维度反映了混合所有制企业中小投资者的四类基本权益,决策和监督权是最根本的权利,其前提是知情权,其结果是收益权,维权环境则提供权益实现的基本保障。2015 年,国有控股上市公司决策与监督权分项指数均值只有 39.86 分,低于非国有控股上市公司的 40.25 分,但都处于很低的水平。中小投资者决策与监督权水平的低下,导致其收益权也处于低水平,2015 年,国有控股公司中小投资者收益权分项指数只有 39.96 分。另外,中小投资者知情权和维权环境尽管好于决策与监督权以及收益权,但也没有达到 60 分的及格水平(参见图 15-4)。

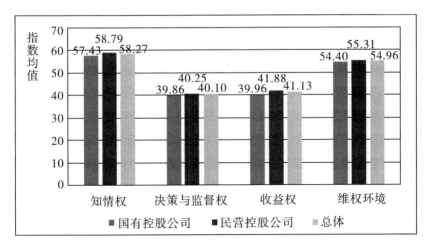

图 15-4 中国上市公司中小投资者权益保护四个分项指数

资料来源:根据北京师范大学公司治理与企业发展研究中心"中国公司治理分类指数数据库"之"中小投资者权益保护指数数据库"绘制。

无疑,这是一个令人遗憾的评价结果,却是符合中国实际的评价结果。一方面,它反映了中国上市公司中小投资者权益保护距离国际水平存在巨大差距;另一方面,更反映了中国提升中小投资者权益保护水平的迫切性。

以累积投票为例。累积投票是保证中小投资者代表进入董事会,保证他们参与公司决策与监督,实现股权制衡的重要机制。很多国有控股上市公司,由于国有股一股独大,加之政府支持,使得国有大股东侵害中小股东的现象屡见不鲜。中小股东不仅难以参与决策,也缺少对董事会监督的动力,更难以通过董事会对经营者进行约束,因为他们基本没有可能进入作为决策和监督机构的董事会。根据我们的统计,2015 年中小投资者累积投票比例相对于前几年出现"断崖式"下降(参见图 15-5),这对于试图进入国有企业参与混合所有制改革的民营企业来说,无疑是非常负面的一个信号。因为这意味着实现混合所有制企业中各类股东权利平等还只是停留在口头或文件中,而没有真正落到实处。

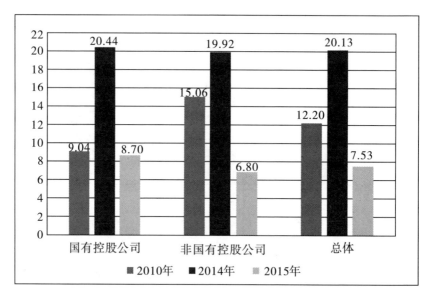

图 15-5 中国上市公司累积投票比例的变化(%)

资料来源:根据北京师范大学公司治理与企业发展研究中心"中国公司治理分类指数数据库"之"中小投资者权益保护指数数据库"绘制。

再以国有资产流失为例。国有企业发展混合所有制,一个重要方式就是减持现有国有股,通过股权交易引进非国有资本。政府一再强调,国有资本产权交易时要严防国有资产流失。但关于国有资产流失的判断标准存在一定主观性,导致国有企业负责人对国有企业改革尤其是混合所有制改革存在不小的顾虑,这也是目前影响国有企业改革效果的重要因素。

对于上市公司,《国有股东转让所持上市公司股份管理暂行办法》第24条规定:"国有股东协议转让上市公司股份的价格应当以上市公司股份转让信息公告日前30个交易日的每日加权平均价格算术平均值为基础确定;确需折价的,其最低价格不得低于该算术平均值的90%。"该规定隐含着一个假设:二级市场价格与公司业绩相吻合,不存在外部因素和操纵。

对于非上市公司,《企业国有资产交易监督管理办法》第12条规定:"产权转让价格应以经核准或备案的评估结果为基础确定";第18条规定:"新的转让底价低于评估结果的90%时,应当经转让行为批准单位书面同意。"该规定同样隐含着一个假设:资产评估机构的评估价是客观的,不存在操纵和串联。

但很显然,上面两个假设基本上都不成立,尤其是对上市公司,更是如此。原因在于:中国资本市场不成熟,法律也不完善,使得价格波动、操纵、政策市在现实中成为常态。即使是真实绩效很差的垃圾股,其价格也可能炒得很高。然而,既然既有规则已经非常明确地把二级市场价格作为标准,则它就成为"红线",越过该"红线",就是国有资产流失。由于被戴上国有资产流失的"帽子"太过沉重,导致的结果便是:或者,企业改革的动力大大减弱,因为国有企业混合所有制改革的本质是吸引民有资本进入,从而必然会涉及国有资本交易,如果民有资本认为90%的"底线"过高,则交易就不能达成,混合所有制改革也就不能实现,最终造成改革停滞,而改革停滞造成的国有资产流失(属于经营中的国有资产流失)可能更大;或者,国有资本交易以民有资本的流失作为代价,而民有资本所有者由于处于弱势地位,往往无可奈何。

从市场通行的规则看,市场上商品(包括产权)的价格是由交易双方对等谈判或讨价还价决定的,而非一方把自己确定的价格强加于另一方。如果买方认为卖方给出的价格高于所交易商品或产权的真实价值,或者,如果卖方认为买方给出的价格低于所交易商品或产权的真实价值,则该价格就不会被接受,从而交易就无法达成。

显然,国有资本产权交易规则中关于"价格"确定的规定缺少足够的科学依据。价格高低在交易透明的前提下应由市场主体的谈判来决定,对此需要对国有资本交易程序进行补充和细化,交易程序主要是强化寻找受让方的方式、受让方的资格要求、竞价方式的选择、信息披露等内容,而不是人为确定一个固定的价格标准。在符合市场规则的国有资本法定交易程序的前提下,通过公开、透明的交易,此交易结果就是受到法律保护的,而不应该承担所谓"流失"的责任。

党的十八届三中全会指出,要不断增强国有经济的活力、控制力和影响力。这句话在现实中产生了不少误解,不少民营企业家据此认为,国有企业发展混合所有制就是新一轮的"国进民退"。因为民有资本进入既有国有企业,其所有者只能做小股东,最终结果只能是被国有资本所控制,从而造成民有资本所有者的权益得不到保护。这成为民有资本所有者参与国有企业发展混合所有制的最大担忧。一些政府和国有企业负责人也持同样的认识，认为如果国有资本不能控制民有资本，就会导致国有资产流失，而"国有资产流失"这顶帽子是任何国有企业负责人都承担不起的。这成为国有企业负责人发展混合所有制动力不足的最重要的原因。

我们认为，对"不断增强国有经济的活力、控制力和影响力"不能做绝对的理解。对于公益性国有企业、自然垄断性国有企业和稀缺自然资源开发类国有企业，增强对它们的控制力和影响力是必须的。但对于竞争性国有企业发展混合所有制，就不应强调国有资本对民有资本的控制，只能强调国有资本和民有资本的平等。可以说，国有资本和民有资本混合的关键就是平等，如果过度强调国有资本的控制力，必然会引起民有资本所有者的恐惧心理。只有实现权利平等，实现双方的公平，国有资本和民有资本才能有效地混合，进而才能形成国有资本和民有资本的合力，否则民有资本非但不愿意进入，而且还会影响企业活力。

三、如何建立国有资本和民有资本之间的权利平等机制

中国现实条件下，大股东和经营者对中小投资者施以侵害是比较普遍的现象。从根本上说，是因为没有树立起所有投资者平等行使决策与监督权的意识，而这种意识的树立一方面需要法律的支撑，另一方面，需要相应的治理机制的设计。

第一，要取消政府对国有股东的政策支持，对中小股东实行累积投票制，这是实现股权制衡，强化包括中小股东在内的所有股东对董事会监督的重要制度保证。很多已经是混合所有制的国有控股企业，包括上市公司，由于国有股一股独大，加之政府支持，使得国有大股东侵害其他股东（即民有资本所有者，基本上都是中小股东）的现象屡见不鲜。在成熟市场经济国家，累积投票制是保证中小股东代表进入董事会并参与公司战略决策的重要制度安排，但在中国却缺少这样的制度安排。如前所述，目前在中国上市公司中，只有不到10%的公司采取累积投票制。基于目前的制度和市场条件，国有企业发展混合所有制，进入既有国有企业的民资只可能成为中小股东，在这种情况下，取消国有大股东享有的政策支持，对中小股东实行强制性累积投票制，便是实现各类股东平等，保证国有企业发展混合所有制取得成功的重要保证。

第二，大幅度降低中小股东行权成本，在保证信息充分和真实的前提下实行网上股东大会。股东参与股东大会行使权力是法定权力，但中小股东参与股东大会的热情却相当低下，这是大股东和中小股东权利不平等的又一表现，也反映了二者之间存在的矛盾和冲突。由于参会行权的成本由自己承担，而参会行权的收益则由所有股东共享，加之参会反映自己诉求的可能性很低，于是中小股东参与股东大会时普遍存在"搭便车"倾向。解决的途径是：除了实行累积投票制调动中小股东参与股东大会(监督)的积极性外，还要尽可能降低股东行权成本，可以考虑实行网上股东大会。目前，实行网上股东大会的技术条件已经具备，但需要解决信息的完备和真实问题。没有完备的和真实的信息提供，即使实行了网上股东大会，也徒具形式。

第三，要切实保护中小股东利益，推行集体诉讼和索赔制度。集体诉讼是指当投资者(主要是中小股东)发现所投资公司因信息欺诈、内幕交易等违法行为而使自己遭受损失时，可以直接向公司和当事人提起集体索赔和起诉，而无需支付任何费用。国有企业发展混合所有制，需要激发民有资本所有者的动力，而利益保护是激发其动力的最有力的手段。集体诉讼制度的作用在于：一方面，由于集体诉讼的巨大威慑力，企业会加强自我约束，大股东对其他股东利益的侵害会大幅减少；另一方面，该制度有利于塑造中小投资者的投资信心，原因在于，塑造中小投资者的投资信心，必须使中小投资者有足够的权益维护机制，而这恰是我国资本市场所严重缺乏的。中国现行法律尽管为投资者民事赔偿提供了实体法根据，但程序法上的诉权领域尚有空白。而一旦建立了投资者集体诉讼制度，完全可以将蓄意侵犯投资者权益的大股东、公司董事、监事、经理及其他管理人员诉诸法律，那些以身试法者必将为他们的行为付出沉重的代价。

第四，实施股东对董事会的满意度调查制度。在一些市场经济发达的国家，通常股东对董事会的支持率应在95%以上，如果不支持率超过20%将视为非正常状态，从而很可能引发董事会解体，因为此时董事会已难以代表股东，或者董事会作为股东的代理人已经难以履职。由于这种支持率调查不是以持股比例作为依据的，因此，中小股东可以对不满意的董事会说"不"，从而可以更好地反映自己的诉求。这种制度有些类似于对领导人的"民调"制度。

第五,在公司控股形态上,尽可能采用国有相对控股,以实现股权制衡。国有企业发展混合所有制,无需追求国有绝对控股。为了避免国有股东一股独大,应尽可能采用国有相对控股的组织形式;即使是相对控股,也要注意避免国有股一股独大。现实中经常有一个错误认识,即认为只要实现了国有相对控股,就不存在国有股一股独大。是否存在一股独大,关键要看在国有资本为第一大股东的前提下,是否能够实现股权制衡,也就是说,必须有几个民有资本股东的持股比例与国家持股比例比较接近。只有这样的股权结构,控股股东才不大可能独断专行甚至侵害其他股东利益,其他股东参与公司治理的动力也会大大增加,而同时也不会影响控股股东对治理的参与,因为其拥有的股权仍然相对较大。政府必须认识到,国有企业发展混合所有制不是目的,国有资本增值也不是目的,这些都是手段,国有企业发展混合所有制的目的应该是国民福利的最大化,只要国民福利提高了,手段是可以多种多样的。

总之,国有企业发展混合所有制,必须立足于不同产权主体的权利平等。不过也应当注意,平等不是均等,平等是指按照现代企业的公司治理规范,企业的各个股东在法律地位上是平等的。由于持股比例不同,客观上必然存在权力和利益的不均等,但只要没有侵害,就不能认为是不平等。

第二节　董事会治理规范化:
国有企业混合所有制改革的组织保证

一、何谓董事会治理

董事会治理是董事会作为治理主体,如何通过一系列正式或非正式制度安排,通过有效治理,实现委托人的利益诉求和公司的可持续发展。董事会治理的主要内容包括:(1)董事会作为代理人如何做到对委托人尽职尽责?(2)董事会作为决策者如何做到科学决策?(3)董事会作为监督者如何做到监督到位而不会被经营者(被监督者)所干扰?(4)董事会作为利益主体如何做到既有动力又不被利益所"俘虏"(激励与约束)?(5)董事会作为责任主体如何对自己的决策和监督错误、失误独立承担责任?这五点主要内容可以概括为三点:一是代表股东进行科学的决策;二是对管理层进行独立的、有效的监督;三是要独立承担决策和监督失误或错误的责任。

对于混合所有制企业来说,由于存在多元产权主体,董事会具有尤为重要的意义,可以说,董事会是混合所有制的核心治理机关。由于董事会是全体股东在公司中的代理人,因此,各国公司法都规定选举董事的权力只能属于股东,即由股东大会选举产生董事会,而不是其他任何人,同时享有对董事会的监督权。董事会代表全体股东负责公司的战略制定和对管理层进行有效监督,这是股东赋予董事会的两大职能和权力。为保证董事会对经营层的有效监督,董事会必须独立于经营者,并使董事会为自己的行为独立承担责任,各国的公司法也体现了这一点。

二、混合所有制国有企业董事会治理现状及问题

中国目前现实中,股东大会选举董事会更多的是走形式。对于国有控股公司来说,则基本上是国资委或组织部门提出人选,然后再通过股东大会"选举",而这种"选举"几乎没有落选的可能性。在这种情况下,股东大会选举董事的动力大大减弱,尤其是小股东,通过股东大会表达自己诉求以及选择自己的代理人成为一种难以实现的奢求,也成为民有资本参与国有企业混合所有制改革的主要障碍,因为国有企业混合所有制改革中对国有控股的强调,决定了民有资本所有者难以成为大股东。

显然,在中国国有企业中,董事会实际上是一个虚置或被架空的角色。我们以国际通行的董事会治理规范,同时考虑中国立法和执法状况,从董事会结构、独立董事独立性、董事会行为,以及董事激励与约束四个维度,利用37个指标对中国上市公司董事会治理水平(指数)进行了评估,计算了中国上市公司董事会治理指数,评估结果参见图15-6。可以看到,中国上市公司董事会治理处于偏低水平,尽管2015年比2014年略有提升,但没有改变水平偏低的状况。尤其值得注意的是,国有控股公司董事会治理指数自2012年以来呈不断下降趋势,2015年,国有控股公司董事会治理指数已被非国有控股公司所超越。

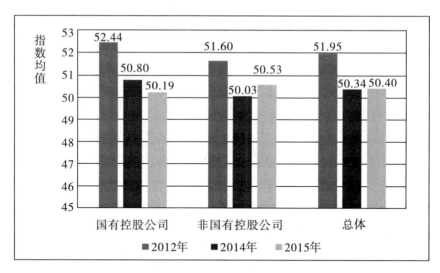

图 15-6　中国上市公司董事会治理水平

资料来源:根据北京师范大学公司治理与企业发展研究中心"中国公司治理分类指数数据库"之"董事会治理指数数据库"绘制。

国有控股公司(其实也包括民资控股公司)董事会治理存在的一个突出问题,表现在董事会职能和经营层职能的混同。在中国绝大部分公司,董事长被确定为公司的法人代表,被视作公司的"一把手",是董事和总经理的领导者,董事长的权力要高于总经理。其实,公司治理的真谛是契约,契约的真谛是各利益主体在法律地位平等基础上的谈判,公司治理正是基于这种契约来规范的。换言之,公司治理层是没有"一把手"概念的,"一把手"概念仅存在于经营层。根据公司法,董事长由董事会选举产生,外部董事或独立董事也可以担任董事长。而董事会是一个会议体,董事的权力是平等的,董事长并非一定是公司的法人代表,他(她)仅仅是"董事会的发言人"或"董事会和股东大会召集人",并不是凌驾于其他董事和总经理之上的领导者。董事长的职权具有组织、协调、代表的性质,且限于董事会的职责范围内,向总经理授权进行企业正常经营管理工作的是董事会而不是董事长。

董事长成为"一把手",其本质是把董事长职能置于与总经理职能等同的位置,不同的只是前者是"一把手",后者是"二把手"。于是,董事长作为董事会成员所承担的监督角色与经营者作为被监督的角色一体化了,在两个职务为同一人的情况下,这种一体化更加突出。更重要的是,把董事长确定为"一把手"意味着董事长变成了公司高管(经营者),由此使企业面临潜在的治理风险:一是使以总经理为首的经理层失去了独立性,经理层动力受挫,潜能难以充分发挥;二是总经理成为"二把手",非独立性使得总经理想方设法要成为董事长,矛盾由此产生;三是由于日常决策失误责任由总经理承担,但决策又往往是董事长干预或参与所致,同样激发矛盾;四是董事长"一把手"地位,可能使其独断专行,增加董事长犯错风险;五是总经理会试图谋求董事长职位,可能会铤而走险,增加总经理犯错风险;六是如果董事长来自国有大股东(这是普遍的情况),因其是"一把手",那就很可能把大股东的意志强加于民资股东,这无疑会破坏公司治理层的契约关系和法律权利平等原则。

从董事会构成上看,执行董事(内部董事)和外部董事(独立董事和外部非独立董事)基本上是2∶1的比例,这也是董事会和经营层二者职能混同的重要原因。2/3的执行董事意味着董事会中绝大部分都是经营者。在这种情况下,尽管董事长和总经理等负责人都是国资委或组织部门委派的,但仍容易形成内部人控制,信息的不对称更加剧了这种内部人控制。

进一步比较分析国有控股公司中的 ST 公司和非 ST 公司董事会治理的四个维度(参见表15-1),我们发现,国有控股公司董事会治理过于追求形式,而缺乏实质性治理。在四个维度中,董事会结构和独立董事独立性两个维度偏重于反映董事会形式上的治理,而董事会行为和董事激励与约束两个维度偏重于反映董事会实质上的治理。从表15-1可以看出,在董事会结构和独立董事独立性两个维度,ST 公司总体上并不比非 ST 公司差,甚至还更高;而在董事会行为和董事激励与约束两个维度,情况则完全相反,非 ST 公司基本上都远高于 ST 公司。董事会治理是一个系统工程,必须实现形式上和实质上的高度统一,才能有效发挥作用。

表 15-1　国有控股公司中的 ST 公司与非 ST 公司董事会治理四个维度的比较

公司类型	董事会结构			独立董事独立性			董事会行为			董事激励与约束		
	2012	2014	2015	2012	2014	2015	2012	2014	2015	2012	2014	2015
ST 公司	51.80	47.05	42.57	58.94	58.65	60.27	41.16	39.03	43.13	50.14	52.91	49.47
非 ST 公司	51.28	51.59	42.14	58.69	57.69	59.71	47.76	42.42	46.06	52.37	51.60	52.95
总体	51.30	51.50	42.14	58.70	57.71	59.72	47.49	42.35	46.00	52.28	51.63	52.88

资料来源:北京师范大学公司治理与企业发展研究中心"中国公司治理分类指数数据库"之"董事会治理指数数据库"。

三、混合所有制国有企业的独立董事能够独立吗

独立董事必须独立,这是设立独立董事国家的基本共识。独立董事的独立性,分为形式上的独立性和事实上的独立性。前者是指独立董事的任职资格符合所在国家独立董事制度(法律或政策)的基本要求;后者则指独立董事本着公司和股东(所有股东,不仅仅指中小股东)的利益最大化的考虑,不偏重任何主体的特殊利益,而独立实施的决策和监督行为。显然,形式上的独立性很容易满足,但事实上的独立性,在中国目前的制度安排下,则非常不容易实现。

独立董事制度源于美国,对于中国来说是舶来品。美国的独立董事制度经过半个多世纪的发展,已经比较成熟,尽管也有争议,但总体上是一种比较有效的独立决策和独立监督(对经理层的监督)制度。目前,美国绝大部分上市公司尤其是标准普尔 500 强公司,独立董事在公司中的比例都达到 2/3 甚至 4/5,不少公司董事会中,执行董事只有 1 位,其余全部是独立董事。

独立董事的核心特征是其(包括其亲属)与公司没有任何利益关联,从而保证其行为上的独立性。那么,没有利益关联,如何保证独立董事有动力参与公司决策和对管理层进行监督? 是否靠高薪酬? 答案是否定的。在美国,如果独立董事在任职独立董事的公司获得的报酬超过 10 万美元,则会

被质疑其独立性。这 10 万美元还不是薪酬，而是车马费及少量津贴。10 万美元在美国这样的高收入国家，是微不足道的。独立董事既不能与公司有利益关联，又不能拿高薪，那么他们进行科学决策和对管理层进行有效监督的动力到底来自何处？

答案有两点：一是独立董事来自高度透明的职业经理人市场；二是独立董事要对自己的行为独立承担责任。

自 1998 年以来的三版《OECD 公司治理准则》都强调，"公司治理框架应提高市场的透明度和公平性"。而 2015 年最新版的《G20/OECD 公司治理准则》又特别强调，要"确保公司和股东对董事会的问责制度"。

就市场的透明度和公平性来看，英美的独立董事基本上都来自透明度很高的职业经理人市场，原因就在于高透明度的职业经理人市场可以在很大程度上保证独立董事行权的独立性，而独立性又保证了公平性。

董事（包括独立董事）是代表公司和股东利益的，因此，对董事的要求就必须做到两点，一是高能力；二是对公司和股东要忠诚，即要求诚实讲信用，第二个方面甚至比第一个方面更重要。高透明度的经理人市场可以保证实现对董事的这两个方面的要求，因为透明的市场具有信号传导作用。企业在选择独立董事时，会寻找那些符合这两方面要求的人选，而这样的人选只能来自经理人市场，即选择那些曾任或现任其他企业高管、表现出很强的经营能力，又诚实守信的人，而且更多的是选择其他企业的现任高管。职业经理人市场上某个高管被选中担任独立董事，意味着他的能力和信用都得到认可，继而，他在担任高管的这家企业可能会给他涨薪，因为薪酬与能力和诚信是匹配的，否则，他就有被"挖走"的可能。相反，如果某个独立董事没有尽职，不能保证独立性，那他被"炒鱿鱼"的可能性就会加大。一旦被解职，那他担任的其他企业的现任高管的位置也将不保，因为他已被证明能力下降且不具诚信。而一旦担任的其他企业的高管职位也被免去，则他在整个经理人市场的地位和声誉就会急剧下降，不仅薪酬大幅下降，甚至得不到聘用。无疑，对一个职业经理人来说，失职和不尽职的机会成本是非常高的，这便是透明的职业经理人市场的强激励和强约束作用。

相反，如果独立董事来自职业经理人市场以外，比如来自高校、科研机构、退休的公务员队伍等，则以上职业经理人市场的信号传导机制完全丧失作用。在英美等发达国家,政府并没有规定经理人市场以外的人选不可以担任独立董事,但现实中被选择的机会却很小,原因就在于他们缺乏来自职业经理人市场的强激励和强约束作用,从而不能保证他们在企业决策上的科学性和对经理层监督上的有效性。

以万科为例,这是一家国有相对控股的混合所有制上市公司。截至2016年12月31日,万科董事会的11名董事中,有4位独立董事,其中2位来自高校,占了一半。在全国上市公司中,也是50%以上独立董事来自高校、科研机构和退休的公务员队伍,这个比例是过高的。在英美国家,对独立董事除了要求形式上独立于公司外,还特别强调三个条件:一是与任职公司相关的专业知识;二是较高的市场声誉;三是丰富的管理经验。很显然,来自高校、科研机构和退休公务员队伍的独立董事是难以符合这些条件的。由于"不懂"公司,加之也经常不尽力(也很难尽力),所以很容易被左右,尤其容易被内部人所左右,从而容易形成"内部人控制"或"管理层控制"(即经理层控制)。

就责任机制来看,独立董事作为公司和股东的代理人,只有其不当行为被严肃追责,才能保证其行权时的独立性和科学性。在英美等发达国家,这种责任包括民事、刑事和行政三种并存的责任,而且每种责任的强度都足以使独立董事决策时不敢有丝毫懈怠。尽管美国对董事有免责条款,但免责条款非常苛刻,不仅自己要证明对公司和股东尽到了审慎决策的责任,更必须有其他方面的客观证明,如董事会备忘录有客观记载,决策前有充分的沟通和交流,有对信息的核实等。美国的董事会备忘录是一种严格的责任制度,它要求清晰、客观地记载每个董事在董事会上的发言、投票、决策的可行性分析报告等事项,并要求每个董事对记载事项确认无误后签字,签字的目的就是要承担决策失误和错误的责任。英美等发达国家还非常强调决策前独立董事内部,以及独立董事与内部董事的充分交流机制,强调独立董事对信息的主动核实(向公司内部人充分核实)。根据美国的免责条款,如果某个董事在决策前通过调研、信息核实、充分交流等工作做出了可行性分析报告,则一旦决策失误或错误,该董事是可以免责的。不过,英国没有免责条款,一旦决策错误或失误给公司和投资者造成损失,不管什么理由,都要承担责任。日本还有连带责任条款。在如此责任强度且责任又很清晰的情况下,包括独立董事在内的每位董事都不敢不尽心尽责。英国还规定,连续两次不出席董事会会议(现场会议),则以自动离职论处。由于经理人市场的信号传导机制,"被离职"会对独立董事的声誉产生极大的负面影响。

在中国,由于责任机制缺位和不到位,独立董事的责任意识普遍不强,"附和性"的投票表决充斥在各公司董事会中。尽管也不乏独立董事在董事会上"慷慨激昂",但往往缺少依据;如果出现错误或难以决策,也总是推脱责任。根据我们的统计,中国上市公司中有董事会备忘录的公司占比一直处于很低水平(参见图15-7),其中国有控股公司还呈下降趋势,从2012年的5.89%下降到2015年的3.32%。另外,在国有控股上市公司中,2015年,建立了明确的独立董事与内部董事交流制度的公司占比仅为0.59%;建立了董事行为准则的公司占比仅有0.49%;有明确的董事考核制度的公司占比为27.57%;公布董事考核结果的公司占比0.98%。从这组数据不难想象,微不足道的责任,势必导致独立董事行权时的"附和性"和随意性。

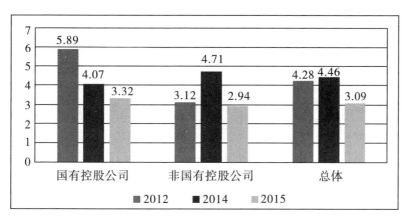

图15-7　中国上市公司中建立董事会备忘录制度的公司所占比例(%)

资料来源:根据北京师范大学公司治理与企业发展研究中心"中国公司治理分类指数数据库"之"董事会治理指数数据库"绘制。

在英美等发达国家,由于对董事责任有严格规定,且处罚相当严厉,因此,一位独立董事同时兼任多家上市公司独立董事的情况是不多见的,因为兼任多家独立董事是难以履行职责的。但在中国上市公司中,2014年兼任4家公司(含4家)以上独立董事的公司占比达27.57%,兼任2~3家公司独立董事的公司占比达 53.54%,只担任 1 家公司独立董事的公司占比仅有 18.89%。① 如果考虑到 50% 以上的独立董事不是来自职业经理人市场,对公司经营不甚了解,又有自己的本职工作,那么,这些独立董事如何有精力调研、核实信息和撰写可行性报告? 决策时的"附和"和随意性又如何避免?

总之,在中国上市公司独立董事问题上,问题的关键不是争论独立董事是否符合资格要求,即是否具有形式上的独立性,尽管形式上的独立性也非常重要。实际上,中国上市公司的独立董事绝大部分是符合形式上的要求的。中国独立董事问题的关键在于如何从整体上解决独立董事群体事实上的独立性问题,这需要尽快建立透明的职业经理人市场和董事(含独立董事)的严格责任机制。

四、如何实现董事会治理规范化

基于国有企业混合所有制改革的迫切需求,以及目前董事会治理水平偏低的现实,必须加大力度实现董事会治理的规范化。

1. 强化董事会关键地位,实现治理"形实俱备"

实践证明,被虚置的董事会很难在公司治理中发挥充分作用。《中共中央、国务院关于深化国有企业改革的指导意见》也指出:"……切实解决一些企业董事会形同虚设、'一把手'说了算的问题。"这就要求监管层、上市公司、投资者等相关主体必须正视这一问题,并高度重视董事会在公司治理中的关键性地位,科学定位董事会在公司治理中所扮演的角色,准确厘清董事会的各项职责。就目前国有企业混合所有制改革而言,规范董事会治理更是国有企业发展混合所有制的重要组织保证。规范董事会治理,不能仅仅满足于形式化的董事会"结构"是否建立,而要着重于实质化的董事会"行为"机制是否到位。"董事会结构"不可或缺,但董事会结构健全并不等于董事会自然就会发挥作用,关键是机制到位。

2. 厘清董事会和经营层职责,树立契约意识

如前所述,中国董事会和经理层职责不清,"一把手"观念更是造成权力和责任的不对称,造成矛盾丛生。根据公司治理的基本规范,必须认识到,

---

① 数据来源:北京师范大学公司治理与企业发展研究中心"中国公司治理分类指数数据库"之"董事会治理指数数据库"。

董事会和经理班子相互之间不是一个纵向的等级关系(只有在经理班子领导的生产和经营系统,才是一个纵向的行政管理系统),而是一组授权关系。每一方的权利和责任都受到法规的保护和约束,也就是说各方都有相对独立的权利运用空间和对应的责任,任何一方都不能越过边界、违反程序、滥用权力。

《中共中央、国务院关于深化国有企业改革的指导意见》特别强调,"推进董事会建设,建立健全权责对等、运转协调、有效制衡的决策执行监督机制。"我们认为,科学厘清董事会和经营层的职责边界,落实和维护董事会、经理层的权力,必须以法律为基本出发点。要明确董事会的职能是对公司的战略指导和对管理层的有效监督,确保董事会对公司和股东的受托责任,以此加强董事会的监督与自我约束。董事会治理的实质是契约治理,契约治理的实质是契约主体法律地位的平等和独立。也就是说,董事会的独立性是董事会有效治理的前提,是董事会科学决策和有效监督的重要保证,这对于避免国有股东干预企业经营,意义重大。

3. 尊重董事会对 CEO 的独立选聘权,强化市场选择

《中共中央、国务院关于深化国有企业改革的指导意见》明确指出:"董事会按市场化方式选聘和管理职业经理人,推行企业经理层成员契约化管理。"要选到高能力的企业家,董事会就必须享有独立选聘总经理(CEO)的权力,并对选错总经理独立承担责任。董事会独立选聘总经理是公司法赋予董事会的一项基本权力,同时也是市场经济的基本公司治理规范。然而,在实践中,总经理基本上是国资委等部门提出人选,董事会只不过是一个表决机器。这种任命造成的一个致命结果是,董事会对于以总经理为首的经营者的行为可以完全不负责任,缺乏监督的动力,因为这些经营者不是他们选择的。而股东由于身处企业之外,更承担不了这样的责任,即使有责任,股东(尤其是控股股东)也难以受到惩罚,况且《公司法》也没有规定股东要承担选错经营者的责任。

因此,总经理的选聘权必须回归董事会。对于混合所有制企业,不管是谁控股,根据《公司法》,股东(包括控股股东)均没有选择以总经理为代表的经营者的权力,经营者皆须由董事会来选择和聘任。董事会独立选聘总经理是解决责任与权利对应问题的重要机制。

4. 健全董事激励和约束机制,规范董事会行为

董事是利益主体,需要激励和约束,否则,就容易被利益所俘虏,从而难以代表投资者进行科学决策和对经营者进行有效监督。为此,就必须建立起董事独立承担责任的机制,同时,根据每个或每类董事承担的责任,采取相应的激励手段,进而通过责任机制,建立起董事自我约束的机制。

在促使董事承担责任和自我约束方面,董事会备忘录制度起着非常重要的作用。通过董事会备忘录,董事会的集体责任便转换为董事的个体责任,从而产生很强的约束力。除了备忘录制度之外,内部董事与外部董事的沟通制度、投资者关系建设、规范的《董事会议事规则》、股东诉讼、董事考核和激励制度、董事考评/考核结果的发布、董事行为准则等,都是对董事进行激励和约束的重要制度安排。

对于国有控股的混合所有制企业,董事会人员可以分为三“层”:一是政府董事(即政府委派的代表国有资本的外部非独立董事);二是独立董事;三是高管董事。政府董事和独立董事是外部董事或非执行董事,高管董事则是内部董事或执行董事。相应地,对于董事的激励方式,可以分为三种情况:(1)对于政府董事(外部非独立董事),应实行“公务员基准+贡献+行政级别”的激励机制,薪酬待遇可以略高于同级公务员的薪酬待遇。(2)对于独立董事,应采用国际通行做法,即车马费加少量津贴,应通过经理人市场,建立独立董事声誉机制,而过于强调薪酬机制是不利于独立董事独立性的。(3)对于高管董事,应实行市场化薪酬,但前提是由董事会独立从经理人市场选聘。这种“分层”,意味着对董事约束和激励方式的差异化。而明确差异化的约束和激励的对象和方式,目的是要建立起每个行为主体都能够对自己的行为承担责任的机制。

5. 规范独立董事选择,优化董事会结构

如前所述,董事会治理要着重于董事会实质上的治理,董事会结构只是形式上的治理。但这并不意味着董事会结构不重要,它是董事会实质性治理的基础和前提。

从董事结构看,依国际经验,在许多国家的公司董事会中,只有 2 名执行董事,甚至只有 1 名执行董事,其余全部是独立董事。因此,独立董事占多数也是国际上认可的公司治理通行规则。这样的结构,可以避免董事会

成员与经理人员身份重叠和角色冲突,保证董事会独立于管理层进行公司战略决策和价值判断。而且,较高比例的独立董事,可以防止董事会集体决策体制蜕变为一人或少数人决策体制。

从董事来源看,独立董事应更多的来自于经理人市场,或者其他公司的现任高管。从高校、科研机构和退休或离任官员中选聘独立董事不是好的选择,尽管这些独立董事在形式上是独立的,但履职效果却相当低下,原因在于他们的选任因经理人市场缺失而不受声誉资本的约束。

第三节　企业家能力提升:
国有企业混合所有制改革的活力源

一、企业家与企业家能力

何谓企业家? 熊彼特在 1934 年出版的《经济发展理论》中指出,企业家就是创新者。按照熊彼特的观点,社会任何领域都存在企业家,不仅有企业界企业家,也有政界企业家、教育界企业家、学界企业家等,这可以说是广义的企业家。本文的企业家是指企业界企业家,这可以说是狭义的企业家。

在熊彼特的创新意义上,企业内的企业家显然不是一个人,也不是几个人,而是多个人,甚至是一种集体行为。企业的发展需要创新,创新者越多,创新越活跃,企业发展就越充满生机和活力。

企业家作为创新者,就需要评价他们的能力。但是,对于一个特定企业,如果要评价多个企业家,或者要评价一个企业家群体,那么这种评价对于企业家市场的形成和发育就没有多少针对性意义。因此,对企业家的评价只能针对一个特定的创新者。

那么,如何选择这个特定的创新者? 无疑,这个创新者只能是企业的领袖,因为企业的领袖是企业家的典型代表。在现实的企业中,企业的领袖一般有两个人选,或者是董事长,或者是总经理(或称总裁,或称 CEO)。如果两职由同一人担任,那就不存在选择的难题;如果两职由两个不同的人担任(这是绝大多数企业的情况),那么选择哪一个来评价?

其实,这个难题是人为制造的,原因在于我们中很多人把董事长和总经理的职能误解了。关于董事长和总经理的职责差异和混淆问题,前面已有分析。对于一个特定企业来说,董事长是董事会的召集人,不是公司的"一把手";总经理则是经营层的行政首脑。就此看来,我们所选择的企业家的典型代表就只能是总经理了。

那么,如何界定企业家能力?借鉴国际先进的评价标准,基于中国国情,着眼于推动职业经理人市场,我们认为,企业家能力包括四个方面,即企业家人力资本、关系网络能力、社会责任能力和战略领导能力。

企业家人力资本主要包括学历、工作年限、工作经历变更、担任其他公司的独立董事、海外留学和工作经历、选聘路径等方面。这些方面对于一家要聘任 CEO 的公司来说,并非是现实的企业家能力,而是潜在的企业家能力。尽管如此,企业家人力资本却是企业家能力中最基础的能力。一旦存在某种或某些动力机制,这些潜在的企业家能力就会很快变成现实的企业家能力,如企业家的激励或约束机制,通过这些动力机制,能够促使 CEO 产生把潜在能力变成现实能力的欲望。

企业家关系网络能力主要包括政府官员到访企业、CEO 是否陪同政府官员出访、在行业协会任职、曾经在政府部门任职等方面。从规范的市场规则角度,关系网络能力是不应该纳入企业家能力范围的,因为关系网络可能存在"寻租"问题。然而,关系网络并不必然产生"寻租",而正常的关系网络也能够为企业带来资源,并进而能够促进企业发展。况且,从企业家对关系网络能力的重视度,也有助于判断企业家更偏重于哪个方面能力的培养,或者比较企业家哪个方面的能力更加突出。比如,人力资本与关系网络能力是否存在替代关系?关系网络能力是否更多地通过履行社会责任而获得?等等,了解这些问题对于发展和培养中国的经理人市场无疑是有意义的。

企业家社会责任能力主要包括企业捐赠慈善事业、CEO 在非营利组织兼职(如担任理事)、CEO 个人有没有被监管部门谴责、有没有产品质量或安全等问题的重大投诉事件、员工的收入增长率是否不低于公司利润增长率、有无现金分红、有无债权人和客户诉讼等方面。企业的持续发展包含着众多利益相关者的努力和投入,其中很多投入具有高度的专用性,一旦损失将难以收回,如员工投入了专用技能和劳动、社区居民可能承受了企业释放的环境污染、顾客可能承担了因产品质量低劣对身心造成的损害,等等,无疑这些利益相关者的努力和投入必须从企业得到回报。把社会责任能力考虑到企业家能力中,目的是引导企业家树立强烈的社会责任意识,承担起更多的社会责任。更重要的是,对利益相关者承担责任,是企业家诚信意识和诚信水平的重要反映,没有这种责任担当,就不能称之为企业家。

企业家战略领导能力主要包括 CEO 贡献、国际化程度、企业员工数、企业总资产、企业在行业中的地位、企业完整的 ERP 系统、企业战略目标和计划等方面。企业家战略领导能力实际上是企业家各种能力的综合体现,企业家其他方面的能力最终要落实在其战略领导能力上。在一个成熟的经理人市场的情况下,CEO 必须本着对企业利益相关者高度负责的精神,以其敏锐的市场和战略意识,恪尽职守,尽最大努力制定出科学的和可行的企业经营决策,一旦董事会批准该决策,CEO 就必须坚决贯彻和执行。不过,需要特别强调的是,CEO 绝不是被动地执行董事会批准的决策,被动接受董事会决策的 CEO 不是真正意义上的企业家。作为 CEO,他(她)的企业家能力实际上更多地体现在日常经营决策的制定和执行中,战略性决策更多的是指明方向,是框架式的,具体如何落实,需要 CEO 的开拓和创新。

企业家是一种特殊的、稀缺的、具有不可替代性的社会资源,是社会的宝贵财富。企业家是组织创新的推动者和实施者。在一定程度上,企业家决定着企业的兴衰成败。从微观角度看,企业家的综合经营能力是组织能力的源泉;从宏观角度看,由于企业家具有专业知识,擅长经营,勇于创新,积极参与经济活动,因此,可以极大地推动社会的进步和经济发展。

国有企业混合所有制改革,关键不是谋求国有资本控制民有资本,而是通过国有资本和民有资本的混合(即不同产权主体的混合),不断增强企业的活力,而活力源主要来自于以总经理为首的企业家经营团队。

二、混合所有制企业企业家能力现状及问题

中国混合所有制企业的企业家能力处于什么水平?基于上述对企业家能力的界定,我们对中国上市公司企业家(总经理)能力进行了客观评估,计算了中国上市公司企业家能力指数,评估结果参见图 15-8。可以看出,国有控股公司和非国有控股公司三个年度企业家能力总体指数都是连续下降。相对于 2013 年,2015 年国有控股公司下降幅度比非国有控股公司更大一些。

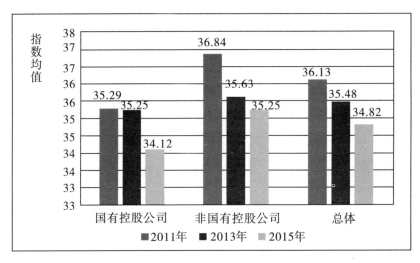

图 15-8 中国上市公司企业家能力水平

资料来源:根据北京师范大学公司治理与企业发展研究中心"中国公司治理分类指数数据库"之"企业家能力指数数据库"绘制。

进一步比较 2015 年度中国上市公司企业家能力的四个维度,即四个分项指数(参见图 15-9),可以看出,企业家能力四个分项指数都不高。其中,关系网络能力最低,社会责任能力最高。国有控股公司的企业家除了在人力资本分项指数上略高于非国有控股公司外,其他三个分项都低于非国有控股公司。关系网络能力之所以低,主要是因为它经常被视为基于"寻租"的目的,而近年的一些要求,使该分项指数进一步趋降,其中国有控股公司从 2011 年的 12.56 分降至 2015 年的 6.19 分。其实,关系网络并非一定是为了"寻租",正确运用关系网络,是能够为企业带来价值增长的。社会责任能力之所以在四个分项中最高,主要是因为评价涉及两个内容:一是公益行为;二是对主要利益相关者的责任。对公益评价,不是以绝对额来评价,而是以公益行为来评价。

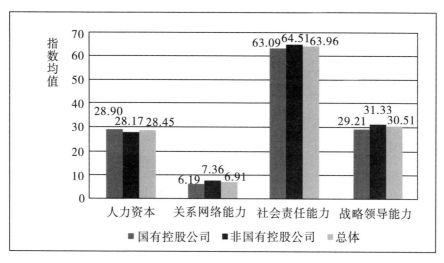

图 15-9 中国上市公司企业家能力四个分项指数

资料来源:根据北京师范大学公司治理与企业发展研究中心"中国公司治理分类指数数据库"之"企业家能力指数数据库"绘制。

中国企业家能力为什么普遍较低？这有以下四个因素:

第一,中国至今尚未建立起透明的、职业化的经理人市场,使得有能力的企业家既难以培育,也难以脱颖而出。经理人市场必须具备两个要素,一是职业化;二是透明。职业化是指经理人的能力具有专用性,即其知识积累只适合于做经理人,转到其他职业是一种资源浪费,甚至难以转移;透明是指经理人的教育和职业信息是公开的,或者是可获得的,包括成功的信息和失败的信息。通过以上两个方面,可以很容易选择出最具有能力又讲诚信的企业家。但是,目前,这两个方面都不具备,似乎任何人都可以也容易做企业家,而猎头公司提供的经理人信息都是他们的好信息。中国企业家出现一些问题,这是重要原因。

第二,中国企业尤其是国有企业的企业家普遍采取任命制,而任命制的等级制很严格,企业家潜能难以发挥。根据我们的统计,中国上市公司中总经理由市场选聘的比例一直处于较低水平。2013 年和 2015 年分别是 12.17% 和 12.12%,其中国有控股公司分别是 12.56% 和 8.41%,2015 年比 2013 年出现了较大幅度的下降(参见图 15-10)。需要注意的是,对于国有控股公司来说,看似市场选聘总经理的一些做法也并非都是由董事会独立选聘,更多的是国资监管机构和组织部门主导选聘,就此看来,真正由董事会独立选聘总经理的比例是非常低的。国资监管机构和组织部门主导选聘总经理一般有三个来源:一是从政府中选派;二是从公司内部选拔,一般由某一副手接任;三是将其他国有企业的经营者调任该公司。由于国有企业的经营者拥有行政级别和行政待遇,因此基本上不存在从民营企业家中选聘的问题。实际上,民企中不乏优秀的企业家,像法国,优秀的民营企业家是可以成为国有企业总经理的。因此,任命制主导下的企业家选择,是会埋没很多优秀企业家人才的。而行政级别以及董事长的"一把手"制度又使企业家潜能很难发挥出来。

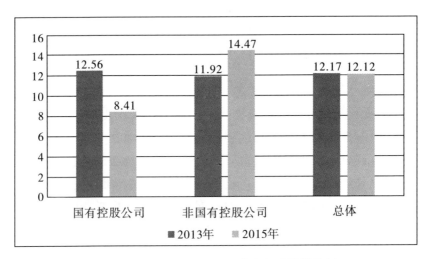

图 15-10　中国上市公司总经理由市场选聘的比例(％)

资料来源:根据北京师范大学公司治理与企业发展研究中心"中国公司治理分类指数数据库"之"企业家能力指数数据库"绘制。

第三,薪酬激励力度过低,使得经营者的动力不足。薪酬激励力度不足一直是影响国有企业企业家能力发挥的重要因素。对于国有企业负责人,如果普遍采取一刀切式的降薪政策,不仅使动力不足问题更加突出,而且人才流失也开始凸显。我们在考虑高管贡献的基础上,计算了中国上市公司高管薪酬指数(即高管薪酬与其贡献的吻合度)(参见图 15-11),可以看到,国有控股公司高管薪酬指数大大低于非国有控股公司。相对于 2012

年,2015 年国有控股公司高管薪酬指数只是略微提升,而非国有控股公司高管薪酬指数则是大幅提升,这恐怕是国有企业人才流失的重要原因之一。

需要注意的是,一些高度垄断性的国有控股公司的高管薪酬指数尽管较低,似乎显示薪酬激励不足,但对于这些公司,需要进一步考虑政府赋予的垄断因素,即其贡献是因为更多的政府支持,而非自己努力获得。因此,对于国有企业高管的激励不足问题,需要进一步区分不同的国有企业类型,区别看待。

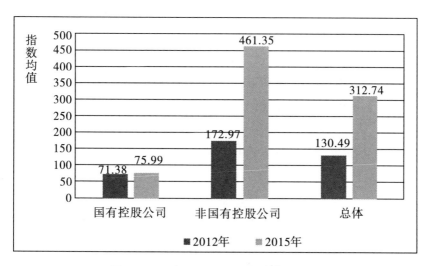

图 15-11 中国上市公司高管薪酬指数

资料来源:根据北京师范大学公司治理与企业发展研究中心"中国公司治理分类指数数据库"之"高管薪酬指数数据库"绘制。

第四,多部门监督导致监督变成过度干预、监督无效或低效,使得总经理无所适从。对于国有企业,中国目前存在比较严重的监督主体泛化现象。按目前政策文件统计,有多达 15 个政府机构对国有企业有监督权,职权重叠、搭便车、互相推诿、各自为战等问题突出。而且,监督形式以行政化监督为主,由于行政处罚可以讨价还价,从而导致企业负责人滋生"关系摆平"心理。相反,法律监督严重缺位,这包括:(1)法律缺失,无法可依;(2)执法不力,有法不依;(3)处罚过轻,无威慑力。经济监督也很不到位,从而导致非正常获利,甚至走向犯罪。

三、如何有效提升企业家能力

企业家是一个群体,总经理水平如何对企业的发展影响很大。因此,提升总经理的能力是企业长效发展的重要所在。

1. 要保证企业家的独立性

从委托代理角度,董事会作为股东的代理人负责公司战略决策的制定和对经理层进行有效监督,董事长作为董事会的召集人和对经理层的监督者,不能自己成为经理层一员,更不能任意干预经理层的日常经营决策。因此,应在厘清董事会职能的前提下,高度重视总经理的独立性和能动性。在中国资本市场不健全的情况下,董事长和总经理应该分开,应明确企业的企业家不应是董事长,而是总经理。董事会(包括董事长)负责监督,但监督不是干预,要充分发挥总经理的能动性。为此必须给予其独立性,包括赋予独立权力和独立承担责任;独立权力和独立责任相辅相成,对于最大程度发挥企业家潜能,缺一不可。

2. 要由董事会通过经理人市场独立选聘总经理

在企业家选聘和考核上,在加快推进职业经理人市场建设的基础上,要通过职业化的经理人市场来选择企业家。

要选择到高能力的企业家,就必须赋予董事会独立选聘总经理的权力。董事会拥有独立选聘总经理的权力既是董事会独立性的重要体现,也是促使董事会选聘高能力企业家的动力源。高能力的或"好"的总经理(企业家)应当是使所有者的利益得到最大程度的实现,而要做到这一点,主要的决定因素有两个:一是有无能力;二是是否忠诚。因此,要选择到高能力的企业家,首先要有善于识别具有企业家才能的个人;其次要有有效的监督和约束。然而,国资监管机构或组织部门对企业家的选择很难保证选择到"好"的企业家,因为高能力的企业家是在激烈的市场竞争中涌现出来的,单靠国资监管机构或组织部门的"独具慧眼"是远远不够的,也是力不从心的,不是可选择的企业家最优选择方案。

国有企业发展混合所有制,一方面,应取消总经理的行政级别,使其回归市场,在市场竞争中成为真正意义的企业家;另一方面,也应该注重从优秀的民营企业家中选拔总经理,使其成为一种重要的总经理选择渠道。

3. 要加快职业经理人市场的建设步伐

企业家的市场选择是以成熟的经理人市场为前提的。成熟的经理人市场有四方面的重要特征：一是经理人是职业化的，即经理人人力资本具有高度的专用性，经理人失去经理职务的机会成本将非常高。二是经理人市场是企业家选择的重要来源，在经理人市场上，经理人就是潜在的企业家，甚至就是现实的企业家，因为经理人市场上的经理人很多就是企业的现任高管。三是经理人市场具有信号显示和传导作用，它能把经理人的业绩与其人力资本价值联系起来。在经理人市场上，经理人的报酬是其"价格"信号，而经理人以往的努力和业绩则是其"质量"信号。四是信用约束制度的健全，诚实守信是职业经理人的立身之本。在经理人市场上，经理人的信息必须是可靠可信的。这样的经理人市场，一方面为企业提供了一个广泛筛选、鉴别经理人能力的平台；另一方面又能使企业拥有在发现选错经理人后及时改正并重新选择的机会。成熟的经理人市场的存在，能有效促使在任经理勤勉工作，不断创新，诚实展示自己的高能力，并获得与其能力相匹配的高薪酬。否则，市场就会显示他（她）是低能力或低信用的经营者，非但不能获得高报酬，而且还会面临被"炒鱿鱼"的危险。

中国尚不存在真正意义上的经理人市场，因为信息的不对称造成经理人能力的信号无法显示出来。在现实中，企业已经习惯于内部产生或"空降"总经理。当然，在成熟的经理人市场上，内部产生未必一定是对经理人市场的背叛，因为企业内部高管人员本就是经理人市场的组成部分，是潜在的总经理人选。但问题在于，在经理人市场不成熟甚至不存在的情况下，这种内部选择也就基本局限于"矮子里面选将军"，假若选了并非真正具有企业家能力的人，也只能是"将就"；即使选了真正有能力的企业家，在信息不透明的情况下，也会被认为是"关系"的结果，而不被认为是"真实能力"的结果。在这种情况下，被选择的经理人是得不到真正尊重和信任的。

在经理人市场上，经理人信息完备是必不可少的要件。在经理人信息中，不仅有潜在能力的信息，如教育水平、工作年限和经历等，更有实际能力的信息，如关系网络、社会责任、对企业的实际贡献；不仅有成功的信息，如被聘为独立董事、担任人大代表等，也有不成功的信息，如贷款诉讼（未按期偿还）、投资者低回报或无回报、员工收入增长过慢或不增长、被监管机构谴责等。在充分、真实的信息中,体现着企业家诚信经营、敢于创新和担当的品质和精神。市场必须有惩戒机制,即必须能够让不诚信的经理人承担隐瞒信息的代价,如果经理人提供了不真实信息(比如隐瞒自己的社会关系和失败经历),将会导致淘汰的概率大大增加,比如被列入不诚信名单并公开,这意味着他(她)将很难再被企业所选择,甚至不得不退出经理人市场。这类似于市场产品,消费者可以上当一次,但两次或多次上当是不可能的,最终生产劣质品的企业将面临倒闭的风险。为此,政府应该通过建立经理人市场规则,加快推动经理人市场步伐,以使更多的优秀企业家能够脱颖而出。

4. 建立企业家的自我约束机制

在市场经济发达国家,决策主体尤其是经理人的自我约束被视为责任机制的重要方面。自我约束的作用要远大于外部约束,因为外部约束是被动的,而自我约束是主动的。但是,自我约束不会自动实现。实现自我约束有三个条件。一是责任者"犯错"被惩罚的力度足够大。这里的"犯错"不仅包括违规违法,还包括决策和监督失误甚至错误;二是责任一定要明晰到个人,且能够明确责任大小;三是要有足够的激励力度。惩罚力度大和责任清晰,会使责任者犯错和违规的成本极大提高;激励力度大,则会使当事者做不好的损失太大。对于自我约束来说,上述三个方面缺一不可。

另外,职业经理人市场也会促进决策主体的自我约束。决策主体,包括高管和独立董事,要更多的来自职业经理人市场,市场必须透明,这样的市场具有信号传导和惩戒作用,由此,能够使决策主体切实感到,做好了有利于他们的职业发展,身价会上涨,甚至大涨;而做不好,则不利于他们的职业发展,身价会大跌,甚至终身不得不退出经理人市场,包括被禁入。要少从高校、研究机构和退休的公务员中聘请"独董",因为他们不能受经理人市场约束,干不好退出,对他们的职业生涯没有任何影响。

这里需要特别分析一下薪酬激励问题。

国有企业混合所有制改革,无疑是以追求利润最大化为首要目标。在经理人市场上,高管的薪酬由被选择的高管与选择者(董事会)之间的讨价还价来确定,而能否实现利润或投资回报的最大化是评价企业高管贡献的主要标准。利润或投资回报的最大化一方面表现为公司绩效的高低,另一方面则表现为实现这些绩效所承担的经营风险。因此,混合所有制企业高管的贡献应以公司绩效和经营风险作为评价标准,以促进企业高管以一定的经营风险,创造尽可能高的经营绩效。尽管国有股东可能是第一大股东,但不是唯一股东,政府不应对市场化选聘的高管薪酬设定上限,薪酬多少应考虑企业高管的实际贡献,而不应带有行政化的干预色彩。

考虑到目前中国经理人市场的缺失,市场还难以反映高管以往的业绩表现,在企业高管具体薪酬制定中,可以参考同行业、同规模、同地区其他竞争性企业的高管薪酬水平,在科学评价企业绩效的基础上,对企业高管绩效做出客观评价。在激励形式上,企业高管薪酬形式应是多样化的,可采用现金激励与股权激励相结合、短期激励与长期激励相促进的"薪酬包"形式。利用这种薪酬形式将企业高管的个人利益与股东利益联系起来,使得企业高管在最大化自身利益的同时,实现股东投资回报的最大化。

第四节　信息披露充分:
国有企业混合所有制改革的信任基础

一、信息披露:"能说的都要说吗"

混合所有制企业尤其是上市公司的信息披露是投资者、债权人、政府部门及其他利益相关者了解企业经营的首要途径,更是他们进行决策的重要依据。在传统上,人们经常把信息披露作为公司治理的外部条件。其实,这种理解有失偏颇,信息披露应视为公司治理应有之义。众所周知,投资者的投资决策及对董事会的监督、董事会的独立性以及决策的科学性、董事会对高管的监督等,都直接关系到公司治理的有效性。但是,如果信息是不透明的,投资者将如何监督董事会?如何了解董事会的独立性和决策的科学性?如何了解董事会对高管的监督是否有效?在投资者不了解相关信息甚至董事会或高管故意制造虚假信息的情况下,又如何做出自己的投资和参与股东大会投票选择,又如何有效监督?因此,投资者对董事会的约束、董事会的独立性以及决策的科学性、董事会对高管的监督是以充分的信息披露为基础的。

2002年,美国参众两院以压倒性多数票通过了《公众公司会计改革和投资者保护法案》,即《萨班斯-奥克斯莱法案》(Sarbanes-Oxley Act),该法案被认为是公司治理制度的一项重大变革,因为它在公司治理理念上发生了质的变化,即假设上市公司是没有诚信的,要加强对其处罚。基于无诚信假设和责任处罚原则,美国等一些发达国家对信息披露违规的处罚是非常严厉的,经常同时伴有民事、行政和刑事三种处罚,且每种处罚都比中国的规定要重。这就是为什么一些发达国家的企业"能说的都要说",而中国企业却经常是"能不说的就不说"的重要原因。

"能说的都要说"意味着企业不是仅满足于披露监管机构强制性要求披露的信息(即强制性信息披露),还基于投资者信息需求主动披露更多的信息(即自愿性信息披露);而"能不说的就不说"则意味着企业仅满足于监管机构的强制性信息披露要求。由于一些发达国家信息披露违规的成本很高,因此,企业主动披露信息的意识也较强。相反,由于中国的信息披露违规成本较低,企业主动披露信息的意识就很弱。

国有企业发展混合所有制,需要考虑各类股东对企业信息的多样化需求,尤其对于民有资本股东来说,由于他们通常处于中小股东的位置,为了降低投资风险,并能够参与企业重要决策,民有资本股东对信息的需求就会更强烈。也就是说,他们会追求信息的"有用性",而强制性披露的信息难以满足许多投资者要求的信息"有用性"。如果投资者难以获得他们认为"有用"的信息,他们就会认为投资有风险,从而不投、少投、转投,如果很多投资者不投、少投、转投,则这家公司就可能被并购或倒闭,这就是投资者的"用脚投票"。

然而,由于市场千变万化,投资者的信息需求也是多种多样,而规则和法律都是由人制定出来的,每个人的理性都是有限的,再细致的强制性披露的信息也难以满足投资者理性投资对信息的需求。显然,自愿性信息披露不是可有可无的,而是必须的。比如,高管薪酬结构及额度信息,该项信息在英美等国家的披露是很完整的,即不仅要披露高管薪酬总额,还要披露薪酬结构以及各部分的额度,如固定薪金、奖金、股票期权、养老金等。但这些信息在中国属于自愿性披露范畴,在上市公司披露的信息中,几乎没有一家公司披露该项信息。那么,该项信息对于投资者是否必须?我们认为是必须的,因为通过该项信息,投资者可以了解高管的长期和短期薪酬构成,并进而了解高管行为是满足于企业短期发展还是立足于企业长期发展。再比如,董事的详细任职经历,英美等国家对该项信息的披露非常具体,但在中国则属于自愿性披露范畴。该项信息对投资者同样至关重要,原因在于,董事(会)是投资者的代理人,他们要代表投资者对经营者进行监督。通过董事任职经历的详细披露,投资者可以了解董事是否与经营者有关联,以此判断董事和经营者是否存在合谋的可能性;对于中小投资者而言,还需要了解董事是否与大股东有关联,以此判断董事是否仅代表大股东,进而可能侵害中小投资者的利益。

信息披露尤其是自愿性信息披露是企业诚信经营的重要体现。诚信意味着企业必须向包括投资者在内的利益相关者及时披露真实、全面的信息,这不仅是为了使投资者降低投资风险,更是为了增强投资者的投资信心。因为,投资者"被骗"一次容易,第二次"被骗"就难了,多次"被骗"几乎不可能,而且,"被骗"具有扩散效应,失去投资者意味着企业经营的失败。

二、混合所有制国有企业信息披露现状及问题

中国上市公司的信息披露分为强制性信息披露和自愿性信息披露。强制性信息披露已经达到很高的水平,2011 年中国上市公司强制性信息披露指数均值达到 85.56 分,但自愿性信息披露水平却堪忧。我们从治理结构、治理效率、利益相关者和风险控制四个维度,评估了中国上市公司的自愿性信息披露,计算了中国上市公司自愿性信息披露指数,评估结果参见图

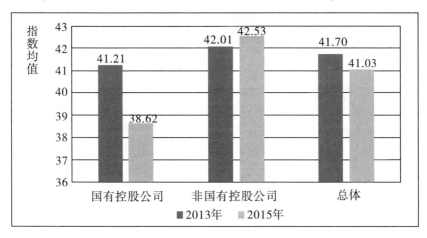

图 15-12　中国上市公司自愿性信息披露水平

资料来源:根据北京师范大学公司治理与企业发展研究中心"中国公司治理分类指数数据库"之"信息披露指数数据库"绘制。

15-12。可以看出,相对于 2013 年,2015 年国有控股公司自愿性信息披露指数均值较大幅度下降,而非国有控股公司自愿性信息披露指数均值则小幅上升;国有控股公司自愿性信息披露指数均值 2013 年略低于非国有控股公司,2015 年变为较大幅度低于非国有控股公司。

进一步比较 2015 年度中国上市公司自愿性信息披露的四个维度,即四个分项指数(参见图 15-13),可以看出,在治理结构、治理效率和利益相关者三个分项指数上,国有控股公司都较大幅度低于非国有控股公司,尤其是利益相关者分项指数低出更多,差距为 6.46 分。在风险控制分项指数方面,国有控股公司略高于非国有控股公司,二者比较接近。这可能说明,相对于非国有控股公司,国有控股公司更偏重风险控制方面的信息披露。

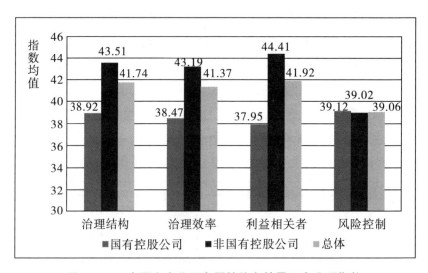

图 15-13 中国上市公司自愿性信息披露四个分项指数

资料来源:根据北京师范大学公司治理与企业发展研究中心"中国公司治理分类指数数据库"之"信息披露指数数据库"绘制。

从上述评价不难判断,上市公司普遍存在着"多一事不如少一事""能不说就不说"的心态,除非是信息披露制度的强制性要求,否则上市公司很难有动力自愿披露信息。

低水平的信息披露对民有资本参与国有企业的混合所有制改革无疑具有负向影响,因此,高度重视自愿性信息披露非常有必要。尽管自愿性信息披露增加了信息披露的成本,但相对于企业所由此获得的投资者信心和其他利益相关者的信赖,以及企业的良好声誉和长期发展,则这些成本支付是非常值得的。

不仅如此,充分的和真实的信息披露对于防止混合所有制企业内部人控制以及资产流失同样具有重要意义。信息不对称,势必导致投资者监督不到位,进而产生内部人控制,而内部人控制是造成企业资产流失和投资者利益损失的重要原因。

在第一节我们曾分析国有资产流失问题,目前不少国有企业高管对混合所有制改革心存顾虑,主要原因是担心被戴上"国有资产流失"的帽子。在这种情况下,"过平静的生活"是最安全的做法。这种担心不无道理,消除这种担心,在很大程度上取决于信息的完备和市场竞争的充分和公平。在信息透明和竞争充分的市场上,资本交易是由市场决定的,市场认可的资本交易是不存在流失问题的。因此,要调动国有企业混合所有制改革的动力,提升信息披露水平也是重要方面。

三、如何提高自愿性信息披露水平

如前所述,目前中国上市公司自愿性信息披露水平较低,提升并完善自愿性信息披露,任重而道远。但国有企业混合所有制改革,尤其是成为上市公司,必须高度重视信息披露尤其是自愿性信息披露。

1. 强化市场引导

上市公司自愿性信息披露的程度会受公司需求的影响,这体现在不同规模,处于不同地区、行业,面临不同融资约束,具有不同市场价值等企业因素对自愿性信息披露水平存在显著影响方面。这说明上市公司可被视为理性的信息披露者,它们在很大程度上是依据自身需要,来选择或强化信息披露的内容和程度。

在前面图15-12中,我们看到,非国有控股上市公司的自愿性信息披露水平高于国有控股上市公司。在宏观经济不景气、行业竞争激烈、政策扶持不力的三重困境下,融资难已经成为制约非国有企业继续前行的瓶颈,于是,非国有控股公司选择大量披露公司信息,以在公众面前树立良好形象,积极吸引投资者,利用信息披露这个成本低的手段充分显示自己的好信号。

非国有控股公司积极披露信息的结果表明,自愿性信息披露水平的提高必定在某种程度上有利于修正投资者的先验概率,有利于降低融资约束。因此,可以尝试因势利导,强化信息披露在市场机制中的作用,通过创造公平的、有强大约束力的市场环境,来推动包括国有控股公司在内的全部上市公司的自愿性信息披露水平的提升。

国有控股公司的自愿性信息披露水平低于非国有控股公司,意味着国有控股公司由于能够得到更多的政府和银行支持,对投资者的信息需求重视不够,但其潜在的风险并不会因为有政府和银行支持而削减或消失。为防止因信息披露不完全可能导致的投资者利益损失,对国有控股公司应该有所提醒。对于上市公司来说,其实不应分为国有和非国有,它们都是混合所有制企业,因此,政府和银行应取消对国有控股上市公司的特别待遇,使其与非国有控股公司同等竞争,通过投资者的理性选择,以市场手段促进国有控股公司提升自愿性信息披露水平。

2. 加大法律约束

引导混合所有制企业尤其是上市公司增加自愿性信息披露,至少有两个方面的积极作用:一方面,阳光是最好的防腐剂,披露信息越多,监管机构和投资者越能够清晰地了解公司现状;另一方面,当自愿性信息披露成为公司的主流时,那些不自愿披露信息的公司就可能是"问题公司",监管部门可以有针对性地进行监管核查,从而降低监管成本。

然而,在目前的制度安排下,通过鼓励公司自愿披露更多信息只是一种不切实际的幻想,解决方法只能靠严法,信息披露不到位,只要给投资者和其他利益相关者造成了损失,不论之前的信息披露是不是强制性的,都要承担重大责任。为什么市场经济发达国家的企业的理念是"能说的都要说",而中国企业的理念却是"能不说就不说",这不是理念的问题,是法律责任明晰及其责任大小的问题。因此,严法必不可少。

3. 支持评价研究

一项制度、一项规则,是否能够发挥其应有的作用,在于是否能够被全面和充分地应用。例如,如果发行审核非常看重自愿性信息披露,那么,新上市公司的自愿性信息披露情况会更好;如果国有控股公司看重信息披露的信号传递作用,那么,就会主动地、自愿地披露更多信息。自愿性信息披露指数评价的应用也是如此。

　　目前,监管层高度重视信息披露评估,如深圳证券交易所已经定期公布上市公司的信息披露评估结果。一些非上市的国有企业也开始发布年报,但监管机构和交易所的评估局限性较大,它们是来自于自身的制度规定,难以满足公司适应日益国际化的资本市场发展的需要。因此,监管层应该支持和鼓励第三方研究机构根据国际先进标准而开展的针对自愿性信息披露的评价研究,支持更多的自愿性信息披露评价研究成果的公开发布,并使企业认识到自愿性信息披露对投资者理性投资选择的重要影响,推动自愿性信息披露评价在企业混合所有制改革、上市和发展中的应用。另一方面,要引导普通投资者重视评价研究的相关成果,使投资者认识到自愿性信息披露评价对自己投资的真正价值,并以此促使混合所有制企业,尤其是上市公司更多地披露对投资者有价值的信息。

参 考 文 献

[1]马克思恩格斯全集.第1卷[M].北京:人民出版社,1999.

[2]赫伯特·马尔库塞.单向度的人[M].上海:上海译文出版社,2006.

[3]保罗·A.萨缪尔森,威廉·D.诺德豪斯.经济学.第12版[M].北京:中国发展出版社,1992.

[4]埃里克·布莱恩约弗森,安德鲁·麦卡菲.第二次机器革命[M].北京:中信出版社,2014.

[5]戴维·布鲁克斯.无限制资本家[N]参考消息,1997-07-31(7).

[6]阿马蒂亚·森.以自由看待发展[M].任赜,等,译.北京:中国人民大学出版社,2003.

[7]詹姆斯·利普.未来属于领先新能源技术的国家[J].瞭望,2010(11).

[8]赫伯特.霍温坎普.联邦反托拉斯政策竞争法律及其实践[M].北京:法律出版社,2008.

[9]产权与制度变迁经济学文集[M].刘守英,等,译.上海:上海三联出版社,1992.

[10]Y.巴泽尔.产权的经济分析[M].上海:上海三联书店,1997.

[11]约翰·伊特韦尔,等.新帕尔格雷夫经济学大辞典(第三卷)[Z].北京:经济科学出版社,1992.

[12]兰德尔·S.卡洛克,约翰·L.沃德.家族企业战略计划[M].北京:中信出版社,2002.

[13]邓小平文选.第二、三卷[M].北京:人民出版社,1993,1994.

[14]中共十八大报告[M].北京:人民出版社,2012.

[15]董辅礽.经济体制改革研究(上、下卷)[M].北京:经济科学出版

社,1995.

[16]张卓元.国企改革建言[M].广州:广东经济出版社,2000.

[17]张卓元.混合所有制经济是什么样的经济[J].求是,2014(8).

[18]张卓元.积极发展混合所有制经济促进各种资本优势互补共同发展[J].经济理论与经济管理,2015(1).

[19]张卓元,等.新中国经济学史纲,1949—2011[M].北京:中国社会科学出版社,2012.

[20]张卓元.混合所有制经济是基本经济制度的重要实现形式[N].经济日报,2013-11-12.

[21]迟福林.二次开放[M].北京:中国工人出版社,2017.

[22]蔡昉.失衡世界经济背景下的中国经济调整[J].经济学动态,2006(11):11-15.

[23]周其仁.产权与制度变迁中国改革的经验研究[M].北京:北京大学出版社,2004.

[24]周其仁.真实世界的经济学[M].北京:中国发展出版社,2002.

[25]厉以宁.在调查混合所有制中发现的几个误解[J].当代社科视野,2014(4).

[26]厉以宁.所有制改革和股份企业的管理[R].2009中国经济学家年度论坛,2009.

[27]李扬,等.中国国家资产负债表2013:理论、方法与风险评估[M].北京:中国社会科学出版社,2013.

[28]张高丽.混合所有制:公有制的有效实现形式——深圳市中兴通讯股份有限公司调查[J].求是,2001(9).

[29]王永年.广义混合所有制概念辨析[J].江淮论坛,2004(12).

[30]汪丁丁.经济发展与制度创新[M].上海:上海人民出版社,1995.

[31]张曙光.中国制度变迁的案例研究[M].上海:上海人民出版社,1996.

[32]肖亚庆.国资上市公司要对资本市场产生好影响[N].上海证券报,2017-03-09.

[33]郑新立.新常态新亮点新机遇[M].北京:中国社会科学出版社,2016.

[34]吕政,黄速建.中国国有企业改革30年研究[M].北京:中国经济出版社,2008.

[35]徐善长.关于江苏、浙江混合所有制经济发展的调查报告[J].经济研究参考,2006(6).

[36]张文魁.中国混合所有制企业的兴起及其公司治理研究[M].北京:经济科学出版社,2010.

[37]彭建国.关于积极发展混合所有制经济的基本构想[J].中国发展观察,2014(3).

[38]董辅礽.从企业功能着眼分类改革国有企业[J].改革,1995(4).

[39]刘迎秋.混合所有制是生产力取得更大发展的必然要求[N].中国经济时报,2014-10-16.

[40]黄群慧.新时期如何积极发展混合所有制经济[J].行政管理改革,2013(2).

[41]周天勇,张弥.国有企业改革攻坚[M].北京:中国水利水电出版社,2005.

[42]华强森.筚路蓝缕攻坚克难——聚焦国有资本投资公司试点改革[R].麦肯锡咨询公司,2017-05-23.

[43]王小鲁,樊纲,余静文.中国分省份市场化指数报告[M].北京:社会科学文献出版社,2017.

[44]蔡继明,解树江.公司治理结构国际比较:兼论我国民营企业治理结构与企业创新[J].南开经济研究,2000(2).

[45]储小平.职业经理与家族企业的成长[J].管理世界,2002(4).

[46]甘德安.中国家族企业研究[M].北京:中国社会科学出版社,2002.

[47]李维安.注意民营企业发展的治理障碍[J].南开管理评论,2003(1).

[48]李新春.信任、忠诚与家族主义困境[J].管理世界,2002(6).

[49]卢福财,刘满芝.信任扩展与家族企业创新发展[J].中国工业经济,2002(9).

[50]苏崎,李新春.内部治理、外部环境与中国家族企业生命周期[J].管理世界,2004(8).

[51]赤辽钢.家族企业如何激励非家族成员的经理人员[J].经济管理,2005(3).

[52]国家统计局.中国统计年鉴2015[M].北京:中国统计出版社,2015.

[53]"促进非公有制发展研究"课题组.中国非公有制经济发展前沿问题研

究[M].北京:机械工业出版社,2004.

[54]中国基础设施产业政府监管体制改革课题组.中国基础设施产业政府监管体制研究报告[M].北京:中国财政经济出版社,2002.

[55]国家发展改革委.坚持社会主义市场经济改革方向,推进国有企业发展混合所有制经济[N].人民日报,2015-09-18.

[56]国家发展改革委体改司.国企混改面对面——发展混合所有制经济政策解读[M].北京:人民出版社,2015.

[57]常修泽,等.资产重组:中国企业兼并研究[M].西安:陕西人民出版社,1992.

[58]常修泽,等.现代企业创新论——中国企业制度创新研究[M].天津:天津人民出版社,1994.

[59]常修泽,等.产权交易理论与运作[M].北京:经济日报出版社,1995.

[60]常修泽,等.中国企业产权界定[M].天津:南开大学出版社,1998.

[61]常修泽.人本体制论——中国人的发展及体制安排研究[M].北京:中国经济出版社,2008.

[62]常修泽.广义产权论——中国广领域、多权能产权制度研究[M].北京:中国经济出版社,2009.

[63]常修泽.产权人本共进论[M].北京:中国友谊出版公司,2010.

[64]常修泽.包容性改革论——中国新阶段全面改革的新思维[M].北京:经济科学出版社,2013.

[65]常修泽.发展混合所有制经济:完善市场经济体制新课题[N].21世纪经济报道,2003-10-16.

[66]常修泽.混合所有制经济的价值再发现和实现途径[J].学术前沿,2014(4).

[67]常修泽.混合所有制:产权结构创新的主要着力点[N].北京日报,2014-03-04.

[68]常修泽.发展混合所有制经济的途径[N].人民日报,2014-04-30.

[69]常修泽.中国正面临第三波历史大转型[N].经济参考报,2010-03-12.

[70]常修泽,等.创新立国战略[M].北京,海口:学习出版社,海南出版社,2013.

[71]常修泽.人本型结构论——中国经济结构转型新思维[M].合肥:安徽人

民出版社,2015.

[72]常修泽.世界三大博弈与中国开放新局[J].群言,2017(1).

[73]常修泽.世界三大潮流与混合所有制经济——基于全球视角的相关性研究[J].改革与战略,2017(8).

[74]常修泽,戈晓宇.企业创新论[J].经济研究,1989(2):1-8.

[75]常修泽.21世纪中国企业创新探讨[J].经济改革与发展,1998(9):1-6.

[76]常修泽."再振兴"东北战略思路探讨[J].人民论坛,2015(11).

[77]常修泽.东北振兴战略新论[J].战略与管理,2017(1).

[78]常修泽.以改革开放新举措促进东北全面振兴[N].人民日报(人民要论),2017-07-20.

[79]文宗瑜.从垄断到所有制的混合:论基本制度层面上的中国国资改革[J].学术前沿,2014(4).

[80]文宗瑜.以放开单一所有制领域为突破口加快混合所有制改革[J].北大商业评论,2014(6).

[81]文宗瑜.单一所有制改革与混合所有制经济发展的加快[J].探索与研究,2014(4).

[82]文宗瑜.巨大经济下行压力下的东北三省混合所有制改革设计及推进[J].国有资产管理,2015(8).

[83]文宗瑜.央企混合所有制改革的股权结构安排与股权管理模式[J].国有资产管理,2015(12).

[84]文宗瑜.混合所有制改革推进中的两个"混改"协调一致[N].中国企业报,2015-11-21.

[85]文宗瑜.选准突破口从而加大国企混合所有制改革力度[N].证券日报,2015-11-25.

[86]文宗瑜.国资改革深化与发展混合所有制经济改革的同步推进[N].经济观察报,2015-12-05.

[87]文宗瑜.混合所有制改革的国有股权管理政策导向[N].中国财经报,2016-03-11.

[88]文宗瑜.混合所有制改革持续深入推进面临的若干疑难问题[J].国有资产管理,2017(1).

[89]刘泉红.以充实社保基金为重点统筹国有企业改革[J].经济研究参考,

2012(43).

[90]刘泉红.国有企业改革——路径设计和整体推进[M].北京:社会科学文献出版社,2012.

[91]刘泉红.以混合所有制经济为载体深化国企改革[J].前线,2014(2).

[92]刘泉红.董事会职权改革与央企治理机制的关联度[J].改革,2014(11).

[93]陈东琪,臧跃茹,刘立峰,刘泉红,姚淑梅.国有经济布局战略性调整的方向和改革举措研究[J].宏观经济研究,2015(1).

[94]臧跃茹,刘泉红,曾铮.促进混合所有制经济发展研究[J].宏观经济研究,2016(7).

[95]李亚.民营科技企业产权运营[M].北京:中国方正出版社,2002.

[96]李亚.民营企业公司治理[M].北京:中国方正出版社,2003.

[97]高明华,杜雯翠.国有企业负责人监督体系再解构:分类与分层[J].改革,2014(12).

[98]高明华,等.中国上市公司信息披露指数报告2012[M].北京:经济科学出版社,2012.

[99]国务院关于国有企业发展混合所有制经济的意见(国发[2015]54号).

[100]高明华,等.中国上市公司中小投资者权益保护指数报告2015[M].北京:经济科学出版社,2015.

[101]高明华,等.中国上市公司董事会治理指数报告2015[M].北京:经济科学出版社,2015.

[102]高明华,等.中国上市公司企业家能力指数报告2014[M].北京:经济科学出版社,2014.

[103]高明华,等.中国上市公司自愿性信息披露指数报告2014[M].北京:经济科学出版社,2014.

[104]高明华,等.中国上市公司高管薪酬指数报告2013[M].北京:经济科学出版社,2013.

[105]高明华,等.中国公司治理分类指数报告2016[M].上海:中国出版集团东方出版中心,2016.

[106]高明华.公司治理与国有企业改革[M].上海:中国出版集团东方出版中心,2017.

[107]高明华.公司治理与国企发展混合所有制[J].天津社会科学,2015(5).

后 记

这不是我一个人的著作——全书 15 章,我只写了 5 章;其余 10 章,由 10 位合作者按我设计的意图和框架分头撰写。写作过程如同"滚雪球"一般越滚越大,最后集体创作完成这部 40 余万字的著作。

如果从最初构思算起,到完成全部书稿的修订、交付印刷,前后经历了两年多时间。在这两年中,我和诸位合作者以及出版社白明副总编辑、李芳编辑在一起,同心协力工作,写作和审稿过程既充满了艰辛和曲折,也收获了友情和快乐。

自 2015 年 8 月本人独著的《人本型结构论——中国经济结构转型新思维》由安徽人民出版社出版以后,我主编的国家"十二五"出版规划重点图书"中国经济转型丛书"(六部)在该社出齐。该丛书分两批列入国家出版基金项目,有的列入国务院新闻办"走出去"项目,有的还被译成外文在国外发行,出版后多次获奖。在这几年围绕丛书的写作和出版过程中,我同出版社同志们的合作非常愉快,他们的敬业和进取精神给我留下良好的印象。此项目完成之际,该社副总编辑白明先生表达了继续与我合作出版新书的意愿。

2015 年 9 月 23 日,国务院正式颁发《关于国有企业发展混合所有制经济的意见》(国发〔2015〕54 号),成了策划写作本书的第一动因。鉴于当时正值"十二五"规划末期,出版社白明先生同我商量,拟考虑将"发展混合所有制经济"选题申报即将开启的国家"十三五"出版规划。

2016 年 3 月,"两会"通过了国家"十三五"规划,出版社从国家需要出发,同时了解到我有《包容性改革论》著作并发表多篇混合所有制经济学术论文,出版社研究决定,邀请我写一部关于混合所有制经济方面的著作,并着手向有关部门申报国家"十三五"出版规划重点项目。

当月,根据我的研究框架和论述要点,由李芳编辑具体整理材料,安徽人民出版社申报国家"十三五"出版规划并获得通过,《混合所有制经济新论》正式被列为国家"十三五"出版规划重点图书。

2015年9月同出版社的同志讨论后,我便开始进入本书具体研究和写作。从2015年9月到2017年9月底,历时两年,大体经历五个阶段。

第一阶段,个人独著阶段。

一开始,出版社希望能像《人本型结构论》一样由我独著完成。2015年11月,在武汉召开的"人的发展经济学"年会之际,我特邀白明先生与会,期间共同讨论了该书的基调和构思布局。此后,先是拿出了一个初步的、后来逐步完善的《中国混合所有制经济论纲》,作为本书写作的总纲(即现在本书的第一章"导论");继而以我的论文《混合所有制经济的价值再发现和实现路径》为基础,起草了本书基础性的一章:"混合所有制经济的价值再发现与战略"(即本书第二章);以国企改革、特别是东北地区国企"浴火重生"研究为基础,撰写了"国企混合所有制改革"一章(即本书第九章);以本人关于"民营经济和反垄断研究"为基础,撰写了"民营经济发展的总体态势与发展混合所有制经济"一章(即本书第十一章);此后又结合对世界经济格局研究,撰写了"世界三大潮流与中国混合所有制经济"(即本书第三章)。这样先后完成五章书稿,10万字以上。后来,因有关方面下达主笔撰写《复兴之路——中国改革开放40年回顾与展望》丛书之一《中国所有制结构改革40年》一书的写作任务,且时间趋紧,感到力不从心,遂提出由"独著"改成"合著"。

第二阶段,四人合著阶段。

2017年4月23日,白明先生来北京参加中华优秀出版物颁奖活动。晚上,在听取白明先生介绍拙著《人本型结构论》获奖情况后,又谈及本书。白明先生提出希望把本书打造成精品之作,"争取再获大奖"。基于当时笔者繁重的写作任务,决定邀请与我一起写作《中国所有制结构改革40年》的合作者文宗瑜博士(中国财政科学研究院公共资产研究中心主任、研究员)、高明华博士(北京师范大学公司治理与企业发展研究中心主任、教授)以及南开大学现代管理研究所所长李亚博士"加盟",共写此书:由我负责写"全书总论篇";由文宗瑜研究员与我合写"国企混改篇";由李亚博士与我合写"民企混合篇";由高明华教授专门写"公司治理篇"。这样,大体形成一个"混合所有制经济新论"的理论体系。出版社对这样一个理论体系和写作方式表示满意。

第三阶段:再次扩编创作阶段。

2017年5月,中央发布《关于2017年深化经济体制改革重点工作的意见》,其中,特别强调加大混合所有制改革的力度。基于这种新的形势,2017年5月22日,在济南,白明先生与我商定加快写作速度,尽早推出该书,以便为国家新的改革实践提供理论参考。

为确保质量和进度,决定再次"扩编",重点邀请从事混合所有制改革方案设计和政策研究以及实际部门的专家参加。先后邀请了国家发改委体改司原司长、中国经济体制改革研究会副会长孔泾源先生,国家发改委重点项目稽查特派办正司长级稽查特派专员、中国国际经济交流中心专家委员会专家张丽娜女士,国务院国资委产权局、规划局原局长邓志雄先生,国家发改委市场与价格研究所副所长刘泉红研究员,中国产权协会副秘书长王龙先生等参与写作,国务院国资委企业改革局副局长吴同兴先生对案例进行点评。

恰好此期间,我应邀评审中国社会科学院的博士论文,发现两位在职博士生——戴保民同学和陈忠庆同学的博士论文对混合所有制有关问题做了研究,且有一定深度,决定邀其一并加入。此外,还邀请了南京绿金在线总裁张文军先生提供具体改革案例。扩编后,我重新补充修订了该书初稿的纲要,列出了新的完整目录,并重新分工。

各章执笔分工如下:第一章常修泽;第二章常修泽;第三章常修泽;第四章孔泾源;第五章张丽娜;第六章文宗瑜;第七章刘泉红;第八章戴保民;第

九章常修泽;第十章邓志雄;第十一章常修泽;第十二章李亚;第十三章陈忠庆;第十四章王龙;第十五章高明华。

从 2017 年 5 月 22 日到 8 月 21 日期间,陆续收到有关章节作者发来的初稿。收到后,我利用《中国所有制结构改革 40 年》一书送审的间隙,先对初稿的有关逻辑结构、基本观点、重要提法等问题进行第一轮审读和修改。期间,2017 年 7 月 8 日至 7 月 9 日,在第九届"人发会"(广州番禺)期间,白明副总编和我对收到的部分书稿(纸型版)进行了分析。随后,责任编辑李芳协助我将稿件排成第二轮大开本清样。

第四阶段,精心修改阶段。

2017 年 7 月 24 日,我在吉林安图县二道白河小镇(写作地),收到出版社快递来的书稿大开本清样,当时收到十三章(缺两章),30 余万字。从 7 月 26 日到 8 月 16 日,潜心对大开本书稿逐章进行修改,对各章的观点、资料、逻辑、文字、格式进行推敲,字斟句酌,修改整 21 天。8 月 16 日,将十三章书稿修改完毕,用快递寄出版社。

8 月 20 日、21 日,最后交稿的两篇文稿(第十章、第五章)也用电子版发给我,因来不及打印纸型版,遂在电子文档上直接修改。经两天修改,8 月 22 日最后两章完成。至此,全部书稿在二道白河小镇完成作者阶段的"齐、清、定"。

第五阶段,终审定稿阶段。

8 月 25 日—8 月 28 日,出版社白明副总编和审读室主任秦闯先生携第三轮清样本来到吉林二道白河小镇。就审读中遇到的问题及有关封面、封底设计等各种问题当面沟通,同时决定待我回到北京把题记、目录以及英文目录翻译等敲定后,将各章第三轮清样发原执笔人审阅,力求精益求精。

从 9 月 1 日开始,各章作者对所写章节进行了认真审读,有的章做了较大修改(特别是第一章和第二章修改补充较多)。最后,经我审阅和出版社修改校对,到 9 月底定稿印刷。

感谢著名经济学家、中国社会科学院学部委员张卓元先生为本书撰写序言。感谢著名经济学家、中国体改研究会名誉会长高尚全先生,国家教育部社会科学司原司长、中国人民大学教授奚广庆先生,中国宏观经济研究院前常务副院长林兆木先生,中共中央研究室原副主任郑新立先生(戴保民博士和陈忠庆博士的指导老师),中国(海南)改革发展研究院院长迟福林先生,以及该院经济研究所所长匡贤明研究员(审读了全部书稿,并提出了宝贵意见),中国现代经济史研究中心王学庆研究员,国务院国资委新闻中心主任助理卢俊先生,国务院国资委综合规划司孟华强先生,天津师范大学学报原主编夏康达教授,以及我的单位中国宏观经济研究院相关同事的大力支持。时代出版传媒股份有限公司副总经理刘红女士,安徽人民出版社社长徐敏先生、副总编辑白明先生、责任编辑李芳女士、审读室主任秦闯先生、外聘审读专家宋宏先生,英文翻译李慧女士为本书的出版均付出了许多辛劳,在此一并谢忱。

中共十九大报告明确提出要发展混合所有制经济。该书的出版,对学习贯彻党的十九大报告精神,对攻取下一步中国改革的"突破口",具有一定的参考价值。该书第一版面世后,2018年5月16日《人民日报》发表了著名经济学家张卓元先生的专题评论,称该书一是基调把握较准,二是理论观点较新,三是结构体系完整,四是操作性较强。同时,新华社、央广新闻、人民论坛、《经济参考报》、《浙江日报》、《天津日报》、《安徽日报》、《深圳特区报》、《学术界》、《市场星报》等国内多家媒体均对其相关内容予以报道,引起一些反响。为此,对进行报道的各家媒体及撰稿者表示由衷的感谢。

"文章千古事,得失寸心知"。尽管几易其稿,但由于水平所限,书中难免有不当之处,敬请读者批评指正。作为主持者,如有错误当本人担责。

常修泽

2018 年 12 月